21 世纪高等学校
经济管理类规划教材
高校系列

INTRODUCTION TO ELECTRONIC COMMERCE

电子商务概论

✚ 樊坤 主编
✚ 祝凌曦 副主编

ECONOMICS AND MANAGEMENT

人民邮电出版社
北京

图书在版编目（CIP）数据

电子商务概论 / 樊坤主编. -- 北京 : 人民邮电出版社, 2013.9
21世纪高等学校经济管理类规划教材
ISBN 978-7-115-31736-0

Ⅰ. ①电… Ⅱ. ①樊… Ⅲ. ①电子商务－高等学校－教材 Ⅳ. ①F713.36

中国版本图书馆CIP数据核字(2013)第167377号

内 容 提 要

本书是作者在长期从事电子商务课程教学及科研实践的基础上，对多年来教学成果进行整理、归纳、总结及拓展的结晶。本书全面系统地介绍了电子商务领域各个方面的基本理论、基本知识和基本技能及，包括电子商务概述、电子商务技术基础、电子商务交易模式、社会化电子商务、网络营销、垂直电子商务应用、电子商务网站建设、电子交易与电子支付、电子商务安全与管理、电子商务物流管理、电子商务社会管理机制等内容。

本书的特点是既方便教师教，又让学生实实在在地学到知识和技能。首先从引导案例开始，随着知识点的展开，不断地穿插与实际紧密结合的实例；在每章的最后还有要点回顾与习题，并增加了课后拓展的内容，以加强学生实际动手能力的培养。

本书可作为高等院校电子商务专业和经济类、管理类、信息类及计算机类等专业的电子商务概论课程的教材，也可作为与电子商务相关的培训班参考教材以及作为对电子商务感兴趣的读者的学习指南。

◆ 主　　编　樊　坤
副 主 编　祝凌曦
责任编辑　滑　玉
责任印制　彭志环　杨林杰

◆ 人民邮电出版社出版发行　　北京市崇文区夕照寺街14号
邮编　100061　　电子邮件　315@ptpress.com.cn
网址　http://www.ptpress.com.cn
北京天宇星印刷厂印刷

◆ 开本：787×1092　1/16
印张：19　　2013年9月第1版
字数：476千字　　2013年9月北京第1次印刷

定价：39.80元

读者服务热线：(010)67170985　印装质量热线：(010)67129223
反盗版热线：(010)67171154

前　言 Forward

电子商务近年来的蓬勃发展，不仅实现了传统贸易模式的转型，还给人们的生活带来相当的便捷与全新的体验，更重要的是，它预示着一种人类未来生活电子化的美妙图景。目前就中国而言，电子商务具有一个巨大的制约因素，那就是电子商务面临群众参与度不高的局面，很多人可能知道网络购物，但实际上并没有真正地了解或接触过电子商务。

基于此种现状，编纂一本理论与实践相结合的电子商务教程迫在眉睫。一方面，为广大读者介绍有关电子商务的基本理论知识，让读者对电子商务及其相关内容有一个全面、系统的了解；另一方面，也是更重要的一点，通过现实的案例介绍与分析，让读者真正地去“感受”电子商务，做到知行合一。

本教材是为了以上的需求而编写的，其特点主要体现在以下几个方面。

一、内容全面，体系结构完整。本书内容全面，具备完整的体系结构。编者通过多年的教学积累，对电子商务所涉及的各方面知识都进行了深入浅出的介绍，从电子商务的基本概念、技术基础到网站建设；从传统的 B2B、B2C、C2C 到最新的 SoLoMo 模式和“六维空间”；从水平电子商务到垂直电子商务应用；从电子商务的安全和支付到电子商务的物流管理；从电子商务存在的问题到电子商务的社会管理机制；覆盖了电子商务的主要方面，构成完整的体系结构。

二、技术和商务的完美结合。本书是一本电子商务专业及其相关专业的入门书籍，主要涉及技术和商务两个层面的内容。不但从管理和商务的角度对电子商务进行了全面系统的描述，而且对电子商务的发展和应用中涉及的关键技术也进行了详细阐述，让读者从一开始就对电子商务专业及其相关专业产生较为深刻、准确的认识，为其后续在电子商务方面的进一步学习和深造打下良好的基础。

三、知识的前沿性。本书不但考虑了电子商务的传统知识，而且紧跟时代的脉搏，抓住电子商务的前沿，体现出电子商务开拓、创新、引领时代的特征。书中提到的社会化电子商务、O2O、LBS、SMO、SoLoMo 等都是最新、最前沿的概念，其中的 Airbnb、Uber、Zaarly、切客网、移动支付等都是目前电子商务行业前沿的应用。通过对本书的学习，读者不但能充分感受到电子商务的发展脉络，还能深刻体会到目前最先进的电子商务理念。

四、丰富的小知识与案例的支持。本书与以往教材有别之处在于，其不再是对理论知识的简单罗列，而是遵循电子商务的发展特色，采用了大量的实际案例和知识拓展，不仅对案例加以点评，而且还针对不同的知识要点进行了直观的小案例扩展。此外，本书还通过“小知识”等特色栏目，让读者在轻松的环境下学习和领悟最新的知识和信息。总之，借助案例和小知识内容的引入，读者能够十分简单和清晰地掌握本来难以理解的概念和知识，并留下深刻的印象。

五、编写体例和风格独特。本书编写采用了以"案例驱动"模式的编写体例，淡化理论，突出应用，具备独特的风格。每章的开篇是内容提要，接下来通过引导案例延伸出具体的内容，在内容的讲解中，又通过小案例和小知识的穿插，不断对读者进行引导和强化。在每章的末尾，是要点回顾、本章习题，并且增加了课后拓展部分。整个章节的目录和体例完整并丰富，极其适合作为高等学校的教材使用。

本书最大的特色就是将以往教材书籍中有关电子商务的深奥理论以最生动、最亲切的方式展现给读者。

本书共 11 章，内容按知识结构特征及其内在联系可划分为电子商务基础、电子商务应用、电子商务支持服务三大部分。

第一部分：电子商务基础，包括第 1 章电子商务概述和第 2 章电子商务技术基础。第 1 章主要介绍了电子商务的基本概念和内涵、产生与发展、电子商务系统、分类、框架与支持服务环境、优势与不足等。第 2 章主要针对电子商务涉及的主要技术和应用的网络环境进行了阐述。

第二部分：电子商务应用，包括第 3～6 章。第 3 章电子商务交易模式，主要介绍了 B2B、B2C、C2C 三种交易模式及其应用。第 4 章对社会化电子商务及其各方面的应用进行深入探讨，主要介绍了社会化媒体、社会化电子商务的基本概念、盈利模式、"六维空间"以及 SOLOMO 模式。该章的内容在电子商务领域都是最新、最前沿的知识，是本书的亮点所在。第 5 章网络营销，从网络营销的概念、基本理论、网络市场调研、网络营销常用工具与形式这四个方面对网络营销进行详细阐述。第 6 章对垂直电子商务应用的多个方面进行了介绍，内容包括垂直电子商务概述、金融电子商务、旅游电子商务、农业电子商务以及其他垂直应用。

第三部分：电子商务支持服务，包括第 7～第 11 章。第 7 章电子商务网站建设，从网站的规划、设计、开发技术、管理与运营等方面详细介绍了电子商务网站建设的主要过程。第 8 章电子交易与电子支付，涉及电子交易与电子合同、电子支付、第三方支付、网上银行支付、移动支付等内容。第 9 章电子商务安全与管理，围绕电子商务交易过程及交易各方主体，重点介绍有关电子商务安全的知识，包括电子商务安全的基本要求、策略及体系架构、安全协议、安全技术以及电子商务应用安全等方面的知识。第 10 章电子商务物流管理，在探讨电子商务与现代物流的关系以及电子商务物流活动基本构成要素的基础上，对电子商务物流技术、物流配送及其模式进行了论述。第 11 章电子商务社会管理机制，从电子商务文化和伦理、电子商务中的网络交易纠纷、知识产权保护、电子商务立法体系及法律规范等方面对电子商务社会管理机制进行了探讨。

本书由樊坤任主编，负责设计全书篇章框架结构、编写大纲以及完成全书的统稿和审稿；祝凌曦任副主编，宋扬、马宁参与了编写工作。各章具体编写情况如下：第 1、3、4、5、11 章由樊坤编写，第 2、6、7 章由宋扬、樊坤编写，第 8、9 章由祝凌曦编写，第 10 章由马宁、樊坤编写。

在本书编写之初，荣毅虹副教授提供了有关第 11 章内容的部分宝贵资料，王璐、李媛媛协助收集资料，在此表示感谢。北京高等学校"青年英才计划"与北京林业大学教学改革项目（BJFU2012JG022）提供了一定的支持。

本书在编写的过程中参考和引用了很多专家和学者的著作、文献，此外还包括诸多互联网上的网页案例内容与相关资料，可能无法一一注明，在此一并致谢，希望本书的出版能为我国的电子商务事业的推广和普及做出一定的贡献。鉴于编者水平有限，书中可能存在错误和不妥之处，敬请各位专家和读者给予批评、指正。

编者

2013 年 6 月

目 录 Content

第1章 电子商务概述

【内容提要】

电子商务的飞速发展给人们的生活带来了很多便利，人们足不出户就可以了解商品行情，购买所需品，享受E生活。那么究竟什么是电子商务？本章将对电子商务的基础知识进行详细介绍。

本章学习目标：

- 掌握电子商务的内涵，理解电子商务的实质
- 了解电子商务的产生背景与发展阶段
- 熟悉电子商务系统的组成与系统中的“四流”
- 掌握电子商务的不同分类方法及对应的类型
- 熟悉电子商务的框架及电子商务的支持服务环境
- 了解电子商务的优势与不足

【引导案例】电子商务的成功典范——亚马逊网络书店

1994 年，亚马逊网络书店（www.amazon.com）的创办人杰夫·贝索斯还是华尔街上一家投资银行的高级副总裁，有一天上网浏览时发现使用网络的人数每个月以 2 300%的速度在增长。在这之后，他花了两个月的时间，研究了网络销售业的潜力与远景，于是他决定辞掉工作，在西雅图创办亚马逊网络书店（以下简称“亚马逊”）。最初，贝索斯拟出了 20 种他认为适合于在网上销售的商品，经过认真分析，最后选择了图书作为网络销售的突破口。1995 年 8 月，亚马逊卖出了第一本书。1998 年 3 月，亚马逊开通了儿童书店。此时，亚马逊就被《福布斯》杂志称为世界上最大的网上书店。

亚马逊的成就

在短短 10 多年间，亚马逊便迅速成长为全球 500 强企业，完成了从纯网上书店向一个网上零售商的转变。亚马逊只有 2 100 名员工，人均销售额为 37.5 万美元，比拥有 2.7 万名员工，全球最大的巴诺图书公司要高三倍以上。根据 PC Data Online 的数据，亚马逊是 2000 年 3 月最热门的零售网站，共有 1 480 万独立访问者，独立的消费者也达到了 120 万人。截至 2004 年 12 月 31 日，亚马逊的净利润为 3.467 亿美元，每股收益 82 美分。2004 年，亚马逊年销售额接近 70 亿美元。2005 年 7 月，亚马逊发布第二季度财务报告，净利润 5 200 万美元。亚马逊并不满足于国内市场的成功，它开始将势力触角延伸到世界各地。目前，其经营的区域包括非洲、亚太地区、拉美、中东、北美和欧洲等六大板块。2004 年 8 月 19 日，亚马逊正式进入中国电子商务市场，以 7 500 万美元的价格收购了中国 B2C 龙头企业——卓越网，使卓越网成为其旗下的第 7 个全球站点。作为美国《时代》周刊的风云人物，贝索斯掀起了全球网上购物的浪潮。

亚马逊的成功经验

亚马逊是世界上销售量最大的书店。在这一切的实现过程中，电子商务起到了至关重要的作用。

1. 购物方便

亚马逊提供了功能强大的检索系统。亚马逊的主页提供了各种各样的全方位的查询方式。有基于关键词、作者、书名、主题查询；有分类查询；有非英语语种的图书查询；有主题指南浏览、导航系统；有推荐中心、畅销书特色服务窗口。而且在书店的任何一个页面中都提供了这样的搜索装置，方便客户进行搜索，引导客户进行选购。公司还专门为首次登录网站的客户提供一个页面，向客户提供各种网上使用办法的说明，帮助客户尽快熟悉购买流程。

客户进入亚马逊站点之后，首先可以通过各种检索手段找到自己想要买的书，如果发现心仪的书籍，可以把它放入购物车中。在购物车窗口中，客户还可以任意删减已选书的数量。在付款页面，客户可以选择付款方式。如果是礼品，还可以附上赠言，甚至还可以选择礼品包装纸。最后，可以选择交货方式和地点。

亚马逊采用的一键式支付机制更使客户感到惬意。客户只需进行一次注册，其通信地址和信用卡账号等就会被系统自动、安全地存储下来；下次再购买时，顾客只要用鼠标点一下欲购的书籍，网络系统就可以帮助顾客完成以后的手续，包括为顾客填写邮寄方式和地址等收件信息，甚至在线支付也可由网络系统代劳。这种快速的响应服务，有效地缓解了网络交易中因无法面对面而造成的距离感。

2. 支付安全

亚马逊提供了多种支付方式。目前，有信用卡、现金汇款、支票等。亚马逊对电子支付系统做了 100%的保证。如果客户还是不能放心使用，该公司还提供了另一种方法：只要客户填一张在线表，输入信用卡的最后五位数字和到期日。一旦客户提交了订单，该公司就会给客户提供一个电话号码，客户打这个电话号码告知信用卡的其余号码。亚马逊还承诺，如果客户在亚马逊中的消费受到了错误的索取，可以分文不付。

3. 物流流畅

流畅、快捷的物流服务，除了给客户带来满意的服务外，更主要的是给亚马逊带来了低成本效益。

（1）在物流管理方面，亚马逊提供多种运输方法供客户选择。客户可以灵活选择所需要的各种运输方式，包括夜间运输和多样的国际运输，以及精美的包装服务。至于库存管理和车辆调度等其他功能则无需客户操心，属于公司的内部管理。亚马逊有以全资子公司的形式经营和管理的配送中心，拥有完整的物流配送网络。

（2）亚马逊的库存与传统书店相比，有很大的优势。传统书店一般要配足 160 天的库存，才能满足客户的购书需要。而进书 45～90 天后，必须向分销商或出版社付款。因此，传统书店必须承担 4 个月的图书成本，而亚马逊只需保留 15 天的库存，而且买主又是用信用卡立即付款。因此，亚马逊手中总有一个月左右的免息流动资金。

4. 营销策略

（1）产品策略

亚马逊是美国最大的在线销售书籍、CD、电子产品、玩具等商品的电子商务网站，经营的商品品种达470万种。所售商品分为三大类：书籍、音乐和影视产品。每一类都设置了专门的页面，同时，在各个页面中也很容易看到其他几个页面的内容和信息。另外，在亚马逊书店的主页上，还有权威人士的书评，以此提供高质量的消费体验，使客户有身临其境的感觉。

（2）定价策略

相对于传统商业来说，亚马逊网上商业是属于规模化商业。亚马逊曾经自称是全世界最大的折扣商，提供的折扣图书有40多万种，折扣率从5%到40%不等。亚马逊还推出了免费送货计划，只要客户的订单超过25美元，就可以免去运费。亚马逊将网络信息传递所节省的费用，通过折扣的形式转移到客户身上，使客户充分领略到电子商务的优越性。贝索斯曾经表示："拒绝提供折扣优惠是一项极大的错误。大部分网络企业失败的原因，都在于错估了价值的定理"。

（3）促销策略

常见的促销方式有广告、人员推销、公共关系和营业推广。这些是企业与客户及公众沟通的有效工具。在亚马逊书店的网站中，除了人员推销外，其余部分都有体现。

（4）客户服务

"以客为尊，以人为本"是亚马逊网站的最大特色与最高宗旨。亚马逊知道在没有面对面的亲切笑容下，更需以无微不至的贴心服务征服消费者。自从网站创办以来，亚马逊一直努力提高客户管理能力，实现以客户为中心的优质服务。比如提供个性化服务、常见问题解答服务、读者论坛服务，并及时获取客户反馈等。

5. 加强合作，取得供货商的支持

亚马逊书店千方百计地推销自己的网站，不断寻求合作伙伴。亚马逊的"伙伴计划"吸引了更多供货商的目光。亚马逊成立一年后，便成为销售企业联盟的佼佼者。它与Dell和微软等网站进行链接，客户通过这些站点能直接进入亚马逊书店；并与美国最大的图书零售商之一——Borders Groud合作。作为合作协议的一部分，亚马逊为Borders Groud提供电子商务解决方案，包括技术服务、网站内容、产品选择和客户服务；亚马逊记录所有的在线交易信息数据，并给Borders Groud固定比例的销售利润。通过这项协议，在网上订货的客户可以到最近的Borders Groud商店当天拿到商品。由于有许多合作伙伴和中间商，从而使得客户进入亚马逊网站的方便程度和购物机会都大大增加。

（资料来源：互联网搜集整理）

案例点评：亚马逊的成功取决于多个方面。它选择了适合在网上进行销售的商品，以消费者为中心，建立方便完备的网上购物系统，提供安全可靠的支付方式、流畅快捷的物流服务，开展优质的营销策略，进行高效的客户关系管理等。这些都是一个企业成功开展电子商务需要做到的。本书将主要围绕这些环节和内容展开介绍和讨论，让读者对电子商务有一个清晰、全面的认识。

1.1 电子商务的内涵

1.1.1 电子商务的定义

当今世界网络、通信和信息技术已发展得较为成熟，Internet在全球迅速普及，使得现代商业具有不断增长的供货能力、不断增长的客户需求和不断增长的全球竞争三大特征，使得任何一个商业组织都必须改变自己的组织结构和运行方式来适应这种全球性的发展和变化。

在这样的发展趋势下，电子商务应运而生。电子商务利用 Internet 技术，将企业、客户、供应商以及其他商业和贸易所需环节连接到现有的信息技术系统上，拉近彼此距离，以前所未有的方式，将商业活动纳入网上，彻底改变了现有的业务作业方式和手段，从而实现了充分利用有限资源、缩短商业环节和周期、提高应用效率、降低成本、提高用户服务质量的目标。

对于电子商务的定义，目前还没有一个公认的说法。各个公司、组织、学者、政府都依照自己的理解和认识来定义电子商务。

1. 国际和国内较为知名的 IT 企业对电子商务的定义

IBM 公司认为，电子商务是在 Internet 等网络的广泛联系与传统信息技术系统的丰富资源相结合的背景下，应运而生的一种相互关联的动态商务活动。它强调在网络计算环境下的商业化应用，强调买方、卖方、厂商及其合作伙伴在网络计算环境下的完美结合，E-business = IT+Web+business（电子商务=信息技术+Web+业务）。

HP 公司认为，电子商务以现代扩展企业为信息技术基础架构，电子商务是跨时域、跨地域的电子化世界（E-world）。

SUN 公司认为，电子商务指利用 Internet 进行的商务交易，即在现有的 Web 信息发布的基础上加上 Java 网上应用软件，以完成网上交易；在企业内部网（Intranet）的基础上，开放 Java 的网上企业应用，进而扩展企业外部网（Extranet），使外部用户可以使用该企业的应用软件进行交易；电子商务客户将通过包括 PC、STB（set top box，电视机顶盒）、电话、手机、PDA（个人数字助理）等设备进行交易。

联想公司认为，电子商务不仅仅是一种管理手段，而且触及企业组织架构、工作流程的重组，乃至社会管理思想的变革。企业的电子商务的发展道路是一个循序渐进、从基础到高端的过程：构建企业的信息基础设施；实现办公自动化（OA）；建设企业核心的业务管理和应用系统（包括 **ERP** 和外部网站）；针对企业经营的三个直接增值环节设计和实施客户关系管理（CRM）、供应链管理（SCM）和产品生命周期管理（PLM）等。

2. 国际性组织对电子商务的定义

联合国国际贸易程序简化工作组对电子商务的定义：采用电子形式开展商务活动，它包括在供应商、客户、政府及其参与方之间通过任何电子工具，如 **EDI**、Web 技术、电子邮件等共享非结构化的商务信息，并管理和完成在商务活动、管理活动和消费活动中的各种交易。

【小知识】

ERP：是 Enterprise Resource Planning（企业资源计划）的简称，是 20 世纪 90 年代美国一家 IT 公司根据当时计算机信息、IT 技术的发展及企业对供应链管理的需求，预测在今后信息时代企业管理信息系统的发展趋势和即将发生的变革，而提出了这个概念。ERP 是针对物资资源管理（物流）、人力资源管理（人流）、财务资源管理（财流）、信息资源管理（信息流）集成一体化的企业管理软件。

EDI：是 electronic data interchange（电子数据交换）的简称，是将贸易过程中的票证单据，按统一格式通过电子数据通信网络传输，在交易伙伴的计算机应用系统之间进行数据交换和自动处理，用电子单证代替纸面单证，被称为“无纸贸易”。

世界贸易组织（WTO）电子商务专题报告中定义：电子商务就是通过电信网络进行的生产、营销、销售和流通活动，它不仅指基于 Internet 上的交易，而且指所有利用电子信息技术来解决问题，降低成本，增加价值和创造商机的商务活动，包括通过网络实现从原材料查询、采购、产品展示、订购到出品、储运，以及电子支付等一系列的贸易活动。

全球信息基础设施委员会（GIIC）电子商务工作委员会认为：电子商务是运用电子通信作为手段的经济活动，通过这种方式人们可以对带有经济价值的产品和服务进行宣传、购买和结算。这种交易方式不受地理位置、资金多少或零售渠道的所有权影响，是公有或私有企业、公司、政府组织、各种社会团体、一般公民、企业家都能自由参加的广泛的经济活动，其中包括农业、林业、渔业、工业、私营和国有的服务业。电子商务能使产品在世界范围内进行交易并向消费者提供多种多样的选择。

欧洲经济委员会对电子商务的定义：电子商务是各参与方之间以电子方式而不是以物理交换或直接物理接触方式完成任何形式的业务交易。这里的电子方式（或技术）包括 EDI、电子支付手段、电子订货系统、电子邮件、传真、网络、电子公告牌、条码、图像处理、智能卡等，这里的商务主要是指业务交易。

3. 政府对电子商务的定义

美国政府在其发布的“全球电子商务纲要”中比较笼统地指出：电子商务是通过 Internet 进行的各项商务活动，包括广告、交易、支付、服务等活动。

欧洲议会关于电子商务的定义为：电子商务是通过数字方式进行的商务过程。它通过数字方式处理和传递数据，包括文本、声音和图像。它涉及许多方面的活动，包括货物数字贸易和服务、在线数据传递、数字资金划拨、数字证券交易、数字货运单证、商业拍卖、合作设计和工程、在线资料、公共产品获得。它包括了产品（如消费品、专门设备等）、服务（如信息服务、金融和法律服务等）、传统活动（如健身、体育等）和新型活动（如虚拟购物、虚拟训练）。

4. 知名学者对电子商务的定义

全球公认的电子商务权威，美国佐治亚大学的瑞维·卡拉科达（Ravi Kalakota）教授和美国德克萨斯大学奥斯汀分校的安德鲁·B·温斯顿（Andrew B. Whinston）教授于 1997 年在他们的专著《电子商务的前沿》中提出：“广义地讲，电子商务是一种现代贸易方法。这种方法通过改善产品和服务质量，提高服务传递速度，满足政府组织、厂商和消费者降低成本的需求。这一概念也用于通过计算机网络寻找信息以支持决策。一般来说，今天的电子商务通过计算机网络将买方和卖方的信息、产品和服务联系起来，而未来的电子商务通过构成信息高速公路的无数计算机网络中的一条将买方和卖方联系起来。”

美国学者特班在其合著的《电子商务：管理视角》教材中给出了电子商务的定义。电子商务（Electronic Commerce, EC）就是通过包括互联网在内的计算机网络来实现商品、服务和/或信息的购买、销售与交换。电子商务可以从以下几个方面来定义。

- 业务过程。从业务过程的角度定义，电子商务是指利用电子网络实施的业务过程，进而代替实体业务活动中的信息的电子化业务活动。
- 服务。从服务的角度看，电子商务是政府、企业和消费者表达各自意愿的一种工具，也是在改善客户服务水平和提高交付速度的同时削减服务成本的一种手段。
- 学习。从学习的角度看，电子商务为中学、大学和其他组织（包括商业组织）提供了在线培训和教育的功能和机会。

- 合作。从合作的角度考虑，电子商务为组织内部和组织间进行合作提供了平台。
- 社区。从社区的角度看，电子商务为社区成员提供了一个学习、交易和合作的集会场所。最流行的团体类型是社交网络。

总体而言，电子商务的定义分为两类：**从广义上来说，电子商务是通过电子工具，利用各种信息技术开展的各种商务活动和业务活动；从狭义上来说，电子商务是在 Internet 上开展的使客户、供货商、商家及其他利益相关者联系起来的各种交易活动。**

1.1.2 电子商务与电子业务

电子商务在英文中有 electronic commerce（EC）和 electronic business（EB）两个词组与之对应，commerce 在这里的基本含义是交易、贸易；business 的基本含义则是商务、业务，它包含了企业内部管理、供应链管理、客户关系管理、在线交易等内容。在中国内地这两个词都叫电子商务，在强调与英文对应时，用第一个词组；在强调内容时，用第二个词组。在中国香港特别行政区和台湾地区，这两个词是有区别的，通常把第二个词组 electronic business 叫电子业务，认为电子业务（EB）是电子商务（EC）的广义含义，它不仅包括企业间买、卖商品和服务的交易活动（commerce 的内容），还包括客户服务、与商务伙伴之间的合作、网上学习、企业内部的电子化业务活动等内容。在本书中，我们采用电子商务的广义含义，它基本上与电子业务意思相同，因此电子商务（EC）与电子业务（EB）在本书中不做区分。

1.1.3 电子商务的功能

电子商务可提供网上交易和管理等全过程的服务，因此它具有广告宣传、咨询洽谈、网上订购、网上支付、电子账户、服务传递、意见征询、交易管理等各项功能。

1. 广告宣传

电子商务可凭借企业的 Web 服务器和客户的浏览，在 Internet 上发布各类商业信息。客户可借助网上的检索工具（search）迅速地找到所需商品的信息，而商家可利用网上主页（home page）和电子邮件 （E-mail）在全球范围内做广告宣传。与以往的各类广告相比，网上的广告成本最为低廉，而给顾客的信息量却最为丰富。

2. 咨询洽谈

电子商务可借助非实时的电子邮件（E-mail）。新闻组（news group）和实时的讨论组 （chat）来了解市场和商品信息、洽谈交易事务，如有进一步的需求，还可用网上的白板会议（whiteboard conference）来交流即时的图形信息。网上的咨询和洽谈能超越人们面对面洽谈的限制，提供多种方便的异地交谈形式。

3. 网上订购

电子商务可借助 Web 中的邮件交互传送实现网上订购。购物网站通常都会在产品介绍页面上提供十分友好的订购提示信息和订购交互格式框。当客户填完订购单后，通常系统会回复确认信息单来保证订购信息的收悉，订购信息也可采用加密的方式使客户和商家的商业信息不会泄漏。

4. 网上支付

电子商务要成为一个完整的过程，网上支付是重要的环节。客户和商家之间可采用信用卡账号进行支付。在网上直接采用电子支付手段将可节省交易中很多人员的开销。网上支付将需要更为可靠的信息传输安全性控制，以防止欺骗、窃听、冒用等非法行为。

5. 电子账户

网上支付须有电子金融来支持，即银行或信用卡公司及保险公司等金融单位要提供网上操作的服务，而电子账户管理是其基本的组成部分。信用卡号或银行账号都是电子账户的一种标志，其可信度需配以必要的技术措施来保证，如数字证书、数字签名、加密等手段。

6. 服务传递

对于已付款的客户，应将其订购的货物尽快地传递到他们的手中。而有些货物在本地，有些货物在异地，电子邮件能在网络中进行物流的调配。最适合在网上直接传递的货物是信息产品，如软件、电子读物、信息服务等，它能直接从电子仓库中将货物发到用户端。

7. 意见征询

电子商务能十分方便地采用网页上的“选择”、“填空”等格式文件来收集用户对销售服务的反馈意见，这样使企业的市场运营能形成一个封闭的回路。客户的反馈意见不仅能提高售后服务的水平，更使企业获得改进产品、发现市场的商业机会。

8. 交易管理

整个交易的管理将涉及人、财、物多个方面，以及企业和企业、企业和客户、企业内部等各方面的协调和管理。因此，交易管理是涉及商务活动全过程的管理。电子商务为企业提供了一个良好的交易管理的网络环境及多种多样的应用服务系统。

1.2 电子商务的产生与发展

历史上电子商务的研究最早始于20世纪70年代末，早在Internet技术被广泛使用前，EDI（electronic data interchange）技术就被用来进行数据、表格等的交换。EDI是将业务文件按一个公认的标准从一台计算机传输到另一台计算机的电子传输方法。由于EDI大大减少了纸张票据，因此，被称为“无纸贸易”或“无纸交易”。20世纪90年代中期，Internet迅速普及，逐步地从大学、科研机构走向企业和百姓家庭，其功能也从信息共享演变为一种大众化的信息传播工具。自此，电子商务走入基于Internet的时代。

1.2.1 电子商务产生的背景

电子商务最早产生于20世纪60年代，发展于20世纪90年代。电子商务的产生是计算机技术和 Internet 的发展及商务应用需求的必然结果，因而电子商务的产生和发展必然具有深刻的技术背景和商业背景。

1. 技术背景

（1）计算机的广泛应用。近30年来，计算机的处理速度越来越快，处理能力越来越强，价格越来越低，应用越来越广泛，这些为电子商务的应用提供了基础。

（2）网络的出现、发展和成熟。Internet逐渐成为全球通信与交易的媒体，全球上网用户呈级数增长趋势。Internet快捷、安全、低成本的特点为电子商务的发展提供了应用条件。

（3）信用卡的普及应用。信用卡以其方便、快捷、安全等优点而成为人们消费支付的重要手段，并由此形成了完善的全球性信用卡计算机网络支付与结算系统，使“一卡在手，走遍全球”成为可能，同时也为电子商务的网上支付提供了重要的手段。

（4）电子安全交易协议的制定。1997 年 5 月 31 日，由美国 VISA 和 Mastercard 等国际组织联合制定的安全电子交易协议 SET（Secure Electronic Transfer Protocol）出台，并得到大多数厂商的认可和支持，为在开放网络上实施电子商务提供了一个关键的安全环境。

2. 商业背景

商务应用需求对电子商务的产生起到了巨大的驱动作用。在人类社会的商业活动中，物流自始至终存在。后来随着社会分工细化和商业信息的发展，产生了货币中介服务机构——银行。

货币中介服务业（银行）的产生，使物流和资金流开始分离，信息流开始表现出来，并且信息作为规避风险的有效手段越来越为人们所重视。

正是计算机网络环境下信息流的重要性和规避商业风险的需求，使得商业活动中出现了电子手段，导致了电子商务新经济模式的产生，并导致了行业的重组。在电子商务中，信息流处于极为重要的地位，它站在更高的角度，对商品流通的全过程进行控制。

1.2.2 电子商务的发展阶段

电子商务发展的历史虽然不长，但已经经历了电子数据交换（EDI）、基础电子商务、商务社区、协同商务四个阶段（见表 1-1）。

表 1-1 电子商务 4 个阶段的特点

电子商务的 4 个阶段	灵 活 性	成 本	支持的商业流程	商 家 互 助
第一阶段：EDI 的批量传输	低，格式固定	高，专用网络	低，供应固化	目录订单
第二阶段：基础电子商务	高，开放标准	低，Internet 优势	低，无中心市场	目录+拍卖/竞价/询价
第三阶段：商务社区	高，开放标准	低，Internet 优势	高，跨地域界限	批量订单
第四阶段：协同式商务	高，开放标准	低，Internet 优势	高，跨地域界限	多样化的订单

第一阶段：电子数据交换（EDI）

电子数据交换（EDI），即 20 世纪 70 年代基于传统电子数据交换（EDI）的电子商务阶段。电子商务在网络出现以前实际上就已经存在，只不过在 1994 年之前，企业层面的电子商务是通过 EDI 进行的。EDI 是指商业交易信息以一种业界认可的标准方式在计算机与计算机间传输。由于 EDI 的使用成本昂贵，因此 EDI 从未真正普及过。

第二阶段：基础电子商务

这个阶段是 20 世纪 90 年代以 Internet 上的 EDI 为核心的电子商务阶段，买家和卖家开始尝试在没有中介的情况下开展交易。对大多数公司而言，它们仍然只是把网站当做展示产品目录和进行市场推广的地方，只有 15%的网站能够接受订单，6%的网站能够实时告知订单处理状况。

第三阶段：商务社区

在此阶段，第三方网站开始把交易双方带到共同的社区之中。商务社区创造了市场透明度，一旦买主和卖主开始定期在社区中会面，各种各样的可能性就会出现。这一阶段目前还拥有很大的发展空间。

第四阶段：协同式商务

这一阶段商业合作伙伴间的每一个业务流程几乎都可以借助网络加以改善或重组。其主要任务是在第三阶段的基础上提供对各种商务流程的支持，创造一个虚拟的商业链。协同式商务意味着企业员工、合作伙伴和顾客的一种动态合作，他们通过互动交流，在虚拟社区的电子商务资料库中找到节约成本、创造价值和解决业务问题的方法。

现在的E概念不但可以和商务活动结合，还可以和医疗、教育、卫生、政府等应用领域结合，形成相关领域的E概念。如电子信息技术与教育结合形成电子教务（远程教育），电子信息技术与医疗结合形成电子医务（远程医疗），电子信息技术与政务结合形成电子政务，电子信息技术与军务结合形成电子军务（远程指挥），电子信息技术与金融结合形成在线银行，与企业结合形成虚拟企业等。

1.2.3 中国电子商务的发展

纵观中国电子商务的发展史，按照或从国外引入或本土原创开始起步，遭遇互联网泡沫寒冬，"非典"后的回暖，以及随之而来的快速发展，到金融危机下的调整与转型，中国电子商务的发展分为以下几个阶段。

1. 萌芽与起步期（1997—1999年）

业内公认的说法是，国内第一批电子商务网站的创办时期始于从1997年开始的三年。当时互联网全新的引入概念鼓舞了第一批新经济的创业者，他们认为传统的贸易信息会借助互联网进行交流和传播，商机无限。于是，从1997年到1999年，美商网、中国化工网、8848、阿里巴巴、易趣网、当当网等知名电子商务网站先后涌现。

据中国电子商务研究中心调查显示：在目前已经成立的电子商务网站当中，有5.2%创办于20世纪90年代。

2. 冰冻与调整期（2000—2002年）

2000—2002年，在互联网泡沫破灭的大背景下，电子商务的发展也受到严重影响，创业者的信心经受了严峻的挑战，尤其是部分严重依靠外来投资"输血"，而自身尚未找到盈利模式而不具备"造血"功能的企业，经历了冰与火的严峻考验。于是，包括8848、美商网、阿里巴巴在内的知名电子商务网站进入残酷的寒冬阶段；而依靠"会员+广告"模式的行业网站集群，则大都实现了集体盈利，安然度过了互联网最为艰难的"寒潮"时期。

据中国电子商务研究中心调查显示：在这三年间创建的电子商务网站的数量不到现有网站总数的12.1%。

3. 复苏与回暖期（2003—2005年）

电子商务经历低谷后，在2003年一场突如其来的"非典"后，出现了快速复苏回暖，部分电子商务网站也在经历过泡沫破裂后，更加谨慎、务实地对待盈利模式和低成本经营。

据中国电子商务研究中心调查显示：当时电子商务网站数量占网站总数的30.1%，应用电子商务的企业会员数量开始明显增加。2003年成为不少电子商务网站尤其是B2B网站的"营收平衡年"。

4. 崛起与高速发展期（2006—2007年）

互联网环境的改善、理念的普及给电子商务带来巨大的发展机遇，各类电子商务平台会员数量迅速增加，大部分B2B行业电子商务网站开始实现盈利。而专注B2B的网盛生意宝与阿里巴巴先后上市成功引发的"财富效应"，更是大大激发了创业者与投资者对电子商务的热情。**IPO**的梦想、行业良性竞争和创业投资热情高涨这"三架马车"，大大推动了我国的电子商务进入新一轮高速发展与商业模式创新阶段，衍生出更为丰富的服务形式与盈利模式，而电子商务网站数量也快速增加。

【小知识】

IPO：首次公开募股（initial public offerings， IPO），是指企业通过证券交易所首次公开向投资者发行股票，以期募集企业发展所需的资金的过程。

通常，上市公司的股份是根据相应的证监会出具的招股书或登记声明中约定的条款通过经纪商或做市商进行销售。一般来说，一旦首次公开上市完成后，这家公司就可以申请到证券交易所或报价系统挂牌交易。

据中国电子商务研究中心调查显示：仅 2007 年，国内各类电子商务网站的创办数量就超过了现有网站总数的 30.3%。

5. 转型与升级期（2008—2009 年）

全球金融海啸不期而至，全球经济环境迅速恶化，致使我国相当多的中小企业举步维艰，尤其是外贸出口企业，其发展受到极大阻碍。作为互联网产业中与传统产业关联度最高的电子商务，也难以独善其身。受产业链波及，外贸在线 B2B 首当其冲，以沱沱网、万国商业网、慧聪宁波网、阿里巴巴为代表的出口导向型电子商务服务商，或关闭，或裁员重组，或增长放缓。而与此同时，在外贸转内销与扩大内需、降低销售成本的指引下，内贸在线 B2B 与垂直细分 B2C 却获得了新一轮高速发展。不少 B2C 服务商获得了数目可观的风险投资青睐，传统厂商也纷纷涉水，B2C 由此取得了前所未有的发展与繁荣。而在 C2C 领域，随着搜索引擎巨头百度的进入，使得网购用户获得了更多的选择空间，行业竞争更加激烈。

据中国电子商务研究中心调查显示：在此两年不到的时间内创建的电子商务网站的数量占现有网站总数的 22.3 %，且有 75.4%的电子商务网站专注于细分行业的 B2C。该时期电子商务行业优胜劣汰的步伐加快，模式、产品、服务等创新层出不穷。

6. 大规模发展与应用期（2010 年以后）

2010 年，我国电子商务已经进入大规模发展、应用和运营的阶段，无论是 B2B 企业电子商务，还是个人电子商务（B2C、C2C、团购、**代购**等），新模式、新平台、新特征，均层出不穷。中国电子商务研究中心预测：未来 5 到 10 年我国电子商务整体水平将继续高速发展并有望领先于世界。

【小知识】

代购：通常是指为客户在网上代购商品，收取定额服务费，免费为客户订购、打包、配送。通俗一点来说，就是找人帮忙购买你需要的商品，原因可能是因为你在当地买不到这件商品，又或者是因为当地这件商品的价格比其他地区的贵。按服务地区，代购可分为以下三种形式：

第一种是全球代购类，即服务于代购全球商品的网站（如胜邮网、全球购物、环球易网等）；

第二种是专注服务于部分国家的代购网，即可以实现代购部分国家商品的某一网站；

第三种是专注服务于一个国家的代购网，即只能代购该网站服务的这个国家的商品的网站（如美国购物网）。

电子商务服务业正在成为促进电子商务发展的强大引擎和信息时代的商业基础设施，电子商务的经济社会影响日趋广泛和深刻。在由工信部牵头，发改委等 9 部委联合制定的《电子商务“十二五”规划》中，电子商务被列入国家战略性新兴产业的重要组成部分。

中国电子商务研究中心数据显示：截止到 2012 年 6 月，中国电子商务市场交易额达 3.5 万亿，同比增长 18.6%。其中，B2B 电子商务交易额达到 2.95 万亿，同比增长 13%；网络零售市场交易规模达 5 119 亿元，同比增长 46.6 % 。国内 B2C、C2C 与其他电商模式企业数已达 24 620 家，较去年增幅达 20.1%。

1.3 电子商务系统

1.3.1 电子商务系统的组成

电子商务系统是实现电子交易的基础和体系保证。所有的商业交易都需要语义确切的信息交流和处理，以减少买方和卖方之间的不确定因素，这些不确定性因素包括交易产品的质量问题，是否有第三方对委托进行担保，以及如何解决纠纷等。电子交易的特殊点在于其信息沟通是通过数字化的信息沟通渠道来实现的，故交易双方必须拥有传递信息和数据的平台，能够发布商务信息，接受客户需求。同时，只有交易双方都接入网络才能进行交易，必须要求企业、消费者和相应组织都接入对等的网络平台。电子交易系统实现了无时间、空间阻隔的交易，但必须提供相应的配送手段和支付手段来保证交易双方的利益安全。随着电子商务的发展，物流业也进行了相应的改革，货物配送在传统的物流渠道上，新增了许多信息化技术，从而保证配送的准确和及时。对于支付结算，既可以利用传统手段，如货到付款、汇款等，也可以采用安全、先进的网上支付手段。

因此，电子商务系统的基本组成要素有计算机网络（Internet、Intranet、Extranet）、用户、配送中心、认证中心、银行、商家等（见图 1-1）。

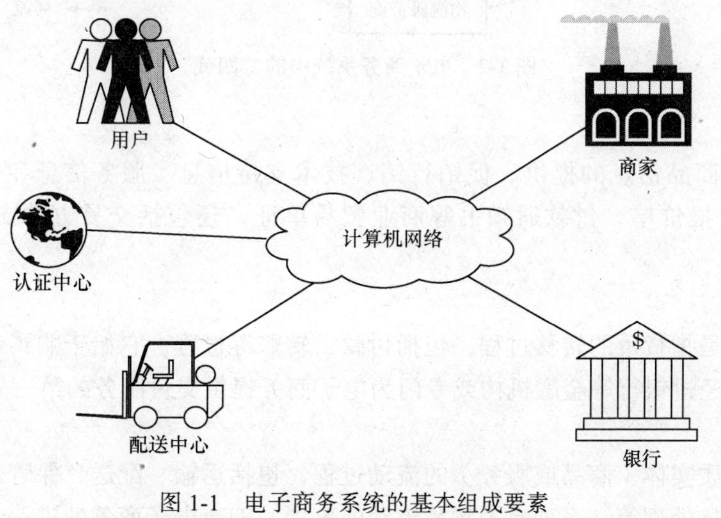

图 1-1　电子商务系统的基本组成要素

1. 计算机网络

计算机网络包括 Internet、Intranet、Extranet。Internet 是电子商务的基础，是在全世界范围内进行商务、业务信息传送的载体；Intranet 是企业内部商务活动和经营管理的网络平台；Extranet 是企业与企业，以及企业与客户进行商务活动的纽带。

2. 用户

电子商务用户可分为个人用户和企业用户。个人用户使用浏览器、电视机顶盒、个人数字助理、电话等接入 Internet。为了获取信息、购买商品，还需采用 Java 技术及产品。企业用户建立企业内联网、外部网和企业管理信息系统（MIS），对人、财、物、供、销、存进行科学管理。

3. 认证中心（CA）

认证中心是法律承认的权威机构，负责发放和管理电子证书，使网上交易的各方能互相确认身份。电子证书是一个包含证书持有人、个人信息、公开密钥、证书序号、有效期、发证单位的电子签名等内容的数字文件。

4. 配送中心

配送中心接受商家的送货要求，组织运送无法从网上直接得到的商品，跟踪产品的流向，将商品送到消费者手中。

5. 网上银行

网上银行是通过 Internet 实现传统银行的业务，使银行能够为用户提供 24 小时实时服务；网上银行可以发放电子钱包，提供网上支付手段，为电子商务交易中的用户和商家服务。

1.3.2 电子商务系统中的“四流”

众所周知，经济活动中的要素可以用四种方式表示：信息流、资金流、物流和商流。电子商务系统的流通体系也包含以上四种要素（见图 1-2）。

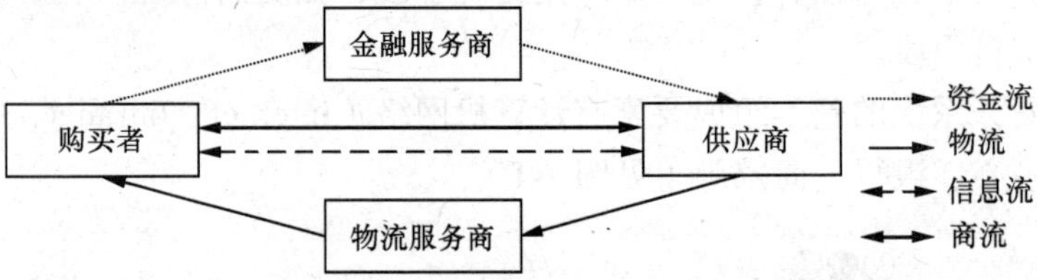

图 1-2 电子商务系统中的“四流”

1. 信息流

信息流包括商品信息的提供、促销行销、技术支持信息、服务信息和企业信贷信息等，也包括询价单、报价单、付款通知书等商业贸易单证，还包括交易方的支付能力、支付信誉等。

2. 资金流

资金流主要是指货币的转移过程，包括付款、转账等过程。它始于购买者，终于供应商家账户，中间可能经过银行等金融机构或专门为电子商务提供支付服务的第三方支付平台。

3. 物流

物流是指物质实体（商品或服务）的流动过程，包括运输、配送、保管、包装、装卸、流通加工及物流信息处理等一系列有关物品流动的事项。随着电子商务的进一步推广和运用，物流对电子商务的影响日益明显；而信息技术和电子商务的发展，反过来又推动传统物流向现代物流发展。

4. 商流

商流主要是指商品在购、销之间进行交易和商品所有权转移的运动过程，具体指商品交易的一系列活动。

电子商务活动主要包括信息流、资金流和物流三要素，最后才是商流产生商品所有权的转移。物流、资金流、信息流的形成是商品流通不断发展的必然结果，它们在商品交换的过程中有机地统一起来，由信息流提供及时准确的有关资料，由资金流按合同条款要求完成商品所有权的转换，由物流按照资金流的明确规定完成商品实体向消费者的转换，从而形成了这三者在商品交换过程中的不可分离的整体，共同完成商品交换这一全过程。

由此可见，在任何买卖双方的商业活动中，信息流反映的是物流的移动与资金流流向细节的具体描述，信息流对物流和资金流的运作起到指导和监控的作用，并为人们保障资金流和物流的安全提供决策的依据。

1.4 电子商务的分类

电子商务发展至今，已出现众多有不同特点的电子商务类型，从不同角度可以有多种分类方法。

1.4.1 按电子商务交易主体分类

按电子商务交易主体或者电子商务企业事务处理所涉及的范围，可将电子商务划分为企业内部电子商务、B2B、B2C、C2C和电子政务（包括G2B、G2C、G2G、G2E电子商务）。其中，B、C、G分别代表企业（Business）、个人消费者（Customer）和政府（Government）三个交易实体。

1. 企业内部电子商务

企业内部电子商务包括组织内部的所有活动，包括商品、服务和信息等在组织内各部门及个人之间的交换。这些活动包括向组织内部员工销售产品、在线培训、进行合作设计等。企业内部电子商务的实现常常通过企业内部网（Intranet）或公司门户网站得以实现。

2. 企业与企业间的电子商务（B2B）

B2B电子商务，即企业与企业之间通过互联网进行产品、服务及信息的交换。通俗的说法是指进行电子商务交易的供需双方都是商家（或企业、公司），它们使用了Internet的技术或各种商务网络平台，完成商务交易的过程。这些过程包括：发布供求信息，订货及确认订货，支付过程及票据的签发、传送和接收，确定配送方案并监控配送过程等。B2B电子商务发展最快，已经有了多年的历史。目前我国B2B网站的典型代表有阿里巴巴、中国制造网、慧聪网等。

3. 企业与消费者间的电子商务（B2C）

B2C电子商务，即电子化的零售商业，直接面向消费者进行产品和服务的销售。这种形式的电子商务一般以网络零售业为主，主要借助于互联网开展在线销售活动。Internet上已遍布各种类型的商业中心，提供各种商品的电子商务服务，主要有书籍、服饰、化妆品和各种消费商品的交易和服务。这种模式节省了客户和企业的时间和空间，大大提高了交易效率，可实现24小时无地域限制的交易。目前我国B2C网站的典型代表有当当网、京东商城、天猫、卓越亚马逊等。

4. 消费者与消费者之间的电子商务（C2C）

C2C电子商务，即消费者对消费者的模式，消费者之间可以通过使用公共网站和个人网站等方式来交换数据。C2C商务网站为买卖双方提供了一个在线交易平台，使卖方可以主动提供商品上网售卖，而买方可以自行选择商品。目前我国C2C网站的典型代表有淘宝网、易趣网、拍拍网等。

5. G2B、G2C、G2G、G2E电子商务

政府与企业间（G2B）、政府与消费者间（G2C）、政府机构间（G2G）、政府与雇员间（G2E）电子商务，从政府角度来看被称为**电子政务**，属于广义电子商务范畴。

【小知识】

电子政务：运用计算机、网络和通信等现代信息技术手段，实现政府组织结构和工作流程的优化重组，超越时间、空间和部门分隔的限制，建成一个精简、高效、廉洁、公平的政府运作模式，以便全方位地向社会提供优质、规范、透明、符合国际水准的管理与服务。

电子政务的类别包括四种：政府与企业间（G2B）、政府与消费者间（G2C）、政府机构间（G2G）、政府与雇员间（G2E）。

（1）G2B电子商务，即政府与企业之间通过网络所进行的交易活动的运作模式。由于活动在网上完成，使得企业可以随时随地了解政府的动向，还能减少中间环节的时间延误和费用，提高政府办公的公开性与透明度。G2B电子商务比较典型的例子是网上采购，即政府机构在网上进行产品、服务的招标和采购，这种运作模式的优点是投标费用降低。目前G2B网站的典型代表有中国招标采购在线、中国采购与招标网等。

（2）G2C电子商务，即政府与个人之间的电子商务模式，是政府通过电子网络系统为公民提供各种服务。G2C包含的内容十分广泛，主要的应用包括公众信息服务、电子身份认证、电子税务、电子社会保障服务、电子民主管理、电子医疗服务、电子就业服务、电子教育、培训服务、电子交通管理等。G2C的目的除了让政府给公众提供方便、快捷、高质量的服务外，更重要的是可以开辟公众参政、议政的渠道，畅通公众的利益表达机制，建立政府与公众的良性互动平台。

（3）G2G电子商务，是指政府与政府之间的电子商务模式，即上下级政府、不同地方政府和不同政府部门之间实现的电子政务活动。G2G模式是电子政务的基本模式，具体的实现方式可分为政府内部网络办公系统、电子法规、政策系统、电子公文系统、电子司法档案系统、电子财政管理系统、电子培训系统、垂直网络化管理系统、横向网络协调管理系统、网络业绩评价系统、城市网络管理系统等十个方面，即传统的政府与政府间的大部分政务活动都可以通过网络技术的应用而高速度、高效率、低成本地实现。

（4）G2E电子商务，指政府与政府公务员即政府雇员（employee）之间的电子商务模式。G2E是政府机构通过网络技术实现内部电子化管理的重要形式，也是G2G、G2B和G2C电

子政务模式的基础。G2E 电子政务主要是利用 Intranet 建立起有效的行政办公和员工管理体系，为提高政府工作效率和公务员管理水平服务。

1.4.2 按商务形态分类

按照商务形态可把电子商务分成两类：完全电子商务（pure EC）和不完全电子商务（partial EC）。如果分别以产品形态（或服务方式）、业务处理方法和组织机构为轴，可建立一个商务形态三维模型，如图 1-3 所示。

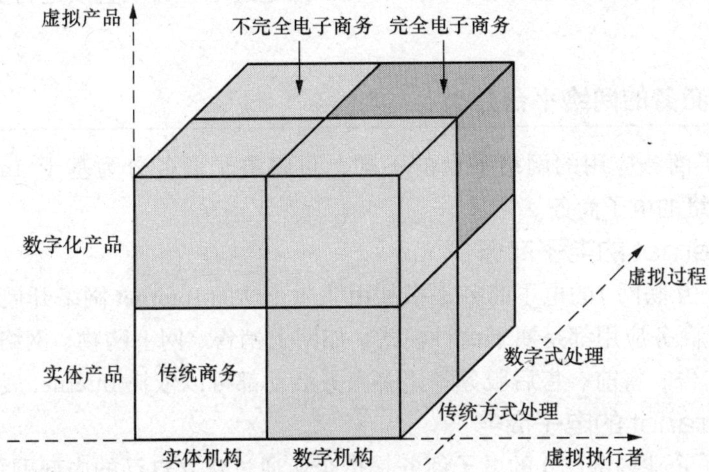

图 1-3 商务形态的三维模型图

在这三个维度中，产品形态包括有形物质产品和数字化产品（或传统服务和新型数字化服务）；业务处理方法包括传统处理方式和数字化处理方式；组织机构包括实体机构和数字化机构。根据三个维度的数字化程度，划分了三种商务形态。

1. 完全电子商务

如果在全部商务活动中，所有业务步骤都是以数字化方式完成的，则称之为完全电子商务。如图 1-3 右上角的方块所示，企业组织是完全在线的虚拟机构，生产的是数字化产品（或提供数字化服务），并以数字化方式进行业务处理和在线销售。三个维度全部是数字化的，即为完全电子商务。

2. 不完全电子商务

如果在全部商务活动中，至少有一个或一个以上的业务环节应用了 IT 技术的商务形态，一般称为不完全电子商务。图 1-3 中有 6 个方块用来描述不完全电子商务形态。例如在当当网上买了一本纸质书，并通过快递将书送到购买者手中，这个过程就属于不完全电子商务。因为，其一，送来的书是有形产品；其二，物流配送方式也不是数字化的。

如果在全部商务活动中，所有业务步骤都是以传统方式完成的，则称之为传统商务。如图 1-3 中左下角的方块所示，这种形态在本书中不展开讨论。

1.4.3 按商务活动的内容分类

电子商务按商务活动交易对象分类，可分为间接电子商务和直接电子商务两类。

1. 间接电子商务

间接电子商务交易的对象是有形商品，有形商品的电子订货和付款依然需要依赖传统渠道，如邮政服务和商业快递送货。

2. 直接电子商务

直接电子商务交易的对象是无形商品和服务，如某些计算机软件、娱乐产品的联机订购、付款和交付，或者是全球规模的信息服务。

直接和间接电子商务均提供特有的机会，同一公司往往二者兼营。间接电子商务要依靠一些外部要素，如运输系统等；直接电子商务能使双方越过地理界线直接进行交易，充分挖掘全球市场的潜力。

1.4.4 按电子商务的网络平台分类

按照支持电子商务应用的网络平台的不同，可将电子商务分为基于 Internet、Intranet、Extranet 和其他网络的电子商务。

1. 基于 Internet 的电子商务

基于 Internet（互联网）的电子商务是指利用联通全球的 Internet 网络开展的电子商务活动。目前，多数的电子商务应用都是属于此种模式。如网上销售、网上购物、网络营销、虚拟超市、信息发布、网络广告、售前、售后服务等诸多商务活动都可以依托 Internet 展开。

2. 基于 Intranet 的电子商务

基于 Intranet（企业内部网）的电子商务是指企业通过建立自己的内部网络，完成企业内部管理及业务流程，如进行企业内部信息的发布、反馈、交流互动以及人、财、物的协调等，一般通过采用防火墙技术、访问权限等安全措施来保证企业核心信息的安全。目前，国内外许多大型企业机构都采用这种模式开展电子商务。

3. 基于 Extranet 的电子商务

基于 Extranet（企业外部网）的电子商务是指相关企业之间通过建立企业外部网实现信息的交流、互动，协调双方的运作，实现网上的实时交易。如生产制造企业与上游供应商之间、下游分销商之间都可以通过开展此种类型的电子商务活动来提高贸易和效益。

4. 基于其他网络平台的电子商务

其他网络平台包括电子数据交换（EDI）网络和其他**增值网**。基于 EDI 网络的电子商务是指利用 EDI 进行的电子交易。EDI 是商业贸易伙伴之间将标准、协议规范化和格式化的经济信息通过电子数据交换网络，在相关的计算机系统之间进行自动交换和处理。

基于其他增值网的电子商务包括 ATM 自动存/取款、视频点播 VoD（video on demand）及视频会议等。这些都是对基于计算机网络的电子商务活动的有效补充。

【小知识】

增值网：value added network，缩写 VAN，是租用公用网的通信线路与计算机连接，进行信息的存储、处理的通信网系统。增值网可凭借从公用网租用的传输设备，使用本部门的交换机、计算机和其他专用设备组成专用网，以适应本部门的需要。例如，租用高速信道组成的传真存储转发网、会议电视网、专用分组交换网、虚拟专用网（VPN）等。

1.5 电子商务框架与支持服务环境

1.5.1 电子商务的框架

电子商务的基本框架结构是指实现电子商务从技术到一般服务层所应具备的完整的运作基础。它包括网络基础设施的三个层次和电子商务应用的四个支柱（见图 1-4）。三个层级自下而上分别为网络层，信息发布/传输层及一般业务服务层；四个支柱分别是公共政策、法律规范、网络安全和技术标准。

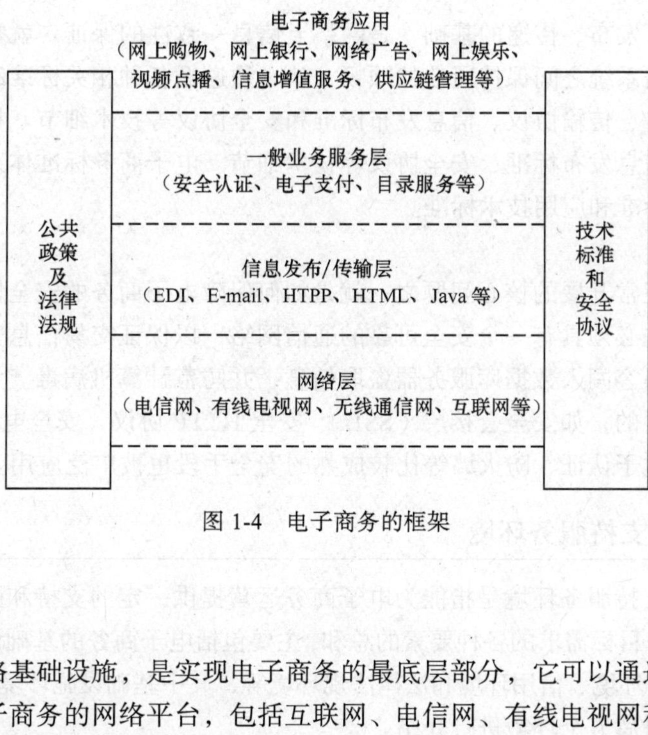

图 1-4　电子商务的框架

1. 三个层次

（1）网络层

网络层是指网络基础设施，是实现电子商务的最底层部分，它可以通过电信、电视盒无线设备等工具提供电子商务的网络平台，包括互联网、电信网、有线电视网和无线通信网。整个网络是由局域网、城域网、骨干网层层搭建的，这样使任何一台联网的计算机能够随时与因特网连接。目前大多数的电子商务应用都建筑在 Internet 上，其主要硬件有电话设备、调制解调器、集线器、路由器和程控交换机等。

（2）信息发布/传输层

信息发布/传输层的功能是在网络层提供的信息传输线路上，根据一系列传输协议来发布传输文本、数据、声音、图像、动画、电影等信息。它解决电子商务系统外部信息的传输问题。非格式化的数据交流，如 E-mail 和传真等，主要面向人；格式化的数据交流，如 EDI 的传递和处理过程都可以是自动化的，主要面向机器。目前 Internet 上最常用的信息发布方式是以 HTML 的形式将信息发布在万维网上。这样，企业可以利用网页、电子邮件等在 Internet 上发布各类商业信息，客户可以借助检索工具迅速地找到所需要的商品信息。

（3）一般业务服务层

一般业务服务层上建设了实际的电子商务应用，用以实现标准的网上商务活动服务，如标准的商品目录服务、电子支付、商业信息安全传送、客户服务、电子认证等。

2. 四个支柱

（1）公共政策

公共政策是指政府统一制定的围绕电子商务发展的宏观政策，包括互联网络的市场准入管理、电子商务的税收政策、信息的收费、隐私问题等。

（2）法律规范

电子商务活动的买卖双方很可能存在着地域和时间的差别，如果没有一个成熟的、完整的法律体系，电子商务纠纷难以得到妥善解决。法律保障商务活动的正常运作，违规活动必须受到法律制裁。电子商务的法律规范涵盖了知识保护、电子合同、数字签名、网络犯罪等诸多方面。

（3）技术标准

技术标准是信息发布、传递的基础，是网络上信息一致性的保证。就整个因特网的环境来说，要在不同的传输系统之间保持通信的顺畅，就必须遵循各种相关标准和协议。各类标准和协议定义了用户接口、传输协议、信息发布标准和安全协议等技术细节。技术标准定义了用户接口、传输协议、信息发布标准、安全协议等技术细节。电子商务标准体系包括公共标准、网络标准、应用平台标准和应用技术标准。

（4）安全协议

电子商务能否正常开展的核心问题之一就是如何保障电子商务的安全性。作为一个安全的电子商务系统，首先必须具有一个安全可靠的通信网络，以保证交易信息安全、迅速地传递；其次必须防止网络黑客闯入数据库服务器盗取信息，并防范计算机病毒。为此，一系列安全标准的制定是十分必要的，如安全套接层（SSL）、安全 HTTP 协议、安全电子交易（SET）等。此外，电子签名和电子认证、防火墙等比较成熟的安全手段也被广泛应用。

1.5.2 电子商务支持服务环境

所谓电子商务支持服务环境是指能为电子商务运营提供一定的支持和服务以满足电子商务交易主体实现其商务目标需求的各种要素的总和，主要包括电子商务的基础设施环境、支付环境、物流环境、安全交易环境、信用环境和法律法规环境等，其中基础设施环境主要指图 1-4 中的三个层次。下面主要对后五个环境进行介绍。

1. 电子商务的支付环境

电子支付是电子商务活动的关键环节和重要组成部分，是电子商务顺利发展的基本条件。没有良好的网上支付环境，网上客户只能采用网上订货、网下结算付款的方式，只能实现较低层次的电子商务应用。这就使得电子商务高效率、低成本的优越性难以发挥，使得电子商务的应用与发展受到严重的阻碍。

网上金融服务是电子商务的重要一环。随着电子商务的普及和发展，网上金融服务的内容也在发生着很大的变化。网上金融服务包括网络银行、家庭银行、企业银行、个人理财、网上证券交易、网上保险、网上纳税等业务。所有这些网络金融服务都是通过电子支付的手段来实现的。有关电子支付的相关内容请阅读本书的第 8 章，有关金融电子商务的相关内容请阅读本书的第 6 章。

2. 电子商务的物流环境

物流是指物质实体从供应商向需求者的物理移动。近几年来随着电子商务的飞速发展，物流问题十分突出地表现了出来。在电子商务的“四流”中，信息流、商流、资金流三者都可以完全通过信息网络的技术和手段得以顺利完成，唯独物流大多数情况是实物的传递，不能通过信息网络完成。随着电子商务技术的进步，电子商务环境下物流配送的地位与作用显得日益突出。没有一个高效的、合理的、畅通的物流配送体系，电子商务就难以顺利实施，电子商务所能带来的方便快捷就无法实现。有关电子商务物流管理的相关内容请阅读本书第 10 章。

3. 电子商务的安全交易环境

如何保障电子商务活动的安全，一直是电子商务能否正常开展的核心问题。一个安全的电子商务系统，首先必须具有一个安全、可靠的通信网络，以保证交易信息安全、迅速地传递；其次，必须保证数据库服务器的绝对安全，防止网络黑客入侵盗取信息。目前，电子签名和认证是网上比较成熟的安全手段，同时人们还制定了一系列安全协议，营造了一个相对安全的电子商务交易环境。有关电子商务安全的相关内容请阅读本书的第 9 章。

4. 电子商务的信用环境

恪守信用是从古至今被人们一贯遵循的信用观。互联网的出现，导致时间和空间分离程度大大提高，各种具有匿名特性的沟通渠道大量出现，从而使得信任机制变得愈来愈重要。在电子商务的应用过程中，出现了很多网络信用问题。营造一个良好的信用环境，构建较完善的信用管理体系，对电子商务的发展至关重要。相关内容请阅读本书第 11 章。

5. 电子商务的法律法规环境

在电子商务迅猛发展的同时，各种相应的法律问题也逐渐显现出来，如网上支付各当事人之间的法律关系、网上消费者权益保护、知识产权保护、网络交易纠纷等。电子商务要进一步发展必须有完善的法律服务环境。相关内容请阅读本书第 11 章。

1.6 电子商务的优势与不足

1.6.1 电子商务的优势

电子商务是因特网爆炸式发展的直接产物，是网络技术应用的全新发展方向。因特网本身所具有的开放性、全球性、低成本、高效率的特点，也成为电子商务的内在特征，并使得电子商务大大超越了作为一种新的贸易形式所具有的价值，它不仅会改变企业本身的生产、经营、管理活动，而且将影响到整个社会的经济运行与结构。以互联网为依托的电子技术平台为传统商务活动提供了一个无比宽阔的发展空间，其突出的优越性是传统媒介手段根本无法比拟的。

1. 降低企业成本

首先，尽管建立和维护公司的网站需要一定的投资，但是与其他销售渠道相比，通过国际互联网进行销售的成本非常低。据统计，在 Internet 上做广告可以使销售数量提高 10 倍，同时它的成本是传统广告的 1/10。

其次，电子商务可以降低采购成本。因为借助 Internet，企业可以在全球市场寻求价格优惠的供应商，而且通过与供应商的信息共享，减少中间环节由于信息不准确带来的损失。同时，企业可以加强与主要供应商之间的协作关系，将原材料的采购与产品的制造过程有机地结合起来，形成一体化的信息传递和信息处理体系。采购人员也有更多的时间专心致力于合同条款的谈判，并注重与供货商建立更加稳固的购销关系。

2. 树立企业形象

企业在互联网上建立网站，可以在网络虚拟空间确立公司的企业形象，可以在网站上向世界各地的潜在客户宣传自己的产品与服务。网站是公司的形象，是企业的一项无形资产。随着网络的普及和发展，企业在互联网上拥有自己的网站并开展电子商务将是必然趋势。网上形象的树立将成为企业宣传产品和服务的关键。

3. 提高企业运营效率

企业可以运用企业资源计划、供应链管理、管理信息系统、客户关系管理系统来协调相关部门的步骤，提高企业的运营效率。企业可以通过网上的情报信息搜集对市场变化做出快速反应；使用电子通信手段与客户联系，缩短签约时间；根据客户订单即时生产、即时销售，缩短生产周期；采用高效快捷的配送中心提供送货服务，提高配送效率。

4. 增加企业商机

世界各地存在的时差，造成了国际商务谈判的不便。对企业来讲，提供每天 24 小时的客户支持和服务，费用相当昂贵。然而，国际互联网的网页不同于人员销售，可以实现 24 小时的在线服务。任何人都可以在任何时候向网上企业查找信息，寻求问题的答案。目前全球范围内加入 Internet 大家庭的人数越来越多，所有 Internet 的成员都是潜在的消费群体，抓住了庞大的顾客源就为企业的长远发展提供了充分的保障。电子商务以经济、有效的方式提供了和客户联系沟通的网络站点，为客户提供企业的基本情况、商品与服务信息。

1.6.2 电子商务的不足

尽管电子商务的发展如火如荼，但其存在的缺陷和不足不能被忽视。电子商务市场发展的强劲势头或许只是表面，只要对这个市场稍加观察，它依然存在着很多问题亟待解决，尤其是在我国网络基础设施还不够健全，消费者网络防范意识还不强的情况下。

1. 安全问题

目前我们对网上入侵者、伪造者、攻击者的防范能力较弱，而安全性问题又是企业应用电子商务最担心的问题。因此，从技术上保证数据的安全已成为电子商务发展中至关重要的问题，个人信息的保密和知识产权的保护也非常关键。从文档、杂志到软件和音乐作品，从视像、机票到订单和发票，只要是数字化的信息，都需要进行加密，然后才能在互联网上传递。有了强有力的加密系统，大家才不再为传递敏感数据而担心，不再为信息的完整性而担心。一般来说，电子商务的安全由以下要素构成：数据的准确性、数据的保密性、数据的完整性和数据的可靠性。

电子商务面临的安全威胁主要有：①信息在网络的传输过程中被截获；②传输的文件可能被篡改；③伪造电子邮件；④假冒他人身份；⑤不承认已做过的承诺，抵赖。

2. 标准问题

各国的国情不同，电子商务的交易方式和手段当然也存在某些差异，而且我们要面对无国界、全球性的贸易活动，因此政府需要在电子商务交易活动中建立相关的、统一的国际性标准，以解决电子商务活动的互操作问题。当然，当交易中出现侵犯知识产权等现象时，政府应采取及时、准确的行动。在我国，目前的电子商务应用普及面临的社会环境是：政企不分，信用制度不完整，地方利益和部门利益纵横交错而滋生出形形色色的保护主义。面对如此境况，政府如何管理才能化消极因素为积极因素，推进电子商务的应用普及，值得好好思忖。

3. 法律不健全问题

要想在 Internet 上开展电子商务活动，一方面，必须了解一些有关的法律问题，如果对 Internet 上的法律规则一点都不熟悉，后果将是不堪设想的；另一方面，基于 Internet 的电子商务法律法规不健全。传统的贸易合同都必须以书面形式订立，通过手写签名或印章来辨别身份。在网络中电子货币、电子签名、电子合同应运而生，有关书面合同的法律规定很难适用于网上无形的电子合同。基于 Internet 的电子商务法律系统究竟应该如何制定，由谁来制定，应遵循什么样的原则，其效力如何保证，这些都是现在讨论的热点问题。

4. 信誉问题

在追求经济利益的商业社会，有些人的诚信意识日渐淡薄。在经济利益的驱动下，不法商家和个人将诚信抛至脑后，利用互联网法律的空子进行商业欺诈。据中国互联网络信息中心（CNNIC）2011 年 1 月发布的《第 28 次中国互联网络发展状况统计调查》显示，“用户认为目前网上交易存在的最大问题”一项，所有回答都涉及诚信问题。报告显示，2011 年上半年，遇到过病毒或木马攻击的网民达到 2.17 亿，占网民总数的 44.7%；有过账号或密码被盗经历的网民达到 1.21 亿人，占 24.9%，较 2010 年增加 3.1 个百分点；有 8%的网民在网上遇到过消费欺诈，该群体网民规模达到 3 880 万。在电子商务领域，交易环节众多，牵涉到企业、消费者、物流、银行等社会各方各面，在交易过程中任何一方诚信出现问题，都会使得交易不能顺利完成。而且何一个环节出现了问题都会导致电子商务信用危机，出现问题责任不明确，各方互相推托，很多时候不了了之。只有企业、消费者、物流、银行都承担起各自的信用责任，才有助于减少电子商务信用问题的出现。

【要点回顾】

电子商务到目前为止还没有公认的定义，但是总体来说，电子商务是依靠互联网技术和电子工具开展的商务活动。电子只是其手段，实现商务才是其根本目的。

电子商务的产生背景包括技术和商业背景，到目前为止经历了四个发展阶段，即电子数据交换（EDI）、基础电子商务、商务社区、协同式商务阶段。

电子商务系统由计算机网络（Internet、Intranet、Extranet）、用户、配送中心、认证中心、银行、商家等组成。信息流、资金流、物流和商流是电子商务系统流通体系的基本四要素，只有四种要素完备，流程完整，才算是完成了一次电子商务的交易过程。

从不同角度，电子商务可以分为不同的类型。例如按电子商务交易主体划分，可分为 B2B、B2C、C2C、G2B、G2C、G2G、G2E；按商务形态，可分为完全电子商务和不完全电子商务；按商务活动的内容，分为间接和直接电子商务；按网络平台，则可分为基于 Internet、Intranet、Extranet 及其他网络平台的电子商务。

电子商务的基本框架结构包括三个层次、四个支柱。三个层级自下而上分别为网络层、信息发布、传输层和一般业务服务层；四个支柱分别是公共政策、法律规范、网络安全和技术标准。

电子商务是时代发展的必然产物，它改变了贸易形式，完成了业务转型，它独具的优势使其迅速发展。但在我国网络基础设施还不够健全、消费者网络防范意识还不强的情况下，太快的发展也带来了不可忽视的问题。

【本章习题】

1. 什么是电子商务？比较分析各方对电子商务概念表述的异同点。
2. 电子商务的发展经历了哪些阶段？各阶段具有哪些特点？
3. 什么是完全电子商务和不完全电子商务？请分别举例说明。
4. 电子商务按照主体分可以分为哪几种类型？上网找出相应的中国企业的例子。
5. 试从不同角度讨论电子商务系统中的“四流”之间的关系？
6. 电子商务运作的环境要素有哪些？它们对电子商务过程分别有什么影响？其中哪些是必不可少的支撑环境？为什么？
7. 讨论电子商务在中国发展的特点。
8. 讨论电子商务对企业运作带来的影响。

【课后拓展】

请读者访问以下网址，上网体验电子商务，并对不同网站提供的主要功能进行列举和评价，以增强对电子商务的感性认识，为学习后续内容打下基础。

1. B2B 网站：阿里巴巴（alibaba.com）、中国制造网（cn.made-in-china.com）、慧聪网（hc360.com）;
2. B2C 网站：当当网（dangdang.com）、京东商城（360buy.com）、卓越亚马逊（amazon.cn）、天猫（tmall.com）;
3. C2C 网站：淘宝网（taobao.com）、易趣网（eachnet.com）、拍拍网（paipai.com）;
4. 综合类企业网站：海尔（haier.com）、联想中国（lenovo.com.cn）。

第2章 电子商务技术基础

【内容提要】

随着 Internet 规模的不断扩大，电子商务的应用越来越广泛，遍及全球。利用 Internet 技术搭建起来的 Intranet 和 Extranet，与 Internet 一起构成了电子商务功能完整实现的网络环境。因此，本章主要针对这三种网络及其应用进行全面介绍。

本章学习目标：

- 熟悉 Internet 的概念和功能
- 掌握 IP 地址、域名的概念及域名解析的过程
- 了解 Web 站点的定义、Web 应用的拓扑模型及工作模式
- 了解 Intranet 的概念、特点、功能和结构
- 了解 Extranet 的概念、功能和应用
- 理解 Internet、Intranet、Extranet 三者的联系与区别

2.1 Internet 网络与应用技术

2.1.1 Internet 概述

1. 什么是 Internet

什么是 Internet？在英语中“Inter”的含义是“交互的”，“net”是指“网络”。简单而言，Internet 是指一个由计算机构成的交互网络。它是一个世界范围内的巨大的计算机网络体系，它把全球数万个计算机网络，数千万台主机连接起来，包含了难以计数的信息资源，向全世界提供信息服务。它的出现，是世界由工业化走向信息化的必然和象征，但这并不是对 Internet 的一种定义，而仅仅是对它的一种解释。从网络通信的角度来看，Internet 是一个以 **TCP/IP** 网络协议连接各个国家、各个地区、各个机构的计算机网络的数据通信网。从信息资源的角度来看，Internet 是一个集各个部门、各个领域的各种信息资源为一体，供网上用户共享的信息资源网。现在的 Internet 已经远远超越了网络的涵义，它是一个信息社会的缩影。虽然至今还没有一个准确的定义来概括 Internet，但是这个定义应从通信协议、物理连接、资源共享、相互联系、相互通信等角度来综合加以考虑。Internet 是把现代通信技术和现代计算机技术融合于一体，进行国际信息交流和实现资源共享的有效手段。Internet 将不同类型、不同规模、不同地理位置的物理网络连接起来，构成一个整体。因此可以说，

Internet 是一个“网络的网络”。

> **【小知识】**
>
> **TCP/IP**：是 Transmission Control Protocol/Internet Protocol 的简写，中译名为传输控制协议/因特网互联协议，又名网络通信协议，是 Internet 最基本的协议，Internet 国际互联网络的基础，由网络层的 IP 协议和传输层的 TCP 协议组成。TCP/IP 定义了电子设备如何接入因特网，以及数据如何在它们之间传输的标准。

Internet 就像是一条遍及全世界各个角落的高速公路一样，有着蜘蛛网一样的网状结构，各种各样的信息在上面快速传递，使人们得以在全球范围内进行信息交换活动。与 Internet 相连接，意味着可以分享其上丰富的信息资源，可以与其他地区的用户进行交流。

（1）全球化的信息传播。因特网使世界各地的人们之间的双向信息交换变成了可能，人们通过因特网可及时了解到世界的最新信息，在网上讨论问题和聊天，又可通过因特网传送和接收文件。此外，因特网通信的可靠性、高效率和低成本，也为各企业在网上开拓新的市场、进行商品贸易、宣传新产品提供了极大的方便。

（2）信息容量大，时效长。随着计算机存储技术的发展，因特网提供的信息存储空间已趋近于无限，因特网已发展成为一个涉及政治、经济、文化、教育、娱乐、体育、科研、商业等各方面内容的全球最大的信息资源库。而且在因特网上的信息，一旦进入发布平台，即可长期存储、长期有效，除非被强制删除。

（3）检索使用方便灵活。与一般的媒体相比较，因特网上的信息检索更为方便，传输速度也极快。人们可通过网络搜索找到所需信息。

（4）灵活多样的入网方式。任何计算机只要使用 TCP/IP 与因特网中的任何的一台主机通信就成为因特网的一部分。因特网所采用的 TCP/IP 协议成功地解决了不同硬件平台、不同网络产品和不同操作系统之间的兼容性问题。因此，无论是大型机、小型机，还是微机，都可以通过 TCP/IP 协议与因特网进行通信。

2. Internet 的起源与发展

Internet 最早来源于美国国防部高级研究计划局 DARPA（Defense Advanced Research Projects Agency）的前身 ARPA 建立的 ARPAnet，该网于 1969 年投入使用。从 20 世纪 60 年代开始，ARPA 就开始向美国国内大学的计算机系和一些公司提供经费，以促进基于分组交换技术的计算机网络的研究。1968 年，ARPA 为 ARPAnet 网络项目立项，该项目基于这样一种主导思想：网络必须能够经受住故障的考验而维持正常工作，一旦发生战争，当网络的某一部分因遭受攻击而失去工作能力时，网络的其他部分应当能够维持正常通信。最初，ARPAnet 主要用于军事研究目的，它有以下五大特点。

（1）支持资源共享。

（2）采用分布式控制技术。

（3）采用分组交换技术。

（4）使用通信控制处理机。

（5）采用分层的网络通信协议。

1969 年 6 月，该项目完成第一阶段的工作，组成了 4 个结点的试验性网络，称为 ARPAnet。

ARPAnet 采用被称为接口报文处理器（IMP）的小型机作为网络的结点机。为了保证网络的可靠性，每个 IMP 至少和其他两个 IMP 通过专线连接，主机则通过 IMP 接入 ARPAnet。IMP 之间的信息传输采用分组交换技术，并向用户提供电子邮件、文件传送和远程登录等服务。ARPAnet 被公认为世界上第一个采用分组交换技术组建的网络。

1972 年，ARPAnet 在首届计算机后台通信国际会议上首次与公众见面，并验证了分组交换技术的可行性，由此，ARPAnet 成为现代计算机网络诞生的标志。

1973 年，美国国防部高级研究计划局 DARPA 正式启动并实施了一个研究项目，称为 "Internetting Project"。该项目着眼于互联各种基于分组交换技术的计算机网络，并设计出一类通信协议以便于在网络计算机中透明地交互。由该项目构建的网络可视为现在 Internet 的前身，其所研发的通信协议最终发展成为著名的 TCP/IP 协议族。

1980 年，ARPA 投资把 TCP/IP 加进 UNIX（BSD4.1 版本）的内核中，在 BSD4.2 版本以后，TCP/IP 协议即成为 UNIX 操作系统的标准通信模块。

1982 年，Internet 由 ARPAnet、MILNET 等几个计算机网络合并而成。作为 Internet 的早期骨干网，ARPAnet 试验并奠定了 Internet 存在和发展的基础，较好地解决了异种机网络互联的一系列理论和技术问题。

1983 年，ARPAnet 分裂为两部分：ARPAnet 和纯军事用的 MILNET。1983 年 1 月，ARPA 把 TCP/IP 协议作为 ARPAnet 的标准协议。此后，人们称呼这个以 ARPAnet 为主干网的网际互联网为 Internet。TCP/IP 协议族便在 Internet 中进行研究、试验，并被改进成为使用方便、效率极好的协议族。

1986 年，美国国家科学基金会（National Science Foundation，NSF）建立了 6 大超级计算机中心，为了使全国的科学家、工程师能够共享这些超级计算机设施，NSF 建立了自己的基于 TCP/IP 协议族的计算机网络 NSFnet。NSF 在全国建立了按地区划分的计算机广域网，并将这些地区网络和超级计算中心相连，最后将各超级计算中心互联起来。地区网的构成一般是由一批在地理上局限于某一地域，在管理上隶属于某一机构或在经济上有共同利益的用户的计算机互联而成。连接各地区网上主通信结点计算机的高速数据专线构成了 NSFnet 的主干网，这样，当一个用户的计算机与某一地区相连以后，它除了可以使用任一超级计算中心的设施，可以同网上任一用户通信外，还可以获得网络提供的大量信息和数据。这一成功使得 NSFnet 于 1990 年 6 月彻底取代了 ARPAnet 而成为 Internet 的主干网。

到了 20 世纪 90 年代，美国政府意识到仅靠政府资助，难以适应应用的发展需求，故鼓励商业部门介入。MCI、IBM 和 MERIT 公司联合组建 ANS（高级网络和服务公司），建立覆盖全美的 T3（44.746M）的 ANSNET，连接 ARPANET 和 NSFNET。随后，DARPA 和 NSF 撤销对 ARPAnet、NSFNET 的资助，因特网开始商用。商业机构的介入，出现大量的 ISP 和 ICP，丰富了 Internet 的服务和内容。美国政府通过因特网发布世界各国的经济、贸易信息。

1995 年，美国国家基金会宣布与 MCI 合作建设高速数据通道的计划，提供 155Mbps 的超高速的上网服务（VBNS），以取代现有的 NSFnet，各大通信公司也纷纷宣布了自己的 Internet 互联计划，这样 Internet 开始大规模应用于商业领域。提供联机服务的供应商也从如 Ametica Online 之类的公司发展到如 AT&T，MCI，Pacific Bell 等通信运营公司。

Internet 的发展时间表如图 2-1 所示，图中给出了 Internet 发展过程中的重大事件。

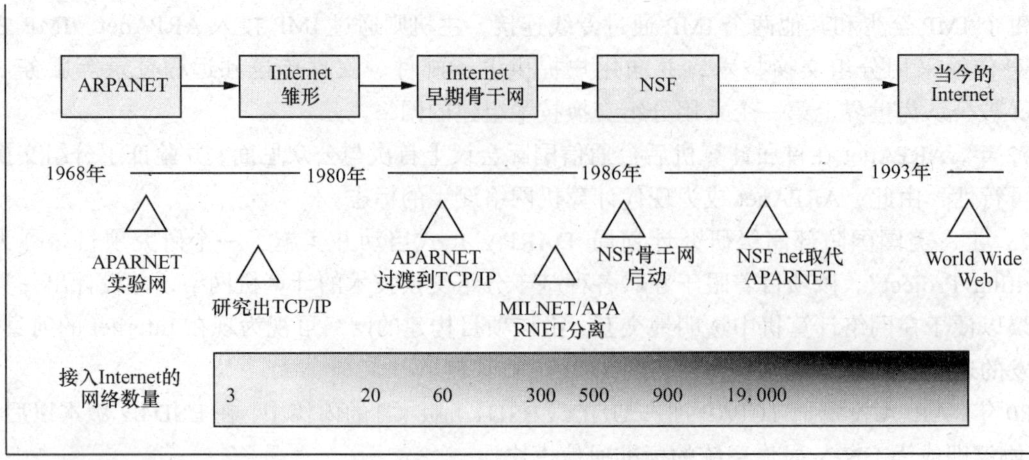

图 2-1 Internet 发展时间表

商业应用产生的巨大需求推动着通信业务呈爆炸式增长，使全球通信业蓬勃发展。但同时也使得当前的 Internet 在网络带宽、网络安全和服务质量等方面出现了不少问题（目前的传送带宽、速率、容量及支持业务的单一性，都远远不能满足市场的迫切需求）。为了更好地发展 Internet 通信业，目前美国、日本、欧洲正在抓紧建设高速、大容量、宽带的第二代 Internet。第二代 Internet 把 IP 与 AIM、SDH、WDM 等多种技术结合起来，具有可以管理的高带宽、高性价比的 QoS 保证，面向用户的安全保障体系，高性价比的可靠性保证和简单合理的管理体系等基本特征；可以在大范围内传送具有多种等级 QoS 的实时 IP 电话、IP 传真、HP 多媒体综合数据和电子商务等各种宽带业务，并能解决传统路由器骨干网的拥塞。

3. Internet 管理机构

Internet 工作委员会（Internet Activities Board，IAB）成立于 1980 年，属于非营利性机构，负责技术的方针和策略的拟定，以及管理工作的导引协调，例如有关 TCP/IP 的发展，决定哪些协议能成为 TCP/IP 的一员，在何时可以成为标准，以及因特网的演进、网络系统与通信技术的研发等工作。在 IAB 之下，有研究小组及工作小组两个主要单位，并有一些小型指导群，共同进行设定标准及决定策略的工作。IAB 的组织架构可用图 2-2 来说明。

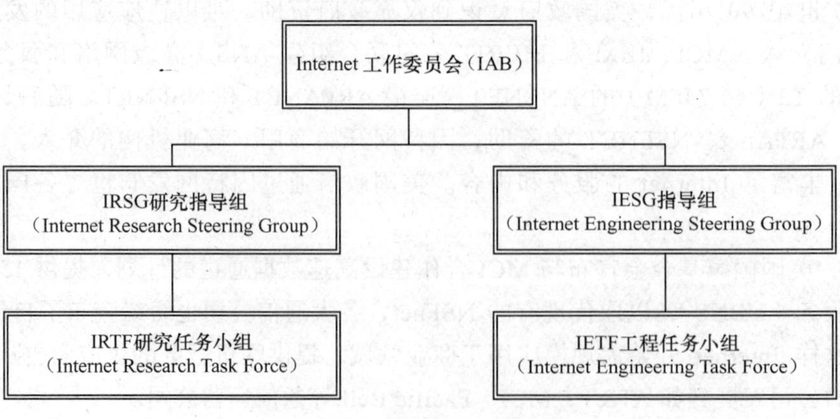

图 2-2 IAB 的组织架构图

2.1.2 Internet 的功能

因特网(Internet 国际互联网络)是当今世界上最大的连接许多计算机网络的互联网络系统，是全球信息资源的公共网，因而被全球用户广泛使用。该系统拥有巨大的信息资源及开发利用工具，所提供的信息形式包括文字、数据、图像、声音等，其门类涉及政治、经济、科学、教育、法律、军事、体育、医学等社会生活的各个领域。Internet 已成为无数信息资源的总称，它不为某个人或某个组织所控制，人人都可参与，人人都可以通过它交换信息、共享网上资源。

Internet 为人们进行科学研究、商业活动、社会工作与生活等方面的信息通信与共享提供了重要的手段，已成为人类智慧的海洋、知识的宝库。Internet 的主要功能是传输信息，它的基本功能与服务有以下几个方面。

1. 信息浏览

用户通过浏览器软件可在构造于 Internet 上的 WWW 网上浏览各类信息。WWW（World Wide Web）是建立在 Internet 之上的采用 http（超文本传输）协议（Hyper Text Transmiting Protocol）表示多媒体信息的网络环境，它采用超文本或超媒体的信息结构，使用户可以更方便地浏览或组织信息。

超文本与超媒体是以非线性链接方式组织数据的方法。在某个文档中的一节特殊文字或特殊的其他媒体，可用以链接到其他文档或同一文档的任何位置，这就提供了一种有力的信息组织方式。用户不但可利用这一特点在 WWW 上快速、方便地查阅和浏览信息，还可从 WWW 上下载所需信息或在 WWW 上发布信息。WWW 使 Internet 具有信息资源增值能力。

2. 收发 E-mail

在 Internet 上，电子邮件（E-mail）系统是使用非常方便和用户最多的网络通信工具。E-mai1 已成为备受欢迎的通信方式。用户可以通过 E-mail 系统同世界上任何地方的朋友交换电子邮件，只要对方也是 Internet 的用户，或者是同 Internet 相连的其他网络上的电子邮件用户。Internet 用户的计算机系统账号下设有一个电子邮箱，用来发送邮件或接收所有发来的邮件。目前，电子邮件已经成为网络用户之间快速、简便、可靠且低成本、低价格的现代通信手段，也是 Internet 上使用最广泛、最受欢迎的服务项目之一。

3. Usenet 讨论组与 BBS 信息公告

在 Internet 上还可以建立各种专题兴趣讨论小组（Usenet）。Usenet 最初被设想用来发布通知和新闻，但是不久便演化为一种讨论组，用户可以寻求兴趣相投的人们互相讨论共同关心的问题。它把世界上具有相同兴趣的人们组织起来，彼此交流自己的看法，分享有益的经验。如今的 Usenet 已经成为由多个讨论组组成的一个大的集合体，包括了全世界 5 000 多种不同类型的讨论组和数以百万计的用户。每个讨论组都围绕着某一特定主题开展讨论。

4. 远程登录 Telnet

远程登录是指通过 Internet 登录进入并使用远距离的计算机系统，就像使用本地计算机一样。远端的计算机可以在同一间屋子里或同一校园内，也可以在数千千米之外。

远程登录使用的工具是 Telnet。它在接到远程登录的请求后，就试图把你所在的计算机同远端计算机连接起来。一旦联通，你的计算机就成为远端计算机的终端，可以正式注册进入系统成为合法用户，执行操作命令，提交作业，使用系统资源。在完成操作任务以后，通过注销（logout）退出远端计算机系统，同时也退出 Telnet 回到本地系统。在远程登录后，也可以进入远端计算机的特殊服务系统。这样的系统因计算机而异。

5. 文件传输 FTP

在科学技术交流中，经常需要传输大量的数据和文献。这也是 Internet 使用初期的主要用途之一。在科学技术界和教育界，用 Internet 传输实验与观测数据、科技文献及数据处理和科学计算软件，是对外进行科技合作与交流的重要手段之一。

FTP（文件传输协议）是 Internet 上最早使用的文件传输协议。它同 Telnet 一样，使用户能够登录到 Internet 的一台远程计算机。

6. 其他网络信息服务功能

第一，Archie。在 Internet 中寻找文件常常犹如“大海捞针”。Archie 能够帮助用户从 Internet 分布在世界各地计算机上浩如烟海的文件中找到所需文件，或者至少对用户提供这种文件的信息。用户要做的只是选择一个 Archie 服务器，Archie 可自动并定期地查询 Internet 的 FTP 服务器，用户只要给出希望查找的文件类型及文件名，Archie 就可以输出存放目标文件的服务器地址、文件目录、文件名及其属性。供用户进一步选出满足需求的文件。

第二，Gopher。它是菜单式的信息查询系统，提供面向文本的信息查询服务。有的 Gopher 也具有图形接口，在屏幕上显示图标与图像。Gopher 服务器将网上的信息组织成在线的菜单系统并向用户提供，引导用户查询信息，使用非常方便。

第三，广域信息服务器 WAIS。WAIS（wide area information system）是数据库的数据库，用于查找建立有索引的资料（文件）。用户只要用光标选取菜单中所希望查询的数据库并键入查询关键字，系统就能自动进行远程查询，帮助读取相应的数据库中含有该查询词的所有记录，用户可进一步选择是否去读感兴趣记录的详细内容。

2.1.3 IP 地址与域名

1. IP 地址

（1）IPv4

TCP/IP 中使用 IP 地址来标识出网络和网内主机。IPv4，是互联网协议（Internet Protocol，IP）的第四版，也是第一个被广泛使用，构成现今互联网技术基石的协议。

在 IPv4 中，每个 IP 地址是一个 32 位的二进制数，即 4 个字节组成。为了便于用户阅读和理解，通常采用“点分十进制表示方法”表示，每个字节为一部分，提取值范围为 0 ~ 255（即二进制的 1111 1111），中间用点号分隔开来，如 202.114.32.1。

IP 地址由两个域组成，即网络地址和主机地址。网络地址表示网络规模的大小、主机地址表示网络中主机的地址编号。按照网络规模的大小、IP 地址可以分为 A、B、C、D、E 五类，其中，A、B、C 类是三种主要的类型地址，D 类地址为多址广播地址，E 类地址为实验性地址。A、B、C 三类 IP 地址有效范围如表 2-1 所示。在 A 类地址中，第一个八位组的取值范围为 1 ~ 126，代表网络号；后三个八位二进制组标识主机号。对 A 类地址而言，只能有 326 个大的主要网络，其中之一就 ARPAnet。A 类地址的分配非常严格，几乎没有商业网络使用 A 类地址。B 类地址是为大型商业或组织的网络系统设计的。在 B 类地址中，前两个八位二进制组用于标识网络号，因此凡在 128.1 ~ 191.254 范围内的地址都是有效的 B 类地址，而 128.0 ~ 128.255 及 127.1 ~ 127.254 经常被保留用于针对特定目的的系统。最后一个可用的地址类是 C 类，它使用前三个八位组来标识网络号，地址范围为 192.1.1 ~ 223.254.254。我国的大部分企业使用的都是

C 类地址。

表 2-1　　A、B、C 三类 IP 地址有效范围表

类　　别	网 络 地 址	主 机 地 址		
A	1 ~ 126	0 ~ 225	0 ~ 225	1 ~ 254
B	128 ~ 191	0 ~ 225	0 ~ 225	1 ~ 254
C	192 ~ 223	0 ~ 225	0 ~ 225	1 ~ 254

需注意的是，在 IP 地址中，有下面几种特殊含义的地址。

① 广播地址。TCP/IP 协议规定，主机号部分各位全为 1 的 IP 地址用于广播。所谓广播是指同时向网上所有的主机发送报文，不管物理网络特性如何。Internet 支持广播传输，如 136.78.25.255 就是 B 类地址中的一个广播地址，将信息传到此地址，就是将信息传给网络号为 136.78 的所有主机。

② 有限广播地址。有时需要在本网内广播，但又不知道本网的网络号，TCP/IP 协议规定 32 比特位全为 1 的 IP 地址用于本网广播，即 255.255.255.255。

③ "0" 地址。TCP/IP 协议规定，比特位全为 0 的网络号被解释成 "本网络"。若主机试图在本网内通信但又不知道本网的网络号，那么，可以利用 "0" 地址。

④ 回送地址：A 类网络地址的第一段十进制数值 127 是一个保留地址，如 127.1.11.13 用于网络组件测试以及本地机进程间通信。

IP 地址是因特网上计算机通信的数字标识，是计算机进行信息交换时所必需的。信息数据分解、打包、传送、解包和合并都依赖于 IP 地址，因此 IP 地址可以说是计算机环境的通信地址。

（2）IPv6

IPv6 是互联网工程任务组（Internet Engineering Task Force，IETF）设计的用于替代现行版本 IP 协议（IPv4）的下一代 IP 协议。它的提出最初是因为随着互联网的迅速发展，IPv4 定义的有限地址空间将被耗尽，地址空间的不足必将妨碍互联网的进一步发展。为了扩大地址空间，拟通过 IPv6 重新定义地址空间。

IPv6 采用 128 位地址长度，几乎可以不受限制地提供地址。按保守方法估算，IPv6 实际可在整个地球的每平方米面积上分配 1 000 多个地址。在 IPv6 的设计过程中除了一劳永逸地解决了地址短缺问题以外，还考虑了在 IPv4 中解决不好的其他问题，主要有端到端 IP 连接、服务质量（QoS）、安全性、多播、移动性、即插即用等。

IPv6 具有以下特点。

① IPv6 地址长度为 128 位，地址空间增大了 2 的 96 次方倍。

② 灵活的 IP 报文头部格式。使用一系列固定格式的扩展头部取代了 IPv4 中可变长度的选项字段。IPv6 中选项部分的出现方式也有所变化，使路由器可以简单路过选项而不做任何处理，加快了报文处理速度。

③ IPv6 简化了报文头部格式，字段只有 8 个，加快报文转发，提高了吞吐量。

④ 提高安全性。身份认证和隐私权是 IPv6 的关键特性。

⑤ 支持更多的服务类型。

⑥ 允许协议继续演变，增加新的功能，使之适应未来技术的发展。

2. 域名

由于 IP 地址是数字标识，使用时难以记忆和书写，容易出错。为此，在 IP 地址的基础上开发了符号化的标识，即所谓的域名。域名的英文为 domain name，以一行规定格式的文字对应互联网上服务器的 IP（Internet Protoco1）地址，从而使人们能够与这些服务器联通。因特网是基于 TCP/IP 协议进行通信和连接的，每一台连在因特网上的用户都有一个唯一标识固定的 IP 地址，以区别因特网上其他成千上万的用户。

域名也是由若干部分组成，它们之间用点分开，每个部分由至少两个字母或数据组成，例如北京电报局主机服务器的域名就是 bta.net.cn。域名的最后一部分称为顶级域名（Top Level Domain，TLD），顶级域名在因特网中是标准化的。顶级域名的前面还可以有下级域名，但下级域名没有国际统一的规定和标准。每个域名都对应一个 IP 地址，映射关系由域名服务器 DNS（domain name server）自动转换。

由于域名在国际因特网上不能有字符完全相同的重复，同时它又具有一定的标识作用，所以它具有像商标一样的价值。域名是唯一的，遵循先注册先拥有的原则。如果企业的域名被抢注，会给产品出口、企业形象带来潜在的巨大威胁，造成企业无形资产的损失。因此，如果用户还没有建设服务器的需求，但是为了保护你的无形资产，也有必要先注册域名，以减少不必要的经济纠纷。

不管是域名还是网址，一般来说，在通过注册获得一个域名之后，需要根据网址所载信息内容的性质，在域名的前面加上一个具有一定标识意义的字符串，才构成一个网址。例如 www.netime.com.cn，www 标志着你的服务器是 Web 服务器，而 netime.com.cn 则是域名。我们称这样的域名为独立域名。

因特网国际特别委员会把域名分为国际顶级域名与国家域名两类。域名的构成有两类比较特殊的部分，一类是由三个字母组成，它表明机构的类型；另一类由两个字母组成，它表示国家或地区名称代码，见表 2-2、表 2-3、表 2-4。一般来讲，域名的格式为：商标名（或企业名）。企业性质代码。国家代码（中间用点号隔开）。例如，新浪公司的域名为 sina.com.cn。其中 sina 为公司名，com 代表该企业是商业机构，cn 则代表中国。

以.com 结尾的域名变得十分紧俏，因此，因特网国际特别委员会扩充因特网域名体系，增加了七个新的顶级域名。

域名并不是唯一的，例如一家名为 ABC 的公司，它的国际顶级域名可以有 14 个以上，例如 www.abc.com、www.abc.rec、www.abc.net 等。同时，因为习惯的原因，很多公司都喜欢用 www.XXX.com，即.com 类型作为公司的顶级域名，尽管.com 是用于商业机构的，但国际因特网信息中心并没有严格的限制，所以很多不是商业机构的公司，甚至个人，都用上了.com 的国际顶级域名。

表 2-2　　域名代表的机构类型

类　　型	代 码 含 义	类　　型	代 码 含 义
.com	商业机构	.mil	军事机构
.edu	教育机构	.net	网络机构
.gov	政府机构	.org	非营利性组织

表 2-3　域名代表的国家或地区类型

域　名	国家或地区	域　名	国家或地区
.au	澳大利亚	.at	奥地利
.be	比利时	.ca	加拿大
.de	德国	.fr	法国
.ie	爱尔兰	.in	印度
.it	意大利	.il	以色列
.cn	中国	.uk	英国
.tw	中国台湾	.hk	中国香港
.jp	日本	.ru	俄罗斯

表 2-4　域名代表的企业类型

域　名	企 业 类 型	域　名	企 业 类 型
.firm	公司企业	.store	销售公司企业
.rec	与消遣、娱乐有关的企业	.info	提供信息服务的企业
.web	业务与 Web 有关的企业	.arts	与文化娱乐有关的企业

域名还可以分为国际域名和国内域名。国际域名是指在美国的域名注册机构 INTERNIC 注册的域名，国内域名是指在中国国际因特网信息中心 CNNIC 注册的域名。二者的主要区别在于：国际域名没有国别标识，而国内域名最后加上.cn 这个“中国”的国别标识。从运作机制上看，二者的作用是一样的。但从标识意义上讲，二者在国别标识方面显示出较大的区别。

一旦你决定了所要注册的域名，就得确认这个域名是否已被使用。CNNIC 和 INTERNIC 分别提供了检索国内域名和国外域名的免费服务。如果有人使用了这个域名，他们就会告知你，是谁拥有它。

国内域名查询：www.cnnic.net.cn

国际域名查询：www.networksolutions.com

3. Internet 域名与地址管理机构

Internet 域名与地址管理机构（ICANN）是为承担域名系统管理、IP 地址分配、协议参数配置及主服务器系统管理等职能而设立的非营利性机构。ICANN 理事会是 ICANN 的核心权力机构，共由 19 位理事组成：9 位 At-Large 理事，9 位来自 ICANN 3 家支持组织提名的理事（每家 3 名）和一位总裁。根据 ICANN 的章程规定，它设立 3 个支持组织，从 3 个不同方面对 Internet 政策和构造进行协助、检查，以及提出建议。这些支持组织帮助促进了 Internet 政策的发展，并且在 Internet 技术管理上鼓励多样化和国际参与。每家支持组织向 ICANN 董事会委派 3 位董事。这 3 家支持组织如下。

（1）地址支持组织（ASO），负责 IP 地址系统的管理。

（2）域名支持组织（DNSO），负责互联网上的域名系统（DNS）的管理。

（3）协议支持组织（PSO），负责涉及 Internet 协议的唯一参数的分配。此协议是允许计算机在因特网上相互交换信息，管理通信的技术标准。

全世界国际性的 IP 地址管理机构有 4 个，即 ARIN、RIPE、APNIC 和 LACNIC，它们负责管理 IP 地址的地理区域如图 2-3 所示。

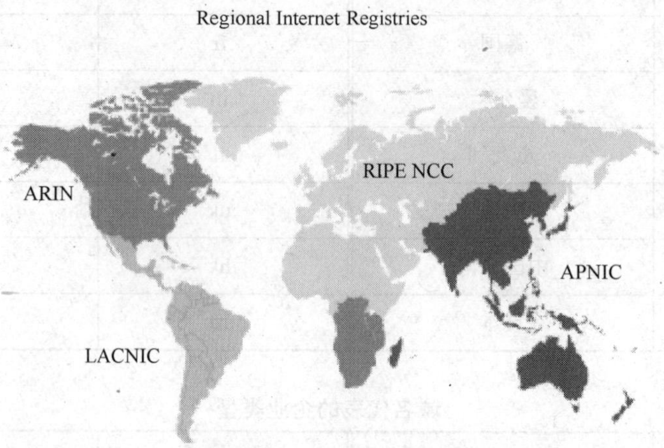

图 2-3　IP 地址管理机构覆盖范围图

其中美国 Internet 号码注册中心 ARIN（American Registry for Internet Numbers）提供的查询内容包括全世界早期网络及现在的美国、加拿大、撒哈拉沙漠以南非洲的 IP 地址信息；欧洲 IP 地址注册中心 RIPE（Reséaux IP Européens）提供欧洲、北非、西亚地区的 IP 地址信息；亚太地区网络信息中心 APNIC（Asia Pacific Network Information Center）提供东亚、南亚、大洋洲 IP 地址注册信息；拉丁美洲及加勒比互联网络信息中心 LACNIC（Latin American and Caribbean Network Information Center）提供拉丁美洲及加勒比海诸岛 IP 地址信息。

中国的 IP 地址管理机构称为中国互联网络信息中心（China Internet Network Information Center，CNNIC），它是成立于 1997 年 6 月的非营利管理与服务机构，行使国家互联网络信息中心的职责。中国科学院计算机网络信息中心承担 CNNIC 的运行和管理工作。它的主要职责包括域名注册管理，IP 地址、AS 号分配与管理，目录数据库服务，互联网寻址技术研发，互联网调查与相关信息服务，国际交流与政策调研，承担中国互联网协会政策与资源工作委员会秘书处的工作。

4．域名解析

域名解析是把域名指向网站空间 IP，让人们通过注册的域名可以方便地访问到网站的一种服务。域名解析也叫域名指向、服务器设置、域名配置，以及反向 IP 登记等。说得简单点就是将好记的域名解析成 IP，服务由 **DNS** 服务器（域名服务器）完成。

域名解析的过程如下：

互联网上的每一台电脑都被分配了一个 IP 地址，数据的传输实际上是在不同 IP 地址之间进行的。当用户的电脑连上网以后会被分配一个 IP 地址，这个 IP 地址绝大部分情况下是动态的。也就是说，当用户断开网络，再重新连接互联网后，**网络接入服务商**会随机分配一个新的 IP 地址。

当一个用户在浏览器地址框中敲入某一个域名，或者从其他网站点击了链接而访问这个域名，浏览器会向这个用户的网络接入服务商发出域名请求，接入商的**DNS服务器**要查询域名数据库，看这个域名的DNS服务器是什么。然后到DNS服务器中抓取DNS记录，也就是获取这个域名指向哪一个IP地址。在获得这个IP信息后，接入商的服务器就去这个IP地址所对应的**网站服务器**上抓取网页内容，然后传输给发出请求的用户浏览器。

【小知识】

DNS：把域名翻译成IP地址的软件称为域名系统，即DNS。

DNS服务器：即域名服务器（domain name server，简称name server），实际上就是装有域名系统的主机。它是一种能够实现名字解析（name resolution）的分层结构数据库。

网络接入服务商：英文Internet access provider(IAP)，通过租用或自建通信网接入Internet主干网，为用户提供接入Internet服务，如中国电信。

网站服务器：其本质上也是台连上网的电脑，只不过配置上更适合作为服务器，并且放在数据中心，保持低温，低尘环境，同时有安全保卫。这些服务器使用固定IP地址接入互联网。一个域名解析到某一台服务器上，并且这台服务器上存有这个域名所对应的网页文件，用户的电脑才知道去哪一台服务器获取这个域名的网页信息，这是通过域名服务器来实现的。

2.1.4 Web应用

WWW是环球信息网（World Wide Web）的缩写，也可以简称为Web，中文名字为“万维网”。万维网系统是一个链接的超文本文档系统，它提供了全球性的超文本信息发布、全球性的内容阅读，以及用户和服务器之间的各种交互功能。可以说，Web系统与技术组成了电子商务应用的基础。

1. Web站点

Web站点就是互联网上一块固定的、面向全世界发布消息的地方。它由域名和网站空间构成。Web站点也称网站，通常是将许多网页有机地组织在一起，以达到某种目的。例如电子商务网站主要用于宣传某个公司的软硬件情况，发布产品信息，提供在线服务，进行网上销售和售后服务等；电子政务主要是用于宣传政府，提升政府形象，提供公众服务等。衡量一个网站的性能通常从网站空间大小、网站位置、网站连接速度、网站软件配置、网站提供服务等几方面考虑。

从技术层面看，架构的精华有三处：一是用超文本技术（HTML）实现信息与信息的连接；二是用统一资源定位技术（**URL**）实现全球信息的精确定位，每个Web站点对应一个单独的统一资源定位符URL，它是Web站点的地址；三是用新的应用层协议（**HTTP**）实现分布式的信息共享。这三个特点无一不与信息的分发、获取和利用有关。其实作为Internet上的一种应用架构，Web的首要任务就是向人们提供信息服务。

【小知识】

URL：Uniform Resource Locator的缩写，即统一资源定位符。标识页面的方法是采用URL作为页面的世界性名字。也称为网页在Internet上的地址（网址）。

HTTP：一种详细规定了浏览器和万维网服务器之间互相通信的规则，通过Inernet传送万维网文档的数据传送协议。它允许将超文本标记语言（HTML）文档从Web服务器传送到Web浏览器。

2. Web应用的拓扑模型

Web应用拓扑结构中的主体是客户机和服务器（见图 2-4）。

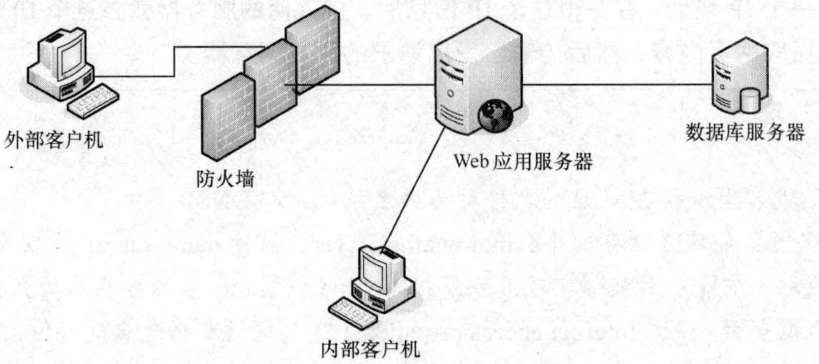

图 2-4　Web 应用拓扑模型

（1）客户机。客户机使用 Internet 技术标准（如 TCP/IP、HTTP、HTML 和 XML）与 Web 应用服务器通信来存取信息。客户端的基本功能是接受并验证用户输入，显示从 Web 应用服务器到用户的返回结果。客户端可以是 Internet、Intranet（企业内部网）和 Extranet（企业外部网）中的客户机。

（2）服务器。客户机首先是与 Web 服务器进行通信的。一些小型系统中，Web 服务器还集成了其他的功能，如文件服务、邮件服务、数据库服务等，而对于中大型系统，服务器通常根据不同的功能需求进行专门分工，形成各个专用服务器，如数据库服务器、邮件服务器、文件服务器等。

Web 应用服务器是 Web 应用拓扑结构的核心，它为 Web 应用提供了广泛的程序设计、数据存取和应用集成等服务。一个 Web 应用可看成是一个客户与 Web 站点之间一系列的交互作用。整个交互过程从显示在 Web 浏览器中一个页面开始，当用户单击该页面上的一个链接时便产生了一个请求，该请求被送到 Web 应用服务器。Web 应用服务器对这个请求进行处理，产生新的页面，并送回到客户端（Web 信息传递采用"请求和应答"过程，见图 2-5）。在 Web 浏览器中显示的新页面就是这一次请求的结果，可能也是下一次请求的开始。

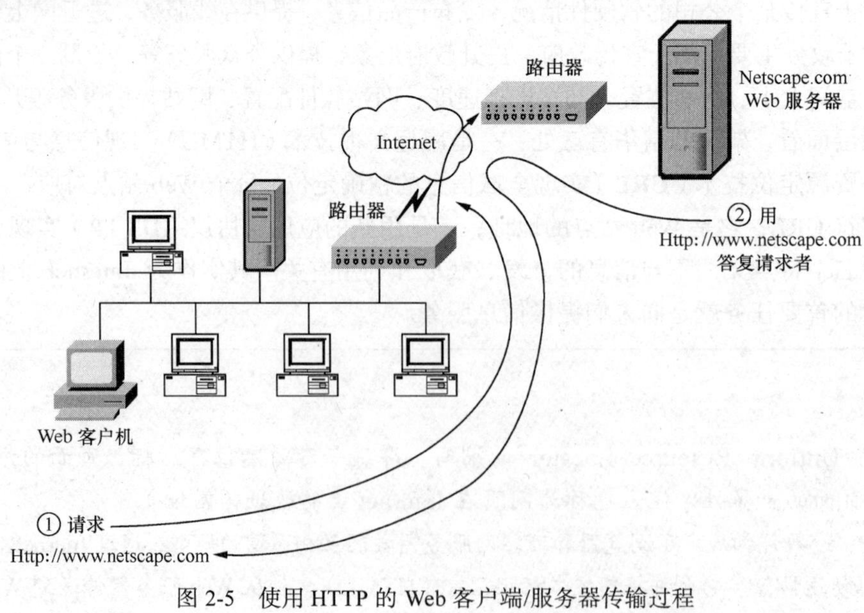

图 2-5　使用 HTTP 的 Web 客户端/服务器传输过程

3. Web的工作模式

在网络环境下有多种工作模式，常见的有终端/主机（terminal/mainframe）工作模式、客户机/服务器（client/server，C/S）工作模式和浏览器/服务器（browser/server，B/S）工作模式。Web主要是采用浏览器/服务器（B/S）工作模式。

在浏览器/服务器工作模式下，基于 HTML 的浏览器主要作为用户与计算机的交互界面，服务器用来完成数据转换和应用服务。对于静态网页，当用户浏览器通过URL或包含URL的超链接元素向Web服务器请求网页内容时，Web服务器将原设计好的静态HTML文档传送给用户浏览器。而对于动态网页，当用户浏览器通过URL或包含URL的超链接元素向Web服务器请求网页内容时，在Web服务器上要运行嵌入在网页中的脚本程序，脚本程序通过SQL查询调用数据库服务器中存储的数据，数据库服务器执行查询这些操作，将结果返回到Web服务器，产生特定格式的HTML文件，由Web服务器将这个特定格式的HTML文件传送给用户浏览器。

2.2 企业内部网

2.2.1 Intranet概述

企业内部网（Intranet）可以看作是一种专用"Internet"。一般称为内联网络、企业网络或企业内部网。它是在统一行政管理和安全控制管理之下，采用Internet的标准技术和应用系统建设成的网络，并使用与Internet相协调的技术开发企业内部的各种应用系统。通常，Intranet通过防火墙（fire wall）与Internet相连。

Intranet是当今最先进的应用系统网络体系结构，采用Internet相关技术将计算机网络与各个用户连接起来，建立企业的内部网。相对于Internet强调网络的互联和通信，Intranet则更强调企业内部的信息交流和协同工作，这种功能对于越来越趋于大型化、分散化的企业尤其重要，它能及时地将信息传送到世界的每个角落，能够实现跨国、跨地区的企业内部协同工作。

企业利用Intranet技术构建企业内部网络，终端连接雇员、合作伙伴以及客户。对外提供广告宣传、技术支持等服务，同时还充分利用Internet提供的信息资源；对内则用于企业内部事务处理、信息交换、信息共享、信息获取，以及网上通信、网上讨论等方面的合作。

从功能上来看，除了具有Internet已有的各种功能之外，Intranet最重要的特点是网络安全功能和企业多种应用信息系统的功能。与Internet的开放性和学术性不同，企业信息的共享和交换往往只有多种安全控制的需要，Intranet应当满足这些需求。

2.2.2 Intranet的架构

Intranet的基本架构由四部分组成，即服务器、客户机、物理网和防火墙。其中服务器一般有三种，WWW服务器、数据库服务器和电子邮件服务器。

Intranet的核心系统是WWW服务。WWW服务器安装Web Server软件，用于存储和管理主页（home page），提供WWW服务。客户机安装WWW浏览器软件（WWW browser）、主页制作软件、电子邮件软件等。数据库服务器（database server）存储着企业的大量信息，一般的数据库经过转换都可以通过 WWW 形式显示。防火墙是为了企业内部的信息安全而设的服务器。

Intranet 的架构分为以下两种情况。

第一，如果 Intranet 只是一个单纯的企业 LAN，它不需要和 Internet 连接起来，建立 Intranet 相对简单，只需配置 Intranet 服务器，并在工作站上安装 Intranet 客户软件即可。

第二，如果 Intranet 需要和 Internet 连接，为了保证 Intranet 的安全，需要在 Intranet 内部数据区与外部 Internet 之间构筑一道防火墙。Intranet 主机可以拥有 IP 地址以便于从外部 Internet 访问。和 Internet 相连的 Intranet 一般都有一个 Internet 服务器，作为公共 Web 服务器和 E-mail 服务器。Web 服务器可作为企业 Intranet 对外发布信息的窗口，允许任何 Internet 用户自由地访问。E-mail 服务器则提供通用的电子邮件服务，用于全球通信。Intranet 服务器包括一个内部 Web 服务和一个或多个数据库服务器。

企业内部网（Intranet）架构如图 2-6 所示。

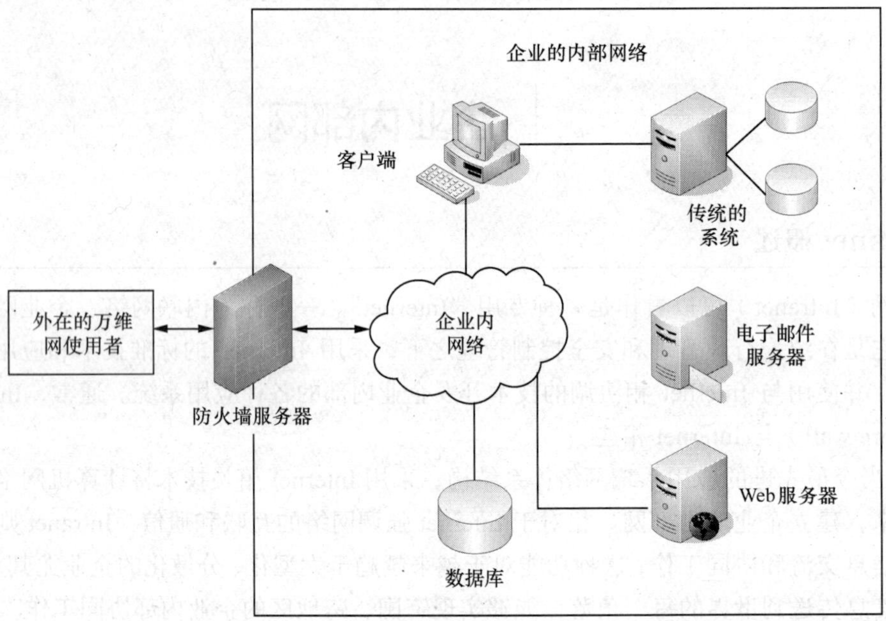

图 2-6 企业内部网（Intranet）架构

2.2.3 Intranet 的安全性保障

目前，Intranet 主要是采用“防火墙”技术来保证 Intranet 的安全性。所谓防火墙是一种运行特定安全软件的计算机系统，它在内部网与外部网之间构筑一个保护层，只有被授权的通信才能通过保护层，防止未授权访问、非法入侵和破坏行为。

防火墙产品大体上分两种类型：一种是包过滤型，它是一种具有特殊功能的路由器，它使用报文动态过滤技术，动态检查流过的 TCP/IP 报文头，根据用户定义的规则，决定允许或禁止哪些报文流过。另一种是应用网关型，它使用代理技术，在内部网与外部网之间设置了一个物理屏障，对于外部用户的 Telnet、Ftp 等高层网络协议的服务请求，代理服务机制将对用户的身份进行合法性检查，决定接受还是拒绝。从应用情况看，企业的防火墙多采用代理服务方式，因为它的安全性更高，能进行严格的用户身份认证，从而能进行基于用户的网络访问控制。此外，它可解决企业 IP 地址不够的问题，企业可把申请到的 IP 地址分配给代理服务器（proxy server），内部网络使用虚拟的 IP 地址，对外访问通过代理服务器实现。代理服务器可以直接安装在对外提供服务的 Web 服务器上。

企业通过建立自己的 Intranet，逐步实现办公自动化，不仅使企业内部信息得到充分的共享，而且也可加强对外信息的交流，使各种信息能够为企业领导经营和决策提供有效的依据。当然，也应该看到，网络建设是以大量的基础信息数字化工作为基础的，而且 Intranet 技术也正处在不断完善和发展时期，因而短时间内不可能建设得很完美，必然是一个循序渐进的过程，需要在应用过程中不断完善技术和丰富信息内容。但毫无疑问，Intranet 是企业信息系统发展的必然趋势，不仅企业信息系统部门人员应高度重视，企业决策者和业务人员也应该高度重视并给予大力支持。

2.3 企业外部网

2.3.1 Extranet 概述

企业外部网（Extranet）是利用公用网（如 Internet）和原有的企业内部网（Intranet）组织的一种虚拟专用网络（VPN），通过不定期访问控制和路由表连接若干个 Intranet，将企业与供应商、合作伙伴、相关企业、客户相连。Extranet 实际上是一种广义的企业内部网。

通过 Extranet，供应商、分销商和客户共享企业 Intranet 的部分信息。在 Extranet 环境中，企业内部网除了要解决企业内部资源共享和利用 Internet 公用资源外，还要处理外部访问。由于 Extranet 的特殊应用需求，需在其安全网络框架下实现访问的集中控制。这些外部访问主要有两种类型：一是企业与企业间的访问，如主企业与供应商、合作伙伴、相关企业间的信息交流；另一种是单个用户与企业间的访问，如外部的移动客户访问主企业资源。

Extranet 是随着电子数据交换技术（EDI）的发展而流行起来。Extranet 可以分为 3 个不同的层次：通信（communication）、协调（coordination）和合作（cooperation）。

第一，在最低的层次即通信层上，Extranet 可以用于商业合作伙伴之间消息的传递，这是信息的电子传递运用的最基本形式，而这些消息与组织其他信息系统的结合也是可有可无的。

第二，在协调层次里，计算机——计算机通信组织内部信息系统结合在一起，从一个客户那里得到的订单在经过常规确认后，就自动进入了组织内部的订货程序和生产计划系统。在合作伙伴的生产计划、运输计划表和后勤服务等之间都是动态协调的。这种协调或结合的程度是由合作中信息共享的程度决定的。

第三，Extranet 的最高层次是合作，即两个商业合作伙伴享有共同的目标，并用相同的业绩衡量标准来考核组之间协作活动的成果。这种合作的时间跨度和空间跨度都很大。

Extranet 介于 Internet 和 Intranet 之间，既具有 Intranet 的专用性，也具有 Internet 的开放性。出于安全性的考虑，Extranet 通常与 Intranet 一样位于防火墙之后，既不像 Internet 那样为大众提供公共的通信服务，也不像 Intranet 那样只为企业内部服务而不对公众公开，它是对一些有选择的合作者开放或向公众提供有选择的服务。

Extranet 作为企业网络信息平台的优势是显而易见的。首先，Extranet 可以将企业网与供应商、相关企业、客户连接在一起，它们之间可以保持紧密的联系和实现充分的交流。在 Extranet

的支持下，制造企业可以与其供应商、下游厂商，甚至竞争对手一起实现多赢。

一般来说，供货商为了达到企业适时生产的要求，通常是自己加大产量与库存，提高了自身产品的成本，其价格也居高不下，这对供求双方均不利。在 Extranet 的支持下，供货商与企业可以随时沟通信息，实现适时生产；下游厂商也可以通过 Extranet 同制造企业的各部门建立密切的合作关系，参与诸如产品设计、质量管理、订货管理等活动。

2.3.2 Extranet 功能与应用

在 Extranet 中，访问控制需针对不同的主体、客体，各接入企业经协商制定不同级别的访问控制策略，提出实现方案，并利用现有的技术或经改进加以实现，保证 Extranet 的开放性、安全性。Extranet 的主要功能如下。

（1）信息资源共享。共享数据库型，利用 WWW 提供的信息和条件检索功能的组合实现对企业内部的某些信息资源与外部企业共享。

（2）合作业务处理。和外部企业相关的业务处理建立协同处理的连接，包括数据交换，数据更新，形成完整的业务流程。

（3）共同开发新的业务与工程合作。利用 WWW 系统与技术面向工程项目中不同的企业建立虚拟的联合企业，灵活合作。

企业可以通过 Extranet 网络在合作伙伴间共享信息，获得巨大的潜在效益。

（1）可以改善客户服务，客户可以通过 Extranet 网络访问企业的相关数据，从而快速得到他们需要的各种信息。

（2）集成技术与网络环境为企业间协作提供基础，加快了集成企业间的信息流动，提高了供应链自动化程度。

（3）企业网是企业实施生产、经营的支撑环境，Extranet 是对企业网的扩展（从网内延伸到网际），可以充分发挥企业网的作用。未来的企业网从地域的角度讲已绝非一个 VLAN 的规模，并不限于楼宇、园区、地域或国家；从服务的角度讲，只有企业真正运行在一个 Internet/Intranet/Extranet 无缝连接的网络集成环境中，才能使企业网成为一个能满足企业各方面需求的综合网络。

（4）降低通信成本，基于 Internet 的 Extranet 网络可代替传统的专线访问服务设施，节省了昂贵的硬件（Modem、租用线路或专用物理通信网络等）费用、设备维护费用和长途电话拨号接入费用等。

Extranet 在开创电子商务上的应用是建立各企业内部网之间的 MIS 数据库集成界面，简化各项商务合作的交互流程，如联机电子订货系统、库存查询系统，强化传统 EDI 信息系统的功能，甚至发展各项联机电子商务系统等。据业界专家预计，未来的 5 年内，传统的产销系统，将会有革命性改变。随着 Internet 与 EDI 的结合，Extranet 会成为电子商务发展的重要媒介。Internet 已成为全球的信息开发标准。Intranet 与 Web 技术则成为各企业内 MIS 的新标准，而 Extranet 将成为 Internet 发展中的第三步，成为各企业之间商业往来、电子商务组织交流的共同标准。

2.3.3 Internet、Intranet 和 Extranet 的区别

Internet 和 Intranet 的区别在于 Internet 连接了全球各地的网络，是公用的网络，允许任何

人从任何一个站点访问它的资源。而 Intranet 是一种企业内部的计算机信息网络，是专用或私有的网络，对其访问具有一定的权限，其内部信息必须严格加以维护，因此对网络安全性有特别要求，如必须通过防火墙与 Internet 连接。而 Intranet 也只有与 Internet 互联才能真正发挥作用。企业经营的全球化和兼并重组浪潮，不仅要求企业信息网络对内高效运作，而且要能够与贸易合作伙伴共享企业信息，保持密切的联系。而 Intranet 仅适用于企业内部，满足公司内部员工的信息查询，不能满足其他人员，如客户、经销商和供货商对企业内部信息的需求。Extranet 弥补了 Intranet 在与外界联系方面的不足，成了 Intranet 的新发展。Extranet 又称外联网，它往往被看做企业网的一部分，是现有 Intranet 向外的延伸。它是一个使用公共通信设施和 Internet 技术的私有网，也是一个能够使其客户和其他相关企业（如银行、贸易合作伙伴、运输行业等）相连以完成共同目标的交互式合作网络。

（1）在操作权限上，互联网提供的服务基本上对用户没有全线控制或很少控制，而内联网提供的控制是很严的。

（2）在内容上，互联网提供信息的页面以静态为主，而内联网提供的信息内容大部分与数据库有关，即内联网提供的信息内容是动态的，随着底层数据库的变化而变化。

（3）在服务对象方面，互联网服务的对象是全世界用户，而内联网服务的对象是企业员工。

（4）在联结方式上，互联网强调各个组织网站之间的联结，无交易的企业、消费者都是它的业务范围；外联网强调各个企业间的联结，业务范围包括交易伙伴、合作对象、相关公司、销售商店以及主要客户；内联网强调企业内部各部门的联结，业务范围仅限于企业内。

总之，Internet，Intranet 和 Extranet 是电子商务功能完整实现的网络环境。

Internet 采用 TCP/IP 模型和 TCP/IP 协议实现了在不同的计算机网络间有效地进行数据通信和传输。利用 Web 系统和技术实现了电子商务的各种应用，形成了新的、直接的、交互的网上经营活动。

Intranet 提供了企业内部共享信息资源的开放平台，加强了信息处理能力和协同工作能力，形成新的业务流程，挖掘智力资本，提高企业内部工作质量。

Extranet 是覆盖企业与合作伙伴和固定客户的网络，形成相关信息的共享、相关业务的协同处理和灵活合作的企业团队。

Internet、Intranet 和 Extranet 三者的区别与联系在于：Internet 是基础，是网络基础和包括 Intranet 和 Extranet 在内的各种应用的集合；Intranet 强调企业内部各部门的联系，业务范围仅限于企业内；Extranet 强调各企业间的联系，业务范围包括贸易伙伴、合作对象、零售商、消费者和认证机构，而企业与消费者的联系一般都是在 Internet 平台上。三者之间的区别与联系如表 2-5 与图 2-7 所示。

表 2-5 Internet、Intranet 与 Extranet 的比较

网络类型	典型用户	信息访问	信息类型
Internet	任何联网的用户	公开、无约束	一般、公开
Intranet	组织内部授权用户	内部、有限制	特定的、企业的、私有的
Extranet	授权的合作伙伴	私有的和授权的外部访问	授权合作群体间的共享

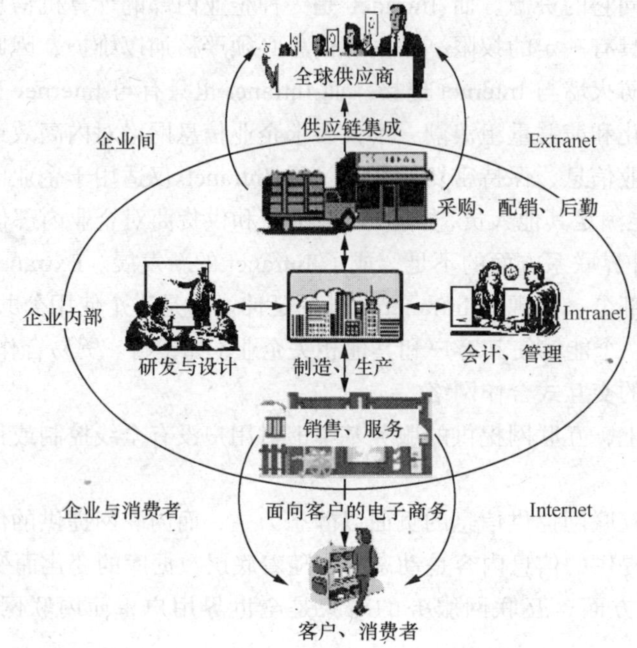

图 2-7　Internet、Intranet 与 Extranet 的关系图

【要点回顾】

Internet 的主要功能是传输信息，它的基本功能与服务包括信息浏览、收发 E-mail、Usenet 讨论组与 BBS 信息公告、远程登录 Telnet、文件传输 FTP，以及提供其他网络信息服务等。

IP 地址由两个域组成，即网络地址和主机地址。按照网络规模的大小，IP 地址可以分为 A、B、C、D、E 五类，其中 A、B、C 类是 3 种主要的类型地址。

IPv6 是 IETF 设计的用于替代现行版本 IP 协议（IPv4）的下一代 IP 协议。它采用 128 位地址长度，几乎可以不受限制地提供地址。

由于 IP 地址是数字标识，使用时难以记忆和书写，容易出错，为此在 IP 地址的基础上开发了符号化的标识，即所谓的域名。域名解析是把域名指向网站空间 IP，让人们通过注册的域名可以方便地访问到网站一种服务。

WWW 是环球信息网（World Wide Web）的缩写，也可以简称为 Web，中文名字为“万维网”。万维网系统是一个链接的超文本文档系统，它提供了全球性的超文本信息发布、全球性的内容阅读，以及用户和服务器之间的各种交互功能。可以说，Web 系统与技术组成了电子商务应用的基础。

国际互联网（Internet）、企业内部网（Intranet）和企业外部网（Extranet）是电子商务功能完整实现的网络环境。

三者的区别与联系在于：Internet 是基础，是网络基础和包括 Intranet 和 Extranet 在内的各种应用的集合；Intranet 强调企业内部各部门的联系，业务范围仅限于企业内；Extranet 强调各企业间的联系，业务范围包括贸易伙伴、合作对象、零售商、消费者和认证机构，而企业与消费者的联系一般都是在 Internet 平台上。

【本章习题】

1. 什么是 Internet？它提供的服务有哪些？
2. IP 地址的结构是怎样的？IP 地址可以分为哪几种？
3. 什么是域名？顶级域名有哪几种？
4. 什么是域名解析？域名解析的一般过程是怎样的？
5. Internet、Intranet 和 Extranet 分别指什么？请指出它们之间的区别和联系。

【课后拓展】

实验内容：免费域名的申请及注册。

实验目的

（1）了解域名的申请流程；

（2）掌握域名的申请及注册的方法。

实验步骤

（1）在互联网上查找提供免费域名注册服务的网站（如永信网络，www.3u.cn）并登录；

（2）利用网站提供的免费域名注册服务，设计一个域名，并查询该域名是否已经被注册；

（3）若该域名还未被注册，则填写域名注册信息及注册资料，尝试注册该域名。

第3章 电子商务交易模式

【内容提要】

电子商务的应用已多种多样，但对电子商务模式的研究还处于起步阶段，国内外众说纷纭，还没有形成共识。本章详细介绍了 B2B、B2C 和 C2C 三种电子商务交易模式。

本章学习目标：

- 理解 B2B、B2C、C2C 电子商务的概念与特点
- 掌握 B2B 电子商务的交易模式
- 掌握 B2C 电子商务的模式类型
- 掌握 C2C 电子商务的运作模式
- 了解 B2B、B2C、C2C 电子商务的盈利方式

【引导案例】阿里巴巴集团

阿里巴巴集团经营多元化的互联网业务，致力于为全球所有人创造便捷的网上交易渠道。现有 25 个事业部，其目标是促进一个开放、协同、繁荣的电子商务生态系统。

阿里巴巴集团由中国互联网先锋马云于 1999 年创立。最先成立的阿里巴巴 B2B 是企业对企业的网上贸易市场平台。2003 年 5 月，阿里巴巴集团投资 1 亿元人民币建立淘宝网（B2C）。2004 年 10 月，阿里巴巴投资成立支付宝公司，面向中国电子商务市场推出基于中介的安全交易服务。2012 年 7 月 23 日，阿里巴巴宣布调整淘宝、一淘、天猫（B2C）、聚划算、阿里国际业务、阿里小企业业务和阿里云为七大事业群，组成集团 CBBS 大市场。

目前，阿里巴巴集团有 15 家旗下公司，分别是：阿里巴巴、淘宝网、天猫、支付宝、阿里妈妈、中国雅虎、口碑网、阿里云、一淘网、中国万网、聚划算、全球速卖通、淘宝数字、一达通、CNZZ、Vendio。

阿里巴巴

阿里巴巴（即阿里巴巴网络有限公司）是阿里巴巴集团的旗舰业务，由马云与另外 17 名人士在 1999 年创立，主要经营服务小企业的 B2B（企业对企业）网上贸易平台，按用户数统计，目前是全球领先的小企业电子商务公司。

阿里巴巴现设有四个网上交易市场，协助世界各地的小企业寻找生意伙伴。四个网上交易市场包括服务全球进出口商的国际交易市场（alibaba.com）、面向国内贸易的中国交易市场（1688.com）、促进日本外销及内销的日本交易市场（alibaba.co.jp），以及一个专为小买家而设的全球批发交易平台“全球速卖通”（aliexpress.com）。截至 2011 年 3 月，四个网

上交易市场拥有超过6 500万名注册用户。

阿里巴巴亦向中国内地的企业提供商务管理软件、互联网基础设施服务、出口相关服务和贷款服务，同时通过旗下的阿里学院提供管理人员及电子商务专才培训服务。

淘宝网

淘宝网（taobao.com）于2003年5月10日成立，由阿里巴巴集团投资1亿人民币创办。淘宝网创立之初主要提供拍卖二手货交易的C2C电子商务平台，之后平台逐渐转型到以一口价出售全新商品交易为主。个人或小企业卖家均可在淘宝网开设网上商店，面向中国内地、中国香港、中国澳门、台湾地区以及外国的消费者。卖家售卖全新或二手商品皆可，也可以选择以一口价形式或拍卖形式售货，当前淘宝网上的商品绝大多数是以一口价的形式出售的全新商品，拍卖交易已经比初创时大幅下降，只占全体交易很小的一部分。

天猫

天猫的前身淘宝商城创立于2008年4月，最初是淘宝网旗下的企业对消费者（B2C）频道。随着淘宝商城日趋成熟，越来越多的中外知名品牌在其平台上开设官方旗舰店，2010年11月，淘宝商城采用独立域名www.tmall.com，于2011年6月从淘宝网分拆独立。以加强品牌认知度并更好地将其B2C商家与淘宝网的小型C2C商家加以区分。目前，淘宝商城展示逾30 000个本地和全球品牌的产品，并且有多个为不同行业而设的垂直商城，包括电器城、名鞋馆及家装馆等，日后会进一步加强分行业垂直市场的发展。2012年1月11日，淘宝商城更改名称为天猫。

支付宝

支付宝（alipay.com）最初作为淘宝网公司为了解决网络交易中信用问题所推出的网络交易工具，通过“第三方担保交易模式”，由买家将货款打到支付宝账户，由支付宝向卖家通知发货，买家收到商品确认后指令支付宝将货款放于卖家，至此完成一笔网络交易。支付宝于2004年12月独立为浙江支付宝网络技术有限公司。支付宝作为独立支付平台，向用户提供付款、提现、收款、转账、担保交易、生活缴费、理财产品等基本服务，具有“电子钱包”的功能。

一淘网

一淘网（etao.com）是阿里巴巴集团旗下的一个购物搜索网站，由淘宝网在2010年10月推出，主营为网络购物搜索引擎，为阿里巴巴集团全资所有。2011年6月，一淘从淘宝分出，成为独立发展业务的品牌。

聚划算

聚划算（ju.taobao.com）上线于2010年3月，是淘宝网旗下的团购平台，主推网络商品团购。2011年10月聚划算分拆为独立公司。

（资料来源：百度百科、维基百科）

案例点评：阿里巴巴集团致力为全球所有人创造便捷的网上交易渠道，提供多元化的互联网业务，涵盖 B2B、B2C、C2C、第三方支付、团购、购物垂直搜索、企业管理软件和生活分类信息等多个服务范畴。可以说，阿里巴巴的运营涉及多种电子商务模式。本章将主要对三个主要的电子商务交易模式进行详细介绍。

3.1 B2B 电子商务

【专题案例】通用汽车的 B2B 方案

问题

通用汽车（GM）是全球最大的汽车制造商。该公司向 190 个国家销售汽车，并在约 50 个国家建有生产基地。GM 面临许多与其他大公司一样的问题，其中之一就是关于如何处置那些不能再有效生产的机械设备。GM 一直是通过中介商采取实物拍卖的方式来出售这些资产。问题在于此类拍卖要花费几周甚至几个月来完成，更糟的是拍卖价格非常低，并且还要支付给第三方拍卖行 20%的佣金。

GM 的另一个问题与商品采购有关，这些商品包括直接或间接用于制造汽车的原材料，诸如灯泡或办公用品。GM 每年要花费超过 1 000 亿美元从 2 万家供应商那里购买大约 20 万种不同的商品。公司以前采用人工招标的方式与潜在的供应商洽谈，签订合同。所需物料的详细要求将邮寄给各个潜在的供应商，供应商应标，GM 从中选择价格足够低的供应商作为中标者。如果所有的投标价格都太高了，就将举行第二轮甚至是第三轮投标。有时候，在 GM 确信价格和品质均为最优之前，这一程序已经耗费了几周或几个月的时间。投标所涉及的准备费用使得一些供应商选择放弃，因而没有足够的供应商参与投标，结果就是 GM 公司必须以更高的价格来购买商品。

解决方案

GM 设立一个外部网络，称为 ANX（网络自动交易）。ANX 逐渐发展成了一个 B2B 交易市场。为解决固定资产问题，早在 2000 年初，GM 就在这个 B2B 交易市场上实现自己的电子市场，并进行拍卖操作。第一批拍卖物品是 8 个 75 吨级冲压机。GM 邀请 140 名被认可的投标人在网上观看冲压机的图片和相关的服务记录。仅用一周准备，拍卖开始不到 2 小时，冲压机全部卖掉。

至于物资采购问题，GM 在它的电子采购网站通过反向拍卖方式使得过程自动化。有资质的供应商在网上对 GM 公司需要采购的商品进行投标。投标“公开”，即所有供应商都能够看到他们竞争对手的投标。GM 可同时接受多个供应商的投标，通过提前设定的标准，例如价格、交货期限和付款方式，可以很快地和最合适的投标人成交。

结果

在最先进行的公开正向拍卖的 89 分钟内，8 台冲压机卖了 180 万美元。如果使用传统的离线方式，同样物品只能卖到网上价格的一小半，并且需要4~6个星期。自2001年以来，GM进行了数以百计的电子拍卖，其他卖家很受鼓舞，纷纷到该网站拍卖他们的物品，并根据最终价格向GM支付佣金。

第一次参与网上逆向拍卖时，GM采购了一大批用于生产汽车的橡胶封圈。GM支付的价格明显低于该公司以前采用人工协商购买的相同物品的价格。现在每周这个网站都要进行许多类似的投标。每一单的管理成本节约了40%，甚至更多。

案例启示

GM公司的案例说明了一个大公司如何参与两种电子商务活动：（1）网上拍卖作废设备；（2）以电子招标方式采购。拍卖和采购活动都是通过GM企业内电子商务实现，这种交易属于B2B。在B2B交易中，企业既可以是一个卖家，为众多买家提供商品和服务，也可以是一个买家，在众多卖家（供应商）中寻找商品和服务。

（资料来源：特班，等.《电子商务管理视角》）

3.1.1 B2B电子商务概述

1. B2B电子商务基本概念

企业对企业电子商务（business to business e-commerce）也称B2B电子商务，是指企业之间通过互联网、外联网、内联网或者私有网络，以电子方式实现的交易。这种交易可以发生在企业及其供应链成员之间，也可以发生在一个企业和其他企业之间。这里的企业泛指任何私有的或公有的、营利的或非营利性的组织。

B2B的主要特点是企业希望通过电子自动交易或沟通和协作过程来提高它们自身的效率。特别要注意的是B2B商务可以不通过互联网而实现。

2. B2B交易的基本类型

买方和卖方的数量以及参与B2B的模式决定了基本的B2B交易类型有以下几种。

- 卖方模式：一个卖家对应多个买家。
- 买方模式：一个买家从多个卖家手中购买。
- 网络交易市场模式：多个卖家对应多个买家。
- 协同商务模式：企业伙伴之间买卖之外的活动，例如，供应链改进、交流、合作和共享相关设计规划信息等类似的活动。

这4种基本的B2B类型如图3-1所示。

3. B2B电子市场的基本类型

B2B电子市场主要有以下5种类型。

（1）一对多和多对一：私有电子市场

在一对多和多对一的市场里，一个企业既完成所有的购买活动（卖方市场）也完成所有的销售活动（买方市场）。由于电子商务注重于单个企业在交易中买或卖的需求，这种类型称为以企业为中心的电子商务。

在以企业为中心的市场内，买方模式或卖方模式的企业个体支配着那些参与买卖交易和支持信息系统的每一方。所以这种交易是完全私有的，买方模式和卖方模式都被认为是私有电子市场。

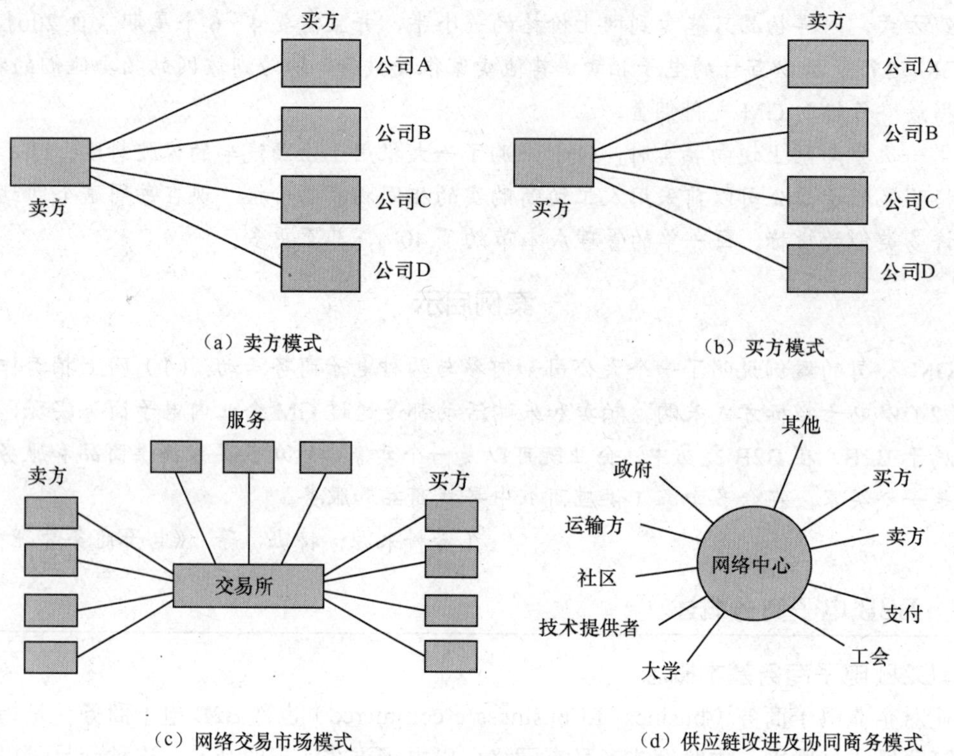

图 3-1 B2B 电子商务的类型

(2) 中介商

许多一对多和多对一的电子商务活动是不通过中介商进行的。但有些时候涉及拍卖、团购者或者是复杂交易，就会经常借助中介商。尽管有中介商，这个市场仍然被认为是私有的，因为雇佣中介商的买家或卖家可以控制谁被邀请到这个市场中来。

(3) 多对多：公共电子市场

在多对多的电子市场中，众多买卖双方为了彼此交易而在网上进行接触。交易市场通常是属于一个第三方集团或团体，并且由其管理。交易市场对所有的参与方（买方和卖方）都是公开的，所以也被称为公共电子市场。

(4) 供应链环节协同商务

B2B 交易贯穿于供应链环节，因此 B2B 商务活动需要遵循供应链活动环节来实施，例如原材料的采购、运输以及物流。供应链环节通常涉及交流和协作。

企业之间接洽的目的不仅仅是买卖商品。协同商务包括交流、设计、策划，以及商业伙伴之间的信息共享。除了经济交易之外还有别的合作才能称为协同商务，如可能涉及设计、制造或管理等。

(5) B2B2C

B2B2C 是 B2B 的一个特例。在 B2B2C 中，一家企业向另一家客户企业提供某些产品或服务，以使客户企业维持自己的客户群，这些客户群可以是普通消费者，也可以是企业的内部员工。例如从批发商到零售商再到消费者的销售模式。

4. B2B 交易的特点

(1) 参与交易方

参与 B2B 交易的各方包括卖方、买方和中介商。交易可以在买卖双方之间直接进行也可以通过在线中介商进行。中介商是一个在线的第三方，协助达成买卖双方的交易；它可能是虚拟的，也可能是虚实结合的公司。买卖双方的撮合者就是典型 B2B 中介商，如阿里巴巴、慧聪国际网等。中介商也可能是分销商。

（2）交易类型

交易类型包括实时采购和战略式采购。实时采购指以当时的市场价格购买所需的商品和服务，其特点是价格是动态的，受供求关系的影响。买卖双方一般互不相识。证券交易和日用商品交易都属于这种类型。战略式采购是在买卖双方磋商的基础上建立长期的合同关系。

实时采购在公共交易市场进行最为经济。而战略式采购，通过买卖双方离线或在线直接协商则更为高效和经济，这种协商可以在企业内交易市场或者是公共交易市场的私有交易室进行。

（3）交易的物料类型

B2B 交易的物料有两种基本类型：直接的和间接的。直接物料是指用于生产商品所需的原材料，如生产汽车用的钢铁或出版图书用的纸张。直接物料的特点是物料的使用是有计划的、定期的。这些物料通常不是现用现买，而是在广泛协商和签订合同后大宗购买。

间接物料是指诸如办公用品和灯泡之类的支撑生产的项目。它们通常用于维护、修理和运营（maintenance，repair and operation，MRO）。总之是非生产物料。

（4）交易方向

B2B 市场分为水平市场和垂直市场。垂直市场是同一产业部门之间的交易，包括电子、汽车、钢铁、化工等行业。水平市场指那些可以适用于所有产业的商品和服务的交易，如办公用品、电脑、运输服务等。

B2B 交易的不同特征如表 3-1 所示。

表 3-1　B2B 交易的特征

交易各方	交易类型
直接的，卖方对买方或买方对卖方	实时采购
通过中介商	战略式采购
B2B2C：一个企业向另一个企业出售货物，但把货物送到个人手中	实时采购
资源类型	**交易方向**
直接	垂直
间接（MROs）	水平
参与交易的企业数量和形式	**开放等级**
一对多：卖方（电子商店）	私有交易市场，受限制
多对一：买方	私有交易市场，受限制
多对多：交易市场	公共交易市场，全面开放
许多企业接触、合作，供应链	私有交易市场，一般情况下可以公开

3.1.2 B2B 电子商务交易模式类型

如前所述，B2B 电子商务有多种交易类型，包括卖方模式、买方模式、网络市场交易模式和协同商务模式 4 种。其中，卖方模式对应的市场称为卖方市场；买方模式对应的市场称为买方市场。

1. 卖方市场

下面介绍卖方市场两种主要的交易模式。

（1）直销

卖方市场是企业通过基于 Web 的私有销售渠道（通常通过外联网）向企业客户提供商品。小型企业一般使用互联网，并采取一定加密手段。卖方可以是制造商或者分销商（制造商必须是实体，而中间商可以是虚拟的），向批发商、零售商和大企业直接销售，即一个卖家对多个潜在的买家。

在线销售商可以提供智能化客户服务，从而节省费用。例如，通用电气公司每年接到 2 000 万个关于其产品的求助电话，其中绝大部分来自个人用户，也有许多来自企业。通过使用互联网和自动应答软件代理，每个电话应答的成本从 5 美元降低到了 0.2 美元。同时企业可以通过在线目录进行直销，可以为所有客户提供一个目录，或者为每位客户定制目录。许多销售商为主要客户提供独立的页面和目录。

直销模式的成功案例包括戴尔、英特尔、IBM 和思科。现在越来越多的企业在采用这种模式。如果企业在市场上拥有良好的声誉和足够多的忠诚客户，那么直销模式就很有可能取得成功。

（2）正向拍卖

一些企业将物品展示在拍卖网站上，以求物品迅速售出，这种拍卖也可称为正向拍卖。例如，前面专题案例中通用公司在自己的网站上通过拍卖的方式出售不能高效生产的设备。

正向拍卖方式可以为卖家带来以下好处。

- 带来收入。新的销售渠道可以支持并扩展在线销售，并为企业处理过剩物品提供了一个新的场所。
- 增加浏览量。拍卖给网站带来了“黏性”，参加拍卖的客户会在网站上花费更多的时间，带来更多的页面浏览量。
- 争取和留住成员。所有竞标活动会带来新的注册成员。

正向拍卖有多种类型。企业可在自己的网站上进行拍卖，这种方式往往适用于一些资金及技术实力较强的大企业，如通用公司；企业也可通过网上中介（如一些 B2B 的拍卖网站）来进行拍卖，这种方式比较适用于中小企业，因为它对资源没有要求，且实现时间较短。

2. 买方市场

B2B 独有的一项特色是买方市场及其在采购方面的应用。当买方进入卖方市场，其采购部门必须将订单手工输入到信息系统中。而且，在电子商店或电子商城中搜索和比较供应商及产品的速度慢且成本高。因而，一些大型买方企业开放自己的市场，我们称之为买方市场。在这种模式下，买方企业在自己服务器上开设电子市场，邀请潜在的供应商对自己所需的产品进行投标，这种模式也可以称为反向拍卖、招标或竞标模式。

在电子采购的使用中，通过将采购职能自动化和精简化，采购人员可以将注意力集中在更具战略性的采购上，以提高采购的效率，通过产品标准化和集中采购来降低购买价格及采购费用，改进信息流和管理，尽量减少从非合同供应商处采购，减少购买和运输过程中的错误，发现更好的供应商。

在大型采购中最常见的模式是反向拍卖，有众多企业采用反向拍卖的模式。例如，有的企业邀请供应商对网站上的零件进行投标，专题案例中通用公司以电子招标方式采购物资等。政府和大企业经常采用这种模式，因为它可以节约可观的费用。

反向拍卖可以在企业的网站上进行。另外，和正向拍卖一样，反向拍卖也可以通过第三方中介来进行。如通用电气公司的 TPN 在线采购系统同时向其他买家开放自己的竞标网站，这样其他买家就可以借助这一竞标网站发布自己的询价请求。因此，TPN 网站可以被视为一家中介市场。像 A-Z 二手计算机这样的拍卖网站都属于这一类中介网站。

3. 网络交易市场模式

网络交易市场模式，也称为多对多市场模式，包括许多卖家和许多买家。它们都是公开的电子市场，有许多称呼和多样化的功能，如电子商场、交易所、交易社区、B2B 门户网站等。通常多对多市场是由独立的第三方中介公司建立并控制，吸引买方和卖方在电子市场上发布供应和需求信息，促进双方信息的共享和协调，既不偏向买家也不偏向于供应商一方，是为多个买家和卖家提供信息和交易等服务的电子交易平台。

根据面向对象的不同，多对多电子市场主要分为水平 B2B 平台和垂直 B2B 平台。

（1）水平 B2B 平台

水平 B2B 平台，又称综合 B2B 平台，可以将买方和卖方集中到一个市场上来进行信息交流、广告、拍卖竞标、交易、库存管理等。之所以用“水平”这一概念，主要是指这种网站的行业范围广，很多的行业都可以在同一个网站上进行贸易活动。

水平 B2B 平台，一方面利用网上交易为企业创造价值，提升行业供应链竞争力；另一方面通过制定行业标准和组织中间采购对 B2B 服务进行有效管控，同时为业内企业集中提供内容丰富的资讯信息，包括行业新闻、行业教育、职位招聘，以及提供面向行业的专门化服务等。

国内五大 B2B 电子商务平台分别是：Alibaba（阿里巴巴）、慧聪网、网盛生意宝、环球资源网、中国制造网。它们均为上市公司，所占的 B2B 市场份额超过 80%。表 3-2 所示为这五个平台所提供的主要服务。

表 3-2　　中国五大 B2B 电子商务平台综合服务比较

B2B 平台	内贸平台	外贸平台	行业咨询调研服务	线下出版物	线下展览或买家见面会	认证服务
阿里巴巴	中国交易市场	国际交易市场	无	无	网货交易会、网商大会	供应商身份认证
生意宝	中文站	全球站、韩国站、日本站	部分优势行业有	部分优势行业有	自办或合作办展、组团海外参展	中国供应商资料认证
慧聪网	国内站	国际站	合资公司多行业有	《慧聪商情广告》	供需见面会	身份认证
环球资源	内贸网	外贸平台	无	《世界经理人》	视频买家单独见面会	认证供应商
中国制造	中文版	英文版	无	无	无	认证供应商

资料来源：中国电子商务研究中心

（2）垂直 B2B 平台

垂直 B2B 平台主要面向特定行业提供某个或者相关行业的服务，其用户主要集中于该行业的相关企业，提供的服务也更加专业。

垂直 B2B 平台，能使企业与其贸易伙伴间达成最深度的整合，充分发挥企业间的供应链协调机制，提高透明度和规范性。每个行业的 B2B 电子商务都在不同程度上延伸着企业价值链，与上、下游企业实现不同程度的信息共享和流程的电子化协同。

垂直 B2B 电子商务可以分为两个方向，即上游和下游。生产商或商业零售商可以与上游的供应商之间形成供货关系，例如，戴尔电脑公司与上游的芯片和主板制造商就是通过这种方式进行合作。生产商与下游的经销商可以形成销货关系，例如，思科公司与其分销商之间进行的交易。

不同行业的 B2B 电子商务平台在功能上可能有一定的差别，但总体来说仍然属于信息发布平台类网站。例如，易创化工网是中国化工行业一个功能较完善、信息较全面的互联网在线交易网络，为用户提供一个开放式、全天候的中外化工供求交流的平台，用户除了可以在公告板上免费发布商业信息外，还开设有在线拍卖和在线招标两种双向竞价模式；中国钟表网除了提供供求信息发布、会员网站链接等服务外，还为会员提供录入、管理资料等服务项目；中国粮食贸易网则集成了网上采购、拍卖、网上交易等一系列功能，网站则收取年度会员费。因此，垂直 B2B 平台除了在行业集中方面与水平 B2B 平台不同外，两者的经营模式基本相同。

4. 协同商务模式

协同商务，也称为协作商务（c-commerce），是指利用数字化技术使公司协作进行计划、设计、开发、管理，以及研究产品、服务和创新的电子商务活动。例如，公司可以和卖主以电子方式协作设计公司的产品或部件。协作商务意味着通过诸如**群件**这样的工具和特别设计的电子商务协作工具，以电子方式进行通信、共享信息和协作计划。

> **【小知识】**
>
> **群件（groupware）**：以计算机网络技术为基础，以交流（communaction）、协调（coordination）、合作（collaboration）及信息共享（information sharing）为目标，支持群体工作需要的应用软件。它允许个人和小组成员间进行有效的协同工作而不管他们的地理位置如何。

就协同商务概念而言，企业信息化建设的目的不仅是管理企业内部的资源，还需要建立一个统一的平台，将客户、供应商、代理分销商和其他合作伙伴也纳入企业信息化管理系统中，实行信息的高效共享和业务的一系列链接。“协同”有两层含义：一层含义是指企业内部资源的协同，有各部门之间的业务协同、不同的业务指标和目标之间的协同以及各种资源约束的协同，如库存、生产、销售、财务间的协同，这些都需要一些工具来进行协调和统一；另一层含义是指企业内外资源的协同，也即整个供应链的协同，如客户的需求、供应、生产、采购、交易间的协同。

【小案例 3-1】供应商管理库存

在供应商库存管理（vendor-managed inventory，VMI）系统中，零售商何时订货、订货多少是由供应商负责的。零售商向供应商提供实时信息（如售货点数据）、库存水平和订货临界值。再订货的数量也是由供应商事先确定或由供应商推荐。利用这个方法，零售商不再负责库存管理，需求预测也更容易，供应商可以在某产品被订购之前预见其潜在的需求，不再需要采购订单，库存量可以保持在低水平而且很少发生脱销现象。该方法于20世纪80年代最先由沃尔玛在EDI的支持下开始实施，现在VMI可以由CFPR和特殊的软件所支持。

【小案例3-2】在零售商和供应商之间的信息共享：宝洁和沃尔玛

业务伙伴之间的信息共享，就像在组织内部不同单元之间一样，对成功的供应链管理必不可少。沃尔玛规定宝洁可以访问其每种产品的销售信息，宝洁从沃尔玛的每家分店按天收集信息，并利用这些信息为沃尔玛管理库存进货。通过监测沃尔玛每家分店的宝洁产品库存水平，宝洁就可以了解库存量何时下降到触发送货的临界点。所有这些都是以电子方式进行的。宝洁利用精确的需求信息获益，沃尔玛也从充足的库存中获益。宝洁和其他主要零售商也有类似的协议。

【小案例3-3】卡特彼勒公司减少产品开发时间

卡特彼勒公司是一家重型机械跨国制造商。在传统的运作模式下，由于供应链涉及的过程包括在管理人员、销售人员和技术人员之间传输纸质文档，所以供应链的周期时间长。为了解决这个问题，卡特彼勒公司利用基于外联网的全球协作系统，将其工程和制造部与现有的供应商、分销商、海外工厂及客户连接起来。例如，利用协作系统，对于客户定制的拖拉机部件，可以在极短的时间内从客户传输到卡特彼勒公司经销商、设计人员和供应商那里。客户也可以利用外联网检索和修改详细的订单信息，而此时车辆仍在装配线上。

客户和产品开发者之间的远程协作能力减少了由于返工时间而导致的周期时间的耽搁。供应商也被连接到系统，因此，如果需要，它们可以直接将原料或部件交付给卡特彼勒公司的商店或客户。系统也被用于加速维护和修理过程。

3.1.3 B2B电子商务的盈利模式

所谓盈利模式，通俗地讲，是指能够在较长一段时间内相对稳定地维持的利润来源。目前，B2B平台网站的收入来源主要包括以下8种。

1. 会员费

企业通过第三方电子商务平台参与电子商务交易，必须注册为B2B网站的会员，每年要交纳一定的会员费，才能享受网站提供的各种服务，目前会员费已成为中国B2B网站最主要的收入来源。比如阿里巴巴网站收取中国供应商、诚信通两种会员费，中国供应商会员费分为每年4万元和6万元两种，诚信通的会员费每年2 300元；中国化工网每个会员第一年的费用为12 000元，以后每年综合服务费用为6 000元；五金商中国的金视通会员费1 580元/年，百万网的百万通600元/年。

2. 广告费

网络广告是门户网站的主要盈利来源，同时也是B2B电子商务网站的主要收入来源。例如阿里巴巴网站的广告根据其在首页的位置及广告类型来收费，中国化工网有弹出广告、漂浮广告、BANNER广告、文字广告等多种表现形式可供用户选择。

3. 竞价排名

企业为了促进产品的销售，都希望在B2B网站的信息搜索中将自己的排名靠前，而网站在确保信息准确的基础上，根据会员交费的不同对排名顺序做相应的调整。阿里巴巴的竞价排名是诚信通会员专享的搜索排名服务，当买家在阿里巴巴搜索供应信息时，竞价企业的信息将排在搜索结果的前三位，被买家第一时间找到。中国化工网的化工搜索是建立在全球最大的化工网站上的化工专业搜索平台，对全球近 20 万个化工及化工相关网站进行搜索，搜录的网页总数达 5 000 万，同时采用搜索竞价排名方式，确定企业排名顺序。

4. 增值服务

B2B 网站通常除了为企业提供贸易供求信息以外，还会提供一些独特的增值服务，包括企业认证、独立域名、行业数据分析报告、搜索引擎优化等。像现货认证就是针对电子这个行业提供的一项特殊的增值服务，因为通常电子采购商比较重视库存这一块。另外，针对电子型号做的谷歌排名推广服务，就是搜索引擎优化的一种。

5. 线下服务

线下服务主要包括展会、期刊、研讨会等。通过展会，供应商和采购商面对面地交流，一般的中小企业还是比较青睐这个方式。期刊主要是关于行业资讯等信息，期刊里也可以植入广告。例如，**ECVV** 组织的各种展会和采购会已取得不错的效果。

【小知识】

ECVV：又名伊西威威，全名深圳伊西威威科技开发有限公司。ECVV 标志中“EC”是电子商务（E-Commerce）的英文缩写，“VV”是双赢（victory - victory）的英文缩写。ECVV 为现任 CEO 陈栋创立，是全球企业间（B2B）电子商务的著名品牌，现居中国 B2B 第三把交椅，以平价奢华的全球贸易推广服务商为目标。ECVV 首创 B2B 市场收费新模式，推出按效果付费，也是全球范围内第一家按效果付费的 B2B 电子商务网站。

6. 商务合作

包括广告联盟、政府、行业协会合作、传统媒体的合作等。广告联盟通常是指网络广告联盟，指集合中小网络媒体资源（又称联盟会员，如中小网站、个人网站、WAP 站点等）组成联盟，通过联盟平台帮助广告主实现广告投放，并进行广告投放数据监测统计，广告主则按照网络广告的实际效果向联盟会员支付广告费用的网络广告组织投放形式。亚马逊通过这种方式已经取得了不错的成效，但在中国，联盟营销还处于萌芽阶段，大部分网站对于联盟营销还比较陌生。国内做得比较成熟的几家广告联盟有百度联盟、谷歌联盟、淘宝联盟等。

7. 按询盘付费

区别于传统的会员包年付费模式，按询盘付费模式是指从事国际贸易的企业不是按照时间来付费，而是按照海外推广带来的实际效果，也就是海外买家实际的有效询盘来付费。其中询盘是否有效，主动权在消费者手中，由消费者自行判断，来决定是否消费。尽管 B2B 市场发展势头良好，但 B2B 市场还是存在发育不成熟的一面。这种不成熟表现在 B2B 交易的许多先天性交易优势，比如在线价格协商和在线协作等还没有充分发挥出来。因此传统的按年收费模式，越来越受到以 ECVV 为代表的按询盘付费平台的冲击。

“按询盘付费”有 4 大特点：①零首付、零风险；②主动权、消费权；③免费推、针对广；④及时付、便利大。广大企业不用冒着“投入几万元、十几万元，一年都收不回成本”的风险，零投入就可享受免费全球推广，成功获得有效询盘后，辨认询盘的真实性和有效性后，只需在线支付单条询盘价格，就可以获得与海外买家直接谈判的机会，主动权完全掌握在供应商手里。

8. 佣金

企业通过第三方电子商务平台参与电子商务交易，必须注册为B2B网站的会员，每年不交纳会员费，而是采取佣金方式（只在买卖双方交易成功后收取费用），便可享受网站提供的服务。比如敦煌网，它采取佣金制，佣金比例为2%~7%。

3.1.4 国内B2B行业网站的经营模式

目前，中国比较成功的B2B网站并非都是在线交易模式，尤其是B2B行业网站，许多都没有做在线交易，更多的是进行以交易为目的的网络营销推广，以打造品牌知名度。国内B2B行业网站存在如下10种不同的经营模式。

1. 以线上贸易服务为主的综合行业网站

此类模式的企业以提供内外贸线上服务为主，主要收入来源为：会员费、提供增值服务所带来的广告费和站内搜索排名费用，以及向认证供应商收取的企业信誉等认证费用。

典型企业：阿里巴巴、中国制造网、生意宝、贸发网、文笔天天网、贸易伙伴网。

2. 以线下贸易服务为主的综合行业网站

此类模式的企业以提供线下服务为主，具有贸易撮合的特征。其主要收入来源为线下会展展位费、会展广告费、商情刊物、出售行业咨询报告等所带来的广告和所收取的增值服务费用，其运营成本往往较线上高，利润率相对较低。B2B网站使国际贸易的形态发生了质的改变，但传统的展览会带给人的那种面对面交流、交互、交易的体验是B2B网站无法替代的，两者相互补充。

典型企业：慧聪网、环球资源、环球市场网。

3. 以“行业门户+联盟”为主的综合行业网站

此类模式的企业以联盟的方式对各行业B2B网站进行资源整合，提供“既综合、又专业”的B2B服务。此类“垂直+综合（即水平）”的B2B平台具有以下特点，内容专业化、服务集中化、访问经常化、用户精准化等。盈利模式主要为网络基础服务、网络信息推广服务、广告发布服务行业门户加盟服务等。

典型企业：生意宝、中国网库、中搜行业中国。

4. 以小额外贸服务为主的综合行业网站

此类模式的企业不仅提供信息服务，同时还整合了包括交易的支付、物流，以及客户关系管理等，实现在线交易。其盈利模式主要以收取企业交易佣金为主，该模式的前景尚有待时间验证。始于2008年的全球经济危机反而给小额外贸市场提供了一个难得的发展机会。“小宗外贸B2B（甚至B2C）+中国制造+世界市场”这种新型的外贸出口模式兴起。

典型企业：阿里巴巴小额外贸平台“速卖通”、兰亭集势、敦煌网、易唐网、贝通网、联畅网。

5. 以供求商机信息服务为主的行业网站

此类模式的企业所涉行业比较大，涉及企业数量多，产品品种繁多且标准化，能形成很大的市场，须做好电话营销与客户拜访。

典型企业：中国化工网、全球五金网、全球纺织网。

6. 以行业资讯服务为主的行业网站

目前，国内行业电子商务网站大多拥有资讯信息业务，并有一部分网站提供有偿资讯信息业务。资讯信息服务主要由咨询信息和供求信息两类组成。前者区别于媒体内容的新闻性特征，行业电子商务网站资讯侧重商情和价格动态，具备一定的商业情报与信息咨询特征。此类模式的企业一定要有精通行业、善于做市场分析调查的行业专家参与，只有这样才能做出高质量的市场分析报告，帮助企业进行决策与扩大销售。

一些原材料行业市场变化快，价格波动大，区别于普通的行业资讯，它在某种情况下可以对企业的短期战略决策和利益造成重大影响，因而许多企业也倾向于交纳一定的佣金以便获得及时的行情信息，这成为当前资讯服务网站收入的主要来源。

典型企业：金银岛、慧聪邓白氏、我的钢铁网、中国化工网、生意社、联讯纸业、中国工控网。

7. 以招商加盟服务为主的行业网站

此类模式的企业一般是以收品牌商的广告费、会员费来维持其运转，会员可在一级或二级栏目上为自己的品牌做广告，也可以查看大量经销商的联系方式。在经营时需要将网站的流量做大，尤其要关注网站的排名、访问量等可以量化的数据，销售一般是招聘大量的电话销售人员卖广告和会员资格。

典型企业有中国服装网、医药网、小生意。

8. 以在线大宗交易服务为主的行业网站

交易服务一般是以收取交易佣金为标志。而真正介入交易过程，行业电子商务网站需要实现为贸易双方提供交易中介服务，包括网上采购与拍卖、贸易撮合、资金结算及物流仓单等，并利用网络特点提供比传统洽谈更方便快捷的方式促进买卖双方的交易达成，这也是国内交易平台型行业电子商务网站的共性特征。

大宗商品交易佣金的收取比率一般为交易额的万分之一到三。行业电子商务网站一般会以要求交易双方预先交纳保证金以确保能够收取交易佣金。此类模式的企业运营时必须要建立好诚信机制，例如，买卖双方诚信审核、支付的安全性、物流的快捷等，可采用第三方合作伙伴来解决物流、资金流及诚信度审核的问题。交易商品一般为大宗商品，目前比较成熟的模式是：仓单交易。

典型企业有金银岛网交所、浙江塑料城网上交易市场、中塑在线。

9. 以专业技术服务为主的行业网站

此类模式的企业一般不会独立出现，往往是几种模式结合起来，例如，招聘服务、项目外包服务、在线出版服务等需求，还提供一系列围绕企业电子商务应用的技术和工具服务，包括即时通信工具、诚信评估和数字认证工具、站内和站外企业及产品搜索工具、软件管理工具，以及企业网站建设技术服务。

在企业电子商务应用继续深入的过程中，还会不断出现服务于营销、管理和物流支付方面的技术工具。要服务好技术市场的两端，即行业技术新手和行业技术专家，让双方都能有所收获，网站才能健康发展下去。

典型企业：中国机械专家网、程序员论坛、螺丝网、生意通、阿里软件、中国国际电子商务中心。

10. 提供其他服务的行业网站

（1）以项目外包服务为主。此类模式的企业盈利模式为收加工厂的钱，为加工厂寻找订单或寻找更好的订单。运营时需要加强对客户的培育，或线下运作。

典型企业有软件项目外包网、全球羊毛衫网等。

（2）交易周边服务。以企业交易为中心，该类行业电子商务网站还提供信用搜索、交易资质认证、政策法律服务及信用担保等交易相关服务。也有网站提供商标转让、投融资、数字产品租售及人力资源等其他服务。此外，围绕交易需求，有些行业电子商务网站还提供线下服务，成立会员俱乐部，促进企业用户之间的交流和沟通。通过这种面对面的交流方式，更有利于增强会员之间的紧密联系，也有利于增强企业用户对于网站的忠诚度，从而能更好地促进线上业务的发展。

交易中介服务满足企业安全和高效率交易需求，短信行情服务满足商人及时了解市场动态的需求，行业搜索和全互联网企业搜索满足企业销售和采购需求，金融服务满足企业资金安全和融资需求。

3.2 B2C电子商务

【专题案例】京东一站式综合B2C平台

京东商城（JD.com）是中国最大的以3C产品为主营业务的B2C购物商城，目前的注册用户超过1 500万。公司在拥有全国最丰富的3C类产品的同时，还将产品线扩充至家居百货、服装服饰、母婴用品、图书、食品等11大类别，约30万种商品；日订单处理量超过12万单，网站日均PV超过3 500万。自2004年年初上线以来，京东商城一直保持年均200%的速度增长。在2010年，公司的年销售额达到102亿，占据中国自主销售B2C市场32.5%的份额，连续10个季度蝉联行业头名。目前，京东商城已在全国59个城市建立了分公司，拥有数十万平米的仓储基地和自建物流公司，并提供上门自提、货到付款、POS机刷卡和售后上门等服务。

从3C切入，志在一站式综合B2C平台

（1）以3C产品为核心业务积极布局其他领域。京东商城以3C产品起家，在2007年开始尝试扩充产品线。2008年下半年，京东正式在3C的基础上，增加日用百货商品，至2010年已经有了十多个分类，其中涉及数码、电脑、家用电器、服装、化妆品、运动用品、母婴用品、食品等多个领域。2010年年底，京东商城第三方销售平台“品牌直销”频道正式上线，目前约有500个品牌，近10万种商品入驻京东商城。平台商户可以分享京东的仓储、配送、客服、售后、货到付款、退换货和自提货等服务，进一步减少自建服务体的成本。2010年，3C产品销售仍占据京东总销售额的90%，预计这一比重在2011年将会下降至85%。

（2）以低价策略获取用户。低价策略是电子商务企业，尤其是3C类产品和线下传统企业竞争最有力的武器。这也是京东商城在短短三四年的时间里迅速超越经营十年之久的当当和卓越的主要原因。京东商城的毛利率长期仅在3%～5%。与之相比，国美和苏宁的毛利率基本可以维持在17%左右。在低价以外，京东善于推出针对网民消费特点的营销活动，如专为年轻人打造了一个促销栏目“月黑风高”，从晚7：00～早7：00推出一系列的

超低价产品。还有“夺宝岛”频道，在保证产品质量的前提下为用户提供低价的二手产品。据 Alexa 数据显示，京东商城的用户浏览量居 B2C 网站第一。

（3）拥有亚洲最大的电子商务物流中心，并自建配送队伍以提升用户体验。京东商城积极构建覆盖全国的物流网络。目前，公司在上海、广州、成都、武汉四地建有仓储基地。2010 年 5 月，公司宣布将在北京新建一个占地 30 万平方米的物流中心，成为亚洲最大的电子商务物流中心，可满足日处理 10 万订单，年销售额超 200 亿的需要。由于 3C 产品的配送方式较图书和日用快消品在安全、技术和交通工具方面有着更高的要求，遍布全国的仓储基地可以大幅提升物流配送的速度，也节省大家电的配送成本。为保证配送的服务质量，京东商城在 2009 年组建了自己的配送队伍——上海圆迈快递公司，已经陆续在天津、苏州、杭州、南京、深圳、宁波、无锡、济南、武汉、厦门等近 60 座重点城市建立了城市配送站。同时公司也和 EMS 合作，保证偏僻地区的配送服务。2010 年 4 月，京东商城在北京等主要城市推出“211 限时达”配送服务，在全国实现“售后 100 分”服务承诺，随后又推出“全国上门取件”、“先行赔付”、7 × 24 小时客服电话等专业服务。京东商城的服务系统正在逐步实现跨越性的升级。

完善物流、丰富产品线，精细化经营

（1）发力物流是未来公司发展的重中之重。京东商城将大部分融资用于物流建设，目标是将京东目前日处理 10 万单的仓储能力提升至 30 万单。未来三年，除了是鸟巢 8 倍大的上海仓储中心、30 万平米的北京仓储中心和成都、武汉的仓储中心以外，公司计划继续扩建 20 ~ 40 个大家电仓储中心。目前京东在全国拥有 4 个一级物流中心和 10 个二级物流中心，在 2011 年年底会有 7 个一级物流中心和 25 个二级物流中心投入使用。

（2）产品线多元化扩充。京东商城去年上线了音像图书频道。音像频道包括音乐、影视、教育三个类别，拥有 15 000 多种商品；读书频道除了为读者提供最新的行业资讯与读书评论外，用户购买之前还可以免费阅读部分章节的内容。扩充女性相关的产品类别。京东商城 50% ~ 60%的用户为男性，相比数码、3C 类商品，服装服饰、化妆品、家居类商品有着更高的毛利率水平，可更快帮助企业提升盈利水平。京东商城在 2010 年年底以 20 万元收购了域名 topLife.com，作为京东的奢侈品垂直 B2C 网站。据 CNNIC 数据，京东商城 75%的消费者月收入在 3 000 元以下，而开通 toplife.com 标志着京东商城有意发展高端客户。

（3）竞争手段从低价升级至综合实力的比拼。低价是电子商务发展初期的竞争利器，但良好的服务和用户体验才是企业持续发展的王道。在逐步完善物流体系构建和产品线扩充的同时，进行精细化的运营，让企业实现商业价值是京东商城未来发展的方向。2010 年，京东商城营业额 102 亿元，亏损率为 8%。京东商城预计 2011 年公司的销售额将翻倍增长，但收入构成将呈现多元化。预计营业额将达到 240 亿 ~ 260 亿元，其中 IT 产品 85 亿元，手机和数码类产品 60 亿元，大家电 50 亿元、小家电 25 亿元、日用百货 35 亿 ~ 40 亿元。

（资料来源：中国电子商务研究中心，2011-5-13）

3.2.1 B2C 电子商务概述

1. B2C 电子商务基本概念

B2C（business to customer）电子商务，是指企业通过互联网向个人网络消费者直接销售产品和提供服务的电子商务经营方式。这种模式的电子商务目前以网络零售业为主，一般借助于互联网开展在线销售活动。

B2C 电子商务是世界上最早出现的电子商务模式，以 1995 年 7 月亚马逊网上书店的诞生为标志。B2C 电子商务也是我国最早产生的电子商务模式，以成立于 1999 年 9 月的 8848 网上商城正式运营为标志。

参与 B2C 电子商务活动的商家与顾客之间一般借助网上购物网站进行互动，即企业通过互联网为消费者提供一个新型的购物环境，消费者通过计算机网络在网上选购商品，并可在线支付。企业、商家可以充分利用网上商店或网上商城提供的网络基础设施、支付平台、安全平台、管理平台等共享资源，有效地、低成本地开展自己的商业零售活动。

B2C 这种模式能够使消费者方便地在线完成商品的选购与支付，不受时间和空间的限制，大大提高了交易效率，特别是对于工作忙碌的上班族，这种模式可以为其节省宝贵的时间。因此，B2C 也是电子商务应用最普遍、发展最快、最灵活的一种经营方式。

2. B2C 电子商务企业类型

目前，已建立或准备建立 B2C 模式的电子商务企业大致可分为经营着离线商店的零售商、纯粹的虚拟零售企业、商品制造商、网络交易服务提供商，以及特殊服务提供商。

（1）经营着离线商店的零售商

这些企业有着实实在在的商店或商场，网上零售只是作为企业开拓市场的一条渠道，并不依靠网上零售生存。一个经营实体商店又做网络零售的公司通常又被称为“鼠标+水泥”公司。例如美国的沃尔玛（Walt-mart）、中国的新华书店、上海联华超市、北京西单商场等。

（2）纯粹的虚拟零售企业

纯粹的虚拟零售企业又称虚拟电子零售商（virtual E-tailers），是直接通过互联网向最终消费者销售商品的企业。这类企业是 Internet 商务的产物，网上销售是它们唯一的销售方式，它们靠网上销售生存。例如美国的亚马逊网上书店，中国的当当网、京东商城等。

（3）商品制造商

商品的制造商采取网上直销的方式销售其产品，不仅给顾客带来了价格的优势，而且减少了商品库存的压力。因为直销使制造商与消费者直接接触，有更多交互的机会，制造商能更多地了解市场，消费者直接与制造商接触，也可以获得更多相关产品信息。这类企业通常使用直销和按订单制造相结合的销售策略，客户可以按个人需求规格订购个性化产品。例如美国的戴尔公司、中国的海尔公司等。

（4）网络交易服务提供商

网络交易服务提供商也称网络中介公司，或网络集市。这类企业专门为多家商品销售企业开展网上售货服务，既不是买家，也不是卖家，仅提供一个交易服务平台。其按照服务方式通常可分为以下两种类型。

① 提供商业目录。这类网络交易服务提供商主要采用加盟销售方式，基本上是提供一个按商品类型组织的目录，通过网站上的商品分类列表或广告横幅为商品或商店做宣传。用户单击

某一商品或商店时，就会转到相应的销售商网站去完成购物。目录所列出的销售商或者是完全属于网站的，或者是销售商的广告标识。不属于网站的销售商要支付一定费用或者与第三方（如门户网站）签订相关协议。例如美国的 hawaii.com、delamerz.com 等网站。

② 服务共享购物平台。即后文中的“网上商城”，在这类网络交易服务提供商的服务共享网站平台上，消费者能够查找、订购和购买所需商品，同时选择送货方式。服务共享购物平台提供的这些服务一般是由相关商品的销售商独自执行，购物者在平台上访问销售商的页面进行交易。销售商要向平台支付租金或交易费。在服务共享购物平台经营的企业既有制造商，也有零售商。代表性企业如美国的雅虎（yahoo.com）、中国的天猫商城等。

（5）特殊服务提供商

在 B2C 电子商务中，除上述企业所能提供的相关商业模式外，还有一些企业在经营着其他一些商务模式，如邮政服务、婚庆服务、礼品登记、电子就业市场等。

3. 适合网上零售的商品

虽然理论上所有商品都可以在网上销售，但由于消费者消费习惯、思想观念以及物流配送等方面原因，网上零售的商品在 B2C 电子商务发展的不同阶段，总体上表现出明显不同的特点。

在 B2C 电子商务市场发展早期，主要集中于一些特殊商品，如图书、音像制品、数码类产品、鲜花、玩具等。这些商品的购买者对视、听、触、嗅等感觉体验要求较低，所以 B2C 市场上早期比较成功的企业如当当网上书店、卓越网等，都是主营这些特殊商品的。

随着用户消费习惯的改变、物流配送环境的逐步改善以及优秀企业示范效应的促进，网上购物用户不断增长，网上销售的商品种类也在急剧增加，像服装、音响设备、香水等需要消费者特定感官体现的、早期被认为不适宜在网上销售的商品，如今也成为热销的网货。

目前，公认的最适合网上零售的主要有以下类型的商品。

（1）电子消费品。数码相机、打印机、扫描仪和无线设备（包括个人数字助理和手机）都是一些目前在网上热销的电子消费品。

（2）计算机硬件和软件。它们曾经一度是在线销售量最大的商品。

（3）图书和音乐。

（4）运动器材。目前主要是一些特许电子零售商在线销售运动器材。

（5）玩具。消费者可以通过互联网从专卖店、折扣店购买喜爱的玩具，或者在线直接向玩具制造商订购。

（6）服装和纺织品。

（7）文化娱乐。销售的产品也很多，范围包括竞技比赛门票、付费虚拟游戏等。

（8）保健和美容。主要是大型零售商和特许销售商在线销售维生素、化妆品等种类繁多的保健美容商品。

（9）服务业。特别是旅游、股票交易、电子银行、房地产和保险在线销售正在持续增长。

（10）其他商品。范围从处方药到定制鞋，还包括奢侈品，种类繁多。实际上，可以在实体商店销售的商品基本都可以在网上销售。通过互联网销售的商品还有许多是特殊或特需商品，有一些难以通过其他方式卖出的特殊商品也可以通过互联网上找到买主。

互联网提供了一个开放的全球性的市场，随着越来越多的零售商开展网络营销，互联网上销售的商品种类也将越来越多。

3.2.2 B2C电子商务模式类型

考虑到不同 B2C 电子商务网站的共性特性，可以将 B2C 电子商务经营模式大致归纳为网上商店、网上商城、网上直销、信息中介等类型。

1. B2C网上商店

网上商店（e-Shop）又称虚拟商店（virtual shop）或电子商店（e-Store），是指商家直接面对消费者进行电子商务活动的网站。B2C 网上商店又可分为综合类、专门类、服务型网上商店 3 种。综合类网店类似于传统的百货店，销售多种类型的商品；专门类网店则类似于传统的专卖店，仅销售某个品牌或某个系列的商品；服务型网店主要借助计算机网络为客户提供一系列服务。网上商店提供的产品有传统的有形产品、数字化产品、服务等。

（1）综合类网上商店

综合类网上商店也称为网上百货商店。一个网上百货商店的卖家只有一个，而百货即是满足日常消费需求的丰富产品线。这种商店一般有自备仓库，会储存系列产品以便更快地进行物流配送和客户服务。做得成熟的这类店铺甚至会有自己的品牌，就如同线下的沃尔玛、屈臣氏、百佳百货品牌一样。

代表性网站：美国的亚马逊、线上沃尔玛，中国的当当网、京东商城等。

（2）专门类网上商店

专门类网上商店类似于传统的专卖店，仅售某种或某个品牌、某个系列的商品。这类商店根据其经营商品的品种和经营风格又可分为轻型品牌店、垂直商店、复合品牌店等类型。

① 轻型品牌店。这类店一般仅销售单一的某个品牌的商品。目前，面对传统品牌店的竞争压力，有些轻型品牌店也正在往复合型转化，如梦芭莎也开了几家实体店，甚至由原来的只卖内衣，扩充产品系列至女性消费的方方面面。代表性网站有梦芭莎、PPG、VANCL 等。

② 垂直商店。这类店主要服务于某些特定的人群或某种特定的需求，提供有关这个领域或需求的全面产品及更专业化的服务。一般来说，这种商店的产品存在着很多的相似性，要么是满足于某一人群，要么是满足于某种需要，或属于某种平台（如电器）。值得注意的是，这类垂直商店目前出现扩大市场向其他类型转化的动向。

代表性网站：麦考林、红孩子、乐友、优歌网、笑购网等。

③ 复合品牌店。这类店一般拥有多家线下实体店铺。如佐丹奴（Giordano）是一个传统的服装品牌，自己有多家直属、加盟店，在天猫、正佳商城上佐丹奴又都有自己的店铺入驻。这类店铺随着电子商务市场的成熟，会有越来越多的传统品牌商选择加入，以抢占新市场，扩充新渠道，优化其产品与渠道资源。

代表性网站：佐丹奴、百丽等。

（3）服务型网上商店

目前服务型网店越来越多，都是为了满足人们不同的个性需求，甚至是帮人排队买电影票。例如亦得代购网站，可以帮助客户到全世界各地去购买其想要的产品，并以收取适量的服务费为盈利。随着时间的推移，会有更多服务形式的网店出现。

代表性网站：易美、亦得等。

2. B2C网上商城

网上商城（E-Market）也称网上商厦（E-Mall）或虚拟商业街（virtual shopping centre），是

指由网站为入驻企业进行网上商务活动提供的功能性服务平台。其主要服务对象是企业，也可以面向消费者。网上商城如何现实生活中的实体大商城一样，商城中有许多店铺。商城一楼可能是一级品牌，二楼是女士服饰，三楼男士服饰，四楼运动装饰，五楼手机数码，六楼特价……将多个品牌专卖店纳入，这就是商城。天猫（原淘宝商城）就是这种形式，与传统商城无异，它有庞大的购物群体，有稳定的网站平台，有完备的支付体系、诚信安全体系（尽管目前仍然有很多不足）等，促进了卖家进驻卖东西，买家进去买东西。如同传统商城一样，天猫自己是不卖东西的，只是提供完备的销售配套服务。

B2C 网上商城在人气足够、产品丰富、物流便捷的情况下，其成本低廉、24 小时不间断运作、无区域限制、产品更丰富等优势，使得网上商城成为交易市场的一个极其重要的角色。

代表性网站：天猫、线上的天河城、正佳广场、首都电子商城等。

3. B2C 网上直销

B2C 网上直销是指生产商自己在网上直接面向终端消费者进行商品销售，而不经过中间商这一环节。网上直销具有如下特点。

- 直接同顾客联系；
- 利用网络进行直销，使顾客的购买更加方便快捷，销售的效率也大大提高；
- 绕过了零售商，价格较为低廉，更能够吸引顾客。

代表性网站：戴尔官网、海尔官网、联想官方网上商城等。

4. B2C 信息服务

前三种都是经营实体商品的 B2C 电子商务模式，此外还有一种主要经营无形产品和服务的 B2C 模式，本书称为 B2C 信息服务模式。这种经营模式又可分为以下 5 种。

（1）网上订阅

网上订阅指的是企业通过网站向消费者提供在网上直接浏览信息和订阅的电子商务模式。在线出版、在线服务、在线娱乐是这种模式的 3 种主要形式。网上订阅模式主要被商业在线机构用来销售报刊杂志、有线电视节目等。

（2）付费浏览

付费浏览指的是企业通过网站向消费者提供计次收费的信息浏览和信息下载的电子商务模式。

（3）广告支持

在线服务商免费向消费者提供在线信息服务，其营业收入完全靠网站上的广告来获得。这种模式是目前最成功的电子商务模式之一。

（4）网上赠与

一些软件公司将测试版软件通过 Internet 向用户免费发送，用户自行下载试用，如果满意则有可能购买正式版本的软件。采用这种模式，软件公司不仅可以降低成本，还可以扩大测试群体，改善测试效果，提高市场占有率。

（5）第三方信息中介

第三方信息中介是在电子网络中为商品或服务提供商、消费者提供信息服务，促进双方交易的第三方组织，如**比较购物**、网络导购、买方代理、旅游网站等各类信息中介。

代表性网站：一淘网、一兜购物搜索、美丽说、蘑菇街、携程旅行网、去哪儿网等。

【小知识】

比较购物：比较购物是搜索引擎的一种细分，即在网上购物领域的专业搜索引擎。比较购物网站的搜索结果比通用搜索引擎获得的信息更加集中，更全面（除了产品价值信息之外，还包含了对在线销售商的评价、同类产品的性能比较、用户对产品使用感受评论等），好的比较购物网站往往能及时更新商品信息，使网络用户一目了然地了解市场上某类商品的价格变化、用户评论，为自己的购物提供实用、有效的参考。

3.2.3 B2C 电子商务的盈利模式

B2C 电子商务的经营模式决定了 B2C 电子商务企业的盈利模式，不同类型的 B2C 电子商务企业其盈利模式是不同的，一般来说，B2C 电子商务企业主要通过以下几个方面获得盈利。

（1）销售本行业产品

通过网络平台销售自己生产的产品或加盟厂商的产品。商品制造企业主要是通过这种模式扩大销售，从而获取更大的利润，如海尔电子商务网站。

（2）销售衍生产品

销售与本行业相关的产品，如中国饭网出售食品相关报告、就餐完全手册；莎啦啦除销售鲜花外，还销售健康美食和数字产品。

（3）产品租赁

提供租赁服务，如太阳玩具开展玩具租赁业务。

（4）拍卖

拍卖产品收取中间费用（佣金），如汉唐收藏网为收藏者提供拍卖服务。

（5）销售平台

接收客户在线订单，收取交易中介费，如九州通医药网、书生之家。

（6）特许加盟

运用该模式，一方面可以迅速扩大规模，另一方面可以收取一定加盟费，如当当、莎啦啦、E 康在线、三芬网等。天猫（Tmall）则是根据网站提供服务的不同级别来差异性地收取不同的服务费和保证金。

（7）会员

收取注册会员的会费，大多数电子商务企业都把收取会员费作为一种主要的盈利模式。

（8）上网服务

为行业内企业提供相关服务，如中国服装网、中华服装信息网。

（9）信息发布

发布供求信息、企业咨询等，如中国药网、中国服装网、亚商在线、中国玩具网等。

（10）广告

为企业发布广告，目前广告收益几乎是所有电子商务企业的主要盈利来源。这种模式成功与否的关键是其网页能否吸引大量的广告，能否吸引广大消费者的注意。

（11）咨询服务

为业内厂商提供咨询服务，收取服务费，如中国药网、中药通网站等。

（12）信用认证

信用认证逐渐发展成一个行业，提供包括信用调查、信用评估等系列服务。例如，阿里巴巴通过诚信通开展企业信用认证从而获取一定的收益。

【拓展案例】京东盈利的八架马车

从 2004 年成立至今，京东商城已走过了八年的历程。尽管拥有良好的用户体验、不错的口碑传播及惊人的销售额，但这些光彩的背后依然难掩京东巨额亏损的事实。据第三方数据披露，仅 2011 年一年，京东的亏损额就达 12 亿元。然而，经过仔细盘点，京东在最近这段时间拓展了多条盈利渠道，推出自己的应用商店、收购第三方支付公司网银在线、开放平台广告系统、上线供应链金融服务平台等。这似乎在向人们暗示：京东必须要开始盈利了。

1. 应用商店

智能手机的快速普及和移动互联网的迅猛发展，让应用商店如雨后春笋般迅速涌现。据不完全统计，目前全球移动应用商店数量超过 160 家，其中第三方应用商店达到 120 多家。日前，京东商城也推出了自己的应用商店（play.JD.com/），提供移动游戏、移动软件和网页应用的下载服务。根据页面显示，京东应用商店基本上涵盖了 PC、Web、安卓、ios 等所有主流的客户端。同时，通过京东应用客户端，用户可以管理手机内所有应用程序的下载及更新。此前，针对应用开发者上传应用的京东发布中心已对开发者开放。面对众多的同类应用商店，京东如何从中突围，京东商城方面表示："京东商城积累了 8 000 万的注册用户，整体用户结构以 3C 类男性消费者为主，与应用商店用户群的匹配度高，这是京东应用商店的先天优势。"

2. 第三方支付

支付业务，一直是刘强东的一块心病。这一点在 2011 年 8 月份京东决绝然地终止与支付宝的合作时已显端倪。终于，机会来了。11 月份，京东商城成功收购网银在线，京东商城曲线获得"第三方支付牌照"，开始布局自己的独立支付体系。对此事，有业内专家曾表示："收购网银在线带来的直接好处是，减少了利益分成的开支。如果没有牌照，利益分成肯定是要支出的，京东之前是要给第三方淘宝进行利益分成的。现在，网银在线作为京东的隶属企业，形成产业链之后，京东就不需要把利益分给第三方了。"对京东来说，在资金压力不大的情况下，收购网银在线，直接取得牌照，可能收益更大。尤其以后如果再上市的话，这个支付平台对其产业链的完善将起着重要的作用。

3. 网页游戏

电商和游戏是公认的"离钱最近"的互联网模式，布局游戏领域在一定程度上加快了京东的变现速度和抵御风险的能力。再加上游戏本身轻资产的模式，以及京东目前现有的流量和用户优势，这个想法似乎不错。京东也成为了继淘宝之后，又一家电商公司试水游戏运营的公司。据了解，在整个网页游戏的运作中，京东只负责提供平台、技术及流量支持，游戏内服务由运营商提供，双方按照一定比例进行分成。据一位资深的业内人士称："按照行业惯例，一般平台给游戏开发商的账期都是两三个月，部分强势平台更久（如 QQ 年初时账期长达 6 至 8 个月）。如果运营产品多，玩家数量也比较稳定，这部分沉淀资金很可观，对严重依赖现金流的电商公司们很有好处。"

4. 广告系统

11 月末，据京东高级副总裁程峻怡透露，面向开放平台商家的商业化广告系统将于明年年初上线，在此之前，2012 年 9 月坊间曾有消息说京东将推出广告系统。此前亿玛动力总裁柯细兴透露，今年京东广告销售额已经接近 2 亿元。据了解，2011 年这一数字约四五千万，2010 年则为 1 000 万元。广告商业平台推出后将加速广告增长。另外程峻怡透露，新推出的广告平台收费模式将和天猫“直通车”有所不同。

5. 数字音乐

就在各方媒体大肆报道各大唱片公司正在与音乐网站商议推出音乐下载收费制度，网络音乐免费时代即将终结之际，京东宣布上线数字音乐。在上线数字音乐之前，京东商城已上线了电子书、多媒体图书、数字杂志等数字产品。据了解，京东数字音乐服务的最大亮点是与时俱进地实现了云端存储音乐副本、歌单信息，使其数据永不丢失，随时随地下载，让“跨越时空，知音相伴”成为可能。同时，京东数字音乐销售价格只有传统 CD 唱片的 1/3，甚至 1/10，通过品质控制，让音乐爱好者们以更低的成本享受更完美的音乐品质。

6. 开放京东快递

从某种程度来讲，成就京东良好口碑法宝就是快速物流。当然，这块也是京东最舍得投资的一部分。从 2009 年伊始，京东就投入重金建设物流和仓储体系。据了解，今年京东商城在物流方面的投入预计将超 36 亿元，如此大手笔的投入如果不将其价值发挥到最大，似乎就有点浪费资源了。电子商务的蓬勃发展，让物流也跟着沾了不少光。由京东自己出重金打造的优良物流体系需要多元消化，因此京东开放自家快递业务也在情理之中了。据了解，京东快递已向加入的商家提供 5 小时取件服务，并开放其物流服务系统平台，方便商家监控物流信息。

7. 金融服务

2012 年 11 月 19 日，京东商城面对供应商们召开了推介会，宣讲供应链金融服务。此举或在向人们暗示其正在仿照阿里巴巴涉足金融业，“以钱生钱”，产生新的规模性收益，为未来的 IPO 增添新的砝码。11 月 27 日，京东商城宣布将与中国银行达成战略合作，双方将实现从资金业务到支付业务、从传统业务到创新业务、从融资业务到投资业务的全方位合作。对于京东的此番举措，有媒体认为京东的金融服务主要是通过利息收入获益，如果交易量大，这也不失为一项增收的举措。据了解，阿里巴巴已经成功推出了金融服务，并且取得了良好的收益，这对于后来者京东来讲，不失为一个参照范本。

8. 国际市场

当人们还沉浸在京东、苏宁、国美三大零售电商价格战时，京东商城已开始在海外市场寻找新的机遇了。据了解，京东商城旗下的英文站点 en.JD.com 已开放，该站点将销售从电器到服装、鞋、日用品等 40 万款新产品。京东商城进军全球市场，此举意在与亚马逊展开竞争。京东表示，某些商品将免除运费，京东将面向 36 个国家发货，并计划在海外设立仓库，以缩短交货时间。

近年来，京东一系列紧凑的拓展盈利渠道的意图很是明显，似乎京东不愿放过任何一个“离钱近”的机会。由于持续不断的亏损，使得京东的资金链压力越来越大，这也迫使京东不得不从边缘产业链寻找盈利的机会。尽管京东刚刚融了 4 亿美元的 D 轮融资，但是估值缩水无疑宣布了京东所面临的现实危机。通过拓展盈利渠道弥补巨额的亏损漏洞，这条路究竟行得通吗?

（资料来源：中国电子商务研究中心，2012-12-25）

3.2.4 国内 B2C 电子商务市场

1. B2C 行业竞争格局

据中国电子商务研究中心监测数据显示：截止到 2012 年 12 月，中国网络零售市场交易规模达 13 205 亿元，同比增长 64.7%，占到社会消费品零售总额的 6.3%；国内 B2C、C2C 与其他电商模式企业数已达 24 875 家，较去年增幅达 19.9%，预计 2013 年将达 25 529 家；中国网购的用户规模达 2.47 亿人，同比增长 21.7%；

截至 2012 年 12 月，中国 B2C 网络零售市场（包括平台式与自主销售式）上，排名第一的依旧是天猫商城，占 52.1%份额；京东商城名列第二，占据 22.3%份额；位于第三位的是苏宁易购，它后来居上，达到了 3.6%份额。其他排名依次为：腾讯 B2C（3.3%）、凡客诚品（2.7%）、亚马逊中国（2.3%）、库巴网（1.4%）、当当网（1.2%）、易迅网（0.6%）、新蛋中国（0.3%）（详见图 3-2）。

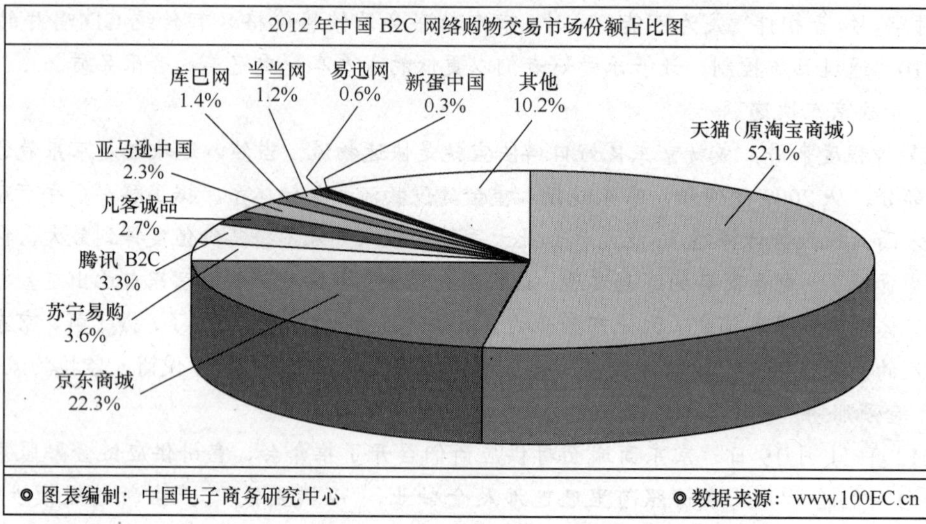

图 3-2　2012 年中国 B2C 网络购物交易市场份额占比图

2. 各类 B2C 电子商务市场汇总

目前国内 B2C 领军企业进行产品线扩充都不约而同地采取多元化策略，为数不少的垂直类 B2C 电商企业向综合百货类转型。例如，京东商城 2009 年从大家电和白色家电领域扩充至日用百货、珠宝、衣帽、营养及保健用品等，当当网 2008 年 10 月改版布局百货类商品，亚马逊中国 2009 年产品线扩增液晶电视和汽车用品等产品。下面对不同行业的 B2C 电子商务市场进行简要的汇总（见表 3-3）。

表 3-3　　中国 B2C 电子商务市场汇总

B2C 电子商务市场	典 型 网 站
综合百货类	天猫、京东商城、当当网、苏宁易购、银泰网、1 号店、拍拍网、亚马逊、物美网、我友商城、悠品网、时代万货、正大天地、利群商城、银座网、客通商城、中百商城、森森购物、淘常州、新世界百货、后玛特等
3C 产品类	京东商城、新蛋、苏宁易购、国美电器网上商城、易迅、库巴网、西拓网、中关村商城、小熊商城、新七天、绿森数码、锐意网、华强商城、飞虎乐购等

续表

B2C 电子商务市场	典型网站
图书音像类	当当网、亚马逊中国、99 网上书城、文轩网、孔夫子旧书网、中国互动出版、蔚蓝书店、中国图书网、博库网、北发图书网、杂志铺、大洋书城、去买书、书酷、天添网、中央书店、读览天下、云中书城、快书包、蜘蛛网等
服装类	凡客诚品、麦网、玛萨玛索、梦芭莎、邦购网、衣服网、时尚起义、逛街网、雅库、海澜之家、梦芭莎、佐丹奴、乐都特、NOP、马克买客、2AM 等
美妆类	乐蜂网（LAFASO）、NALA、天天网、N° 5 时尚广场、莎莎网、草莓派、D1 优尚网、玫琳凯、DHC 中国、果皮网、牛尔娜露可、丝芙兰、抢鲜网、CE 本草、校妆网、唯伊网、伊家网、丽人商城、雅诗兰黛、悦美丽、小也商城、佰草集、今日美丽、草莓网等
母婴用品类	红孩子、乐友孕婴童、丽家宝贝、麦乐购、妙乐乐、特宝贝、幸孕商城、婴团网、孩子王、小飞象、宇贝儿商城、皇家宝贝、天下福娃、乐家宝贝、爱婴室、爱伊贝丽、博士蛙、爱婴岛、福连家、童壹库、优 1 宝贝、绿盒子等
钻石珠宝类	珂兰钻石、九钻网、钻石小鸟、戴欧妮（Dionly）、OL 珠宝网、新钻网、五色鱼、戴维尼、Doido 爱度、COOLOVE 钻戒网、BLOVES 钻戒、奢华珠宝网、我爱钻石网、福悦婚戒网、千足珍珠、九钻网、银尚圈、和美天下、宜钻等
鞋类	乐淘网、淘鞋网、好乐买、名鞋库、拍鞋网、优购网、买特网、好鞋网、封面网、维斯诺、购鞋网、酷鞋网、再来买、鞋途网、靴姿、麦鞋趣等。
酒水类	也买酒、酒仙网、酒美网、品尚红酒、酒酷网、红酒客、家有酒、奔享红酒、慢食红酒网、天天红酒网、酒鼻子网、乐品酒、美酒乐、购红酒、酒乐汇、洋酒在线、8 号酒铺等
眼镜类	爱戴网、亿超眼镜、视客眼镜网、艾视网、可得眼镜网、合亚眼镜商城、欧诺配镜网、亮视网、帝卖网、淘镜网、我要眼镜网、4 in Look、晶品网等
奢侈品类	走秀网、唯品会、尚品网、耀点 100、佳品网、魅力惠、聚风尚、奢华街、第五大道、鸿运商城、万表网、珍品网、尊酷网、优 e 网、优众、谷网、魅达网、爱奢购、有好网、买名牌、360top、走秀网、美西时尚、Ccluxy 等
海外代购	帮购网、淘宝全球购、亦得代购、美国宝贝网（usbao）、ASOS、Eastbay、美国购物网、Shopbop、每日通贩、易趣、放心买。爱购全球、洋码头、即尚网等
移动电子商务	手机淘宝网、手机当当网、手机凡客网等
返利购物	易购网、QQ 返利、51 比购网、返还网、网易返利、秀当网、QQ 彩贝、返利网、秀当网、PC 蛋蛋、周末大街、不谬返利、聪猴返利、360 返利、减购网、米折网、369 返利网等
社会化电商	美丽说、蘑菇街、堆糖、LC 风格网、爱物网、淘宝哇哦、人人逛街、Topit.Me、发现啦、花瓣网、新鲜网、淘恋网、伊人街、沃美网、哇哦网、拼范网、迷尚网、凡客达人、IDSOO、寻购网、阿贝尼、知美网、码图网、爱采图等
比价购物	有道购物搜索、比购宝、慢慢买、谷歌购物搜索、一淘网等
信用卡商城	中国工商银行网上商城、中国银行网上商城、中国农业银行网上商城、建设银行信用卡商城、招商银行信用卡商城、银联在线商城、交行商城、兴业商城、民生商城、广发亿佰购物、华夏商城、浦发商城、易斯来福、一点达等

3.3 C2C 电子商务

【专题案例】淘宝网

淘宝网是 C2C（客户对客户）的个人网上交易平台，它与平台型 B2C 电子商务服务商淘宝商城（现更名为天猫），都隶属于阿里巴巴集团，都是提供商品网上零售服务的第三方平台。

淘宝名片

淘宝网成立于 2003 年 5 月 10 日，由阿里巴巴集团投资创办。目前，淘宝网是亚洲第一大网络零售商圈，其目标是致力于创造全球首选网络零售商圈。通过结合“社区、江湖、帮派”来增加网购人群的黏性，并且采用最新团网购模式，让网购人群乐而不返。淘宝网的业务主要是 C2C（consumer to consumer，消费者对消费者）。截至 2009 年年底，淘宝拥有注册会员 1.7 亿；2009 年的交易额为 2 083 亿人民币，2010 年则高达 4 000 亿元人民币。

与淘宝网同属于阿里巴巴集团的淘宝商城，整合了数千家品牌商、生产商，为商家和消费者之间（B2C）提供一站式解决方案。提供 100%品质保证的商品，7 天无理由退货的售后服务，以及购物积分返现等优质服务。2012 年 1 月 11 日，淘宝商城正式更名为天猫，完全脱离淘宝品牌，并采用独立品牌拓展在线零售市场。2012 年 11 月 11 日天猫与淘宝两家网购单日记录再次刷新为天猫 132 亿、淘宝 59 亿，合计 191 亿。

资料

淘宝网提倡诚信、活跃、快速的网络交易文化，坚持“宝可不淘，信不能弃”。在为淘宝会员打造更安全高效的网络交易平台的同时，也为更多网民提供就业机会。淘宝网也全力营造和倡导互帮互助、轻松活泼的家庭式氛围。每位在淘宝网进行交易的人，不但能迅速、高效地进行交易，而且还能交到更多朋友。2005 年 10 月，淘宝网宣布:“在未来 5 年，为社会创造 100 万个工作机会”。

截至 2009 年年底，已经有超过 80 万人通过在淘宝开店实现了就业（国内第三方机构 IDC 统计），带动的物流、支付、营销等产业链上的间接就业机会达到 228 万个（国际第三方机构 IDC 统计）。大淘宝的出现将为整个网络购物市场打造一个透明、诚信、公正、公开的交易平台，进而影响人们的购物消费习惯，推动线下市场以及生产流通环节的透明、诚信，从而衍生出一个“开放、透明、分享、责任”的新商业文明。阿里巴巴集团 2011 年 6 月 16 日宣布，旗下淘宝公司将分拆为三个独立的公司，即沿袭原 C2C 业务的淘宝网（taobao），平台型 B2C 电子商务服务商淘宝商城（tmall）和一站式购物搜索引擎一淘网（etao）。

服务

淘宝网是 C2C 的个人网上交易平台，主要用于商品网上零售，也是国内最大的拍卖网站，创造了网络最大销售量的奇迹。

商品

淘宝的商品数目在近几年内有了明显的增加，从汽车、电脑到服饰、家居用品，分类齐全，除此之外还设置了网络游戏装备交易区、虚拟货币交易区等。2009年10月18日，淘宝网正式宣布，首次推出3款淘宝定制手机。这3款手机分别是与联想移动公司合作的联想i61型号手机“灵素”、与中国电信合作的海信E6型号手机“风云”、与TCL公司合作的阿尔卡特OT808型号手机“无双”。

特色

与易趣不同的是，会员在交易过程中感觉到轻松活泼的家庭式文化氛围。其中一个例子是会员及时沟通工具——阿里旺旺。会员注册之后淘宝网和淘宝旺旺的会员名将通用，如果用户进入某一店铺，正好店主也在线的话，会出现掌柜在线的图标，可与店主及时地发送，接收信息。淘宝旺旺具备了查看交易历史，了解对方信用情况、个人信息、头像，多方聊天等一般聊天工具所具备的功能。

安全

淘宝网也注重诚信安全方面的建设，引入了实名认证制，并区分了个人用户与商家用户认证，两种认证需要提交的资料不一样，个人用户认证只需提供身份证明，商家认证还需提供营业执照，一个人不能同时申请两种认证。从这方面可以看出淘宝在规范商家方面所做出的努力。

淘宝同样引入了信用评价体系，还可查看该卖家以往所得到的信用评价。

对于买卖双方在支付环节上的交易安全问题，淘宝推出了支付宝担保付款发货方式，以此来降低交易的风险。支付宝特别适用于电脑、手机、首饰及其他单价较高的物品交易或者一切希望对安全更有保障的交易。在淘宝使用支付宝是免费的。当用户支付商品货款的时候，通过淘宝的银行接口付款，用户也不用负担汇费。

（资料来源：中国电子商务研究中心，2012-6-18）

3.3.1 C2C电子商务概述

1. C2C电子商务基本概念

C2C（customer to customer）电子商务是指消费者通过Internet与消费者之间进行的电子商务，或者个人与个人之间的商务活动。

C2C电子商务平台就是通过为买卖双方提供一个在线交易平台，使卖方可以主动提供商品上网拍卖，而买方可以自行选择商品进行竞价。这个平台很适合于个人用户。

从理论上来说，C2C模式是最能够体现互联网精神和优势的，数量巨大、地域不同、时间不一的买方和同样规模的卖方通过一个平台找到合适的对家进行交易，在传统领域要实现这样大的工程几乎是不可想象的。

2. 平台供应商的作用

C2C是消费者对消费者的交易模式，其特点类似于现实商务世界中的跳蚤市场。其构成要素，除了包括买卖双方外，还包括电子交易平台供应商，也即类似于现实中的跳蚤市场场地提供者和管理员。

在 C2C 模式中，电子交易平台供应商起着举足轻重的作用。

（1）网络的范围如此广阔，如果没有一个知名的、受买卖双方信任的供应商提供平台，将买卖双方聚集在一起，那么双方单靠在网络上漫无目的的搜索是很难发现彼此的，并且也会失去很多的机会。

（2）电子交易平台提供商往往还承担监督和管理的职责，负责对买卖双方的诚信进行监督和管理，负责对交易行为进行监控，最大限度地避免欺诈等行为的发生，保障买卖双方的权益。

（3）电子交易平台提供商还能够为买卖双方提供技术支持服务，包括帮助卖方建立个人店铺，发布产品信息，制定定价策略等；帮助买方比较和选择产品以及电子支付等。正是由于有了这样的技术支持，C2C 的模式才能够短时间内迅速为广大普通用户所接受。

（4）随着 C2C 模式的不断成熟发展，电子交易平台供应商还能够为买卖双方提供保险、借贷等金融类服务，更好地为买卖双方服务。

因此，可以说，在 C2C 模式中，电子交易平台提供商是至关重要的一个角色，它直接影响这个商务模式存在的前提和基础。人们在讨论 C2C 电子商务模式的时候，总会从商品拍卖的角度分析该模式存在的合理性和发展潜力，但是往往忽略了电子交易平台供应商的地位和作用。可以说，单纯从 C2C 模式本身来说，买卖双方只要能够进行交易，就有盈利的可能，该模式也就能够继续存在和发展；但是，其前提是必须保证电子交易平台供应商实现盈利，否则这个模式就会失去存在发展的基础。

3.3.2 C2C 电子商务运作模式类型

目前，C2C 电子商务的运作模式主要有拍卖平台和店铺平台。

1. 拍卖平台运作模式

拍卖平台运作模式是 C2C 电子商务企业通过为买卖双方搭建拍卖平台，按比例收取交易费用。网络拍卖的销售方式保证了卖方的价格不会太低，他们可以打破地域限制把商品卖给地球上任一个角落出价最高的人；同理，买方也可以确保自己不会付出很高的价位。更为重要的是，网络拍卖这个虚拟的大市场克服了传统商店的种种限制。在这里，每个人都站在同一个水平线上。网络拍卖彻底震撼了全球每个商人做生意的方式。同时，它将进一步弱化国与国之间的经济障碍，加速整合一个单一的全球化市场。

（1）网络拍卖的定义

网络拍卖（auction online）指网络服务商利用互联网通信传输技术，向商品所有者或某些权益所有人提供有偿或无偿使用的互联网技术平台，让商品所有者或某些权益所有人在其平台上独立开展以竞价、议价方式为主的在线交易模式。

网络拍卖的网站主要有以下 3 种。

① 拍卖公司。拍卖公司的网站一般多用于宣传和发布信息，属于销售型网站。

② 拍卖公司和网络公司或其他公司相联合。两者都属于拍卖公司为实现实际生活中的既有业务而在网络空间上的延伸。

③ 网络公司。网络公司在网络拍卖中提供交易平台服务和交易程序，为众多买家和卖

家构筑了一个网络交易市场，由卖方和买方进行网络拍卖，其本身并不介入买卖双方的交易。这类网络公司在我国以 eBay、易趣、淘宝网为首要代表。网站仅作为用户物色交易对象，就货物和服务的交易进行协商，以及获取各类与贸易相关服务的交易地点。网站不能控制交易所涉及的物品的质量、安全或合法性，商贸信息的真实性或准确性，以及交易方履行其在贸易协议项下的各项义务的能力。网站并不作为买家或是卖家的身份参与买卖行为的本身，它只提醒用户应该通过自己的谨慎判断确定登录物品及相关信息的真实性、合法性和有效性。

（2）网络拍卖的优点

Internet 的产生，扩展了传统拍卖的时间和空间，Internet 技术和传统拍卖机制的结合产生了网络拍卖。与传统拍卖相比，网上拍卖具有以下优势。

① 参与拍卖人数更多。通过 Internet 将传统的少数人参与的拍卖方式，变成每一个网民都可以参与的拍卖交易方式，这样既增加了买卖双方的便利性，也减少了交易成本。

② 参与拍卖的时间地点更灵活。传统拍卖需要竞买人在同一时间同一地点进行，而网络拍卖中竞买人可在竞价时期内在不同的地点登录网络参与竞价，竞价可持续数天或数周，这使得竞买人在时间上有很大灵活性。同时对于卖方来说则产生了更大的拍卖市场。

③ 搜索拍卖物品更方便。网上搜索引擎可使买方很方便地搜索到所需竞买的物品。

正是由于网络拍卖的这些优点，使得网络拍卖已成为电子商务活动中的一个重要组成部分。

（3）网络拍卖的主要方式

① 英式拍卖。也称为“出价逐升式拍卖”，是目前最流行的网上拍卖方式。拍卖中，竞买人出价由低开始，此后出价一个比前一个要高，直到没有更高的出价为止，出价最高即最后一个竞买人将以其所出的价格获得该商品。

传统的和网上的英式拍卖在做法上有所不同。传统拍卖中，对每件拍卖品来说，不需要事先确定拍卖时间，一般数分钟即可结束；而网上拍卖则需要事先确定拍卖的起止时间，一般是数日或数周。如 eBey 网站规定的拍卖持续时间一般为 7 天。

英式拍卖对卖方和竞买人来说都有缺点。既然获胜的竞买人的出价只需比前一个最高价高一点，那么每个竞买人都不愿马上按照其预告价出价。当然，竞买人也要冒风险，他可能会被令人兴奋的竞价过程吸引，出价超出了预估价，这种心理现象被称为赢者诅咒（Winner's Curse）。

② 荷兰式拍卖。是英式拍卖的逆向过程，也称为“出价逐降式拍卖”即“速降竞拍”。它是先由拍卖人给出一个潜在的最高价，然后价格不断下降，直到有人接受价格。荷兰式拍卖成交的速度特别快，经常用来拍卖诸如果蔬、食品之类的不易长期保存的鲜活产品。如果拍卖的是同类多件物品，竞买人一般会随着价格的下降而增多，拍卖过程一直进行到拍卖品的供应量与总需求量相等为止。还有的拍卖站点，出价最高者也可以以出价最低的获胜的竞买人的价格获得该产品。

该方式的缺点是拍卖速度太快，而且需要所有竞买人在同一时间竞买。

③ 密封拍卖（sealed auction）。是指竞买人通过加密的 E-mail 将出价发送给拍卖人，再由拍卖人统一开标后，比较各方递价，最后确定中标人。网上密封拍卖多用于工程项目、大宗货物、土地房产等不动产交易以及资源开采权出让等交易。目前，这种拍卖方式已被越来越多国家政府用于在网上销售库存物资及海关没收的货物。

密封拍卖可分为一级密封拍卖和二级密封拍卖。一级密封拍卖也称为密封递价最高价拍卖，即在密封递价过程中，出价最高的竞买人中标。如果拍卖的是多件相同物品，出价低于前一个的竞买人购得剩余的拍卖品。二级密封拍卖也称为密封递价次高价拍卖，其递价过程与一级密封拍卖类似，只是出价最高的竞买人与出价第二高的竞买人所出的价格都按其预告价出价，降低了竞买人串通的可能性，获胜者不必按照最高价付款，从而使所有的竞买人都想以比其一级密封拍卖中高一些的价格出价。威廉·维克瑞（William Vickrey）因对此拍卖的研究而荣获 1996 年诺贝尔经济学奖，因此，二级密封拍卖也称为维氏拍卖。

④ 双重拍卖。该方式是买方和卖方同时递交价格和数量来出价。在网上双重拍卖中，买方和卖方出价是通过软件代理竞价系统进行的。拍卖开始前，买方向软件代理竞价系统提交最低出价和出价增量，卖方向软件代理竞价系统提交最高要价和要价减量。网上拍卖信息系统把卖方的要约和买方的要约进行匹配，直到要约提出的所有出售数量都卖给了买方。双重拍卖只对那些事先知道质量的物品有效。例如，有标准级别的农副产品，通常这类物品交易的数量很大。网上双重拍卖既可按照公开出价方式也可按照密封递价方式进行。

目前国内外的拍卖网站，其竞价模式主要只有两种，即正向竞价（英式拍卖）和逆向竞价（荷兰式拍卖）；其交易方式则有 3 种：竞价拍卖、**竞价拍买**和**集体议价**。

【小知识】

竞价拍买：是竞价拍卖的反向过程，消费者提出一个价格范围，求购某一商品，由商家出价，出价可以是公开的或隐蔽的，消费者将与出价最低或最接近的商家成交。

集体议价：又称集合竞价，是多个购买者联合购买同一类商品而形成一定购买规模，以获得优惠售价的交易方式。

2. 店铺平台运作方式

店铺平台运作模式是电子商务企业提供的交易平台，为了方便个人在上面开店铺，以会员制的方式收费，也可通过广告或提供其他服务收取费用。

入驻 C2C 交易平台（类似 B2C 中的网上商城模式）开设网上个人店铺不仅依托平台的基本功能和服务，而且顾客主要也来自于该平台的访问者。因此，平台的选择非常重要，但用户在选择交易平台时往往存在一定的决策风险，尤其是初次在网上开店，由于经验不足以及对交易平台了解比较少等原因而带有很大的盲目性。

（1）C2C 交易平台的选择

不同 C2C 交易平台的功能、服务、操作方式和管理水平相差较大，理想的平台具有以下基本特征。

- 良好的品牌形象、简单快捷的申请手续、稳定的后台技术、快速周到的顾客服务、完善的支付体系、必要的配送服务，以及售后服务保证措施等。
- 有尽可能高的访问量、具备完善的网店维护和管理、订单管理等基本功能，并可以提供一些高级服务，如对网店的推广、网店访问流量分析等。
- 收费模式和费用水平也是重要的影响因素之一。

不同的个人可能对网上销售有不同的特殊要求，选择适合本商店产品特性的交易平台需要花费不少精力，完成对C2C平台的选择确认过程大概需要几小时甚至几天的时间。不过，这点前期调研的时间投入是值得的，可以最大限度地减小盲目性，增加成功的可能性。

（2）平台上店铺的定价方式

平台上店铺的定价方式除了前述的网络拍卖定价方式外，还有一口价。实际上，目前我国网上店铺的常见定价方式还是一口价。一口价指在交易前卖家预先确定一个固定的价格，让卖家没有讨价还价的余地。交易完成后，买家根据卖家预先设定好的价格（即一口价）进行付款。如果卖家出售数量大于1的多数商品，则交易将持续到买家以一口价购完全部商品或在线时间（竞价截止时间）结束。一口价的买卖方式可以单独使用，也可以结合其他交易类型（如网络英式拍卖）一起使用。

3.3.3　C2C电子商务的盈利模式

现行的C2C电子商务平台提供商的利润来源主要是交易平台费用、“首页黄金铺位”推荐费、搜索引擎竞价排名、广告收入等。

1. 交易平台费用

交易平方费用主要包括登录费、交易费、店铺费，以及特色功能费。其中登录费包括商品登录费和底价设置费，是发布一件物品所需支付的费用。交易费包括商品成交费、交易服务费。店铺费即开设店铺需要缴纳的基本费用。特色功能费包括分类广告费、陈列改良费、图片服务费、卖家工具费、立即购买费等一系列可选费用。

2. “首页黄金铺位”推荐费

据Alexa网站统计，除了目的性较强的上网者外，有70%的上网者只是观看一个网站的首页。所以网站首页的广告铺位和展位都具有很深的商业价值。对于C2C网站首页的“黄金铺位”，网站可以定价销售也可以进行拍卖，购买者或者中标者可以在规定时间内在铺位上展示自己的商品。

3. 搜索引擎竞价排名

C2C网站商品的丰富性决定了购买者搜索行为的频繁性，搜索的大量应用就决定了商品信息在搜索结果中排名的重要性，由此便引出了根据搜索关键字竞价的业务。用户可以为某关键字提出自己认为合适的价格，最终由出价最高者竞得，在有效时间内该用户的商品可获得竞得的排位。只有卖家认识到竞价为他们带来的潜在收益，才愿意花钱使用。

4. 广告收入

C2C网站在网络中的地位就像大型超市在生活中的地位，它是网民经常光顾的地方，拥有超强的人气、频繁的点击率和数量庞大的会员。其中蕴藏的商机是所有企业都不想错过的。由此为网站带来的广告收入也应该是网站利润的一大来源。

5. 支付环节收费

支付问题一向是制约电子商务发展的瓶颈，第三方支付平台的出现促进了网上在线支付业务的开展。买家可以先把预付款通过网上银行打到支付公司的个人专用账户，待收到卖家发出的货物后，再通知支付公司把货款打入到卖家账户，这样买家不用担心收不到货还要付款，卖家也不用担心发了货而收不到款。当网上支付平台有了足够的用户时，支付平台可以按成交额的一定比例收取手续费或采用其他的方式收取一定的使用费。

3.3.4 国内主要的 C2C 电子商务平台

据中国电子商务研究中心监测数据显示，截至 2012 年 12 月，实际运营的个人网店数量达 1 365 万家，同比减少 15.7%，自 2008 年来首次出现下滑。另有机构报告数据显示：淘宝网现有职业卖家 600 多万，每天停运或倒闭网店数量近万家。绝大多数网店卖家辛辛苦苦一年后，却面临无钱可赚，乃至亏本的尴尬局面。2012 年中国 C2C 平台交易市场份额占比如图 3-3 所示。

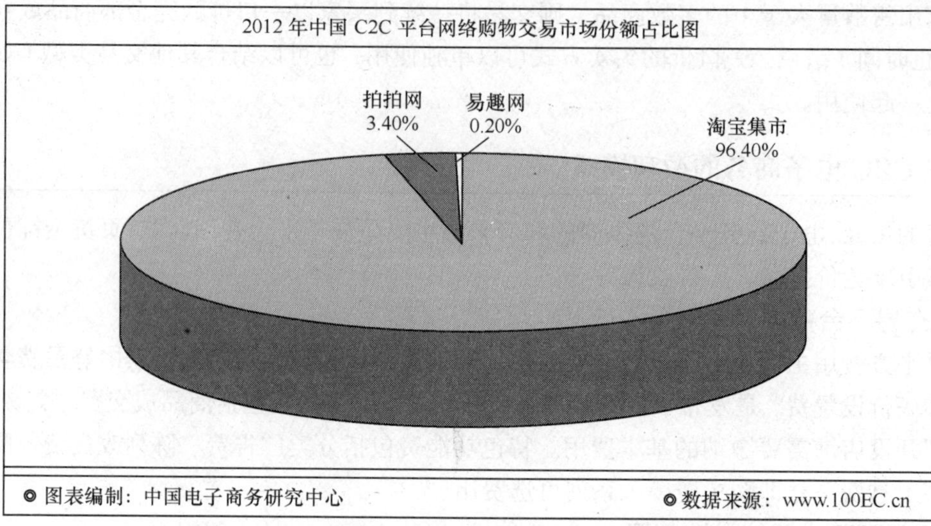

图 3-3 2012 年中国 C2C 平台网络购物交易市场份额占比图

如图 3-3 所示，从 C2C 市场来看，淘宝网（淘宝集市）地位依旧稳固，截至 2012 年 12 月，淘宝交易额占兑额的 96.4%。拍拍网占 3.4%，易趣网占 0.2%。中国 C2C 网络购物市场格局相对稳定，各网站占比趋于稳定，交易规模持续平稳增长。表 3-4 所示为中国 C2C 主要服务商之间的服务比较。

表 3-4 中国 C2C 市场主要服务商之间的服务比较

服务商	开店认证	支付工具	信用体系	沟通工具	物流	售后服务	社区	投资方
淘宝	需要	支付宝	卖家信用 买家信用 卖家好评 买家好评	旺旺	第三方物流	先行赔付， 7 天无理由退换货	有	阿里巴巴集团
拍拍	需要	财付通	卖家信用 买家信用	QQ	第三方物流	7 天包退，15 天包换	有	腾讯
易趣	需要	安付通	总信用度 总好评度	易趣通	第三方物流	先行赔付， 7 天包退，15 天包换	有	美国 ebay

【扩展知识】

在信息时代，互联网大大增强了个体参与经济活动的能力，使得个体用户的活动范围越来越大，扮演的角色也越来越多，出现了一系列的新名词，从而从一定角度反映了个体消费者的电子商务应用。

闪客：闪客是网络新文化一族。所谓“闪”就是指Flash（英文单词，本意是指闪光、闪现），而“客”则是指从事某事的人。闪客就是指做Flash的人，但也指经常使用Flash的人。代表网站：闪客动漫天地。

威客：威客的英文witkey，是由wit智慧、key钥匙两个单词组成，也是the key of wisdom的缩写，是指那些通过互联网把自己的智慧、知识、能力、经验转换成实际收益的人，他们在互联网上通过解决科学、技术、工作、生活、学习中的问题从而让知识、智慧、经验、技能体现经济价值。代表网站：猪八戒网、威客天空等。

换客：换客的换字，主要意思是指把自己不用的闲置品，拿出来跟别人交换还有用处的东西。代表网站：换肉网、换我网、换啦网、第九集市、换啦联盟总站、中国换客网等。

维客：Wiki是一种超文本系统，是任何人都可以编辑网页的社会性软件。利用Wiki系统构建的网站称为Wiki网站；“客”隐含人的意思，所以使用Wiki的用户称之为维客（Wikier）。代表网站：维基百科、百度文库、搜搜百科等。

红客：honker，是指维护国家利益，不去利用网络技术入侵自己国家电脑；而是维护正义，为自己国家争光的黑客。代表网站：红盟社区、中国红客联盟等。

晒客：译自英文share，就是指热衷于用文字和照片将私人物件及私人生活放在网上曝光的网友。代表网站：中国晒客网、爱尚网、晒客帝国等。

播客：podcast，中文译名尚未统一，但最多的是将其翻译为“播客”。顾名思义，播客就是在网上播放个人的声音或影像的网友。代表网站：新浪播客、优酷网、土豆网、酷6网等。

纠客：英文joke的音译，就是搞笑的意思。所谓“纠客”是一群到处找bug的民间高手。这里的bug一词，原意是英文中的“臭虫”，后来人们用来称呼电脑程序中隐藏着的未被发现的缺陷。在影视剧中bug被翻译为“穿帮”之意。代表网站：穿帮网、我爱试用网等。

此外，还有博客、黑客、切客等将在后面的章节中进行介绍。

【要点回顾】

B2B电子商务是指企业之间通过因特网、外联网、内联网或者私有网络，以电子方式实现的交易。B2B交易的基本类型有卖方模式、买方模式、网络交易市场模式和协同商务模式。卖方市场两种主要的交易模式是直销、正向拍卖；网络交易市场主要分为水平B2B平台和垂直B2B平台。

B2B电子市场主要有5种类型，即私有电子市场、中介商、公共电子市场、供应链环节协同商务、B2B2C。B2B电子商务的盈利模式主要有会员费、广告费、竞价排名、增值服务、线下服务、商务合作、按询盘付费。

B2C 电子商务是指企业通过 Internet 向个人网络消费者直接销售产品和提供服务的电子商务经营方式。B2C 电子商务企业类型包括经营着离线商店的零售商、纯粹的虚拟零售企业、商品制造商、网络交易服务提供商和特殊服务提供商。

B2C 电子商务模式类型有四种，即 B2C 网上商店、B2C 网上商城、B2C 网上直销、B2C 信息服务。其盈利模式主要包括销售产品或商品、产品租赁、拍卖佣金、交易中介费、加盟费、会员费、信息服务费、广告费、咨询服务费，以及信用认证费等。

C2C 电子商务是指消费者通过 Internet 与消费者之间进行的电子商务，或者个人与个人之间的商务活动。C2C 电子商务的运作模式主要有拍卖平台和店铺平台。

目前国内外的拍卖网站，其竞价模式主要有两种，即正向竞价（英式拍卖）和逆向竞价（荷兰式拍卖）；其交易方式则有三种：竞价拍卖、竞价拍买和集体议价。

C2C 电子商务的盈利模式包括交易平台费用、“首页黄金铺位”推荐费、 搜索引擎竞价排名、广告收入、支付环节收费。

【本章习题】

1. 什么是 B2B 电子商务？其交易模式有哪 4 种？
2. 分析比较阿里巴巴、环球资源网、中国制造网、慧聪网、网盛生意宝等企业开展的 B2B 电子商务模式及各自的经营特点。
3. 什么是垂直 B2B 平台？什么是水平 B2B 平台？请结合具体实例，对它们的特点展开讨论。
4. 结合专题案例并查找资料，论述京东商城成功的主要因素有哪些？京东不断增加商品销售种类，试分析这样做对公司在客户中的品牌和价值会有什么样的影响？
5. B2C 电子商务模式有哪 4 种类型？请分别找出各自在网上应用的实例，并进行比较分析，说明它们之间的区别与联系。
6. C2C 电子商务的运作模式有哪几种？请分析它们各自的特点。
7. 登录淘宝进行网上实践，说明中国目前的 C2C 网站采用了哪些拍卖模式？
8. B2B、B2C、C2C 电子商务各自的盈利方式有哪些？请比较它们的不同。

【课后拓展】

1. 网上实践

Internet 改变了人们许多生活习惯，同时也给传统商业带来了冲击，改变了行业的竞争法则，其中最主要的方式之一就是电子商务。在我们的日常生活中，电子商务涉及的领域越来越多，如：网上买电器，可选择京东网（www.360buy.com）；网上买礼物，可选择卡当网（www.kadang.com）；网上买妇婴用品，可选择红孩子网（www.redbaby.com）；网上买化妆品，可选择聚美优品网（www.jumei.com）；网上逛超市，可选择 1 号店（www.yihaodian.com）；网上买书，可选择亚马逊网（www.Amazon.cn）。

（1）拓展内容

请进入当当网（www.dangdang.com），从该网站选中一本书，进行一次完整的网络购物流程，体会电子商务的内涵。

（2）拓展目的

了解电子商务的基本功能，如广告宣传、网上购物、电子支付等。

体验电子商务的流程，分析其中4种要素的走向。

感悟电子商务带来的便捷，分析其主要优势及存在的隐患。

（3）扩展思考

① 完成了此次购物后，是否对电子商务有了更深的了解呢？在此次交易中，涉及的参与主体都有哪些？

② 能否用框图描绘出此次购物流程？

③ 在交易中，你选择了哪种支付方式？为什么要选择这种支付方式呢？

2. 小组活动

与同学自主结成“拓展活动小组”，每组3～4人为宜，选择一个你们认为比较典型的电子商务（如 B2B、B2C、C2C）应用案例，进行组内讨论，共同完成“某某电子商务案例应用分析报告”。

第 4 章 社会化电子商务

【内容提要】

社会化电子商务是电子商务的一种新的衍生模式，正逐渐成为行业发展的热点，同时也逐渐被广大消费者使用，以享受其带来的便利。本章将对社会化电子商务及其各方面的应用进行深入探讨。

本章学习目标：

- 掌握社会化媒体和社会化电子商务的定义、特点
- 了解社会化电子商务的分类、特点和盈利方式
- 理解社会化电子商务的“六维空间”
- 掌握 SoLoMo 模式、LBS、O2O 的概念及其区别
- 掌握 LBS 服务模式、开展 O2O 的方式
- 理解 O2O、团购、B2C/C2C 三者之间的区别与关系

【引导案例】1 号店社交化购物的探索之路

1 号店对社交化购物的尝试几乎从 2008 年上线时就开始了。上线后不久 1 号店就和中国著名的社交网站天涯社区进行战略合作，在天涯社区植入了 1 号店网上超市。为了融入天涯社区让其用户更容易接受，将其命名为天涯 1 号店。后来在天涯社区多次举办符合社区网民兴趣的活动，每次都有十几万人参与，数千个发帖，顾客的推荐引来了众多其他顾客的购买，同时迅速扩大了 1 号店的知名度。

后来，1 号店又搭建了一个购物工会的平台，在该平台上每一个用户都可以主动发起一个购物工会或加入已有的工会。若一个工会在一个月的总购物额达到一个设定的临界点，下个月该工会内的每个顾客都能享受更高等级的积分。在短短的几个月的时间内，数千个购物工会被用户自主建起，不少购物工会会长去呼朋唤友来加入，几十万用户参与，且每个工会内用户的购买行为有很大的相似性。

2012 年 1 号店的创新中心推出了“中国好商品”平台（见图 4-1）。邀请所有的商家和个人将他们的新产品或创新产品的概念通过短视频的形式提交申报，并将视频展示在中国好商品的平台上，让顾客来决定什么是大众喜欢的商品和 1 号店应该卖什么商品。同时，还邀请所有的网友帮助 1 号店海选出最受欢迎的前十名。选出的商品在 1 号店里得到了价值过百万元的促销资源和品牌宣传资源。这种商家和顾客互动的形式深受大众的喜爱，转发和评论达到了 500 多万条。

新浪微博在短短几年内成为中国用户最活跃的社交网站。1 号店也看到了微博客户的黏度和其快速传播的特质。2012 年，1 号店和新浪微博结成战略合作伙伴，并开始开发基于新浪微博平台的应用，已经推出了“微客服”和“微团购”。

图 4-1　1 号店推出的中国好商品平台页面

微客服容许用户将新浪微博的账号和 1 号店的账号绑定互通，即时将该用户在 1 号店所下订单的最新状态信息推送到新浪微博客户端（包括 PC 端、移动客户端等），让用户以日常刷微博的方式掌握其订单进展。用户也可以非常方便地将其订单在微博里晒单，并且自动提醒和推荐给粉丝或让朋友们提建议给反馈。微团购（见图 4-2）则将我们的团购频道搬到了新浪微博平台，借助意见领袖的传播力和微博社区的病毒式扩散的特征来扩大 1 号店的品牌知名度和影响力。

图 4-2　1 号店在新浪微博里的微团购应用

（资料来源：中国电子商务研究中心）

案例点评：近几年来，社交化、本地化、移动化即所谓的 SoLoMo（social，local，mobile）形成互联网的新潮；其中社交化购物（social commerce，亦称社会化电子商务）也成为电子商务新的热点；1 号店的社交化购物的探索在这样的背景下逐步展开并取得了一定的成功。社交化购物是基于社交网络或源于某种社交活动或事件所导致的购物或交易，它的基础是社交，即人与人的关系。这种关系可以是亲戚朋友同事同学，也可以是有类似经历或相同兴趣的人，甚至是你有一定信任感的意见领袖或者曾买过你希望购买的商品的其他顾客。由于某种关联打下了信任的基础，为影响你的购物决策埋下了伏笔。

社交化购物其实自古就有，每个人在购物前都希望得到自己所信赖的人的建议、推荐和评价。对自己的购物决策的正确性是一种旁证。小到休闲零食，大到汽车房子，都期待着听听别人的看法。但信息时代的社交化购物是在互联网出现后才发生了质的飞跃。因此，本章将对社会化电子商务展开分析和讨论。

4.1 社会化媒体

4.1.1 社会化媒体的定义

由于社会化电子商务（social commerce）是在社会化媒体的背景下提出和进一步发展的，因此在介绍社会化电子商务之前，有必要对社会化媒体的相关概念及特性进行阐述。

根据 ITU（国际电信联盟）的最新统计，截至 2010 年年底，全球网民数量达到 20.8 亿，约占世界总人口的 30%。而目前最为炙手可热的社会化媒体平台 **Facebook** 的用户数量已逼近 6 亿，约占全球网民总数的 29%，占世界人口的 8%。可见，如果将 Facebook 抽象成一个国家的话，那它将成为中国和印度之后的世界第三人口大国。目前，以 Facebook 和 **Twitter** 等为代表的社会化媒体已经融入主流社会，并逐渐发展成为可与搜索引擎、门户网站和电子商务相匹敌的互联网基础性应用。

ESOMAR 欧洲市场研究学会对社会化媒体的定义是：允许用户创造、交流内容并进行互动的在线平台及技术。所以，最常见的社会化媒体形式包括博客、微博、论坛、社区和社交网络等。

社会化媒体凭借其特性和优势，正以惊人的速度蓬勃发展。2010 年，互联网研究机构 GlobalWebhidex 在全球范围内对互联网使用者的调查结果中发现，社会化媒体的普及率越来越高，已经广泛渗透到网民的生活中，而且部分国家的渗透率高达 80%。

> **【小知识】**
>
> **Facebook**：是一个社交网络服务网站，于 2004 年 2 月 4 日上线。Facebook 是美国排名第一的照片分享站点，每天上载八百五十万张照片。2010 年的世界品牌 500 强评比中，Facebook 超过微软居第一。随着用户数量的增加，Facebook 的目标已经指向另外一个领域：互联网搜索。
>
> 网站的名字 Facebook 来自传统的纸质“花名册”。通常美国的大学和预科学校把这种印有学校社区所有成员照片的“花名册”发放给新来的学生和教职员工，帮助大家认识学校的其他成员。
>
> **Twitter**：中文称推特，于 2006 年 6 月上线，是美国的一个社交网络及微博客服务网站。它利用无线网络、有线网络、通信技术，进行即时通信，是微博客的典型应用。它允许用户将自己的最新动态和想法以短信形式发送给手机和个性化网站群，而不仅仅是发送给个人。
>
> 关于名字 Twitter 的来历，Twitter 是一种鸟叫声，创始人 Evan Williams 认为鸟叫是短、频、快的，符合网站的内涵，因此选择了 Twitter 为网站名称。

4.1.2 社会化媒体的用户规模

在中国，网络基础设施日渐完善，互联网普及率不断升高，网民规模日益庞大，更是为社会化媒体的发展做好了准备。据中国电子商务研究中心数据显示，2011 年中国网民数量达 5.2 亿人，其中网络购物用户规模达 1.89 亿人，同比增长 19.6%。而在 2011 年中国社会化媒体用户规模达 4.6 亿人（见图 4-3），同比增长 30%。中国电子商务研究中心预测到 2012 年中国社会化媒体用户规模将达 5.7 亿人。由此可看出，社会化媒体在中国的覆盖率大大提升。

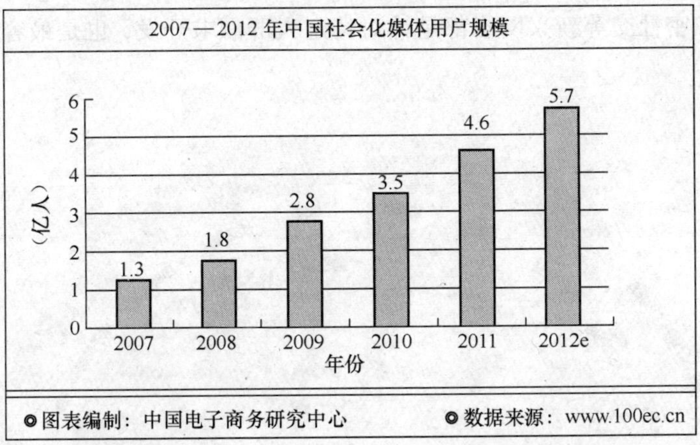

图 4-3　2007～2012 年中国社会化媒体用户规模

从各类社会化媒体使用人数的绝对值与增长趋势可以看出，中国的社会化媒体已成为中国互联网的重要组成部分，其力量不容小视。随着互联网的门户网站、搜索引擎和电子商务的巨头先后加入社会化媒体阵营，跨界和开放成为最新趋势。一方面团购的崛起，模糊了社交网站和电子商务的界限；另一方面各大网站纷纷推出第三方开放应用平台，鼓励基于社会化媒体的商业创新。这种基于社会化媒体平台延伸出来全新的社会化商业变革将是互联网行业的下一个爆发点。

4.1.3 中国社会化媒体最新格局

国外社会化媒体起步时间较早，这在一定程度上与互联网发展速度有关。互联网发展较早的是美国，相较于美国，我国互联网发展时间远远落后。社会化媒体先后经历了四个时代：论坛时代、博客时代、社交时代及多元化时代。2000 年国内一些博客平台的兴起才标志着国内互联网 Web 2.0 时代的到来。之后社交类网站、百科、主题分享等不断发展。2009 年新浪微博的建立，腾讯、搜狐相继也建立博客平台，此后社会化媒体的格局也逐渐清晰起来。

中国网络口碑研究和咨询公司 CIC 依据中国社会化媒体业态成熟度，以及平台之间的功能依附关系，绘制出了 2012 年中国社会化媒体格局图（见图 4-4）。

1. 核心网络——功能相对独立并且成熟度较高

微博、社交网站（SNS）、即时通信、论坛、音乐视频分享、电子商务（包括团购）、点评网站、分类信息网站，这 8 类平台对应大众网民的 3 大核心需求——沟通、娱乐、消费，相互之间尚不存在显著的依附关系。

2. 增值衍生网络——功能依托于核心网络以及其他平台相对新兴

签到位置服务、社会化电商、社交游戏、社会化内容聚合 4 个类别，依托于核心网络及其他平台，起到了增值衍生，甚至是流量变现的功能。

3. 基础功能网络——为其他平台或网民生活提供基础性的功能支持极为成熟

文档分享、博客、百科和问答四类平台目前为其他平台或网民生活提供基础性的功能支持，并且模式极为成熟。这些平台相比于“核心网络”，其社会属性偏弱，在很大程度上限制了其商业价值的拓展。

4. 新兴/细分网络——功能相对独立

针对特定人群或模式，更为新兴在线旅游、移动/弹性社交、垂直社交（企业社交、商务社交、婚恋社交）、私密社交等新兴网络都是针对特定人群需求开发，也是最容易推陈出新、创造价值的新兴领域。

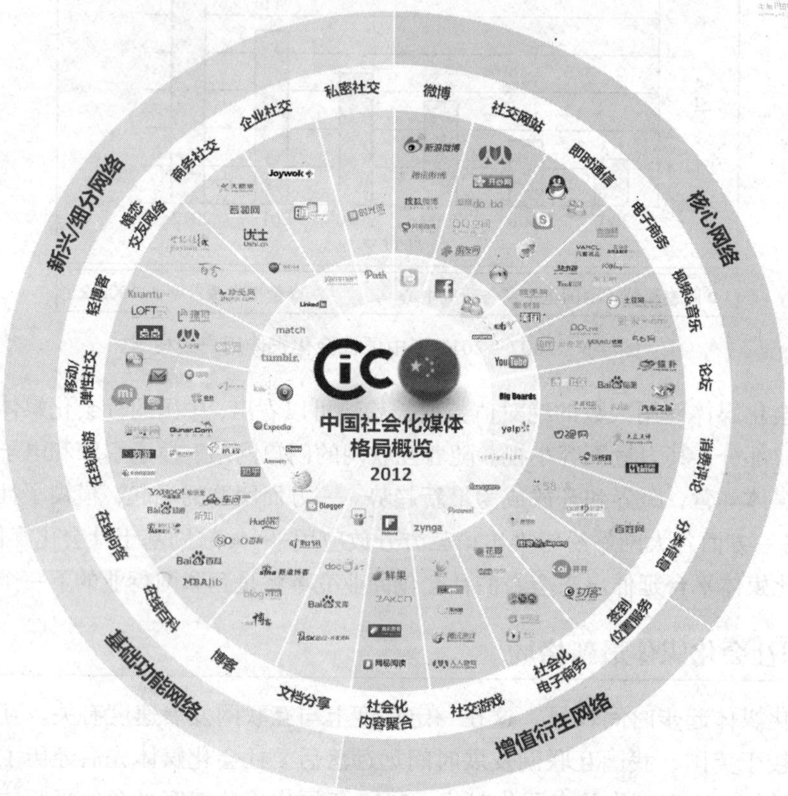

图 4-4　2012 年中国社会化媒体格局概览

4.2　社会化电子商务基本概念与盈利模式

4.2.1　社会化电子商务的定义

社会化电子商务，亦简称为社会化商务（social commerce），其相关概念最早由雅虎公司（Yahoo!）提出。2005 年 11 月 14 日，雅虎购物（Yahoo! Shopping）为了迎战即将到来的年底网上购物狂潮，推出了一项可以设置精选商品列表（PiekList）功能的新服务——shoposphere。

该服务将口碑传播的元素融入交流社区中，用户可以将他们感兴趣的商品按主题归类放入自己的精选列表中，这些精选商品列表里的内容又被汇总到一个名为 shoposphere 的页面里。该页面还可以展现用户对商品的评论、使用心得和购物体验等信息，用户可以将此页面与其他人进行分享，查看其他人的精选商品列表，查看其他消费者正在讨论的商品。另外，雅虎通过自己的服务资源将 RSS 与 Yahoo!360 社区服务整合起来，方便用户把精选商品列表聚合到博客或其他网站上。雅虎还鼓励产品专家和商家参与到精选商品列表系统中来，并汇集了一些社会名人前来推选商品。雅虎认为，精选商品列表就是社会化电子商务的一种形式，而消费者社区是提供商品信息和建议的最好源头之一。

此后，随着 Facebook 和 Twitter 等社会化媒体的兴起，更加推动了社会化电子商务的快速发展。在这几年的发展历程中，社会化电子商务的模式虽然成熟不少，但是对于其概念，业界却没有广泛认可的统一定义，各个领域的研究专家也分别就此提出了他们的看法。

2005 年 12 月，时任美国风险投资公司 Venroek 副总裁的 DavidBeisel 在其博客中将社会化电子商务的概念提炼为“一种在电子商务网站上由用户产生内容的社论式广告形式”。有些用户喜欢和其他人在现实的世界里购物，那么他们中的一些人也将会喜欢在社交网络里进行虚拟的共同购物。

公共关系公司 Edelman 的高级副总裁 SteveRubel 认为社会化电子商务可以采用多种形式，但总的来说，它代表着一个用户在线共享信息并实现电子商务的平台。在这里，每个用户从可信赖的其他人那里获取建议，找到商品、服务，并最终完成购买，这种行为通过了集体的力量，来缩减调研和购买的周期。同时，他认为博客亦可通过社会化电子商务进行盈利，将会实现博客作者、营销方和电子商务网站共赢的局面。

营销研讨机构 CliekAdvisor.com 的 Paul Marsden 认为：社会化电子商务是电子商务的一种形式，通过使用社会化媒体、网络媒体，来支持社交互动和用户贡献等活动，协助在线购买及销售产品或服务的方式。

虽然各个专家对社会化电子商务的定义各有不同的侧重，但是他们都持有一个共同的观点，这就是“社会化电子商务是电子商务的一种新的模式”。简单地说，就是将 SNS 与电子商务进行了组合（见图 4-5），让这种基于用户自主分享的商品内容，来引导用户产生购买或者消费行为，让电子商务领域变得更具有人情味。从某种意义上来讲，团购与 O2O 模式也可以算作是社会化电子商务的展现形式之一。

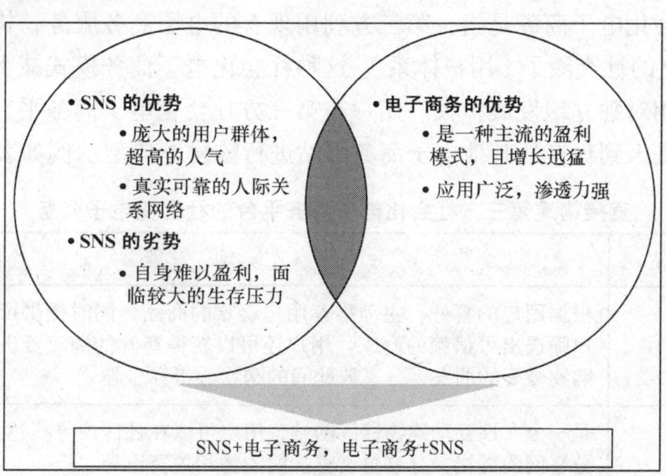

图 4-5　社会化电子商务

对于社会化电子商务，目前较为认可的一种定义是：**社会化电子商务**是电子商务的一种特殊形式，在社会化媒体的环境下，利用人的社会属性，通过互联网来进行沟通交流，分享、传播和推荐商品/服务，以实现更好的基于互联网的消费。

现如今，消费者越来越多地信任并求助于其他消费者来发现商品和服务的真相。社会化电子商务领域已经扩展到了包含各种社会化媒体工具和内容的电子商务环境中。

4.2.2 社会化电子商务的分类

社会化电子商务是电子商务发展到一定阶段的必然产物，然而由于国内外电子商务发展程度的不一致，导致国外的社会化电子商务网站的出现比国内早了很多。

1. 按照平台产生的形式来进行分类

综合国内外的发展情形来看，按照平台产生的形式来分，社会化电子商务平台可以分成以下 3 类。

（1）在电子商务网站的基础上构建社区

这种类型的社会化电子商务是指，在原有的电子商务网站的基础上，构建社区服务，通过社区关系进一步促进电子商务的发展。典型示例如表 4-1 所示。

表 4-1 在电子商务网站的基础上构建社区的社会化电子商务

社会化电子商务网站	所依托的电子商务网站	功能
淘江湖	淘宝网	淘宝网在其原有的电子商务平台上构建了“淘江湖”这样一个真实的好友交互平台，方便用户轻松地与其好友保持沟通和联系，及时了解好友的最新状况与动态信息，获得更可靠的购物经验与建议，与好友一起享受电子商务，享受生活
凡客达人	凡客诚品	凡客达人是一个社区化分成营销平台。达人们在各自的空间展示穿衣搭配，发表观点、看法，如果买家通过达人的店铺或者空间购买了凡客的产品，那么达人就可以凭此获得凡客 10%的销售分成。凡客以此鼓励用户就购物相关的话题进行分享和交流，从而促进用户的购物行为

（2）直接构建第三方社会化电子商务平台

这种类型的社会化电子商务是指，第三方利用现有的电子商务服务，构建自己的社会化平台，独立维护平台上的社交圈子（用户体系）。这种社会化电子商务模式减少了对电子商务平台的依赖程度，可以相对独立地发展扩大。用户在第三方社会化电子商务平台上互动交流，可以从对应的链接直接进入到现有的其他电子商务网站进行购物。典型示例如表 4-2 所示。

表 4-2 直接构建第三方社会化电子商务平台的社会化电子商务

社会化电子商务网站	功能
翻东西	根据用户的喜好，主动推荐用户喜欢的商品，同时提供可靠的购物建议，帮用户筛选出可信赖的商家。用户还可以获得新鲜的潮流资讯，结识到更多有共同购物爱好的朋友，分享彼此间的购物心得和乐趣
美丽说	是一个女性互动购物社区网站，用户可以在社区内寻找达人，找店铺，找团购，分享网购链接，分享自己喜欢的购物相关资讯等

续表

社会化电子商务网站	功　　能
蘑菇街	是一个女性分享导购社区网站，用户在这里自由地交流时尚、购物的话题，相互分享，相互帮助，发现折扣，享受优惠
堆糖	是一个用户分享物品的社区，主题是收集发现喜爱的事物，以图片的方式来展示和浏览。堆糖提供超快捷的图文收集工具，一键收集分享兴趣，还有各种兴趣主题小组，可以轻易地找到日常生活中难以遇到的、跟自己兴趣相同的朋友

（3）在社区的基础上开展电子商务

目前互联网上的社会化媒体平台已经具备了一定的影响力，比如 Facebook、Twitter 和新浪微博等。将电子商务和这些社会化媒体平台对接，利用其强大的用户群体进行营销将具有很大的影响力。通过社会化媒体开放的工具，商家将商品等相关信息发布在社会化媒体上，通过其"粉丝"的分享和推荐来传播这些信息，其他用户可以直接进入商品页面进行购买。对中小型企业来说，这种形式的社会化电子商务进入门槛最低，目前国内外很多企业正在实践。典型示例如表 4-3 所示。

表 4-3　在社区的基础上开展电子商务的社会化电子商务

社会化电子商务网站	所依托的社区网站	功　　能
Live Scribe	Facebook 平台	Facebook"粉丝"可以与产品提供方进行互动，"粉丝"们可以分享他们感兴趣的产品，或是发送 Twitter 消息，把信息传播给更多的消费者
微跳蚤	新浪微博	这是基于微博的一款二手交易物品的应用服务，帮助微博用户发布、查询、评价二手商品的信息

2. 按照具体的展现形式来进行分类

按照具体的展现形式来分，现在的社会化电子商务平台又可分为如下 4 种类型。

（1）基于共同兴趣的社交电商模式

这种模式以蘑菇街、美丽说为代表。这种模式的特点是解决了用户逛街的需求，同时盈利模式也很直接，盈利能力较强。

（2）图片加兴趣的形式

以花瓣为代表，这种模式在国外的代表为 Pinterest，即 Pin（图钉）+Interest（兴趣），用户可以把自己感兴趣的东西用图钉钉在钉板（PinBoard）上。这种模式的特点是简单，互动性强，视觉冲击力高，容易快速聚集起大量用户，但在盈利上需要有大量的用户规模作为支撑。

（3）媒体导购的形式

以逛逛为代表，特点是有较强的媒体属性，像一本时尚杂志，让用户在读它的时候充分感受到商品的魅力。这种模式往往较难聚集大量的用户，互动性较差。

（4）线下消费线上导购的形式

目前在该领域较为出色的有大众点评、千品网等，该类型的特点是用户的消费目标明确，娱乐属性较弱，对商品的要求较高。

4.2.3 社会化电子商务的特点

社会化电子商务与传统电子商务的最大差别在于其社会化。总体来说，社会化电子商务具有以下 4 个特点。

1. 真实性

大多数社会化电子商务网站都允许用户建立自己的好友关系，因此基于网站上的用户大都是实名制的，或者是非实名制的但是用户之间具有强关系的连接，这样可以很好地保障用户交流分享信息的可靠性与真实性。

2. 公开性

社会化电子商务鼓励用户参与，贡献、评论和分享商品信息，而且这些信息免费向公众公开，用户可以不受约束地制作和引用社会化电子商务中的内容，轻松地向其他好友传递信息，几乎没有任何障碍。

3. 互动性

传统的电子商务是商家单向面向用户发布商品的相关介绍与信息，然后由用户选择是否购买；而社会化电子商务的平台面向用户和企业开放，可以很好地促进用户与商家、用户与用户之间的交流互动，激励感兴趣的用户主动地贡献和反馈内容。

4. 社区性

用户在社会化电子商务中可以很快地找到与自己兴趣爱好相投的人,并可以很容易地聚集在一起，形成一个社区，在这个社区中，大家可以对感兴趣的商品，如服装饰品等，进行深入的沟通和讨论。

社会化电子商务与传统的电子商务相比，其最大的价值在于：一方面帮助用户过滤了冗余的信息，用户通过其好友关系过滤信息，使得信息因依附于关系而变得更有价值；另一方面还实现了信息的推荐，基于关系的信息推荐不仅提高了信息的可信任程度，而且使得这种关系网络之间的推荐成为一种电子商务营销方式。

4.2.4 社会化电子商务的盈利模式

社会化电子商务的本质就是通过用户之间的交流分享促进用户的购买行为。社会化电子商务这一商业模式已经得到了广泛的认同。深刻挖掘商业价值，其核心内容就是进行盈利模式的设计。目前我国社会化电子商务的主要盈利模式如下。

1. 广告

无论是在 Web1.0 还是 **Web2.0** 时代，广告收入都是电子商务网站重要的收入来源。而社会化电子商务平台聚集了众多的具有相同偏好与需求的目标顾客，因而更加受到企业的青睐，因此，越来越多的企业将广告投放的重心转向网络社区。社会化电子商务平台 80%的收入来源于广告。比较常见的广告形式有：传统的文字图示广告，如按钮广告、旗帜广告、对联广告等；动感的插入式广告以及富媒体广告；将产品、品牌信息巧妙融入游戏或组件的植入式广告。例如，开心网就将众多的汽车品牌及其产品图片植入争车位游戏中。

【小知识】

Web2.0：Web2.0 是相对 Web1.0 的新的一类互联网应用的统称。Web1.0 的主要特点在于用户通过浏览器获取信息。Web2.0 则更注重用户的交互作用，用户既是网站内容的浏览者，也是网站内容的制造者。所谓网站内容的制造者是说互联网上的每一个用户不再仅仅是互联网的读者，同时也成为互联网的作者；不再仅仅是在互联网上冲浪，同时也成为波浪制造者；在模式上由单纯的“读”向“写”以及“共同建设”发展；由被动地接收互联网信息向主动创造互联网信息发展，从而更加人性化！

2. 佣金提成

采用该种盈利模式的多为第三方社会化电子商务平台，这类电商平台并不直接出售商品，而是从交易中赚取利润。这种盈利模式的优势非常明显：不必自建物流体系，也不用操心供应链管理。美丽说网站中有大量用户进行自己喜好的商品图片与信息的发布和分享，好友则通过信息图片直接链接到 B2C 或 C2C 电商网站的商品购买页面中，每成功一笔交易，B2C 或 C2C 电商网站会按照协议比率返回数额不等的佣金给美丽说网站。我国另一个典型的第三方社会化电商网站——蘑菇街的运行方式也大同小异。不过我们也可以很清楚地看到，这种盈利模式过于依赖 B2C 或 C2C 电商网站。据统计，美丽说每个月为淘宝带去 7 亿的交易额，蘑菇街 90%的商品被引导到淘宝网成交，一旦淘宝的运营陷入困境，对于美丽说与蘑菇街将是惨重的打击。

3. 增值服务

增值服务的一种形式是收取会员会费，用户通过交费成为会员，从而获取有偿服务及普通用户所不能享受到的特殊服务。根据国外的数据显示，只要拥有 8%的收费会员，即可实现盈利，这个数据对于社会化电商网站极富吸引力。该模式适用于专业性较强的婚恋、招聘等垂直社会化电商网站，如百合网、智联招聘等都是凭借会员收费模式获得网站长期稳定的收入。

另一种形式则是通过提供增值虚拟服务，鼓励用户进行虚拟物品消费。以庞大的用户群体为依托，腾讯、开心网都在游戏的虚拟物品交易当中获得了巨大的成功。如在腾讯的“QQ 农场”游戏中，通过装备道具的购买刺激用户的虚拟消费。为了更好地刺激虚拟物品的消费，众多的电商企业发行虚拟货币，如腾讯的 Q 币、校内的校内豆。

4. 第三方插件应用分成

以往很多的社会化电商网站都是自主开发组件与游戏，但是网络小游戏的生命周期非常短暂，难以保持持久的用户吸引力。基于这种考虑，现在的社会化电商网站往往选择将自己的网站建设成为开放式的平台，吸引第三方公司搭建 App 供用户自由选择，从中获取分成。

4.3 社会化电子商务的“六维空间”

随着社会化媒体市场营销者们不断地努力探索，电子商务网站不断地优化销售，一些开拓者们不断地创新商业模式，社会化电子商务将迅速进化的能力和快速扩张的工具集结合在了一起。大多数社会化电子商务的方案都能够总结为这“六维空间”（见表 4-4）中的一个，而且每个都基于一个通用的工具集。

表 4-4　社会化电子商务的六维空间

维　度	简单描述
维度一：社会化购物	作为社会化电子商务领域的“新生儿”，社会化购物工具允许人们一起分享网上的购物体验，即购物的同步化
维度二：产品评级和评论	作为原生的社会化电子商务工具集，等级和评论（集中体现在亚马逊的重要评论和客户相关评级及评论）允许人们交换产品反馈，同时通过自主地浏览和体验来告知每个人的选择

续表

维　度	简 单 描 述
维度三：推荐和参照	尽管等级和评论通常对所有人可见，但是推荐和推荐人数往往是对网上商品和服务的个人式的社会化媒体批注，来实现相关顾客和忠实用户的推荐价值
维度四：论坛和社区	社会化的无名英雄；论坛是非常受欢迎、有用且有效的：对于社会化电子商务，伴随着特定主题、任务或者是类别，连接电子商务平台的论坛通过提供适中的引导式的环境帮助产品的发现、选择和参照
维度五：SMO（社会化媒体优化）	在社会化电子商务情境下，为了通过社会化媒体宣传并推动这些目标和内容来吸引访问者从而达到电子商务的目标，一个工具集诞生了。典型的是将市场营销包含在了与之平行的主体社会化媒体平台中，同时将它们与电子商务网站进行链接。通过直接的链接和提升搜索引擎排名（SEO）来抬高电子商务网站的流量
维度六：社会化广告和应用	在社会化电子商务案例中，基于社会化媒体平台的付费型广告，或者是推销式的应用，或者是嵌在电子商务平台中的插件都最终链接到电子商务的目的地

资料来源：http：//socialcommercetoday.com/

维度一：社会化购物

① 社会化媒体商店：能够使人们在社会化媒体平台的“围城”中购物。这些店铺可能是店面（如百思买的 Facebook 店面），集成付款功能的全面型商店（如 1-800-FLOWERS 的 Facebook 店面），或者是一种新生代的通过新闻消息同步的“新闻供应商店”（The Limited’s Off The Wall 商店）。随着 Facebook 自身的集成式付款系统的上线，社会化媒体商店将会变为社会电子商务中的主要增长领域。

② 简洁的社会化图谱：允许社交网络使用者们将他们的社交网络关系带到电子商务中去，让他们能够在目标站点上直接与朋友和“粉丝”们互动。诸如 Facebook Connect、Google’s FriendConnect 和 Fluid’s Fluid Social 等服务，它们简化了电子商务网站访问者的登录操作，同时提供了较强大的社会化购物功能，如“Ask Your Network”和“Share With Your Network”服务。这些都被 Burberry、Juicy Couture、Charlotte Russe、Luckybrand、JanSport and Vans 等时尚品牌广泛使用。

③ 团购：允许人们发挥集体的力量通过一起购买获得更好的折扣，且通常都在 Facebook 和 Twitter 等社交网络上招募同类购买者。例如，戴尔的 Dell Swarm 活动邀请人们加入网上团购电脑的行列中（英特尔和阿迪达斯也提供便利的团购）。Groupon 作为美国一家成功的基于城市的团购网站，在欧洲已经被模仿（如 DailyDeal、MyCityDeal、Wowcher）。而 eWinWin 是一家领先的关于社交网络方面的团购网站技术提供商。

④ 浏览导航：通过提供同步的网页浏览和集成的聊天工具，使人们能够在电子商务类站点上一起购物。时尚零售连锁店 Charlotte Russe 和玩具制造商 Mattel 是日益增长的通过使用 DecisionStep’s ShopTogether and Plurchase 等类似的社会化购物软件提供浏览导航服务的品牌代表。

⑤ 团够礼物：帮助人们网上集体购买礼物。例如，仓储式电子零售商百思买提供“Pitch In”团购礼物的卡片。eDivvy 等社会化购物软件提供商为很多品牌、产品或网站提供团购礼物的服务。

⑥ 社会化购物门户网站：结合等级和评论、推荐，以及社会化书签等非同步化的社会化电子商务工具，使人们能够一起在多个商店中购物。可能也会集成比价工具（如 PriceGrabber、Bizrate、NexTag）。现在领先的社会化购物门户网站包括 Kaboodle、This Next、Stylefeeder、

Storeenvy、Polyvore、Pikaba and Etsy。

维度二：评级和评论

① 客户评级和评论：来源于真实用户的声音，一种方法是集成到电子商务网站（如Amazon，Apple iTunes），一种是集成到社交网络（如Blippr）或者是评论性网站（如epinions，Buzzillions——通常会与诸如PriceGrabber、Bizrate、NexTag等购物比较网站相结合）。领先的顾客评级和评论软件提供商包括Power Reviews、Bazaarvoice及Amazon。

② 专家评级和评论：这些评论往往来源于比较有影响力的社会化媒体平台（如Youtube、SlideShare和博客）、电子商务网站（如Apple iTunes和亚马逊专业评论）和专业的评论站点（如Metacritic、Crowdstorm）。

③ 赞助性质的评论：来源于顾客、专家或者是社会化媒体平台、评论网站的付费性评论，例如SponsoredReviews、PayPerPost、uSocial、SubvertAndProfit。

④ 顾客评测推荐：顾客推荐一般发布在电子商务网站或者社会化媒体平台，虽然缺乏结构性的故事情节，但也是顾客对产品的一种肯定和赞美。提供这种服务的有Bazaarvoice和PowerReviews。

维度三：推荐和参照

① 社会化书签：通常作为社会化购物门户的核心特点，以能够被其他人搜索到的共享性的购物单、愿望清单、礼物列表和收藏的产品、交易和建议等的综合陈列出现（例如亚马逊和百思买的universal wishlists、JustBoughtIt、My Zappos）。

② 推荐程序：奖励那些引入新顾客的顾客或成员，是一个会员式或者绩效式营销的社会化媒体版本。

③ 社会化推荐：基于社会化、购物和浏览历史等方面相似性的个人购物推荐，例如苹果iTunes Genius Recommendations、亚马逊的推荐系统、Netfilx的Cinematch个性化电影推荐、来自Honk.com的个性化汽车购买推荐和Stylefeeder的个性化时尚推荐。

维度四：论坛和社区

① 讨论版论坛：人们相互提供支持并解决问题。

② 问答式论坛：结构化论坛，以可查找式的FAQ形式回答一些常见的问题。通过一些社会化电子商务软件提供商的服务（如Bazaarvoice的Ask & Answer和PowerReviews的AnswerBox）能够将其集成到电子商务网站中。

③ 博客：提供围绕电子商务事件的新闻和相关讨论，同时抓住顾客的建议和反馈以期更大的提升（如MyStarbucks Idea、Dell的IdeaStorm）。

④ 用户社区：网上能够连接到电子商务站点的用户社区，通常以培养用户的忠诚度、拥护度和社会化客户关系管理为目的。Juicy Couture's社区Club Couture导致转化率提升了162%。用户社区也能够建立在Facebook等的社会化媒体平台上，或者是由专业性的社区软件（例如Ripple6和Pluck）搭建的站点上。

【小案例4-1】Walmart与Facebook

沃尔玛全球电子商务推出的Shopycat是一个基于Facebook的应用。该应用被用户下载后在Facebook的社区里聆听用户的讨论，从用户交流的关键字中分析其潜在需求，动态地将沃尔玛电子商务网站所提供的相关联的商品在用户的网页上展现，并链接到walmart.com的商品页面，将社区的讨论转换为销售。

【小案例 4-2】美丽说与淘宝

淘宝和美丽说的合作也是非常成功的。美丽说的社区平台上有大量用户提供的精美图片，用瀑布式展示，很吸引眼球，比较适合时尚商品。淘宝许多服装、家居、珠宝首饰的商家借用这些图片链接到其淘宝商城的商铺，以 CPS 结算，成为高转化率的流量。

维度五：SMO（社会化媒体优化）

① 新闻网摘：社会化媒体平台上提供网上购买的相关产品的同步新闻（如 Youtube、SlideShare、Twitter、Facebook 和 bolgs）。星巴克在 Facebook 上已经拥有了相当活跃的、受欢迎的网摘。

② 交易网摘：在社会化媒体中，人们与品牌相联系的首要原因是受交易事件的启发。交易网摘是新闻网摘中比较专注于交易的版本形式（如 Dell Outlet，家乐福的 FaceShopping）。

③ 媒体分享：借助流行的社会化媒体平台发布广告和能链接到电子商务站点的促销内容（如 Youtube 上 Blendtec 的“Will it Blend”广告 ）。糖果品牌商 Skittles 的网站上有一个页面集合了 Youtube、Facebook 和 Wikipedia 的链接，这对于浏览该页面的人来说是一件非常有象征意义的事情。

④ 社会化媒体活动：在社会化媒体中组织一些链回电子商务主站点的媒体活动，包括网络研讨会、新闻发布会、比赛、筛选和展示秀等（如出版商 Random House 在 Flickr 上举办的封面设计比赛、Levi 公司组织的牛仔寻宝之旅）。

⑤ 构建链接：社会化媒体优化的主干就是在第三方社会化媒体内容中添加能够链回主体电子商务站点的评论。

维度六：社会化广告和应用

① 社会化广告：在 Facebook、Youtube、Twitter 等社会化媒体平台或者是博客、论坛上投放付费性的广告。例如快餐服务商 Chick-fil-A 策划了一次成功的 Facebook 广告参与活动，点击广告即可获得一张赠券。

② 社会化应用：提供支持社会化交互和用户贡献的网上应用或插件。Nike+是一个模板式的社会化应用，允许人们记录和分享运动表现。

③ 购物插件：便携式插件能够嵌入到社会化媒体中，将顾客、同伴和拥护者转化为实际的网上销售额。Amazon、Alvenda 和 Shopit 等解决方案提供商都提供了相应的软件。

【小案例 4-3】只用 1 天就赚到本来 3 天才能赚到的钱

美国密尔沃基只有 400 个 Foursquare 的用户，当地餐厅 AJ Bombers 发起了一个 Party，就是假如有 50 个人在某一个时间同时出现在该餐厅，大家就可以拿到一个蜂群徽章（Swarm Badge），可以优惠价吃大餐。这消息在推特上被转发了。结果在约定时间 160 人到达了餐厅，餐厅赚了本来 3 天才能赚到的钱！

4.4 SoLoMo 模式

【专题案例】“人人报到”——SoLoMo 模式下的广告营销新平台

2010 年 11 月，国内最大的 SNS 网站人人网推出以 LBS 为基础的“人人报到”，用户通过手机客户端“签到”告知自己所在的准确地理位置，人人网根据用户位置推送其周围一定范围内的商家广告、活动信息，进行用户之间的信息共享和广告信息的传播。

SoLoMo模式下的“人人报到”

社会化营销活动在参与形式上具有很大的局限性，主要的活动形式如互动游戏、品牌公共主页、信息分享和转发等都仅提供给用户“静止”的参与机会，他们对活动的参与仅限于电脑前，由入口进入活动页面，参与活动。当他们走在路上，开着车，到某家餐厅或百货商场时，这些保守的活动形式就失去了让用户参与的机会。

SoLoMo 模式下的“人人报到”改变了这样的不利局面。人人网的手机用户通过手机客户端修改状态时可以附带准确的位置信息，与此同时，用户也可以将位置信息作为独立的内容发布。通过对位置的准确定位，用户可以查看在自己附近的朋友，同时，手机也会推送位置附近的商家活动和广告信息。除了可以让好友间的见面变得更容易，同时也可以将广告信息准确地传递给用户，让用户参与到商家的营销活动中。比起其他 LBS 应用，“人人报到”具有很多优势，除了“人人报到”强大的技术支持外，人人网庞大的用户群和用户之间已经形成的真实身份的社交关系也是重要因素。而“人人报到”的应用，只需要延展这些关系，并提供一种全新的沟通途径。有别于其他 SNS，用户更愿意与真实身份的好友分享自己的空间位置，这正是“人人报到”的意义所在。

SoLoMo模式下广告营销的特点

1. 反客为主——受众由被动接受到主动参与

作为“人人报到”的首单商业合作，大众尚酷汽车与人人网“人人报到”联合推出了“尚酷夜摄会”的手机应用。这是一个集合了拍照、图片编辑和 LBS 功能的应用，方便用户分享各地的精彩夜生活照片。借助“人人报到”的定位和地点列表功能，用户为照片添加位置信息与心情，就会在人人网上生成一条带有地理位置信息的照片新鲜事，并规定通过该应用上传照片集齐十枚徽章的网友，即可获得 1 年的尚酷试驾权。最终，该活动获得超过 20 万张的上传照片，大众尚酷的知名度和影响力有了明显提升。

2. 从线上活动到线下销售的延伸

2011 年 6 月，“康师傅每日 C”饮料更换新名称和新包装，“金桔柠檬”新口味上市。为了推广新饮料“金桔柠檬”，康师傅公司经由“人人报到”推出了赠饮活动。人人网的用户利用人人报到功能在试饮点附近一公里进行签到，会直接获得康师傅赠饮的手机活动信息，然后就可以在试饮点换取饮品。短短 12 天内，10 000 份礼盒全部发出，在超过 10 000 次的手机报到中，成功到线下换领赠饮的比例达 90%以上，其中 60%以上的签到来自人人网。而线上参与的也有 53 万人之多，并产生了 12.4 万次的分享。整个活动共计曝光给了超过 2 000 万的品牌目标受众。

3. 口碑传播和深入体验提高品牌认知度

“人人报到”对品牌来说，一个很大的优势就是新鲜事的生成。用户经由人人报到参与的活动以新鲜事的方式告知好友，这种贯穿于活动过程始终的互动及分享，让基于“情感”和“信任”基础上的一对多的口碑传播成为可能，当用户拥有稳定的朋友圈时，每个看似理所应当的新鲜事生成都是帮助品牌进行口碑传播，从而实现立体化广告传播效果的最大化。从以往单纯的追求单方向的传播诉求，到注重互动体验的品牌营销，SoLoMo 模式下的“人人报到”提升了用户对于产品及品牌的认知度，拉近了与消费者的距离。这种营销针对的群体更加精确，宣传效果也是显而易见的。

通过社交、本地化和移动三者的结合，使消费者更易对品牌形成全面、立体的认知，通过人际传播获得品牌相关信息，而后通过本地化和移动应用，进行深入体验，最终将理性和感性认识相关联，为品牌的二次传播和深入人心奠定坚实的基础。

（资料来源：《新闻世界》2012 年第 4 期）

4.4.1 SoLoMo 的概念

SoLoMo，即 social（社交）、local（本地化）和 mobile（移动）三个词的整合，它是由著名风投家、美国 KPCB 风险投资公司合伙人约翰·杜尔于 2011 年 2 月提出的一个概念。随后，这个概念风靡全球，被一致认为是互联网未来的发展趋势。“社交、本地化、移动”3 大支点撑起了互联网的创新应用。

1. So——Social 代表社会化或者社交

随着 Web2.0 的全面到来，社会化网络平台也呈现多样性的发展：博客、微博、SNS、论坛等。社会化网络平台具有沟通及时性与互动性、分享便利性等特点，更好地满足了用户沟通交友的需求。

人与人之间的关系可以分为强关系和弱关系，一旦弱关系通过人情交换变为强关系，那么意义就会大不一样，原本不认识的两个人便通过这种关系网络联系在一起。人们在社会化媒体上面可以看见来自于朋友的以及朋友的朋友的各种信息，当然也包括社会化分享。社会化分享的价值在于社会化流量的持续循环，当用户看到互联网的某些内容，部分用户将其分享到社会化媒体，传播给其他用户，而其他用户看到这些内容，并继续进行分享传播，便形成了一个完整的和可循环的社会化分享过程。

SNS（social networking service）是以真实友好关系为核心的社交网络。全球最大的 SNS 平台是美国的 Facebook，而中国的人人网和开心网是国内主要的两大 SNS 平台。微博是以话题为纽带的信息发布平台，主要的微博平台有新浪微博、搜狐微博，以及国外的 Twitter 等。QQ 家族则涵盖了 SNS（QQ 空间）、腾讯微博、QQ 书签、腾讯朋友等四个平台，也成为一大主要的社会化分享的形式。

2. Lo——Local 代表本地化

随着我国 3G 的高速发展，以及 iPhone、Android 产品的普及，以传统互联网为平台的社会化媒体向移动客户端转移，智能手机成为用户获取网络体验的活跃终端。基于移动互联网的 LBS 应用获得了更大的发展空间。截至 2011 年 12 月底，中国移动位置交友应用市场累计账户规模达到 3 062 万户。

LBS 受热捧源自于其独特魅力。社区网络告诉人们“我是谁”，微博告诉人们“我关心什么”，而 LBS 却告诉人们“我在哪里”。围绕移动位置的各类应用和服务，用户不仅仅可以获得基础的地理位置相关服务，还可以很好地实现基于社交网络的“沟通、分享”，电子商务的“吃、喝、玩、乐、购”等。2011 年受到追捧的团购网，在很大程度上实现了“线上订单，线下消费”这样一种本地化的服务。

3. Mo——Mobile 代表移动

不管是 So，还是 Lo，落脚点的终端未来一定主要在 Mo。根据艾瑞咨询统计数据显示，2011 年中国**移动互联网**市场规模达 393.1 亿元，同比增长 97.5%。2011 年中国移动互联网用户规模达到 3.38 亿，同比增长 11.6%。移动化带来的不仅是基于终端上网的全面普及，更使移动互联网呈现出不同于传统互联网的全新生态系统。2011 年中国移动互联网市场的快速增长主要受益于移动电子商务的大力推动。2011 年移动互联网市场的细分格局发生了进一步的变化，移动电子商务的占比进一步增加，同时挤压了移动增值部分的占比，2006—2015 年中国移动互联网细分行业结构如图 4-6 所示。移动电子商务爆发式增长，未来潜力仍然巨大，已经成为整个移动互联网行业发展的重要动力。

【小知识】

移动互联网：就是将移动通信和互联网二者结合起来，成为一体。移动通信和互联网成为当今世界发展最快、市场潜力最大、前景最诱人的两大业务，它们的增长速度是任何预测家都未曾预料到的。可以预见移动互联网将会创造经济神话。移动互联网的优势决定其用户数量庞大，截至 2012 年 9 月底，全球移动互联网用户已达 15 亿。

2006—2015 年中国移动互联网细分行业结构占比

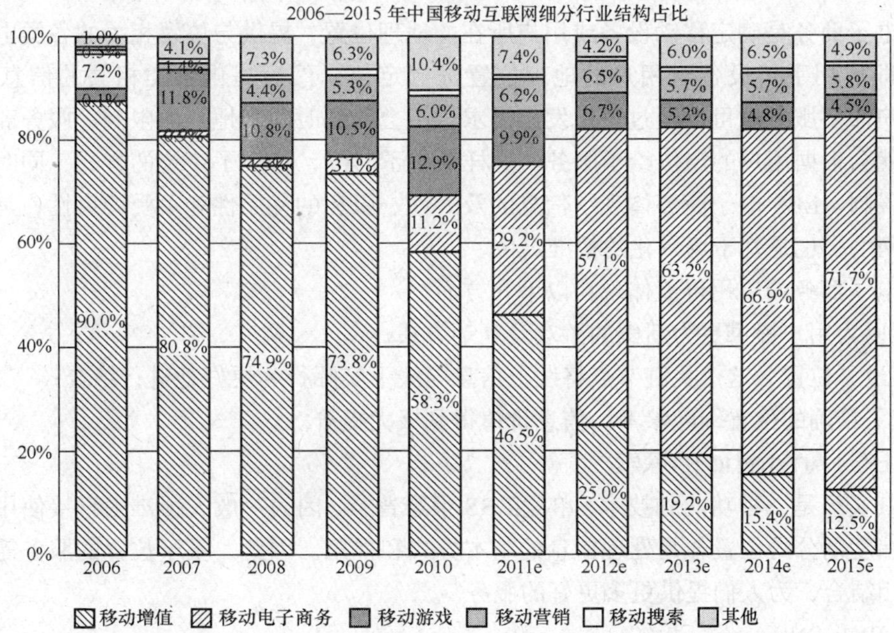

注：2011 年中国移动互联网市场规模为 393.1 亿元。其中，移动电子商务统计的市场规模为交易规模。

Source：根据企业公开财报、行业访谈及艾瑞统计预测模型估算，仅供参考。

@2012.1iResearch Inc. www.jresearch.com.cn

图 4-6 2006—2015 年中国移动互联网细分行业结构占比

4.4.2 LBS 电子商务

1. LBS 基本概念

LBS（location based service），即基于位置的服务，它是通过电信移动运营商的无线电通信网络（如

GSM 网、CDMA 网）或外部定位方式（如 GPS）获取移动终端用户的位置信息（地理坐标，或大地坐标），在 GIS（地理信息系统）平台的支持下，为用户提供相应服务的一种增值业务（见图 4-7）。它包括两层含义：首先是确定移动设备或用户所在的地理位置，其次是提供与位置相关的各类信息服务。

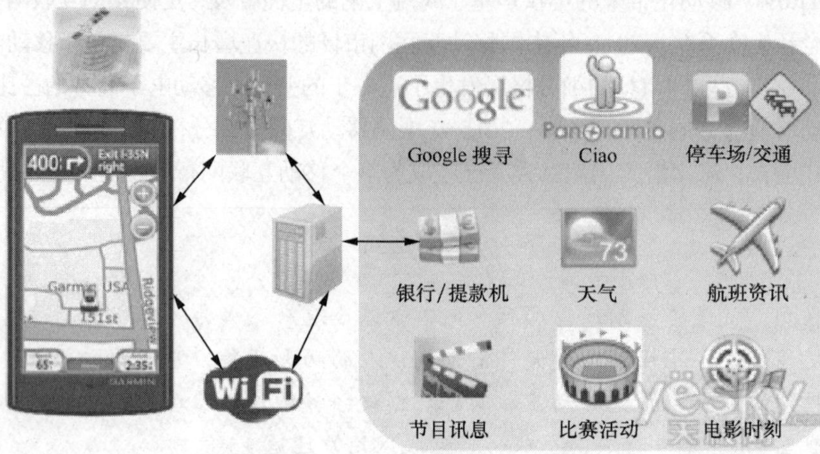

图 4-7　LBS：基于位置的服务

LBS 电子商务是确定移动设备或用户所在的地理位置，提供与位置相关的各类电子商务信息服务，即运用手机设备对用户的地理位置进行定位，然后提供各类相关的信息服务。例如，当用户需要服务时可以通过手机发出需求，不会受到时间和地点的限制；服务商收到用户的要求，就会根据用户的定位给予服务。这样节省了时间，打破了传统的方式，同时也不受地理位置的限制。LBS 电子商务体现了信息的及时性、服务的优质性和不受约束性，是百分之百的实名制网络，也是基于场景化的精准定位。

LBS 电子商务的应用价值体现在以下几方面。

- 可以为用户提供更为新鲜的游戏及互动方式；
- 通过“位置”这个关键节点将线上信息与线下实际行为更好地进行结合；
- 有了精确的位置维度参考，信息价值得到极大提升。

2. LBS+Anything 的探索

LBS 其实只是一种功能和技术，单凭 LBS 很难普及，因为一般人很难去直接使用经纬度坐标，但经纬度划分的位置却是处理信息的基本方式和视角。因此，基于位置的服务需要与其他服务模式相结合，为人们提供更多更好的服务。

（1）LBS + SNS

SNS 网站人人网于 2010 年 11 月初推出 LBS“人人报到”。“人人报到”提供一种全新的沟通途径，用户更愿意向真实身份的好友分享自己的空间位置。

（2）LBS + 游戏

这就是传统的 check-in、勋章、mayor 模式。商家或用户可以通过平台发布“挑战（challenge）任务”到指定的位置，用户参与这些互动游戏，过关（treks）后可以获得商家的奖励（rewards）。这类服务引入挖宝、开箱子、抽奖、竞猜、秒杀元素，在虚拟世界中构建游戏社交层。

（3）LBS + 团购

拉手网将“团购与 LBS”两个概念相结合，使其获得第二轮 5 000 万美金的投资，这足以证明 LBS 与团购结合的强大威力。

（4）LBS+分类生活信息+折扣信息+SNS+团购

这种混合的探索模式（以大众点评网为典型代表）能够为用户提供不少的增值服务。

- 基于其原有的分类生活信息服务和 LBS，大众点评网为每个消费者提供实时或不实时的信息引导，告诉消费者去哪吃喝玩乐。
- 基于 LBS 和折扣信息推送，大众点评网不仅将你带到吃喝玩乐的地方，还为用户提供了丰厚的优惠信息。
- 基于 SNS，用户还可以在大众点评网上进行互动，看到哪些朋友在你的附近，查看留言与点评。
- 基于团购，大众点评网又将其丰富的商家资源有力地利用起来。

LBS 要获得影响力必须跟 SNS 相结合，而 LBS 要盈利就必须跟商务交易相结合。

3. LBS 服务模式分类

LBS+anything 的探索使得服务商为用户提供多种不同的增值服务。根据服务的不同，LBS 电子商务应用也分成各种不同的类型。目前针对 LBS 服务内容的不同而形成了几种特点鲜明的 LBS 应用模式。

（1）休闲娱乐型

① 签到（check-in）模式。主要是以 Foursquare 为主，还有一些国外同类服务如 Gowalla、Whrrl 等，而国内则有玩转四方、街旁（见图 4-8）、开开、多乐趣、在哪等几十家。该模式的基本特点如下：

- 用户需要主动签到（check-in）以记录自己所在的位置；
- 通过积分、勋章以及领主等荣誉激励用户 check-in，满足用户的虚荣心；
- 通过与商家合作，对获得特定积分或勋章的用户提供优惠或折扣的奖励，同时也 是对商家品牌的营销；
- 通过绑定用户的其他社会化工具，以同步分享用户的地理位置信息；
- 通过鼓励用户对地点（商店、餐厅等）进行评价以产生优质内容。

图 4-8　街旁首页

② 大富翁游戏模式。国外代表是 Mytown，国内是 16Fun。这种模式的特点是更具趣味性，可玩性与互动性也更强，比 check-in 模式更具黏性，但是由于需要对现实中的房产等地点进行虚拟化设计，开发成本较高，并且由于地域性过强导致覆盖速度不可能很快。

（2）生活服务型

① 周边生活服务的搜索。这是点评网或者生活信息类网站与地理位置服务相结合的模式，代表有大众点评网等。主要体验在于工具性的实用特质，问题在于信息量的积累和覆盖面需要比较广泛。

② 与旅游的结合。旅游具有明显的移动特性和地理属性，LBS 和旅游的结合是十分切合实际的。分享攻略和心得体现了一定的社交性质，代表是游玩网。

③ 会员卡与票务模式。实现一卡制，捆绑多种会员卡的信息，同时电子化的会员卡能记录消费习惯和信息，使用户充分感受到简捷与方便，并为用户提供大量的优惠信息。代表是Mokard（M卡）。

（3）社交型

① 地点交友，即时通信。不同的用户因为在同一时间处于同一地理位置构建用户关键，代表是兜兜友（见图 4-9）。

图 4-9　兜兜友首页

② 以地理位置为基础的小型社区。国内的代表有“区区小事”。

（4）商业型

① LBS+团购。两者都有地域性特征，但是两者又有差异。例如美国 GroupTabs 的操作方式是：GroupTabs 的用户到一些本地的签约商家，比如一间酒吧，到达后使用 GroupTabs 的手机应用进行签到。当签到的数量到达一定数量后，所有进行过签到的用户就可以得到一定的折扣或优惠。

② 优惠信息推送服务。Getyowza 就为用户提供了基于地理位置的优惠信息推送服务，其盈利模式是通过和线下商家的合作来实现利益的分成。

4．国内 LBS 应用实例

SNS 告诉别人我是谁，微博透露自己关心什么，而**切客**可以告诉别人我在哪。在国内，LBS 电子商务应用正在快速发展，除了一些知名网站的 LBS 应用（见表 4-5）逐渐成熟外，还出现了一些新锐 LBS 网站（见表 4-6）。

【小知识】

切客：切客，源自英文 check in，指热衷于即时记录生活轨迹的都市潮人，利用移动互联网终端记录地理位置、身边新闻，借此与他人分享。

表 4-5　　知名网站 LBS 应用

序　号	LBS 应用网站	说　明
1	大众点评网	大众点评网是国内较早的 LBS2.0 应用服务提供商，也是国内较为成功的 LBS 企业。非常典型的线上+线下的生活服务型 LBS，在智能手机的客户端里面，可以轻松查看周围的各种关于衣食住行的相关服务，而且人气也相当不错
2	街旁网	街旁网是一个基于地理位置的移动社交服务网站。它在传统的社交服务所拥有的时间、人物、事件之外，成功引入了第四个维度——地点，让用户的网络生活和真实生活更紧密地结合。用户可以使用街旁网来“签到”自己所处的地点，用创新、有趣的数字化方式记录足迹，和朋友分享心情
3	嘀咕网	嘀咕网是非常典型的 LBS+SNS 的应用服务模式，提供很简单的更新个人状态的微博客服务。你可以用电脑或手机，实时地与朋友、家人、同事和其他跟随自己的人交流“你正在干嘛”这个问题的答案，以此保持联系
4	玩转四方	玩转四方也中国非常典型的 LBS+SNS+电子商务的服务模式，可以通过客户端轻松实现基于位置的服务和与朋友之间的互动，从“签到”各互动社区，到虚拟勋章、VIP、积分等虚拟奖励，再到周边信息搜索、推送
5	谷歌	谷歌地图在提供地理位置搜索服务的同时，也提供与之相关的导航、生活信息的查看和搜索，并且借助谷歌强大的地图数据支持，实现更为精准的定位和服务策略

表 4-6　　新锐 LBS 网站

序　号	LBS 应用网站	说　明
1	.ai 开开 Beta	开开是由贝多公司在近期发布的一款类似于 4SQ 的移动社交产品，以帮助用户与朋友们分享位置，交流心得，并用全新的方法探索身边的城市。用户可将虚拟宝贝兑换成实物
2	多乐趣	多乐趣是国内近期内测的一款类似于 Foursquare 的产品，它提供了多种手机操作平台上的应用程序，以感知用户所在的地理位置
3	蜜柚网	蜜柚是一个基于位置服务的真实社交平台，以游玩为主题，以地理位置信息服务为基础。使用蜜柚，用户无论走到什么地方，都可以看到这个地方离自己当前所在位置最近的最佳去处，以及本地最有特色的东西
4	魔力城市	魔力城市是一款基于地理位置的游戏，其定位介于 Foursquare 和 Mytown 之间，在签到的基础上引入地产买卖，收租等操作
5	蹦心 生活，越…越精彩	蹦心是一个基于 LBS 和 SNS 理念为基础的消费娱乐社区，以网站和手机为基础为用户提供及时、实用的生活娱乐消费信息分享服务。蹦心能为用户提供包括 Wap、iPhone、Android 在内的多个平台的接入
6	爱·邂逅 找到你身边的TA	爱邂逅以地理位置为基础，为用户推荐约会地点；设定虚拟礼物（比如希望对某个用户发起约会，送 Ta 一份虚拟礼物）等
7	new house 拇指新房	拇指新房是一款基于 iPhone 平台上的置业工具。用户可以通过设定的查询条件精准地搜寻到自己中意的房产，并在地图或者卫星云图上查看到它们的具体位置和前往路线；同时它还有房产收藏夹的功能。
8	16fun	16fun 是一款基于地理位置的社群游戏。游戏中用户可以通过虚拟报到、消费、买卖房产等游戏方式与在现实生活中的商家、热门地点、好友互动

4.4.3 O2O 电子商务

1. O2O 的定义与由来

O2O（online To offline），即将线下的商务机会与互联网结合在一起，让互联网成为线下交易的前台。这样线下服务就可以在线上揽客，消费者可以在线上筛选服务，还可以在线成交、结算，很快地扩大规模。其核心就是通过打折，提供信息服务等方式，把线下商店的消息推送给互联网用户，从而把他们带到现实的商店中去，也就是消费者在线支付购买线下的商品和服务，再到线下去享受服务。

需要注意的是："线上"包括互联网和移动手机等；用户都需要到"线下"进行消费，具有本地化的特性；O2O 通常都需要利用社会化媒体、移动互联网进行。因此，在本书中，我们把 O2O 电子商务这一小节归入了 SoLoMo 模式这一节中。

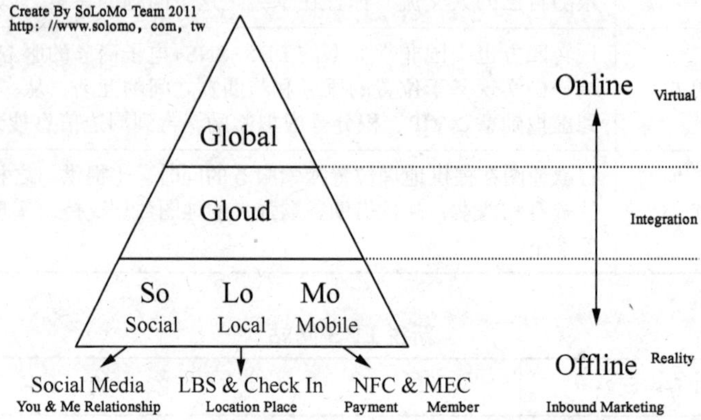

图 4-10　O2O 与 SoLoMo（资料来源：SoLoMo 研究网站）

可以说，O2O 是为了便于区别一个特定商业模式（B2C/C2C）而取的约定名称符号。

如果从消费零售服务角度来分，最大范围则是零售，其中包括传统的各种零售业态（如大型超市、标准超市、便利店、专卖店、品牌店、品类店，以及有交叉分类，如连锁店、购物中心等）；按早期的零售服务方式分，可以分为店铺销售和无店铺销售（包括电视销售、电话销售、互联网销售等）。

随着互联网市场越来越大，互联网上的零售服务独立出来，被称为 B2C，也就是我们所讲的面向消费者的电子商务。在过去的 10 多年里，电子商务在商品零售方面发展迅猛，出现了淘宝、京东等，与传统零售类似的网上零售业态。但面对具有更大市场的生活服务类需求，显然传统的 B2C/C2C 无法满足消费者需求。在此需求成熟和可行的背景下，人们开始尝试如何把网上生活与线下服务对接，这就引出线上到线下的服务——O2O（事实上，也会出现线下到线上消费）。在理清这些演化后，人们为了更好地区分和识别这种变化，就将其命名为 O2O。

O2O 未来的发展一定是为消费者服务提供跨界无缝的、良好体验的服务，而不是为了 O2O 而 O2O。这意味着零售服务的融合，也就是互联网服务者、生活服务商都会采用 O2O 的模式来实现服务，其中"线上"这个 O（online）会涉及不同的数字终端：手机、电视、PC、pad、特定场合贩卖机，甚至游戏机等。

2. 对接方式

O2O 绕不开的，或者说首先要解决的是，线上订购的商品或者服务，如何到线下领取？专业的话语是"线上和线下如何对接"？这是 O2O 的一个核心问题。目前用得比较多的方式是上海翼码的电子凭证，比如淘宝聚划算等电商，以及一些团购网站都采用了这一模式。即线上订购后，购买者可以收到一条包含二维码的短/彩信，购买者可以凭借这条短彩信到服务网点经专业设备验证通过后，享受对应的服务。这一模式很好地解决了线上到线下的验证问题，安全可靠，而且可以在后台统计服务的使用情况，在方便了消费者的同时，也方便了商家。

3. 开展O2O的方式

对于传统企业来说，开展O2O电子商务，主要有以下方式。

① 自建官方商城+连锁分子店铺的形式。消费者直接向最近门店的网络店铺下单购买，然后线下体验服务。而在这一过程中，品牌商提供在线客户服务，及时调货支持（在缺货情况下）；加盟商收款发货。这种方式适用于全国连锁型企业，其好处是可以线上和线下店铺一一对应；缺点是投入大，推广力度需要很大。

② 借助全国布局的第三方平台，实现加盟企业和分站系统完美结合，并且借助第三方平台的巨大流量，能迅速推广，带来客户。

③ 建设网上商城，开展各种促销，采用预付款的形式，线上销售，线下服务。这形式适用于本地化服务企业。

4. O2O与B2C/C2C的区别

O2O与B2C/C2C的区别如下。

① O2O更侧重服务性消费（包括餐饮、电影、美容、SPA、旅游、健身、租车、租房等）；B2C/C2C更侧重购物（实物商品，如电器、服饰等）。

② O2O是在线支付，消费者购买线下的商品、服务，再到线下去享受服务，涉及客流；B2C/C2C是在线支付，购买的商品会塞到箱子里通过物流公司送到消费者手中，涉及物流。

③ O2O中的库存是服务，B2C中的库存是商品。

两者的相同点如下。

① 消费者与服务者第一交互面在网上（包括手机）。

② 主流程是闭合的，且都是在网上，如网上支付、网上客服等。

③ 需求预测管理在后台，供需链管理是O2O和B2C成功的核心。

5. O2O与团购

其实O2O模式早在团购网站兴起时就已经开始出现，只不过消费者更熟知团购的概念。

（1）团购、网络团购与团购网站

团购（group purchase）就是团体购物，指认识或不认识的消费者联合起来，加大与商家的谈判能力，以求得最优价格的一种购物方式。根据薄利多销的原理，商家可以给出低于零售价格的团购折扣和单独购买得不到的优质服务。

网络团购是指由发起人或者专业组织发起，通过互联网募集具有相同购买意愿的零散消费者，借以加强买方议价能力，进而以较低的价格购买产品或者服务的一种电子商务模式。网络团购相对于传统团购来说，发起人与参与团购的人联系借助的是互联网，也就是通过网络论坛或者专业的商务网站联系。从本质上来说，网络团购是团购活动的互联网化。网络团购作为一种新兴的电子商务模式，通过消费者自行组团、专业团购网站、商家组织团购等形式，提升用户与商家的议价能力，并极大程度地获得商品让利，引起消费者及业内厂商、甚至是资本市场的关注。

团购网站是团购的网络组织平台，其作为专业化的服务中介，一方面利用专业化的市场拓展团队不断寻找合作商家开发团购商品；另一方面，将具有相同需求的零散消费者聚集起来，借助互联网"网聚人的力量"来聚集购买力，加大与商家的谈判能力，以求得最优的价格。总之，团购网站是一个将当地消费者与商家联系起来的专业化服务中介。实际上，这种网络团购模式最早起源于美国的 Groupon，在短短的两三年时间里得到了迅猛发展。国内知名的团购网站有美团、满座、嘀嗒团、拉手网等。

由以上定义可以看出，团购、网络团购与团购网站之间是依次包含的关系（见图 4-11）。

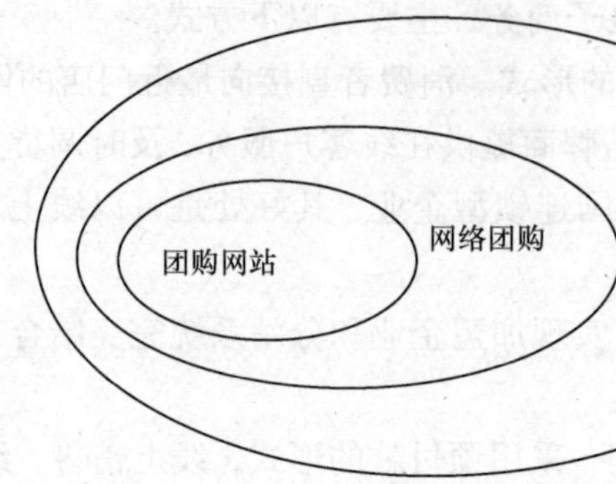

图 4-11　团购、网络团购与团购网站的关系图

（2）团购网站的团购流程

在类似于 Groupom 模式的团购网站上进行团购，通常包括以下几个步骤。

① 团购网站市场拓展人员与商家进行议价，确定团购成立最低人数、商品标的、商品团购的价格等，并签订团购协议。

② 团购网站发布团购商品信息，通过团购网站聚集具有相同需求的零散消费者。

③ 消费者搜寻团购商品，购买并支付费用。

④ 团购截止，团购网站确认是否达到团购人数要求，如果达到，团购成立；否则团购失败，团购网站退钱给团购者。

团购网站的运作模式如图 4-12 所示。

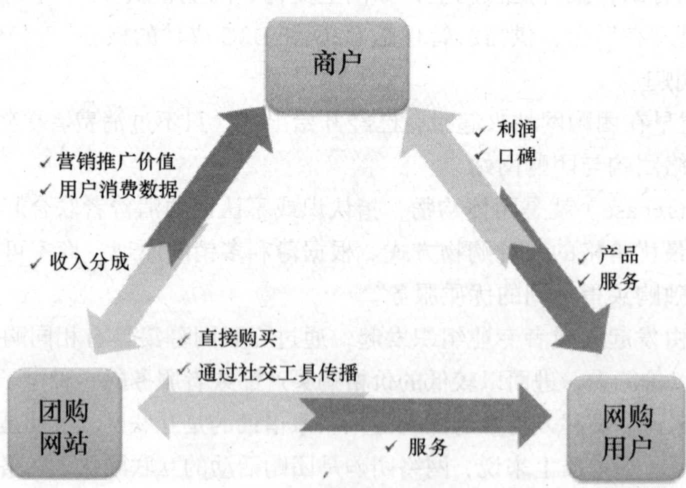

图 4-12　团购网站运作模式

（3）团购网站的盈利模式

在团购网站中，相对成熟的盈利模式主要有以下六种。

① 商品直销。以“团购”的名义直接在网站上发布商品信息进行直接销售，这里的货源可以是自己进货，或跟商家合作代销，直接获得商品销售利润。商品直销是在网站运作中实现基本盈利的传统方式。

② 活动回扣。网站作为商家与买家的中间桥梁，组织有共同需求的买家向商家集体采购，事后商家向网站支付利润回报，即常见的“回扣”形式。

③ 商家展会。可以不定期举办商家展览交流会，商家可以借此机会进行新产品的推广、试用，可以面对面与客户交流、接受咨询与订单并借此了解客户的需求与建议。网站向商家收取展位费获得收益。

④ 广告服务。团购网站除了具有区域性特征外，其受众一般都是具备消费、购买能力的欲购买的人群，对于商家来说，定位精准，目标明确，成本低廉，因此成为商家广告宣传的最佳平台。

⑤ 售会员卡。“VIP 会员”是用来凸显用户“尊贵身份”的常见方式，在年轻群体中非常受欢迎。团购网站可以通过发放会员卡的形式来让用户提升“身份”，网站可以为持卡会员提供更低廉的商品价格、更贴心的服务；可以让持卡会员直接在合作商家的实体店铺进行“团购”。

⑥ 分站加盟。当网站发展到具有一定影响力的，可以提供授权给加盟者成立分站，为加盟者提供网络平台、运作经验，共享网站品牌等。在获得加盟费的同时也扩大了自身的影响力。

团购网站的运作、盈利模式不限于以上 6 种，根据自身的发展状况、环境特点、创新方式，可以衍生出更多的盈利方式，比如为商家、买家提供更丰富的增值服务等。

（4）O2O、团购网站与 B2C/C2C 的关系

O2O、团购网站与 B2C/C2C 的关系如图 4-13 所示。

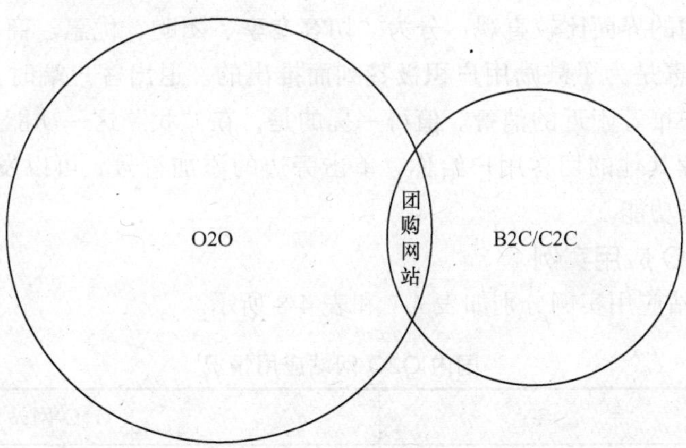

图 4-13　O2O、团购网站与 B2C/C2C 之间的关系图

O2O 是线上购买服务，线下消费。从这点上看，类似于 Groupon 模式的大多数团购网站是 O2O 的一种商业形式，也是目前 O2O 应用最广泛的一种形式。它们的区别主要在于团购商品都是临时性的促销，而在 O2O 网站上，只要网站与商家持续合作，那商家的商品就会一直“促销”下去；O2O 的商家都是具有线下实体店的，而团购网站模式中的商家则不一定。

此外，实物、虚拟物品或线下服务等，几乎一切零售业态，甚至包括某些面向企业端的销售都可以进行团购。从这点上看，团购不等同于 O2O。同时，团购也不等同于 Groupon，团购

是存在历史非常悠久的一种销售方式。

可以看出，团购和 O2O 之间有交集，但是团购不等于 O2O。

6. O2O+LBS 应用——切客网

切客网（见图 4-14）是盛大旗下的一家公司，在 2011 年下半年转型 LBS+电子商务。它的运作是商家选择切客网发布团购业务，切客网根据用户的位置定向发送团购信息，用户在看到这条信息时，即可通过手机支付；到消费时，给收银员展示一下支付信息即可消费。

图 4-14 切客网首页

O2O：团购、优惠券、推荐菜、商家促销。

LBS 地图合作方：百度地图。

支付方式：支付宝、盛付通、信用卡、储蓄卡。

其他：加入小游戏。

亮点：切客应用的界面比较直观，分为“切客专享、团购、优惠、商家”四个部分，其中“切客专享”里的优惠是为了鼓励用户积极签到而推出的。退出客户端时，该应用仍在后台运行，并会及时向用户推荐附近的消费。值得一提的是，在“我”这一功能里，整合了微博社交功能。切客自动推荐其他的切客用户给你，单击旁边的添加符号，可以发送交友请求、私信，并具有评论消息推送功能。

7. 国内外 O2O 应用实例

国内外 O2O 网站应用实例分别如表 4-7 和表 4-8 所示。

表 4-7 国内 O2O 网站应用情况

序号	特点	O2O 网站
1	完全采用 O2O 模式经营	大众点评、街库网
2	以大众商品团购为主，消费者不一定需要到线下进行消费	爱街库、百先网、中团网、篱笆网、齐家网、美团网、58 团购、窝窝团、拉手网
3	为消费者提供信息和服务	赶集网、爱邦客
4	最近兴起的房地产网	搜房网、房道网、百度安居
5	实体商业 O2O 服务平台	搜啦网

表 4-8 国外 O2O 网站应用实例

序 号	O2O 网站	说 明
1	Uber	Uber 是一个能够让你通过手机购买一次私家车搭乘服务的应用。其运作方式如下：下载 Uber 应用，发出打车请求；几分钟内一辆私家车来到你面前；支付和小费通过信用卡自动完成。虽然费用比出租车要高一半，但是其舒适和快捷却是出租车无法比拟的，很显然它将给出租车行业带来巨大冲击
2	J Hilburn	J Hilburn 是一家为男士提供个性化设计的衬衫和西裤的电子商务网站。最大的优点就是它能以更低的价格提供高端设计服装。该公司在全国各地雇佣了一个 800 人的时尚顾问销售团队，他们会和客户约定时间进行拜访。到达客户地点后，他们会量尺寸，并拿出许多面料让你选择，帮助你挑选适合自己的类型。然后客户只需要在网站上输入自己的尺码、面料等信息，就可以在一段时间后收到定制的服装了
3	Getaround	Getaround 为人们提供社会化的租车服务，用户通过它可以选择租用一个小时、一天或者一个星期的车。Getaround 会提供保险及 iPhone 应用、Web 应用、Carkit（安装在车上，可以通过 iPhone 解锁）等一系列设备及服务。Getaround 超越传统的租车服务，为人们提供更多便利和便宜的选择
4	Jetsetter	Jetsetter 网站属于奢侈品折扣秒杀网站 Gilt Groupe，代表第二代旅行社。他们通过一个 200 人的旅行报道记者网络来为会员计划出游旅行。不过由于服务非常高端，价格也不菲。比如 3 个小时的咨询，具体的旅游计划加上安排服务预订需要花费 200 美元。而作为补偿，顾客通过 Jetsetter 订购酒店则会有返利。尽管现在越来越多的人出游会选择在线旅游搜索引擎，但是更加高端的服务仍然需要依靠人工来完成
5	Airbnb	Airbnb 主要提供民居短租服务。该公司旨在构筑一张世界奇居网，为出游的旅客们提供各个国家别具特色的住宿或者休闲空间。有可能是古代城堡、宫殿，也有可能是游艇、民居等，总之让游客们体验住酒店体验不到的别样风情。通过 Airbnb 提供的网站平台，这些特色居所的拥有者就可以发布他们的出租信息，而旅客们则可以在此寻找并预订自己感兴趣的居所。为了方便人们使用其网站，该公司还发布了自己的 iphone 应用程序，越来越多的人开始通过手机预订自己想要的旅游居所
6	Zaarly	Zaarly 可以说是"移动版"的 Craigslist、赶集、58 同城。首先由有需求的用户发出需求，例如，我想要买一台 Mac 电脑，打算什么时候，大概多少钱买，位置在哪里等。这个需求会通过 Zaarly 发布到本地社区中，用户也可以在选择发布的同时更新到 Twitter 等社交网络。当有商家或者个人看到该需求，并想把自己手上的 Mac 卖给你时，他们就可以匿名地发布自己可以接受的出售价格。你从所有的这些供应商中，选择一个最优的，通过 Zaarly 进行交流；要是没什么问题，就可以通过线下现金交易或者 Zaarly 中集成的信用卡交易平台完成交易了。Zaarly 真的是一个革命性的产品，而它的革命性就在于它主要运行在移动设备上

【要点回顾】

社会化媒体是允许用户创造、交流内容并进行互动的在线平台及技术。最常见的社会化媒体形式包括博客、微博、论坛、社区和社交网络等。

社会化电子商务是电子商务的一种特殊形式，在社会化媒体的环境下，利用人的社会属性，通过互联网来进行沟通交流，分享、传播和推荐商品/服务，以实现更好的基于互联网的消费。

按照平台产生的形式来分，社会化电子商务平台可以分成在电子商务网站的基础上构建的社区、直接构建的第三方社会化电子商务平台、在社区基础上开展的电子商务平台。

按照具体的展现形式来分，现在的社会化电子商务平台又可分为 4 种形式，即基于共同兴趣的社交电商模式、图片加兴趣的形式、媒体导购的形式和线下消费线上导购的形式。

社会化电子商务与传统的电子商务相比，其最大的价值在于：一方面帮助用户过滤了冗余的信息，用户通过其好友关系过滤信息，使得信息因依附于关系而变得更有价值；另一方面还实现了信息的推荐，基于关系的信息推荐不仅提高了信息的可信任程度，而且使得这种关系网络之间的推荐成为一种电子商务营销方式。

目前我国社会化电子商务的主要盈利模式有广告、佣金提成、增值服务和第三方插件应用分成。

社会化电子商务的“六维空间”包括社会化购物、评级和评论、推荐和参照、论坛和社区、SMO（社会化媒体优化），以及社会化广告和应用。

SoLoMo，即 Social（社交）、Local（本地化）和 Mobile（移动）3 个词的整合，这 3 大支点撑起了互联网的创新应用。

LBS（location based service），即基于位置的服务，它是通过电信移动运营商的无线电通信网络（如 GSM 网、CDMA 网）或外部定位方式（如 GPS）获取移动终端用户的位置信息（地理坐标，或大地坐标），在 GIS（地理信息系统）平台的支持下，为用户提供相应服务的一种增值业务。

LBS 服务模式多样化，在休闲娱乐、生活服务、社交、商业等方面都有应用。

O2O（online to offline），即将线下的商务机会与互联网结合在一起，让互联网成为线下交易的前台。这样线下服务就可以在线上揽客，消费者可以在线上筛选服务，还可以在线成交、结算，很快地扩大规模。其核心就是通过打折，提供信息服务等方式，把线下商店的消息推送给互联网用户，从而把他们带到现实的商店中去，也就是消费者在线支付购买线下的商品和服务，再到线下去享受服务。

在团购网站中，相对成熟的盈利模式主要有 6 种：商品直销、活动回扣、商家展会、广告服务、售会员卡、分站加盟等。

【本章习题】

1. 什么是社会化媒体？我国具有代表性的社会化媒体都有哪些？
2. 什么是社会化电子商务？社会化电子商务平台的产生形式与展现形式有哪些？
3. 试论述社会化电子商务与传统电子商务的区别，并举例说明。
4. 登录某一社会化电子商务网站，找出它可能的盈利方式。
5. 社会化电子商务的“六维空间”包括哪些？请举例说出各维度的实际具体应用。
6. 什么是 SoLoMo？该模式都有哪些具体的应用？
7. 什么是 LBS？请结合具体事例，讨论 LBS 电子商务的特点与应用服务模式。
8. 什么是 O2O？试论述它与团购、B2C/C2C 的区别和联系。
9. 团购网站的一般盈利模式有哪些？请登录某一团购网站，找出该网站可能的盈利方式。

【课后拓展】

1. 登录以下网站进行浏览，增强对社会化电子商务的感性认识，并选择你个人喜欢的几个网站注册成会员进行实操，深入体验社会化电子商务给人们带来的便利。

（1）凡客达人（star.vancl.com）

（2）翻东西（fandongxi.com）

（3）美丽说（meilishuo.com）

（4）蘑菇街（mogujie.com）

（5）堆糖（duitang.com）

2. 用电脑或手机登录以下网站，注册会员，了解和学习各网站的LBS应用，体验LBS的不同服务模式。

（1）大众点评网（dianping.com）

（2）街旁网（jiepang.com）

（3）嘀咕网（digu.com）

（4）玩转四方（sifang.com）

3. 登录以下O2O应用网站，注册会员，体验O2O模式，以及O2O+LBS模式应用，分析O2O、团购网站、B2C/C2C之间的区别和联系。

（1）街库网（jiekuwang.com）

（2）美团网（meituan.com）

（3）赶集网（ganji.com）

（4）搜房网（soufun.com）

（5）搜啦网（sale114.cn）

（6）切客网（qieke.com）

第5章 网络营销

【内容提要】

随着互联网的发展，网络营销成为新的竞争点，同时电子商务逐渐在人们的生活中占据越来越重要的地位。网络营销是电子商务的基础，开展电子商务离不开网络营销，但网络营销并不等于电子商务。本章将从网络营销的概念、基本理论、网络市场调研、网络营销常用工具与形式、客户关系管理这五个方面对网络营销进行详细阐述。

本章学习目标：

- 理解网络营销的概念和特点
- 熟悉网络营销的内容和功能
- 掌握网络营销的理论基础与策略
- 掌握网络市场调研方法
- 了解网络营销常用工具
- 了解客户关系管理的概念、内容和功能掌握网络营销的主要形式

【引导案例】苏宁电器的网络营销

作为中国家电零售业的领军企业，苏宁一直以细致、缜密的超前战略和前后台同步配套实施的发展策略在喧嚣热闹的家电连锁业内显得异常稳健。苏宁开展网络营销后带来了巨大的效益，同时也加快了企业的发展速度。通过网络营销在互联网上建立并推广企业的品牌，网下的品牌产品在网上也得以延伸和拓展。网络营销也势必随着电子商务发展进程的加速而变得愈加重要。传统的家电渠道商尽早涉足网络营销，对于企业自身来说，则是一种明智之举。2008年对于家电行业来说，是一个具有挑战的时期。家电企业需要加快脚步来适应社会的发展，把握住机会，通过网络营销的应用来加快企业的发展。

苏宁电器开展网络营销的现状

作为中国本土第二大家电连锁零售商的苏宁，大力建设网上商城，布局电子商务。苏宁和中国电信集团互联星空网站在举行了战略合作启动仪式之后，又与招商银行和新浪网合作打造消费电子信贷消费支付平台“聚便宜”。在互联网中打造自己的商城，苏宁拥有自身的优势，其连锁店现在是遍地开花；当实体本地化后，网上商城的本地化也就自然而然形成了。这样就间接解决了其电子商务化的三大瓶颈：诚信、支付、物流。诚信由其品牌效应做保障，加上实体店本地化，让消费者很放心；支付方面可以用线下和线上相结合的方式进行；物流更不成问题，苏宁在一定的地域范围内有免费送货的业务。

电子商务的潮流势不可挡，集产品信息、线上购物、物流配送、售后服务于一体的、真

正将顾客体验放在首位的B2C商业模式必将引领新的购物潮流，占领电子商务市场的制高点。苏宁电器正是这样做的，其目的也是在把握电子商务潮流的同时，满足市场的需求，扩大自身的优势。

苏宁实施网络营销的策略

（1）苏宁网上商城销售的迪士尼卡通小电器、保利安田系列个性化电器等区别于苏宁实体店商品的电器产品，深受网民消费者的青睐。据B2C管理部相关数据显示，2008年1月，苏宁网上商城的点击率及成交率与去年同期相比，分别增长了60%和75%。从该两大指标分析来看，半成以上的网民更关注特色类电器产品。苏宁在春节过后即开始2008年度空调产品的备货，苏宁电器先后在网上向海尔、美的、海信、松下等备货100万台，其中定制包销机型达到30%以上，4级以上高能效空调占70%以上。这批提前储备、低进价的巨量空调也成为苏宁“踩闸抑价”的重要武器。除了足够确保3、4月份不涨价的100万台春节前储备库存外，苏宁电器还启动了总量达120万台的新品采购行动，备足后期货源。在这一过程中，苏宁通过对采购品牌、采购型号的调整来实施2008年的整体产品策略。

（2）由于苏宁电器的网上店铺没有实体店面的店面租金、水电、人员工资等成本，其价格均比市场价格优惠 5%左右。所以在苏宁网上购买同等型号价格的家电产品，与实体门店相比还是比较便宜的。此外，算上外出购物的车马费、时间成本，网购就更划算了。

（3）在苏宁网上商城订购、异地取货的交易量也成为返乡网民较为热衷的一个购物方式，80%的网民消费者选择以该方式购买彩电、冰箱等传统大家电。

（4）苏宁在网上销售时推出了会员制促销，采取以积分兑换礼品、购物返积分、积分购买商品等形式。其中积分兑换与传统的购物积分有很大的区别，手续也比较简单。消费者在苏宁网上商城消费可以用积分兑换相应系列的礼品，这大大激起了广大消费者再次购买的欲望。

苏宁电器网络销售的两种模式

苏宁电器网上销售有总站和分站两种模式。与其他购物网站的C2C模式不同，苏宁网上商城可以有效利用苏宁的售后、配送、仓储、门店、品牌信誉等优势，在网购的每个环节提升用户购物体验，以避免欺诈、无法保证售后服务、信誉有限等弊端。2007年，苏宁全国21个分站点基本上覆盖了21个网民集中度相对较高的城市，分站面向当地销售本地苏宁实体门店的商品，用户可在网上下订单付款后到任意当地店铺提货；而总站则面向全国进行销售，总部统一商品一般均为特色电器，用户可直接通过网络在苏宁网上商城完成销售，并直接计入网上销售业绩。

我国家电网络销量仍处于不断增长中，未来苏宁电器网络营销的发展潜力仍很大，特别是消费类电子产品，作为苏宁电器未来经营的增长点，一直受到公司较多的培育和关注。

（资料来源：百度文库搜集整理）

案例点评：苏宁电器是“鼠标+水泥”模式的典型代表，它通过网络营销在互联网上不仅建立和推广了企业的网上品牌，而且网下的品牌产品在网上也得以延伸和拓展。截止到2012年12月，苏宁网上商城，即现在的“苏宁易购”在我国B2C市场上已位于第三位，市场份额达到了 3.6%。苏宁易购的成功离不开成功的网络营销。本章将对网络营销展开介绍。

5.1 网络营销概述

网络营销是以现代营销理论为基础，以计算机网络现代化技术与信息技术为支撑，重组或创新营销活动全过程而形成的崭新的营销方式。它是企业营销实践与现代通信技术、计算机网络技术相结合的产物，其实质是当代信息科技与市场营销资源创新性的融合，它标志着企业营销过程的信息化。

网络营销的内容很广泛，包括网上市场调查、网上消费者行为分析、网络营销策略制定、网上产品和服务策略、网上价格营销策略、网上渠道选择与直销、网上促销与网络广告、网络营销管理与控制等。严格来讲，网络营销是指借助联机网络、计算机通信技术和数字交互式媒体来满足客户需要，实现市场营销目标的一系列市场行为。

5.1.1 网络营销概念

对于网络营销的认识，一些学者或网络营销从业人员的研究和理解往往侧重于某些不同的方面：有些人偏重于网络本身的技术实现手段；有些人注重网站的推广技巧；也有些人将网络营销等同于网上销售。当然，这些活动都和网络营销有着直接的关系，在某些方面反映了网络营销的思想，但并不是网络营销的全部内容，也不可能反映出网络营销的全貌。

在互联网发展的不同阶段，网络营销的内容和手段也有所不同。在 1998 年之前，一些网络营销从业人员和研究人员将网络营销仅仅理解为网址推广，其核心内容是网站设计的优化及搜索引擎注册和排名。当时有一些观点甚至认为，只要可以将网址登录到雅虎网站（www.yahoo.com）并保持排名比较靠前（根据雅虎网站所列目录的排名或者关键字搜索的结果），网络营销的任务就算基本完成，如果可以排名在第一页，甚至前五名，那么就意味着网络营销已经取得了成功。在当时网上信息还不很丰富的时候，Yahoo 作为第一门户网站，是大多数上网者查找信息的必用工具，能够在 Yahoo 上占据一席之地，被用户发现的机会的确很大。主要依赖搜索引擎来进行网站推广的时代可称为传统网络营销阶段。

但是，随着网页数量爆炸式的增长，据研究，即使功能最强的搜索引擎也只能检索到全部网页的大约 14%，尽管搜索引擎仍是最基本的网络营销手段，但是仅仅依赖搜索引擎来推广网址显然已经无法取得令人满意的效果，于是网址推广方法也得以扩展。另外，由于网站推广的目的更多的在于吸引新的用户，随着用户数量的增加和获得新用户难度的加大，针对维持和加强现有用户关系的网络营销手段应运而生。因此，许可营销、个性化营销等在现在的网络营销中占据了重要位置。

为了理解网络营销的全貌，有必要为网络营销下一个比较合理的定义。与许多新兴学科一样，“网络营销”目前同样也没有一个公认的、完善的定义。笼统地说，凡是以互联网为主要手段开展的营销活动，都可称之为网络营销。如果用更准确一点的语言描述，可以将网络营销定义为：“网络营销是企业整体营销战略的一个组成部分，是为实现企业总体经营目标所进行的，以互联网为基本手段，营造网上经营环境的各种活动。”可见，网络营销的实质就是“营造网上经营环境”。

【小知识】

网上经营环境：是指企业内部和外部与开展网上经营活动相关的环境，包括网站本身、顾客、网络服务商、合作伙伴、供应商、销售商、相关行业的网络环境等。网络营销的开展就是与这些环境建立关系的过程。这些关系处理好了，网络营销也就算是卓有成效了。

网上经营环境的营造主要通过建立一个以营销为主要目的的网站，并以此为基础，通过一些具体策略对网站进行推广，从而建立并扩大与其他网站之间，以及与用户之间的关系，其主要目的是为企业提升品牌形象，增进与顾客间的关系，改善服务，开拓网上销售渠道，并最终扩大销售。

根据网络营销的定义，也可以得出下列结论。

1．网络营销是手段而不是目的

网络营销具有明确的目的和手段，但网络营销本身不是目的。网络营销是营造网上经营环境的过程，也就是综合利用各种网络营销方法、工具、条件并协调其间的相互关系，从而更加有效地实现企业营销目的的手段。

2．网络营销不是孤立的

网络营销是企业整体营销战略的一个组成部分，网络营销活动不可能脱离一般营销环境而独立存在，在很多情况下网络营销理论是传统营销理论在互联网环境中的应用和发展。由此也确立了网络营销在企业营销战略中的地位，无论网络营销处于主导地位还是辅助地位，都是互联网时代市场营销中必不可少的内容。

3．网络营销不是网上销售

网上销售是网络营销发展到一定阶段产生的结果，网络营销是为实现产品销售目的而进行的一项基本活动，但网络营销本身并不等于网上销售。

这可以从3个方面来说明：①网络营销的效果表现在多个方面，例如提升企业品牌价值，加强与客户之间的沟通，拓展对外信息发布的渠道，改善顾客服务等；②网站的推广通常不仅仅靠网络营销，往往还要采取许多传统的方式，如在传统媒体上做广告，召开新闻发布会，印发宣传册等；③网络营销的目的并不仅仅是为了促进网上销售，很多情况下，网络营销活动不一定能实现网上直接销售的目的，但是可能促进网下销售的增加，并且增加顾客的忠诚度。

4．网络营销不等于电子商务

网络营销和电子商务是一对紧密相关又具有明显区别的概念，许多人的认识还存在一定的误区。网络营销是企业整体营销战略的一个组成部分，无论传统企业还是互联网企业都需要网络营销，但网络营销本身并不是一个完整的商业交易过程，而只是促进商业交易的一种手段。电子商务主要是指交易方式的电子化，可以将电子商务简单地理解为电子交易，电子商务强调的是交易行为和方式。所以，可以说网络营销是电子商务的基础，开展电子商务离不开网络营销，但网络营销并不等于电子商务。

5．网络营销不是“虚拟营销”

网络营销不是独立于现实世界的“虚拟营销”——尽管一些文章中喜欢这样描述网络营销，其实网络营销只不过是传统营销的一种扩展，即向互联网上的延伸。所有的网络营销活动都是实实在在的。网络营销的手段也不仅限于网上，而是注重网上网下相结合，网上营销与网下营销并不是相互独立的，而是一个相辅相成、互相促进的营销体系。因此，一个完整的网络营销方案，除了在网上做推广之外，还很有必要利用传统营销方法进行网下推广。

有必要说明的是，网络营销的内涵和手段都在不断发展演变，关于网络营销的定义和理解也只能适用于一定的时期，随着时间的推移，这种定义可能显得不够全面，或者不能够反映新时期的实际状况。因此，不要把网络营销理解为僵化的概念，也不要将本书中所介绍的网络营销方法作为固定的模式去照搬，需要在具体实践中根据企业当时的状况灵活运用。

5.1.2 网络营销特点

互联网本身的特性使得网络营销呈现出如下多样化的特点。

（1）跨时空。计算机网络构建了一个虚拟空间，通过计算机系统可以生成各种虚拟环境，作用于人的视觉、听觉，甚至嗅觉。在虚拟空间中，企业可以方便地建立网站，组建虚拟公司、虚拟商场，用逼真的图像、声音、文字及链接展示商品及服务信息；通过网络进行商务谈判、签订电子合同、实施电子支付，其经营规模不受限制，因而网络营销突破了传统营销中的范围及消费者群体、地理位置的限制，打破了地区封锁。

（2）多媒体。因特网的信息可以被设计成多媒体形式的信息，为达成交易进行的信息交换可以多种形式存在和交换，从而充分发挥营销人员的创造性和能动性。

（3）互动性与实时性。绝大多数媒介只能进行单向的信息传递。网络的互动性促成了网络营销的双向交流，同时这种交流的传输速度非常快，顾客可以即刻从企业那里得到反馈，企业也可很快了解顾客的需求，既提高了顾客的购物效率，也提高了企业的经营效率。

（4）人性化。因特网上的促销是一对一的、理性的、消费者主导的、非强迫性的、循序渐进式的，而且是一种低成本与人性化的促销，可与消费者建立长期良好的关系。

（5）成长性。因特网使用者的数量快速增长，遍及全球。使用者多为年轻的中产阶级，受教育程度较高，由于他们的购买力强，而且具有很强的市场影响力，因此是极具开发潜力的消费群体。

（6）整合性。因特网上的营销由商品浏览、下单、收款、售后服务一气呵成，因此也是一种全程的营销渠道。企业可以借助因特网将不同的营销活动进行统一设计规划和协调实施，以统一的标准向消费者传达信息，避免了不同传播方式的不一致性。

（7）超前性。因特网所具备的一对一营销能力，符合**定制营销**与直复营销的未来趋势。它是一种功能最强大的营销工具，兼具渠道、促销、电子交易、互动顾客服务，以及市场信息分析等多种功能。

【小知识】

定制营销(customization markting)：是指在大规模生产的基础上，将市场细分到极限程度——把每一位顾客视为一个潜在的细分市场，并根据每一位顾客的特定要求，单独设计、生产产品并迅速交货，以满足每位顾客的特定需求的一种营销方式。它的核心目标是以顾客愿意支付的价格并以能获得一定利润的成本高效率地进行产品定制。

（8）高效性。网络可储存大量的信息供消费者查询，其传送的信息数量与精确度远超过其他媒体，并能应市场需求，及时更新产品或调整价格，因此能及时、有效地了解并满足顾客的需求。

（9）经济性。通过因特网进行信息交换，与实物交换相比较，一方面可以减少印刷与邮递成本，可以无店面销售，免交租金，节约水电与人工成本；另一方面可以在很大程度上避免流通的无序和减少中介层次，降低企业和消费者获取信息的成本，减少由于迂回多次交换带来的损耗。

（10）虚拟性。这一点表现在网络营销本身依附于虚拟空间，是在一种虚拟的网络环境中、在没有实物和现场环境的气氛下进行的商业活动。

（11）服务性。这一特点首先表现在营销服务的全天候，营销服务一天24小时地运转更能体现随时随地服务的优势。其次是营销服务的全方位，对研发、设计、生产、销售、使用各方面提供服务，并可在订购者的网络监控下进行。最后是营销服务的广泛化，无论是顾客，还是一般的浏览者，都会得到体贴的服务。

（12）技术性：网络营销的信息传递及服务是通过强大的技术性支持来完成的。网络营销的成熟与否，很大程度上取决于其技术使用的范围和先进程度。

（13）针对性。网络营销的信息传递是针对搜寻者的主动查询来进行的"一对一"式的信息传递，对其他上网者没有信息干扰。同时，它还针对服务对象的个性化要求来提供帮助。

（14）参与性。顾客可以利用网络的互动性参与产品的设计、生产、推广，参与服务和咨询，对问题展开讨论，以及参与产品宣传等。

（15）实现以客户为导向的营销目标。网络营销能够真正实现以客户为中心的企业营销目标。在传统营销方式中，由于企业和消费者之间缺少有效的沟通渠道，生产者难以准确地了解消费者的真正要求，只能大规模、标准化进行生产。因特网的出现将逐渐消除这些障碍，有利于厂商向消费者提供个性化的服务。在产品设计、生产、销售、服务等价值链的各个环节，都可以引入客户的需求，真正实现需求导向。

5.1.3 网络营销内容

所谓网络营销内容，即为实现企业营销目标而开展的活动。网络营销内容非常丰富，主要表现在以下两个方面。

1. 网络营销要针对新兴的网上市场，及时了解和把握消费者的需求特征和消费者行为模式的变化，为企业在网上进行营销活动提供可靠的数据分析和营销依据。

2. 网络营销是依托网络开展营销活动来实现企业目标，而网络的特点是信息交流自由、开放和平等，而且信息交流费用非常低廉，信息交流渠道既直接又高效，因此在网上开展营销活动，必须改变一些传统的营销手段和方式。

具体来说，作为一种新型营销模式的网络营销主要包括以下内容。

（1）网上市场调查。主要利用Internet交互式的信息沟通渠道来实施调查活动。利用Internet获取信息并非难事，重点是如何利用有效工具和手段实施调查和收集整理资料；关键是如何在信息海洋中获取想要的资料信息和分析出有用的信息。

（2）网上消费者行为分析。Internet以用户作为一个特殊群体，有着与传统市场群体截然不同的特性，因此要开展有效的网络营销活动必须深入了解其需求特征、购买动机和购买行为模式。Internet作为信息沟通工具，正成为许多兴趣、爱好趋同的群体聚集交流的地方，并且形成一个特征鲜明的网上虚拟社区。因此，了解这些虚拟社区的群体特征和偏好是网上消费者行为分析的关键。

（3）网络营销策略制定。企业在采取网络营销实现企业营销目标时，必须采取与企业相适应的营销策略。网络营销虽然是非常有效的营销工具，但企业实施网络营销时需要进行投入，而且有一定的风险。

（4）网络营销管理与控制。在 Internet 上开展营销活动，必将面临许多传统营销活动从未碰到的新问题，如网上销售的产品质量保证问题、消费者隐私保护问题，以及信息安全与保护问题等。这些问题都是进行网络营销时必须重视并有效控制的问题，否则网络营销效果可能适得其反。

5.1.4 网络营销的功能

网络营销的功能很多，主要有以下八大功能。

1. 信息搜索功能

信息的搜索功能是网络营销进击能力的一种反映。在网络营销中，将利用多种搜索方法，主动地、积极地获取有用的信息和商机，主动地进行价格比较，主动地了解对手的竞争态势，主动地通过搜索获取商业情报，进行决策研究。搜索功能已经成为营销主体能动性的一种表现，一种提升网络经营能力的进击手段和竞争手段。

2. 信息发布功能

发布信息是网络营销的主要方法之一，也是网络营销的又一种基本职能。无论哪种营销方式，都要将一定的信息传递给目标人群，网络营销具有强大的信息发布功能。网络营销可以把信息发布到全球任何一个地点，既可以实现信息的广泛覆盖，又可以形成地毯式的信息发布链；既可以创造信息的轰动效应，又可以发布隐含信息。网络营销所发布的信息的扩散范围、停留时间、表现形式、延伸效果、公共能力、穿透能力都是最佳的。

3. 商情调查功能

网络营销中的商情调查具有重要的商业价值。对市场和商情的准确把握，是网络营销中一种不可或缺的方法和手段，是现代商战中对市场态势和竞争对手情况的一种电子侦察。

在激烈的市场竞争条件下，主动了解商情，研究趋势，分析顾客心理，窥探竞争对手动态是确定竞争战略的基础和前提。通过在线调查或者电子询问调查表等方式，不仅可以省去大量人力、物力，而且可以在线生成网上市场调研分析报告、趋势分析图表和综合调查报告。其效率之高、成本之低、节奏之快、范围之大，是以往其他任何调查形式都做不到的。这就为广大商家提供了一种市场的快速反应能力，为企业的科学决策奠定了坚实的基础。

4. 销售渠道开拓功能

网络具有极强的进击力和穿透力。传统经济时代的经济壁垒、地区封锁、人为屏障、交通阻隔、资金限制、语言障碍、信息封闭等，都阻挡不住网络营销信息的传播和扩散。新技术的诱惑力、新产品的展示力，图文并茂、声像俱显的昭示力，网上路演的亲和力，地毯式发布和爆炸式增长的覆盖力，将整合为一种综合的信息进击能力，快速地打通封闭的坚冰，疏通种种渠道，打通进军路线，实现和完成市场开拓的使命。这种快速、坚定、神奇、态势、生动是任何媒体、任何其他手段都无法比拟的。

5. 品牌价值扩展和延伸功能

美国广告专家莱利·莱特预言，未来的营销是品牌的战争。拥有市场比拥有工厂更重要；拥有市场的唯一办法，就是拥有占市场主导地位的品牌。

互联网的出现，不仅给品牌带来了新的生机和活力，而且推动和促进了品牌的拓展和扩散。实践证明：通过互联网不仅可以拥有品牌、承认品牌，而且在重塑品牌形象、提升品牌的核心竞争力、打造品牌资产方面，具有其他媒体不可替代的效果和作用。

6. 特色服务功能

网络营销具有且提供的不是一般的服务功能，而是一种特色服务功能。服务的内涵和外延都得到了扩展和延伸。顾客不仅可以获得形式最简单的FAQ（常见问题解答）、邮件列表、SM、聊天等各种及时信息服务，还可以获取在线收听、收视、订购、交款等选择性服务，无假日的紧急需要服务、信息跟踪、信息定制、智能化的信息转移、手机接听服务，以及网上选购，送货到家的上门服务等。这种服务及服务之后的跟踪、延伸，不仅将极大地提高顾客满意度，使以顾客为中心的原则得以实现，而且也使客户成为商家的一种重要的战略资源。

7. 客户关系管理功能

客户关系管理（customer relationship management，CRM），源于以客户为中心的管理思想，是一种旨在改善企业与客户之间关系的新型管理模式，是网络营销取得成效的必要条件，是企业重要的战略资源。

在传统经济模式下，由于认识不足，或自身条件的局限，企业在管理客户资源方面存在着较为严重的缺陷。针对上述情况，在网络营销中，通过客户关系管理，将客户资源管理、销售管理、市场管理、服务管理、决策管理集于一体，将原本疏于管理、各自为战的销售、市场、售前和售后服务与业务统筹协调起来，既可以跟踪订单，帮助企业有序地监控订单的执行过程，规范销售行为，了解新老客户的需求，提高客户资源的整体价值；又可以避免销售障碍，帮助企业调整营销策略，收集、整理、分析客户反馈信息，全面提升企业的核心竞争力。客户关系管理系统还具有强大的统计分析功能，可以为人们提供"决策建议书"，以避免决策的失误，从而为企业带来可观的经济效益。

8. 经济效益增值功能

网络营销会极大地提高营销者的获利能力，使营销主体获取提高或增值效益。这种增值效益的获取，不仅是由于网络营销效率的提高，营销成本的下降，商业机会增多，更是由于在网络营销中，新信息量的累加会使原有信息量实现增值，或提升其价值。这种无形资产促成价值增值的观念和效果，既是前瞻的，又是明显的，是多数人不认识、不理解、没想到的一种增值效应。

网络营销的明显的资源整合能力，恰恰为这种信息的累加提供了实现的可能性，这是传统营销根本不具备又无法想象的一种战略能力。

5.2 网络营销理论基础与策略

5.2.1 网络营销的理论基础

网络营销作为营销家族重要的一员，是以现代营销理论为基础的。而相对于传统营销来说，网络营销具有基于网络开展的本身特性和消费者需求个性回归的不同环境。正是由于这些特性与不同，网络营销学者们提出了一些理论来指导企业开展网络营销活动，实现企业经营目标。

网络营销的理论基础是我们开展网络营销活动的指导，是依托于网络特征和消费者需求变化对网络营销的重新理解。

网络营销理论基础主要来自于传统的市场营销理论，包括整合营销、软营销、直复营销、关系营销，此外还有长尾理论等。

1. 整合营销理论

网络营销是一种“整合营销”。网络即时互动的特点使顾客参与到营销管理全程成为可能，而个性消费的复归使其主动性大大增强。这就迫使企业必须贯彻以消费者需求为出发点的现代营销思想，将顾客整合到营销过程中来。为此，企业就必须将顾客的需求和利润最大化放到同等重要的位置。从顾客需求出发开始整个营销过程，而且在整个营销过程中要不断地与顾客互动，每一个营销决策都要从消费者出发，而不是像传统的营销管理那样主要从企业的角度出发。传统营销管理的经济学理论基础是厂商理论，即企业利润最大化，基本出发点是企业的利润，而没有真正把顾客的需求放到与企业的利润同等重要的位置上。实际的决策过程是市场调研——营销战略——营销策略——反向营销控制这样一个单向的链。

【小案例 5-1】东风雪铁龙“新东方之旅”整合传播

2012 年，紧紧围绕“雪铁龙东方之旅 80 周年”这一主题，重温 80 年前雪铁龙从法国巴黎驾车到达北京的创举，行程期间将线下行走和线上互动传播完美结合。线下邀请众多媒体、车主、潜在客户、经销商参与体验，并搜集体验证言；线上利用社会化媒体多阵地、多角度地全程直播事件详情，并开展互动活动，引发网民关注；以此深度解读东风雪铁龙 80 年文化底蕴，树立品牌形象，扩大品牌美誉度。

此次整合传播突破时间、区域的限制，带动东风雪铁龙品牌的百万车主以及潜在消费者共同感知和体验品牌的历史底蕴，提高从品牌知名度到考虑购买的转化率，整合品牌营销、体验式营销、网络营销、病毒式营销、区域营销，共同为东风雪铁龙品牌体验年推波助澜。

2. 软营销理论

软营销理论是针对工业经济时代的以大规模生产为主要特征的“强势营销”提出的新理论，它强调企业进行市场营销活动的同时还必须尊重消费者的感受和体会，让消费者能舒服地主动接受企业的营销活动。软营销和强势营销的一个根本区别就在于：软营销的主动方是消费者，而强势营销的主动方是企业。说网络营销是一种“软营销”，是因为，首先，网络发展之初是杜绝商业行为的，网民对网上赤裸裸的商业行为有一种与生俱来的反感。其次，在网上提供信息必须遵循一定的规则，不允许类似传统营销的强势广告。这就要遵循“网络礼仪”，网络礼仪有其自身的系统，但最重要的基本原则是：不请自到的信息不受欢迎。“软营销”的特征主要体现在遵守网络礼仪的同时，通过对网络礼仪的巧妙运用以获得一种微妙的营销效果。

【小案例 5-2】成功的秘诀就是为消费者省钱

国外有一家著名的 DIY 家装连锁店，其成功的秘诀就是为消费者省钱。每个员工的首要职责是告诉消费者采用哪些装修材料、工具，既能满足他们的要求，又能最省钱。有一位消费者为了解决一个难题，欲购买一套价值 5 000 美元的工具，该连锁店的一名员工为其提供了一个简单的解决方案，只花了 5 美元，消费者能不感动吗？下一次需要时能不来吗？

许多人会说这样的商店太傻了，应该让消费者尽量多花钱，才是快速致富之本。但是，傻人自有傻福。这家商店这样为消费者着想，得到实惠的消费者奔走相告，广告费分文未花，每天的来客常常多得挤不下，生意好得不得了。有了人气，财源自然滚滚而来。

3. 直复营销理论

美国直复营销协会（ADMA）将直复营销定义为：是一种为了在特定地方产生可量度的反应和达成交易而使用一种或多种广告媒体的相互作用的市场营销体系。仅从销售的角度来看，网络营销是一种“直复营销”。直复营销中的“直”（direct）是不通过中间分级渠道而直接通过媒体连接企业和消费者，利用网络进行销售，顾客可通过网络直接向企业订单付款；直复营销中的“复”（response）是指企业与顾客之间的交互，这种营销活动会得到一个明确的回复（是买还是不买），企业可统计到这种明确回复的数据，由此对以往的营销效果做出评价。网络销售最大的特点就是企业和顾客的互动，不仅能够以订单为测试基础，还可获得顾客的其他数据或建议。所以，仅从网上销售来看，网络营销是一类典型的直复营销。网络营销的这一理论基础的关键作用是说明了网络营销是可测试、可度量、可评价的。有了及时的营销效果评价，就可以及时改进以往的营销策略，以获得更满意的结果。所以，在网络营销中，营销测试是应着重强调的一个核心内容。

【小案例 5-3】宜家：怎样利用产品目录挣钱

自 1888 年西尔斯·罗伯克公司出版了它的第一本商品目录起，目录销售就开始得到商家们的青睐。从严格意义上说，目录并不是一种独立的直复营销媒介，它只是直邮营销的一种特有形式。

但对家居巨头宜家而言，向锁定的消费群散发目录手册，远比铺天盖地的广告要廉价和有效得多。自 1999 年年初，宜家试探性地印刷了一本 32 页的产品目录起，此种营销方式逐渐在其营销战略中占据了很重要的位置。为了与中国当地竞争对手争夺以对价格敏感而闻名的中国消费者，宜家努力降低成本并不断扩展在华业务，宜家许多产品的全球最低价格都出现在中国。宜家的产品目录可以理解为是一本降价促销手册。

但是从 2011 年起，宜家每年在中国市场推出 5 本新品手册。《美好家居指南》五本分册各有侧重，风格也颇为鲜明。宜家不仅通过目录营销促进销售，更重要的是，通过这一精美的目录册进一步巩固品牌形象，提升品牌美誉度和顾客忠诚度。

这种新推出的 40 页的小册子增加了单个产品的图片，减少了产品的全景展示效果图，后者使宜家传统的产品目录看上去像是一本装饰杂志。宜家目前简单地把他们的典型目标消费者定义为“平均每月挣 3 300 元，每次来宜家消费 300 元的人”。

宜家在中国的营销负责人吴麦德说，压缩商品目录的厚度也可降低印刷成本，有助于更多中国家庭得到这一目录，从而使宜家中国的目标客户对该商品目录的拥有率从目前的 40%提高到 80%。宜家中国改版后的商品目录每期发行量将为 700 万册，而改版前的发行量只有 250 万册。据称该公司将继续向其在中国的 100 万核心客户提供内容更丰富的商品目录。

据贝恩管理顾问公司（Bain & Co.）估计，中国不断增长的个人家装市场目前规模已达 150 亿美元，宜家在这一市场的占有率为 43%。随着宜家在中国的业务进一步向内陆城市渗透，该公司承受的成本压力预计会进一步加大。但目前的宜家目录手册已经成为时尚生活价值观念的演绎者和记录者，他们只能在当前的目录上创新，继续“发扬光大”。

4. 关系营销理论

关系营销的核心是保持顾客，为顾客提供高度满意的产品和服务价值。通过加强与顾客的联系，提供有效的顾客服务，实现企业的营销目标。但实施关系营销并不是以损害企业的利益为代价的。研究表明，争取一个新顾客的营销费用是保持老顾客费用的5倍，因此加强与顾客的联系并建立顾客的忠诚度，是可以为企业带来长久利益的，它提倡的是企业与顾客的双赢。互联网作为一种有效的双向沟通渠道，使企业与顾客之间可以实现低成本的沟通和交流，是企业与顾客建立关系的有效保障，这是因为利用互联网企业可以直接接收顾客的订单，顾客可以直接提出自己的个性化需求，企业根据顾客的个性化需求，利用柔性化的生产技术，最大限度地满足顾客的需求。企业也可以通过顾客的需求来了解市场、细分市场和锁定市场，从而最大限度地降低营销费用，提高对市场的反应速度。另一方面，通过互联网，企业还可以与相关的企业和组织建立关系，互联网作为最廉价的沟通渠道，它能以低廉成本帮助企业与企业的供应商、分销商等建立协作伙伴关系。

【小案例 5-4】把成交看作是推销的开始

乔·吉拉德把成交看作是推销的开始。他在与客户成交之后，并不是把他们置于脑后，而是继续关心他们，并恰当地表示出来。他每月要给自己的1万多名客户寄去一张贺卡。一月份祝贺新年，二月份纪念华盛顿诞辰日，三月份祝贺圣帕特里克日……凡是在他那里买了汽车的人，都会收到他的贺卡。正因为他没有忘记自己的客户，客户才不会忘记乔·吉拉德。乔·吉拉德在销售过程中总结出了著名的“250定律”。他认为在每位客户的背后，都大约站着250个人，这是与他关系比较亲近的人：同事、邻居、亲戚、朋友。如果一位推销员在年初的一个星期里见到50个人，其中只要有两个客户对他的态度感到不愉快，到了年底，由于连锁效应就可能有5 000个人不愿意和这位推销员打交道。因此，在销售过程中不能得罪任何一个客户，得罪一个客户就等于得罪了250个客户。反过来讲，如果你赢得了一个客户的口碑，就等于赢得了250个客户。

5. 长尾理论

长尾理论（The Long Tail）是网络时代兴起的一种新理论，由美国人克里斯·安德森提出。长尾理论认为，由于成本和效率的因素，当商品储存流通展示的场地和渠道足够宽广，商品生产成本急剧下降以至于个人都可以进行生产，并且商品的销售成本急剧降低时，几乎任何以前看似需求极低的产品，只要有卖，都会有人买。这些需求和销量不高的产品所占据的共同市场份额（图5-1中右边深色部分），可以和主流产品的市场份额（图5-1中左边浅色部分）相匹敌，甚至更大，即众多小市场汇聚成可产生与主流市场相匹敌的市场能量。

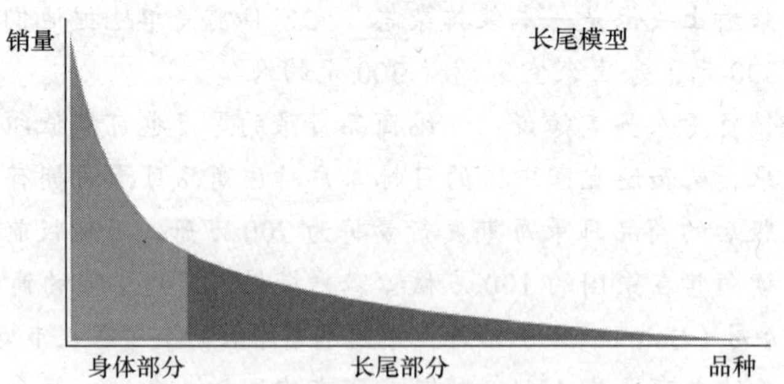

图 5-1 长尾理论示意图

而在网络时代，由于关注的成本大大降低，人们有可能以很低的成本关注正态分布曲线的“尾部”，关注“尾部”产生的总体效益甚至会超过“身体部分”。例如，亚马逊卖220万种实体店不卖的冷门商品，却带来57%的利润。安德森认为，网络时代是关注“长尾”、发挥“长尾”

效益的时代。长尾市场也称为“利基市场”。“利基”一词是英文“Niche”的音译，意译为“壁龛”，有拾遗补缺或见缝插针的意思。

【小案例 5-5】Google 的 AdSence

Google 是一个最典型的“长尾”公司，其成长历程就是把广告商和出版商的“长尾”商业化的过程。以占据了 Google 半壁江山的 AdSense 为例，它面向的客户是数以百万计的中小型网站和个人。对于普通的媒体和广告商而言，这个群体的价值微小得简直不值一提，但是 Google 通过为其提供个性化定制的广告服务，将这些数量众多的群体汇集起来，形成了非常可观的经济利润。目前，Google 的市值已超过 2 100 亿美元，被认为是“最有价值的媒体公司”，远远超过了那些传统的老牌传媒。

5.2.2 网络营销的策略

网络营销是在传统营销的基础上发展起来的，因此传统营销中的基本营销策略原理仍然适用于网络营销，成为网络营销中的基本策略，主要包括产品、价格、渠道和促销，但网络营销中的 4P 策略在实际运用中不同于传统营销。

1. 产品策略

在网络营销中，产品的整体概念可分为 5 个层次（见图 5-2）。

- 核心利益或服务层次。指产品能够提供给消费者的基本效用或益处，是消费者真正想要购买的基本效用或益处。
- 有形产品层次。是产品在市场上出现时的具体物质形态。
- 期望产品层次。在网络营销中，居于主导地位的消费者呈现个性化特征，因此产品设计和开发必须满足顾客这种个性化的消费需求。
- 延伸产品层次。指由产品的生产者或经营者提供的购买者有需求的产品层次，主要是帮助用户更好地使用核心利益的服务。
- 潜在产品层次。是在延伸产品层次之外，由企业提供能满足顾客潜在需求的产品层次，主要是产品的一种增值服务。

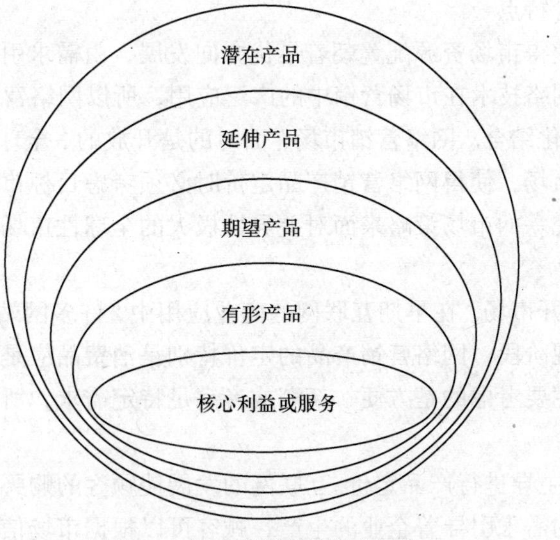

图 5-2 网络营销产品概念层次

在网络上销售的产品，按照产品性质的不同，可以分为两大类：实体产品和虚体产品。

- 实体产品。是指具体物理形状的物质产品。与传统的购物方式不同，网络上的交互式交流成为买卖双方交流的主要形式。消费者或客户通过卖方主页考察其产品，通过填写表格表达自己对品种、质量、价格、数量的选择，而卖方则将面对面的交货改为邮寄产品或送货上门。因此，网络销售也是直销方式的一种。
- 虚拟产品。虚拟产品一般无形的，是指通过其载体体现出来的一定形态，但产品本身的性质和性能必须通过其他方式表现。网络上销售的虚拟产品一般分为两大类：软件和服务。其中，软件包括计算机系统软件和应用软件；服务分为普通服务和信息咨询服务两大类。

因此，针对产品性质的不同，有不同的企业网络营销策略，具体如下。

（1）实体产品策略。一般而言，企业在进行网络营销时，可首先选择下列产品：一是具有高技术性能或与电脑相关的产品；二是市场需求覆盖较大地理范围的产品；三是不容易设店的特殊产品；四是网上营销费用远低于其他销售渠道费用的产品；五是网络群体目标市场容量较大的产品；六是便于配送的产品；七是名牌产品。

（2）虚拟产品策略。设立“虚拟展厅”，用立体逼真的图像，辅之以方案、声音等展示自己的产品，使消费者如亲临其境一般，感受到产品的存在，对产品的各个方面有一个较为全面的了解。设立“虚拟组装室”，在“虚拟展厅”中，可专门开辟一些空间，使消费者能根据自己的需求，对同一产品或不同产品进行组合，更好地满足消费者的个性化需求。

（3）建立自动信息传递系统。企业一是要建立快捷、及时的信息发布系统，使企业的各种信息能及时地传递给消费者；二是要建立信息的实时沟通系统，加强与消费者在文化、情感上的沟通，并随时收集、整理、分析消费者的意见和建议。

2. 价格策略

价格策略是企业营销策略中最富有灵活性和艺术性的策略，是企业的一种非常重要的竞争手段，是企业营销组合策略中的重要组成部分。正确的定价建立在对于不同来源的不同价格的了解上，并且包括对公平的理解。在进行网络营销时，企业应特别重视价格策略的运用，以巩固企业在市场中的地位，并增强企业的竞争能力。

（1）网络营销定价特点

网络技术的发展使得市场资源配置朝着最优方向发展，由需求引导市场资源配置是网络时代的重要特征。由于网络技术在市场营销中的广泛应用，所以网络营销具有以下特点。

① 全球化和本土化结合。网络营销市场，面对的是开放的、全球化的市场，目标市场拓宽至范围广泛的全球化市场，使得网络营销产品定价时必须考虑目标市场范围的变化给定价带来的影响。企业不能以统一的市场策略来面对差异性极大的全球性市场，必须采用全球化与本地区特点相结合的原则。

② 低价位定价打开市场。在早期互联网的商业应用中，许多网站想直接从互联网盈利，结果证明是失败的。在现阶段，网络营销产品的定价特别是消费品应是低价位进入市场。如果面对的是工业品市场，主要考虑的是方便、新潮或者满足特定需求，所以这类产品就不一定要考虑低价位定价策略。

③ 以顾客需求为主导进行产品定价。互联网的发展使顾客的购买行为由过去的被动选择转变为主动选择。顾客的需求引导着企业的生产，顾客可以根据市场信息来选择购买或定制自己满意的产品或服务。

（2）网上定价策略

网上定价的策略很多，既有心理定价策略，也有折扣定价策略、地理定价策略和信用定价策略等。根据网络营销的特点，着重介绍个性化定价策略、声誉定价策略及折扣定价策略。

① 个性化定价策略。个性化定价策略就是利用网络互动性的特征，根据消费者对产品外观、颜色等方面的具体需要，来确定商品价格的一种策略。企业可根据消费者特殊需求的程度，来确定出不同的价格。

② 声誉定价策略。在网络营销的发展初期，消费者对网上购物和订货还存在着许多疑虑，在此情况下，对于形象、声誉较好的企业来说，价格相应可高一些；反之，价格则低一些。

③ 折扣定价策略。在实际营销工作中，网上折扣价格策略采取以下两种形式：一是数量折扣策略。为了鼓励消费者多购买本企业商品，企业在确定商品价格时，可根据消费者购买商品所达到的数量标准，给予不同的折扣；二是现金折扣策略。对于付款及时、迅速或提前付款的消费者，给予不同的价格折扣，以鼓励消费者按期或提前付款，加快企业资金周转，减少呆账、坏账的发生。

3．渠道策略

营销渠道是商品和服务从生产者向消费者转移过程的具体通道或路径。网络销售渠道就是借助网络平台（主要是互联网）将产品从生产者转移到消费者的中间环节。网络营销的渠道通常分为三种：网络直接营销渠道、网络间接营销渠道和双渠道法（见图5-3）。

（1）网络直接营销渠道

网络直销是指生产厂家通过网站直接将产品销售给消费者。从近几年国内外发展的情况来看，几乎每个企业都会创建自己的网站，都会从事网络直销，这是因为网络直销有许多优点。

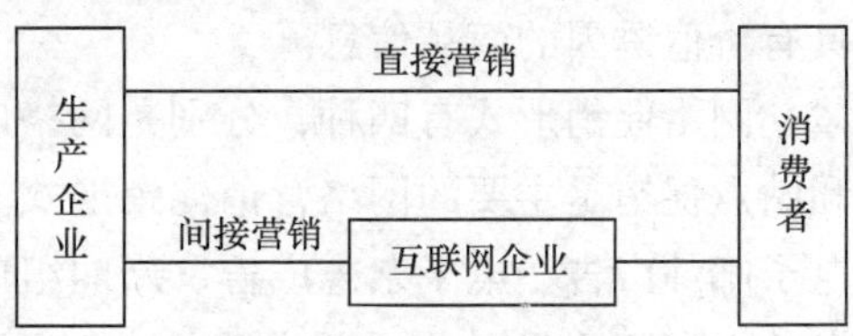

图5-3　网络营销渠道的类型

- 网络直销促成产需直接见面。企业可以直接从网上了解到客户的需求，并根据需求合理地安排生产，减少库存，降低成本。
- 网络直销对买卖双方都有直接的经济利益。由于网络直销不需要中间商的参与，这就大大降低了企业的营销成本，企业能够以较低的价格销售自己的产品，消费者也能从中获益。
- 营销人员可以利用网络工具、外展等各种形式的促销活动，迅速扩大产品的市场占有率。
- 企业能够通过网络及时了解到用户对产品的意见和建议，并针对这些意见和建议提供技术服务，解决疑难问题，提高产品质量，改善经营管理。

【小案例5-6】戴尔的网上直销

计算机行业的一个基本问题就是持有存货的成本极高，原因不在于周转慢，而在于过时淘汰极快。某些中低档的计算机零售价格平均每月跌7%。迈克• 戴尔认为，在当前信息技术快速发展的时代，商业盈利直接与产品的成本相关，而Internet减少中间环节的特点使其对于降低成本，提高经济效益有着重大意义。戴尔公司充分利用Internet的这一特点，推出了直销模式，按照客户要求制造微机，并向客户直接发货。顾客能够通过该公司的网站获取详尽的产品系列介绍，设计他想要的精确配置，然后使用配置程序软件在大量的选项中做出选择，并立即看到大致报价。戴尔公司的这一直销模式和它为顾客提供的尽善尽美的服务使它获得了巨大的成功。

戴尔公司在我国开通的直线订购模式是一种“按需定做”的销售模式，而且全部采用戴尔著名的“直接通过电话订购，直接送货到家”的直销模式。客户可按照需要的配置和软件要求，拨打在全国258个城市中设立的109个免费电话，或通过戴尔虚拟商店直接向销售人员订购个人电脑、笔记本电脑或服务器，3~7天内即可收到货品。

（2）网络间接营销渠道

网络间接营销渠道的中介模式为电子交易市场。电子交易市场即在线中间商，完全承担起为买卖双方收集信息的作用，同时也利用其他各地的分支机构，承担起批发商和零售商的作用。大部分企业都积极利用网络间接渠道销售自己的产品，通过中介商的信息服务、广告服务和撮合服务，扩大企业的影响，开拓企业产品的销售领域，降低销售成本。

（3）双渠道法

在西方众多企业的网络营销活动中，双渠道法是最常见的方法。所谓双渠道法，是指企业同时使用网络直接营销渠道和网络间接营销渠道，以达到销售量最大化的目的。在买方市场的现实情况下，通过两条营销渠道比通过单一渠道更容易实现市场渗透。

4．促销策略

促销是指将产品或劳务的信息传递给目标顾客，从而引起其兴趣，促进其购买，实现企业产品销售的一系列活动。促销的实质是传播与沟通信息。网络促销是利用互联网来进行的促销活动，也就是利用现代化的网络技术向虚拟市场传递有关产品的服务的信息，以刺激需求，引起消费者购买欲望和购买行为的各种活动。网上促销的核心问题是如何吸引消费者，为其提供具有价值诱因的商品信息。

网络促销形式有四种，分别是网络广告、销售促进、站点推广和关系营销。其中网络广告和站点促销是主要的网络营销促销形式。网络广告类型很多，根据形式不同可以分为旗帜广告、电子邮件广告、电子杂志广告、新闻组广告、公告栏广告等；站点推广是利用营销策略扩大站点的知名度，吸引上网者访问网站，起到宣传和推广企业以及企业产品的效果；销售促进就是企业利用可以直接销售的网络营销站点，采用一些销售促进方法宣传和推广产品；关系营销是通过借助互联网的交互功能吸引用户与企业保持密切关系，培养顾客忠诚度，提高企业收益率。

针对消费者，企业通常可采用如下的网上促销策略。

（1）网上折价促销

折价亦称打折、折扣，是目前网上最常用的一种促销方式。因为目前绝大多数网民在网上购物的热情远低于商场超市等传统购物场所，因此网上商品的价格一般都要比传统方式销售时要低，以吸引人们购买。由于网上销售商品不能给人以全面、直观的印象，也不可试用、触摸，再加上配送成本和付款方式的复杂性，造成网上购物和订货的积极性下降。而幅度比较大的折扣可以促使消费者进行网上购物的尝试并做出购买决定。目前大部分网上销售商品都有不同程度的价格折扣，如卓越网、当当网等。

打折券是直接价格打折的一种变化形式，有些商品因在网上直接销售有一定的困难，便结合传统营销方式，可从网上下载、打印折价券或直接填写优惠表单，到指定地点购买商品时便可享受一定优惠。

（2）网上变相折价促销

变相折价促销是指在不提高或稍微增加价格的前提下，提高产品或服务的品质数量，较大幅度地增加产品或服务的附加值，让消费者感到物有所值。由于网上直接价格折扣容易使消费者怀疑产品品质降低了，利用增加商品附加值的促销方法会更容易获得消费者的信任。

（3）网上赠品促销

赠品促销目前在网上的应用不算太多。一般情况下，在新产品推出试用、产品更新、对抗竞争品牌、开辟新市场时利用赠品促销可以达到比较好的促销效果。赠品促销的优点如下：

- 可以提升品牌和网站的知名度；
- 鼓励人们经常访问网站以获得更多的优惠信息；
- 能根据消费者索取赠品的热情程度总结分析营销效果和消费者对产品本身的反应情况等。

（4）网上抽奖促销

抽奖促销是网上应用较广泛的促销形式之一，是大部分网站乐意采用的促销方式。抽奖促销是以一个人或数人获得超出参加活动成本的奖品为手段进行商品或服务的促销。网上抽奖活动主要附加于调查、产品销售、扩大用户群、庆典、推广某项活动等。消费者或访问者通过填写问卷、注册、购买产品或参加网上活动等方式获得抽奖机会。

（5）积分促销

积分促销在网络上的应用比起传统营销方式要简单和易操作。网上积分活动很容易通过编程和数据库等来实现，并且结果可信度很高，操作起来相对较为简便。积分促销一般设置价值较高的奖品，消费者通过多次购买或多次参加某项活动来增加积分以获得奖品。积分促销可以增加上网者访问网站和参加某项活动的次数；可以增加上网者对网站的忠诚度；可以提高活动的知名度等。

（6）网上联合促销

由不同商家联合进行的促销活动称为联合促销。联合促销的产品或服务可以起到一定的优势互补、互相提升自身价值等效应。如果应用得当，联合促销可起到相当好的促销效果，如网络公司可以和传统商家联合，以提供在网络上无法实现的服务；网上售汽车和润滑油公司联合等。

以上六种是网上促销活动中比较常见又较重要的方式，其他如节假日的促销、事件促销等都可与以上几种促销方式进行综合应用。但要使促销活动达到良好的效果，必须事先进行市场分析、竞争对手分析，以及网络活动实施的可行性分析，与整体营销计划相结合，有创意地组织、实施促销活动，使促销活动新奇、富有销售力和影响力。

5.3 网络市场调研

5.3.1 网络市场调研的特点

网络市场调研就是利用互联网发掘和了解顾客需求、市场机会、竞争对手、行业潮流、分销渠道及战略合作伙伴等方面的情况。具体来讲，就是指在互联网上针对特定营销环境进行简单调查设计、收集资料和初步分析的活动。市场调研是营销链中的重要环节，没有市场调研，就把握不了市场。

由于网络信息沟通渠道的开放性、自由性、平等性、广泛性和直接性等特性，使得网络市场调研具有传统的市场调查方法所不具备的一些特点和优势。

（1）及时性和共享性。网上市场调查极具开放性，任何网民都可以根据自己的权限投票和查看相关结果，而且在投票信息经过统计分析软件初步处理后，可以马上查看到阶段性的调查结果。

（2）便利性和低费用。实施网上调查节省了传统调查中耗费的大量人力和物力。

（3）交互性和充分性。在进行网上调查时，被调查对象可以就问卷相关问题提出自己的看法和建议，与被调查对象的及时互动可减少因问卷设计不合理而导致的调查结果偏差。

（4）可靠性和客观性。实施网上调查，被调查者是在完全自愿的原则下参与调查的，这使得调查的针对性更强，从而问卷上填写的信息也更可靠，调查结论也更客观。

（5）无时空、地域限制。网上调查是 24 小时全天候的调查，这与受区域和时间制约的传统调研方式有很大不同。

（6）可检验性和可控制性。网上调查、收集信息，可以有效地对采集信息的质量实施系统进行检验和控制。

5.3.2 网络市场调研方法

利用互联网进行市场调研有两种方式：一种是利用互联网直接进行问卷调查等方式搜集一手资料；另一种是利用互联网的媒体功能，从互联网搜集二手资料进行网上间接调查。

1. 网络直接调研

第一手资料是指资料和信息直接从面试、讨论、问卷调查等方式中获得，是原始的信息。网络直接调研就是为特定的目的在互联网上收集一手资料或原始信息的过程。

（1）询问调研法

询问调研法分为直接访问调研法、E-mail 调研法。

① 直接访问调研法。在网上的直接访问调研是借助网络视频和音频设备实现的，即使交谈双方相隔很远，也可以进行面对面的交谈。此方法要求访问者在某一时间上网，回答调研者的问题。由于这种方法在调研人数较多时受时间的限制，因此调研问题应尽可能简短、精练。

② E-mail 调研法。这种方法就是将设计好的调查问卷发送到被调查者的邮箱中，或者在电子邮件正文中给出一个网址链接到在线调查表页面，但很多人对发送到邮箱中的这类邮件很反感，因此如何提高问卷的回收率是使用这种方法的关键。处理方法有两种：一种是将问卷设计得很简单，最好每个问题都是两个选择（是或否），被调研者只要点击鼠标就可以很快完成，而且问题不宜过多；另一种是为被调研者提供一些激励，如赠品等，此时就可以将问卷设计得较为复杂，问题的选项也可以多样化。

（2）专家调研法

专家调研法分为头脑风暴法和德尔菲法。

① 头脑风暴法。这种方法是邀请专家在同一时间上网，对某一问题进行讨论，以便获得建设性意见。在调研很专业的问题时，应该采用这种方法。

② 德尔菲法。德尔菲法是一种背对背地征询专家意见的调研方法，其操作方法是通过往返邮寄匿名调查表，最终获取专家意见、信息等第一手资料。因此，该种方法适用于使用电子网络技术的网上调查。专家调研法可以通过 usenet 新闻组、电子公告牌 BBS 或邮件列表讨论组进行。

（3）在线问卷法

在线问卷法即请求浏览其网站的每个人参与企业的各种调查，目的在于获得第一手资料，而第一手资料的价值在于它的准确性。但在网上直接调研很难确定哪些是目标顾客，如果找不到正确的目标顾客，就没有办法对调研样本进行控制，导致反馈率低或反馈信息不准确等。

2. 网络间接调研

获取二手资料的传统方法一般为网上搜索法，就是从企业内部和外部搜集对项目研究有用的现成资料。近几年来，随着网络的日益普及，越来越多的企业都有自己的网站，企业信息都在网上公布。同时，各种网上信息咨询机构也不断涌现，使二手资料的搜集变得非常简单，利用网上搜索可以收集到市场调研所需要的大部分二手资料。网上搜索常用的方法有利用搜索引擎和访问相关的网站。

（1）利用搜索引擎

搜索引擎是互联网上使用最普遍的网络信息检索工具，用户通过输入关键词来查找所需信息，这种方法方便、直接、十分灵活，可以缩小和限定检索的范围、语言、地区、数据类型、时间。关键词法可对满足选定条件的资源进行准确定位，可以根据所检索内容的精确程度确定检索关键字，进行模糊搜索，并在检索结果中选择合适的资料。信息来源广泛，对于一些只知道大概内容的信息检索可以采用这种方法。

（2）访问相关的网站

如果我们知道某一专题的信息主要集中在哪些网站，可直接访问这些网站，获得所需资料。与传统媒体的经济信息相比，网上市场行情一般数据全，实时性强。如果要获得精确的、权威的资料，应该采用这种方法，去特定的企业网站或者官方网站进行访问，以保证信息的真实、可靠。尽管网上市场调研具有一定优越性，但我们也应看到，网上调查并不是万能的，调查结果有时会出现较大的误差。网络调研不可能满足所有市场调研的要求，应根据调研的目的和要求，采取网上调研与网下调研相结合、自行调研与专业市场调查咨询公司相结合的方针，以尽可能小的代价获得尽可能可靠的市场调研结果。

5.3.3 网络市场调研的步骤

网络市场调研与传统的市场调研一样，应遵循一定的方法和步骤，以保证调研过程的质量。网络市场调研一般包括以下几个步骤。

1. 明确调研问题和调研目标

明确调研问题、确定调研目标，对使用网上搜索来说尤为重要。Internet上流动的是一个永无休止的信息流，一开始在网上搜索时可能无法精确地找到所需要的重要数据，因此一定要有一个清晰的目标，并留心去寻找。

2. 制订调研计划

网络市场调研的第二个步骤是制订出最为有效的信息搜索计划。具体来说，要确定资料来源、调查方法、调查手段、调研软件抽样方案和联系方法。

（1）资料来源。要确定搜集的是一手资料（原始资料）还是二手资料。

（2）调查方法。详见上一小节。

（3）调查手段。可采用在线问卷或电话访谈等方式。

（4）网络调研软件系统，是专门为网络调研设计的问卷链接及传输软件。它包括整体问卷设计、网络服务器、数据库和数据传输程序。

（5）联系方法。采用网上交流形式，如用E-mail传输问卷，参加网上论坛等。

（6）抽样方案。要确定抽样单位、样本规模和抽样程序。

3. 搜索信息

网络市场调研可以在全球范围内进行，而且搜集信息的方法也很简单，直接在网上递交或下载即可，这与传统市场调研搜集资料的方式有很大的区别。

4. 分析信息

搜集信息后要做的是分析信息，这一步非常关键。要尽量排除不合格问卷，对大量回收的问卷进行综合分析和论证。此外，还要使用一些数据分析技术，如交叉列表分析技术、概括技术、综合指标分析和动态分析等。目前，国际上较为通用的分析软件有 SPSS、SAS 等。

5. 撰写调研报告

调研报告的撰写是整个调研活动的最后一个阶段。报告不是数据和资料的简单堆砌，而是要把与市场营销关键决策有关的主要调查结果分析总结出来，并要以调查报告所应具备的正规结构来进行写作。

5.4 网络营销常用工具与形式

5.4.1 网络营销基础工具

随着互联网技术和应用的不断发展，适用于网络营销的基本工具也会随之发生变化，新的工具会不断出现，而现在适用的工具随着时间的推移可能不再有效，因此网络营销工具具有一定的阶段性。在现阶段的网络营销活动中，常用的工具包括企业网站、搜索引擎、电子邮件、网络实名/通用网址、即时信息、浏览器工具条等客户端专用软件，以及电子书、RSS、博客（Blog）、SNS、微博、微信等。借助于这些网络营销工具，可以实现营销信息的发布、传递、与用户之间的交互等。

1. 企业网站

企业网站是一个综合性网络营销工具，也是开展网络营销的基础。网站建设是网络营销策略的重要组成部分，有效地开展网络营销离不开企业网站功能的支持，网站建设的专业水平同时也直接影响着网络营销的效果。企业网站有两种基本形式：信息发布型和在线销售型。前者是企业网站的基本形态，后者是企业网站发展到一定阶段的产物。企业网站具有八项主要的网络营销功能，充分理解企业网站的功能，才能把握企业网站与网络营销关系的本质，从而掌握这种内在关系的一般规律，建造适合网络营销需要的企业网站，为有效开展网络营销奠定基础。

【小案例 5-7】强生企业：企业网站营销成功典范

强生企业作为网站营销的成功案例，具备一定的典型特性。强生以“有所为，有所不为”为建站原则，以企业“受欢迎的文化”为设计宗旨和明确主线，找准切入点后便“咬住青山不放松”，将主题做深做透，从而取得极大成功。

显然，策划这类企业网站比策划通用汽车、戴尔和高露洁之类的企业网站要难得多。因为设计单一产品企业网站时，当以纵横捭阖为旨，而建立多种产品企业网站时，则以聚敛收缩为要。面对旗下众多的企业、产品和品牌，强生网站如果不厌其烦地一味穷举，就可能做成“医疗保健品大全”之类的网站。明确边界条件后，强生就选择其婴儿护理品为其网站的形象产品，选择“您的宝宝”为站点主题，整个站点就成了年轻网民的一部“宝宝成长日记”，所有的营销流程自然就沿着这本日记悄然展开。将一家拥有百年历史，位居《财富》500 强企业的站点变成一部“个人化的、记录孩子出生与成长历程的电子手册”这一创意是否太离谱？但任何人只要客观地到其网站走上一遭，就会发现这的确是个“受欢迎”和充满“育儿文化”气息的地方。进入强生网站（见图 5-4），左上角著名的公司名称下是显眼的“您的宝宝”站名。每页可见的是各种肤色婴儿们的盈盈笑脸和其乐融融的年轻父母，这种亲情是化解人们对商业站点敌意的利器。整个网站页面色调清新淡雅，明亮简洁。

网站还为年轻父母提供了心理指导，这对于某些婴儿的父母来说具有特别重要的意义。强生参与运作了一个“全美国母亲中心协会”的虚拟社区。“全美母亲中心”由分布于各州的妇女自由组织，目的是“使参加者不再感到孤立无助，能展示其为人之母的价值，切磋夫妇在育儿方面的经验，共同营造出一个适合孩子生长的友善环境”。如今，强生助其上网并归入自己站中，除保留原来的交流作用外，还从相关科研动态与信息方面来帮助她们解决问题。强生网站提供服务时，客户输入的数据也进入其网站服务器。这是一笔巨大的资产，将对企业经营起着不可估量的作用，这也是对其认真服务的回报。

面对庞大的企业群和无数产品，强生网站若按一般设计，可能就会陷入“前屏页面查询+后台数据库”的检索型网站之流俗格局。从网络营销角度上看，这类企业站点已呈“鸡肋”之颓势。这就如同各种典籍类工具历来都有，但任何时候都不会形成阅读热潮和建立起忠实的顾客群体，且对强生来说，那样做还无助于将其底蕴深厚的企业文化传统发挥出来。

如今，企业站点在设计上做了大胆的取舍，毅然放弃了所有品牌百花齐放的方案，（当然，强生为旗下每家公司都注册了独立域名，并能从站点“Websites”目录中方便地查到），只以婴儿护理用品为营销主轴线。选择“您的宝宝”为站点主题，精心构思出“宝宝的书”，作为其与客户交流及开展个性服务的场所。力求从护理层、知识层、操作层、交流层、情感层、产品层上全面关心顾客，深入挖掘每户家庭的需求，实时跟踪服务。

于是，借助于互联网络，强生开辟了丰富多彩的婴儿服务项目；借助于婴儿服务项目，强生建立了与网民家庭的长期联系；借助于这种联系，强生巩固了与这一代消费者间的关系，同时又培养出新一代的消费者。强生这个名字，必然成为最先占据新生幼儿脑海的第一品牌，该品牌可能将从其记事起，伴随其度过一生。

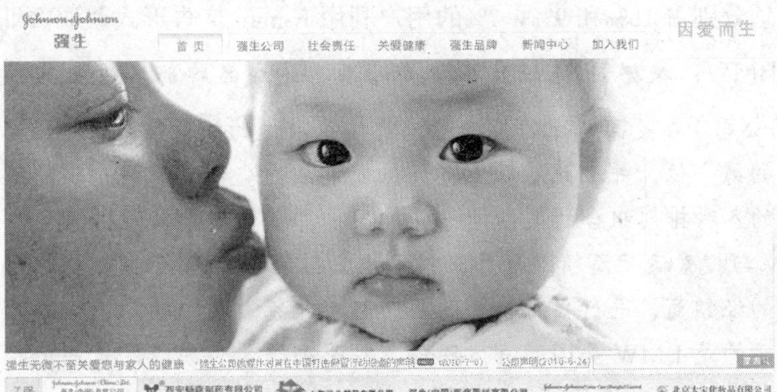

图 5-4　强生网站

2. 搜索引擎

基于万维网的搜索引擎自1993年出现之后得到了迅速发展，已经成为网络用户获取信息和企业网站推广的重要手段之一。从工作原理来分，常见的搜索引擎有两类：一类是纯技术型的全文检索搜索引擎，其原理是通过机器手（即Spider程序）到各个网站收集、存储信息，并建立索引数据库供用户查询，例如谷歌、百度、中搜、搜狗等；另一类称为分类目录，利用各网站登录信息时填写的关键词和网站概述等资料，经过人工审核、编辑后，输入数据库以供查询，例如雅虎、搜狐、新浪、网易等。搜索引擎无论从技术上，还是在服务方式上都在不断发展变化，这种变化也将直接影响搜索引擎营销的基本思想和操作方法。

搜索引擎是互联网上最常用的服务之一，几乎应用于网络营销中的各个方面，主要功能在于信息收集、传递和交流。特别值得一提的是，电子商务与搜索引擎的结合越来越紧密，谷歌和百度进军C2C市场就是典型例子。

目前，国内搜索服务提供商有百度、雅虎、Google、新浪、搜狐等厂商。其中，百度、雅虎、搜狐三家的定费搜索市场影响力最大，用户最多。三家虽然都提供**定费搜索营销**服务，但其各自的产品特点和用户群有比较大的差别。比如百度的定费搜索服务以文字描述和链接表现，价格较高，最高可达每年百万元。雅虎的定费搜索服务产品名为雅虎百业窗，除了企业文字描述和链接外，还具有企业地图、产品图片、在线联系、诚信通等特色功能，而且价格比百度低廉，从最低几百元到最高不过十万多元，比较适合网络化、信息化水平有限、现金流也有限的中小企业。搜狐与百度情况类似，但其搜索在网民中的影响力较低，相对百度、雅虎差距较大。

> **【小知识】**
>
> **定费搜索营销**：定费搜索营销不需要企业自由出价竞争，也不按点击付费，它的计费方式与传统广告类似，每个关键词在固定排位上固定价格，按照投放的时间计算。对于企业来说，定费搜索将新的营销方式与传统计费方式结合，既能获得搜索营销的精准效果，又能以熟悉和省心的方式来控制展示位置与费用。

据统计资料显示，在美国，用户获得网站网址的途径如下：47%采用搜索引擎检索；28%采用猜测网址的方式；10%利用网络广告获取网址；13%通过口碑传播获取；利用印刷广告和电视广告获取网址分别占10%和9%；7%的用户利用E-mail广告形式获取网址。

【小案例5-8】BMW：根据IP地址显示搜索结果，达成品牌的本地化细分覆盖

BMW（宝马公司）在美国本土的搜索营销策略是激进的投放策略，即让旗下所有产品名称都置于搜索结果的第一位，并在此基础上，详细研究用户查询时可能出现的关键词组合方式，将有关产品名称的各种排列组合的关键词一并购买，并使之搜索结果排名也处于首位。

此外，BMW与搜索运营商精诚合作，利用搜索引擎分IP显示关键词广告的功能，联合分散在全美各城市的经销商，进行当地市场的品牌精准传播。用户输入BMW产品的名称后，在结果列表首位展示的是BMW美国的官方网站，结果列表次位展示的是当地经销商的网站。如果用户的IP来自西雅图，第二位结果则是西雅图的经销商网站。

BMW的这一创举，首先达成了品牌的大面积覆盖，关于BMW的一切产品都排在搜索结果首位，在用户心目中树立了良好的品牌形象。其次，达成了品牌的细分覆盖，能够根据用户所属地区提供有针对性的结果，为经销商的销售带来线索。最后，BMW 与经销商联合进行搜索营销，使得 BMW 的整体品牌形象得到高度统一，同时节省了各经销商各自为战带来的高额广告预算。

【小案例 5-9】兰蔻：品牌、销售两不误

如若有消费者在百度搜索上敲下“兰蔻”两个字，搜索结果页面最上方出现的不再是普通的文字链接，而是图文并茂的兰蔻网上商城品牌专区。作为在国内首家试水网上营销业务的化妆品品牌，兰蔻此次与百度再度联手，意在将搜索引擎上的潜在消费者吸入其 B2C 网站进行消费。

通过百度品牌专区，兰蔻网上商城链接、促销公告、商品信息等以图文并茂的形式呈现。与传统的搜索显示结果最大的不同是，广告主可以亲手编辑栏目内容，将企业的最新信息前移，主动管理企业在搜索引擎上的品牌形象，促进网络平台和线下活动的良性互动。

“通过百度的品牌专区，我们的品牌在那些搜索兰蔻的消费者面前有了更好的展示，不但能够提升品牌形象，并且为兰蔻网上商城带来了很多高质量的流量。在使用了品牌专区之后，我们大幅度地提高了品牌关键词的转化率，因此而产生的销售也相应提高了 30%。”欧莱雅中国公司副总裁兰珍珍表示。

3. 电子邮件

电子邮件（E-mail）作为一种重要的信息沟通方式，具有普及率和使用率高、操作简便、针对性强、速度快、传达率高、成本低廉等诸多优点，已成为企业网络营销的重要手段之一。

E-mail 营销是在用户事先许可的前提下，通过电子邮件的方式向目标用户传递有价值信息的一种网络营销手段。这个关于 E-mail 营销的定义强调了以下三个基本因素：

（1）基于用户许可；

（2）通过电子邮件传递信息；

（3）信息对用户是有价值的。

三个因素缺少一个，都不能称之为有效的 E-mail 营销。因此，真正意义上的 E-mail 营销也就是许可 E-mail 营销。基于用户许可的 E-mail 营销与滥发邮件（spam）不同，许可营销比传统的推广方式或未经许可的 E-mail 营销具有明显的优势。例如，可以减少广告对用户的滋扰，增加潜在客户定位的准确度，增强与客户的关系，提高品牌忠诚度等。许可 E-mail 营销是网络营销方法体系中相对独立的一种，既可以与其他网络营销方法相结合，也可以独立应用。

【小案例 5-10】“新江南”公司的 E-mail 营销

“新江南”是一个旅游公司，为了在“五一黄金周”之前进行公司旅游项目促销，公司营销人员计划将网络营销作为一项主要的促销手段，其中将 E-mail 营销作为重点策略之一。

由于公司在网络营销方面以前并没有多少经验，因此这次活动计划将上海作为试点城市，并且在营销预算方面比较谨慎，并不打算大量投入广告，仅选择部分满足营销定位的用户发送 E-mail 广告。此外，目前暂时没有条件开展网上预订活动，主要是品牌宣传，并为网下传统渠道的销售提供支持。

“新江南”公司的网络营销现状为：公司网站已经建立两年多的时间了，但是网站的功能比较简单，主要是公司介绍、旅游线路介绍、景点介绍等；网站上有一个会员注册区，有用户 1 000 多人，但是由于疏于管理，已经有半年多的时间没有向会员发送过信息了，上一次发送的是元旦前的促销信息，向会员发送新增的旅游线路。因此，公司内部的营销资源非常有限，还需要借助于专业服务来发送 E-mail 广告。

在服务的选择上，花费了比较多的时间，因为首先要对服务的邮件列表定位程度报价和提供

的服务等方面进行比较分析，在多家可提供 E-mail 营销服务的网站中，“新江南”最终选择了新浪上海站，该网站有一份关于上海市白领生活的电子周刊，订户数量超过 300 000，这份电子刊物将作为本次 E-mail 营销的主要信息传递载体。为了确保此次活动取得理想的效果，“新江南”计划自营销开始日起连续四周投放 E-mail 营销信息，发送时间定为每周三，前两次以企业形象宣传为主，后两次针对公司新增旅游路线进行推广。接下来该公司市场人员的主要任务是设计 E-mail 广告的内容，针对内部列表和外部列表分别制作，并且每个星期的内容都有所不同。E-mail 营销活动结束后，当网络营销人员分析每个月的公司网站流量时，吃惊地发现，在进行 E-mail 营销期间，公司网站的日平均访问量比上个月增加了 3 倍多，日均独立用户数量超过了 1 000 人，而平时网站独立用户的数量通常不到 300 人，尤其在发送邮件的次日和第三日，网站访问量的增加尤为明显，日独立用户数量的最高纪录达到了 1 500 多人。在这次活动，公司的营销人员也发现了两个问题：一是内部列表发送后退回的邮件比例相当大；二是企业网站上的宣传没有同步进行，来到网站浏览的用户的平均停留时间只有 3 分钟，比活动开始前用户的平均停留时间少了 2 分钟。

【小知识】

根据许可 E-mail 营销所应用的用户电子邮件地址资源的所有形式，可以分为内部列表 E-mail 营销和外部列表 E-mail 营销，或简称内部列表和外部列表。

内部列表：也就是通常所说的邮件列表，是利用企业自身网站的注册用户资料开展 E-mail 营销的方式，常见的形式如新闻邮件、会员通讯、电子刊物事。

外部列表：是利用专业服务商的用户电子邮件地址来开展 E-mail 营销，也就是以电子邮件广告的形式向服务商的用户发送信息。

4. 其他网络营销常用工具

除了企业网站、搜索引擎、电子邮件这三个网络营销的基础性工具外，开展网络营销还需要借助其他常用性工具，主要包括网络实名/通用网址、即时通信、BBS、博客、聊天群组、RSS、SNS、微博、微信等。对应这些工具的相应的营销形式，将在下一小节详细介绍。企业通过正确使用这些网络营销工具，开展适合的营销活动，能够取得很好的营销效果。

5.4.2 网络营销的形式

目前网络营销主要有 17 种形式：搜索引擎营销、即时通信营销、网络病毒式营销、BBS 营销、网络博客营销、聊天群组营销、网络知识性营销、网络事件营销、网络口碑营销、网络直复营销、网络视频营销、网络图片营销、网络软文营销、RSS 营销、SNS 营销、微博营销、微信营销等。

1. 搜索引擎营销

搜索引擎营销（search engine marketing，SEM）是目前最主要的网站推广营销手段之一，尤其是基于自然搜索结果的搜索引擎推广，因为是免费的，因此受到众多中小网站的重视，搜索引擎营销方法也成为网络营销方法体系的主要组成部分。

搜索引擎营销主要方法包括以下几种。

（1）竞价排名。它的基本特点是按点击付费，推广信息出现在搜索结果中（一般是靠前的位置），如果没有被用户点击，则不收取推广费。因竞价排名是一种按效果付费的网络推广方式，因此用少量的投入就可以给企业带来大量潜在客户，有效提升企业销售额和品牌知名度。

（2）搜索引擎登录。搜索引擎登录，有时也称为“搜索引擎加注”、“搜索引擎注册”、“提交搜索引擎”等，是最经典、最常用的网站推广手段方式。当一个网站发布到互联网上之后，如果希望别人通过搜索引擎找到该网站，就需要进行搜索引擎注册。简单来说，搜索引擎登录也就是将网站基本信息（尤其是URL）提交给搜索引擎的过程。

（3）分类目录登录。分类目录是将网站信息系统地分类整理，提供一个按类别编排的网站目录，在每类中，排列着属于这一类别的网站站名、网址链接、内容提要，以及子分类目录，可以在分类目录中逐级浏览寻找相关的网站。分类目录中往往还提供交叉索引，从而可以方便地在相关的目录之间跳转和浏览；也可以使用关键词进行检索，检索结果为网站信息，这种检索也称之为网站检索。雅虎、搜狐、网易等就是典型的分类目录式搜索引擎。

（4）付费搜索引擎广告。搜索引擎广告是指广告主根据自己的产品或服务的内容、特点等，确定相关的关键词，撰写广告内容并自主定价投放的广告。当用户搜索到广告主投放的关键词时，相应的广告就会展示（关键词有多个用户购买时，根据竞价排名原则展示），并在用户点击后按照广告主对该关键词的出价收费，无点击不收费。

（5）关键词广告（adwords）。这是指显示在搜索结果页面的网站链接广告。简单来说就是当用户利用某一关键词进行检索时，在检索结果页面会出现与该关键词相关的广告内容。由于关键词广告是在特定关键词的检索时才出现在搜索结果页面的显著位置，所以其针对性非常高，被称为性价比较高的网络推广方式。它属于CPC（cost-per-click）收费制，即按点击次数收取广告费。

（6）搜索引擎优化。搜索引擎优化（search engine optimization，SEO）是一种利用搜索引擎的搜索规则来提高目的网站在有关搜索引擎内的自然排名的方式。它是针对搜索引擎对网页的检索特点，让网站建设的各项基本要素适合搜索引擎的检索原则，从而使搜索引擎收录尽可能多的网页，并在搜索引擎自然检索结果中排名靠前，最终达到网站推广的目的。

（7）地址栏搜索。地址栏搜索就是在浏览器的地址栏中利用一种更容易记忆的文字（中文或字符）来替代英文的URL来实现访问网站的方式。地址栏搜索产品在发展过程中曾被叫作“中文网址”、“中文关键词”、“快捷网址”等不同名称，目前国内在功能和使用方式上类似于3721网络实名的“地址栏搜索”还有CNNIC推出的“通用网址”、百度公司提供的“百度搜索伴侣”等。

（8）网站链接策略。Google、百度等主要搜索引擎将网站的链接广泛度和链接的质量作为排名参考的重要因素之一。通常越多外部网站链接企业网站，那么该企业的网站排名会越高。链接在访问量高的网站比链接在访问量低的网站更有优势。因此制定一个利于搜索引擎排名的网站链接策略对于企业做网站推广来说也十分重要。

2. 即时通信营销

即时通信营销又叫IM营销，是企业通过即时工具IM帮助企业推广产品和品牌的一种手段，常用的主要有以下两种情况。

（1）网络在线交流。企业建立了网店或者企业网站时一般会有即时通信在线，这样潜在的客户如果对产品或者服务感兴趣自然会主动和在线的商家联系。

（2）广告。企业可以通过IM营销通信工具，发布一些产品信息、促销信息，或者可以通过图片发布一些网友喜闻乐见的表情，同时加上企业要宣传的标志。

3. 病毒式营销

病毒式营销是一种常用的网络营销方法，常用于进行网站推广、品牌推广等，病毒式营销利用的是用户口碑传播的原理，在互联网上，这种"口碑传播"更为方便，可以像病毒一样迅速蔓延，因此病毒式营销（病毒性营销）成为一种高效的信息传播方式，而且由于这种传播是用户之间自发进行的，因此几乎是不需要费用的网络营销手段。

病毒营销的巨大威力就像一颗小小的石子投入了平静的湖面，一瞬间似乎只是激起了小小的波纹，转眼湖面又恢复了宁静，但是稍候一下，就会看到波纹在不断进行着层层叠叠的延展，短短几分钟，整个湖面都起了震荡。这就是病毒营销的魅力。

【小案例 5-11】可口可乐的火炬在线传递

2008 年 3 月 24 号，可口可乐公司推出了火炬在线传递。而这个活动堪称经典的病毒性营销案例。如果你争取到了火炬在线传递的资格，将获得"火炬大使"的称号，头像处将出现一枚未点亮的图标，之后就可以向你的一个好友发送邀请。如果 10 分钟内可以成功邀请其他用户参加活动，你的图标将被成功点亮，同时将获取可口可乐火炬在线传递活动专属 QQ 皮肤的使用权，而这个好友就可以继续邀请下一个好友进行火炬在线传递，依此类推。

网民们以成为在线火炬传递手为荣，"病毒式"的链式反应一发不可收拾，"犹如滔滔江水，绵延不绝"。这个活动在短短 40 天之内就"拉拢"了 4 000 多万人（411 69 237 人）参与其中。平均起来，每秒钟就有超过 12 万人参与。一个多月的时间内，在大家不知不觉中，身边很多朋友的 QQ 上都多了一个火红的圣火图标（同时包含可口可乐的元素）。

4. BBS 营销

BBS 营销又称论坛营销，就是利用论坛这种网络交流平台，通过文字、图片、视频等方式传播企业品牌、产品和服务的信息，从而让目标客户更加深刻地了解企业的产品和服务，最终达到宣传企业品牌、产品和服务的效果，加深市场认知度的网络营销活动。

BBS 营销就是利用论坛的人气，通过专业的论坛帖子策划、撰写、发放、监测、汇报流程，在论坛空间提供高效传播，包括各种置顶帖、普通帖、连环帖、论战帖、多图帖、视频帖等。再利用论坛强大的聚众能力，利用论坛作为平台举办各类"踩楼"、"灌水"、贴图、视频等活动，调动网友与品牌之间的互动，从而达到企业品牌传播和产品销售的目的。

5. 博客营销

博客也称为"网志"或"网络日志"。英文 Blog 的全名来源于 web log，后来缩写为 Blog。博客不仅被用于发布个人的网络日志，也成为企业发布信息的工具。

博客营销是通过博客网站或博客论坛接触博客作者和浏览者，利用博客作者个人的知识、兴趣和生活体验等传播商品信息的营销活动。博客营销本质在于通过原创专业化内容进行知识分享，争夺话语权，建立起个人品牌，树立自己"意见领袖"的身份，进而影响读者和消费者的思维和购买行为。

【小案例 5-12】《疯狂的石头》：小成本大票房

《疯狂的石头》利用网络这样一种低成本的营销方式迅速获得了成功，为以博客、论坛等为代表的网络营销提供了新的例证。"200 万的生意被你做成了 1 000 万！"这是《疯狂的石头》中的一句经典台词，现在这句台词竟然变成了现实。这个低成本、高票房的奇迹也许将成为中国电影制造的一个经典。就如同它前卫的名字一样，这个仅花费 300 万元的小成本国产影片，让很多看过的、没看过的人都为它疯狂不已，也将成为一个口碑传播的经典案例。

大多数人第一次知道这部电影，是通过网络。在简单试映了一下之后，影迷们疯狂的好评便如潮水般涌来，之后很多人把关于这部影片的内容和观影感受写进了自己的博客里。在公映之前，《疯狂的石头》就在制造口碑上下足了功夫。通过上海电影节上的宣传活动和影评人放映专场，先行在影评人和媒体中进行了预热。紧接着推出在五个城市的免费放映，最直接地创造了口碑，提高了影片人气。在影片正式公映之前两周，就已经持续不断地传出了好评。

在选择媒体宣传上，“石头”更倾向于选用BBS、MSN及博客等形式进行宣传，而这些途径，正是当时主要受众获取电影信息的重要途径。公映之前首先吸引了这部分人，加上有扎实的影片质量作保证，“一传十，十传百”的原始传播效果不容小觑。有关《疯狂的石头》的博客信息，仅在Google搜索一下，就有129万之多。可见，互联网成就了《疯狂的石头》的行销，而博客的疯狂传播，让它“疯狂”再“疯狂”。

博客具有的个人性的行为、个人性的角度、个人性的思想，吸引了博主本人和读者的力量源泉，也是造成“疯狂传播”的动因。这种以个人意志和思想作为搜索引擎内容和发源的传播形式，只要愿意，博客几乎可以以任何形式抒写有关于《疯狂的石头》的任何信息，博客可以使个性鲜明的和优秀的博文脱颖而出，这就决定了博客传播的快速扩张力。

据相关媒体的统计，有50%的观众走进电影院看《疯狂的石头》是因为亲友或同事的推荐；30%是因为“石头”在网上的超级人气，网络时代的口碑传播在这里显示了最强势的威力。真正的行销，并不是花大钱就有大效果，只要采取合适的途径，做真正好的东西，就肯定不会没有“口碑”。

6. 聊天群组营销

聊天群组营销是即时通信工具的延伸，具体是利用各种即时聊天软件中的群功能展开的营销，目前的群有MSN群、旺旺群、新浪聊天吧群、有啊群等。

聊天群组营销利用了即时通信工具成本低、即时效果和互动效果强的特点，因此广为企业采用。它是通过发布一些文字、图片等方式传播企业品牌、产品和服务的信息，从而让目标客户更加深刻地了解企业的产品和服务，最终达到宣传企业品牌、产品和服务的效果，加深市场认知度的网络营销活动。

7. 网络知识性营销

网络知识性营销是利用百度的“知道“、“百科”、新浪的“爱问”或企业网站自建的疑问解答板块等平台，通过用户之间的提问与解答的方式来传播企业品牌、产品和服务的信息。

网络知识性营销主要是因为扩展了用户的知识层面，让用户体验企业和个人的专业技术水平和高质服务，从而对企业和个人产生信赖和认可，最终达到了传播企业品牌、产品和服务信息的目的。

8. 网络事件营销

网络事件营销是企业、组织主要以网络为传播平台，通过精心策划、实施可以让公众直接参与并享受乐趣的事件，并通过这样的事件达到吸引或转移公众注意力，改善、增进与公众的关系，塑造企业、组织良好的形象，以谋求企业的更大效益的营销传播活动。

【小案例5-13】“封杀”王老吉

2008年5月12日14时28分，我国四川汶川发生8.0级强烈地震。5月18日，在中央电视台《爱的奉献》大型募捐活动中，生产红罐王老吉的加多宝集团为四川灾区捐款1亿元，一夜之间这个民族饮料品牌迅速成为公众聚焦的中心。

5月19日晚，天涯论坛上出现了名为《让王老吉从中国的货架上消失，封杀它！》的帖子："王老吉，你够狠！捐一个亿，胆敢是名人的200倍！为了'整治'这个嚣张的企业，买光超市的王老吉！上一罐买一罐！不买的就不要顶这个帖子啦！"

这个热帖迅速被搜狐、网易、奇虎等国内人气最旺的论坛转载，受到网友的热捧，几天之后，类似的帖子已经充斥大大小小各类网络社区，"要捐就捐一个亿，要喝就喝王老吉"、"为了'整治'这个嚣张的企业，买光超市的王老吉！上一罐买一罐！"等言论迅速在网络里扩散，成为民众热议的话题。

因为一个亿，加多宝被推到舞台中心，吸引了无数公众的关注，在此背景之下网络话题被挑起，显得如此名正言顺，以至于不少网民觉得支持王老吉是应该的事，如同受恩应回报一样理所当然。如此的创意，高关注度、好口碑指数都在意料之中，"封杀王老吉"事件当仁不让地入选2008上半年度最典型、最成功的网络事件营销个案之一。

9. 网络口碑营销

网络口碑营销是把传统的口碑营销与网络技术有机结合起来的新的营销方式，是利用互联网互动和便利的特点，消费者或企业销售人员以文字、图片、视频等口碑信息，在互联网上与目标客户进行互动沟通，两者对企业的品牌、产品、服务等相关信息进行讨论，从而加深目标客户的印象，最终达到网络营销的目的。

网络口碑营销是 **Web2.0** 网络中最有效的传播模式。网络口碑营销在国际上已经盛行了很久，美国有专门的协会来对此领域进行研究。

【小案例 5-14】海底捞的口碑营销

"昨天在海底捞，无意中跟朋友抱怨在京东抢的奈良美智大画册怎么还没到货，结果服务员结账的时候问了我京东会员账号，今天一早三本大画册都送来了！"

这条微博转发了35 000多次，可能是一个无心之举，也有可能是推手为之，不过很明显的是，海底捞抓住了这个机遇。在一定程度的传播后，看到机会，迅速有更专业的公司介入，甚至打造了"人类已经无法阻挡海底捞"的广告语，乃至出现了"海底捞体"。

"海底捞体"的基本模板是：某天我在某海底捞吃火锅，席间我无意间说了一句……（包括但不限于愿望、情绪、抱怨、看法），在我结账时……（愿望成真，安抚情绪，例如送亲制玉米饼，送贺卡文字祝福，送礼物，免单等）。

网民自发参与制造段子，在更大程度上传播了海底捞的品牌，这恐怕是海底捞没有想到的。

10. 网络直复营销

网络直复营销是指生产厂家通过网络，直接发展分销渠道或直接面对终端消费者销售产品的营销方式，例如B2C、B2B等。

网络直复营销是通过把传统的直销行为和网络有机结合，从而演变成了一种全新的、颠覆性的营销模式。很多中小企业因为分销成本过大和自身实力太小等原因，纷纷采用网络直复营销，想利用其成本小、收入大等特点，达到以小博大的目的。

11. 网络视频营销

网络视频营销指的是企业将各种视频短片以各种形式放到互联网上，达到宣传企业品牌、产品以及服务信息的目的的营销手段。网络视频广告的形式类似于电视视频短片，它具有电视短片的种种特征，例如感染力强、形式内容多样、肆意创意等，又具有互联网营销的优势，例如互动性、主动传播性、传播速度快、成本低廉等。可以说，网络视频营销，是将电视广告与互联网营销两者“宠爱”集于一身。

12. 网络图片营销

网络图片营销就是企业把设计好的有创意的图片，在各大论坛、空间、博客和即时聊天工具上进行传播或通过搜索引擎的自动抓取，最终达到传播企业品牌、产品、服务等信息，来达到营销的目的。

13. 网络软文营销

网络**软文**营销，又叫网络新闻营销。通过网络上门户网站、地方或行业网站等平台传播一些具有阐述性、新闻性和宣传性的文章，包括一些网络新闻通稿、深度报道、案例分析等，把企业、品牌、人物、产品、服务、活动项目等相关信息以新闻报道的方式，及时、全面、有效、经济地向社会公众广泛传播的新型营销方式。

【小知识】

软文：指企业通过策划在报纸、杂志或网络等宣传载体上刊登的，可以提升企业品牌形象和知名度，或可以促进企业销售的一些宣传性、阐释性文章，包括特定的新闻报道、深度文章、付费短文广告、案例分析等。

与硬广告相比，软文之所以叫做软文，精妙之处就在于一个“软”字，好似绵里藏针，收而不露，克敌于无形，等到你发现这是一篇软文的时候，你已经冷不丁地掉入了被精心设计过的“软文广告”陷阱。

14. RSS营销

RSS为really simple syndication（简易供稿）的缩写，是某一站点用来和其他站点之间共享内容的一种简易方式，也叫聚合内容。简单地说，RSS是网站用来和其他站点之间共享内容的一种简易方法。从RSS阅读者的角度来看，RSS就是一种方便的信息获取工具。在许多新闻信息服务类网站，会有橙色的XML按钮或者蓝色的RSS按钮，这就是典型的提供RSS订阅的标志，这个图标一般链接到订阅RSS信息源的URL。当然，用户要通过RSS来获取信息的前提是先安装一个RSS阅读器（这也许是RSS应用中的一个障碍，特别是在我们已经习惯在线阅读的今天），然后将提供RSS服务的网站加入RSS阅读器的频道中，也就意味着用户不必打开某个网站也可以实时获得该网站的信息。

RSS营销，又称网络电子订阅杂志营销，是指利用RSS这一互联网工具传递营销信息的网络营销模式。RSS营销的特点决定了它比其他邮件列表营销具有更多的优势，是对邮件列表的替代和补充。使用RSS的以行业业内人士居多，比如研发人员、财经人员、企业管理人员，他们会在一些专业性很强的科技型、财经型、管理型等专业网站，用邮件形式订阅他们需要的杂志和日志，了解行业的新信息。

15. SNS营销

SNS，英文全称为social networking services，即社会性网络服务，例如中国人人网、开心网等都是SNS型网站。这些网站旨在帮助人们建立社会性网络的互联网应用服务。

SNS 营销是随着网络社区化而兴起的营销方式。SNS 社区在中国发展的时间并不长，但是 SNS 现在已经成为备受广大用户欢迎的一种网络交际模式。SNS 营销就是利用 SNS 网站的分享和共享功能，在六维理论的基础上实现的一种营销，并通过病毒式传播的手段，让企业的产品、品牌、服务等信息被更多的人知道。

【小案例 5-15】中信&豆瓣

2010 年，在中信信用卡 SNS 营销活动中，最值得一提的是联合豆瓣推出的“9 元看电影活动”。这一活动以“记录我的电影之旅”为主题，豆友们将自己与电影结缘的故事记录下来，发表在活动论坛内，即可参与活动。至活动结束日，短短一个月就收到 705 篇影评，总数超过 140 万字，近 200 名网友获得了中信送出的精美大奖。除了刷卡可以参加“9 元看电影”的活动，消费者还可以通过 Web2.0 网络平台参加。

中信选择豆瓣合作，正是看重了豆瓣网“爱看电影”互动社区传播的优势。豆瓣网 2005 年创办，主要以书评和影评为特色，到 2010 年 1 月，注册用户突破 3 000 万，其中“爱看电影”这样的圈子注册活跃用户高达数十万。豆瓣的社区提供了一种以“兴趣爱好”为纽带扩展人际关系的可能。豆瓣的豆友们已经在现实生活中组织了各种各样的聚会、活动，将网络上的人际关系向实际生活转移。中信信用卡的“9 元看电影”活动，巧妙地将线下的活动和线上的社区结合起来，抓住了 Web2.0 营销的核心特征，实现了推广效果的最大化。

【小案例 5-16】建行植入开心富翁

自 2009 年 11 月底到 2010 年 2 月初，中国建设银行在开心网进行了植入式推广。活动前期，中国建设银行植入理财方式测试，提供“你与金钱的关系”、“金钱在你眼里是什么样”等问题，每道题以一系列图片来展示题目内容，通过测试者看到图片时的第一直觉，来测试由性格决定的理财方式。测试活动进行两周后，开心网新组件开心富翁正式上线。该游戏中通过金钱交易买卖土地，因此有大量的银行曝光。中国建设银行在开心富翁上线即以冠名身份出现，用户在游戏过程中，有一定概率会进入“中国建设银行”。每个用户首次进入银行，会出现与前期理财测试相应的联动环节。对于已做过测试的用户，根据测试结果提示其适合的理财方式。对于未做过测试的用户，引导用户参加测试。游戏中，每次经过他人地盘支付过路费时，均提示用户“使用建行龙卡通支付”。同时，游戏中可在建设银行购买理财产品，理财产品名称与建行真实理财产品对应。用户每次赎回理财产品时均可获得一次抽取真实礼品的机会。

整体活动期间，建行龙卡通支付曝光次数超过 1.4 亿，建行大楼总曝光次数超过 4 000 万，在开心富翁中购买理财产品的次数超过 220 万。建行理财测试参加人数超过 28 万人。建行植入广告以两个组件活动联动的方式，前期理财测试初步铺路，后期深度植入，再将理财测试引入建行和开心网二者巧妙配合，为双方带来了更多关注。真实礼品抽奖环节的加入，是植入开心富翁活动吸引用户参与的亮点。整体活动中参加抽奖活动的用户超过 100 万。此举一方面增加了游戏的趣味环节，同时也让部分用户在参与游戏的过程中得到了意外的收获。

16. 微博营销

微博营销是一种新的网络营销方式。微博营销以微博作为营销平台，每一个听众（“粉丝”）

都是潜在营销对象，每个企业利用更新自己的微型博客向网友传播企业、产品和服务的信息，树立良好的企业形象和产品形象。每天都可以更新内容，并随时跟大家交流，或者有大家所感兴趣的话题，这样就可以达到营销的目的。

微博适应了用户互动交流的需求，顺应了信息传播方式大变革的趋势。作为互联网的一种新的应用模式，它具有高度开放性，并介于互联网与移动网之间，无论在何时何地，用户都能及时发布消息。

有数据显示：Twitter 每天有 102 322 个问题出现，66% 的内容与商业有关，问得最多的是产品建议或意见、技术支持等。与普通“粉丝”的回答相比，80% 受访者更相信企业用户的答案，超 6 成提问者会因为企业账号的回答而去关注这个企业，甚至进行购买。

【小案例 5-17】蘑菇街 App 的成功应用

蘑菇街作为社会化导购的领军企业，是完全依靠微博和其他的社会化媒体平台（QQ）发展起来的。据说蘑菇街每天从新浪微博可以免费带来 8 万流量，而腾讯的全平台可以带来 20 万的流量。应该说，蘑菇街和美丽说，在利用社交媒体“粉丝”引导流量方面，是相当敏锐也相当成功的。

蘑菇街在崛起的初期敏锐地捕捉到了“王功权私奔”的这个热点。当时他们快速推出了一个私奔题材的 App，开始的时候是匹配你和你的哪位微博异性朋友最有可能私奔，但反应寥寥。于是把异性改成了同性，用户做完测试后，居然发现自己和一个同性朋友私奔了。顿时微博就欢乐了，App 迅猛病毒式地传播开来，蘑菇街一战成名，获得了大量的关注度和“粉丝”。

17. 微信营销

微信营销是网络经济时代企业对于营销模式的创新，是伴随着微信的火热产生的一种网络营销方式。微信不存在距离的限制，用户注册微信后，可与周围同样注册的“朋友”形成一种联系。微信用户订阅自己所需的信息，而商家提供用户需要的信息来推广自己产品，这是一种点对点的营销方式。

【小知识】

微信：微信是腾讯公司于 2011 年 1 月 21 日推出的一款通过网络快速发送语音短信、视频、图片和文字，支持多人群聊的手机聊天软件。用户可以通过微信与好友进行形式上更加丰富的类似于短信、彩信等方式的联系。微信软件本身完全免费，使用任何功能都不会收取费用，使用微信时产生的上网流量费由网络运营商收取。2012 年 9 月 17 日，微信注册用户过 2 亿。

【小案例 5-18】星巴克开启微信之旅 随时随地 Refresha

全球领先的专业咖啡公司星巴克携手腾讯，于 2012 年 8 月 28 日正式推出星巴克官方微信账号，为广大微信用户和星巴克“粉丝”创建一种全新的人际互动和交往方式。星巴克企业发展战略向来注重数字媒体与社交媒体，一直走在科技与时尚的前沿，身体力行，打造新鲜时尚空间。星巴克官方微信平台，就是企业数字化战略中重要及坚实的一步。

8 月 28 日至 9 月 30 日，用户登录微信，通过扫描 QR 码，将“星巴克中国”加为好友后，即可与星巴克展开一场内容丰富的互动对话。工作繁忙、身心疲惫，需要随时随地 Refresha 一下？用户只需向“星巴克中国”发送一个表情符号，星巴克将即时回复，用户即刻享有星巴克《自然醒》音乐专辑，获得专为该用户心情调配的曲目，感受自然醒的超能力。截至 9 月 2 日，通过这次活动，星巴克中国公司的微信账号共有 6.2 万“粉丝”，每天平均收到 2.2 万条信息，基本以参与活动的表情互动为主。

图 5-5　星巴克中国公司的二维码与微信营销手机截图

【要点回顾】

网络营销是企业整体营销战略的一个组成部分，是为实现企业总体经营目标所进行的，以互联网为基本手段营造网上经营环境的各种活动。

作为一种新型的营销模式，网络营销主要包括的内容有网上市场调查、网上消费者行为分析、网络营销策略制定、网络营销管理与控制。

网络营销的功能很多，主要有八大功能：信息搜索、信息发布、商情调查、销售渠道开拓、品牌价值扩展和延伸、特色服务、客户关系管理和经济效益增值。

网络营销理论基础仍来自于传统的市场营销理论，主要包括整合营销、软营销、直复营销、关系营销，以及长尾理论等。

网络营销是在传统营销的基础上发展起来的，因此传统营销中的基本营销策略原理仍然适用于网络营销，成为网络营销中的基本策略，主要包括产品、价格、渠道和促销，但网络营销的 4P 策略在实际运用中不同于传统营销。

利用互联网进行市场调研有两种方式：一种是利用互联网直接进行问卷调查等方式搜集一手资料；另一种方式是利用互联网的媒体功能，从互联网搜集二手资料进行网上间接调查。

在现阶段的网络营销活动中，常用的工具包括企业网站、搜索引擎、电子邮件、网络实名/通用网址、即时信息、浏览器工具条等客户端专用软件，以及电子书、RSS、博客（Blog）、SNS、微博、微信等。借助于这些网络营销工具，可以实现营销信息的发布、传递、与用户之间的交互等。

目前网络营销主要有 17 种形式：搜索引擎营销、即时通信营销、网络病毒式营销、BBS 营销、网络博客营销、聊天群组营销、网络知识性营销、网络事件营销、网络口碑营销、网络直复营销、网络视频营销、网络图片营销、网络软文营销、RSS 营销、SNS 营销、微博营销、微信营销等。

【本章习题】

1. 网络营销的定义是什么？
2. 简述网络营销的理论基础，并举例说明。
3. 试比较网络营销与传统营销。
4. 网络营销的八大职能包括哪些？
5. 网络营销策略有哪些？各自有什么特点？
6. 网络市场调研方法有哪些？
7. 简述网络市场调研的步骤。
8. 网络营销常用工具有哪些？试结合案例分析它们的特点和应用。
9. 网络营销主要有哪些形式？请找出现实中的应用实例。

【课后拓展】

小组活动

1. 搜集资料，选择成功网络营销的典型案例进行比较分析，组内讨论各企业或项目所采用的营销策略，以及其营销特点和核心竞争力所在。

2. 以小组成员熟悉的某个产品为例，共同设计一份在线调查问卷，然后利用网络发布问卷，进行网络调研，回收问卷后进行统计、分析和整理，形成调研报告。与其他小组交换互评，深入讨论报告的优缺点。

第6章 垂直电子商务应用

【内容提要】

多元化与垂直化是电子商务两个不同的发展方向。如今的电子商务网站有向多元化发展的，也有向垂直化发展的。究竟什么是垂直电子商务，电子商务在不同行业的应用情况如何，这些问题将在本章找到答案。

本章学习目标：

- 了解垂直电子商务的概念及其与水平电子商务的区别
- 了解电子银行、网上保险、网上证券交易等不同金融电子商务的应用情况
- 熟悉旅游电子商务的交易形式与分类
- 熟悉农业电子商务的不同模式
- 了解电子商务在医疗、教育、票务等不同领域的垂直应用

【引导案例】聚美优品：开创化妆品电子商务创新模式

2010年，聚美优品以创新的化妆品团购模式改变了人们购买化妆品的消费习惯。2011年，聚美优品集中完善供应链和提升服务体验。

“我最爱护肤品了，女人的面子是非常重要的，但是专柜的价格常常让人望而却步，托朋友从境外代购，也比较麻烦。”爱美的王西每月在化妆品上需要花费上千元，自从她迷上了化妆品团购，推荐式的购物体验，让她更放心、便捷地拥有美丽。

火热的化妆品团购市场，正在从销量比拼转向精准营销。团购市场的这种变化，吸引到了投资人注意的目光。国内首个化妆品团购网站——聚美优品（原团美网），也是该垂直领域第一个获得千万美元级别投资的企业。

聚美优品，改变了人们购买化妆品的消费习惯

聚美优品，不能简单定义为团购信息提供者，更为精准地说，它是一个推荐式化妆品B2C平台，本质上是一家垂直行业的B2C网站。从最初每日一件限时折扣团购模式，到如今每日多件产品限时抢购，在品类管理上主要以推荐明星产品搭配其他产品进行销售，供应商有包括兰蔻、相宜本草等品牌在内的代理商（总代或区域代理）、经销商等。

聚美优品从2010年3月成立至今，凭借口碑传播，短短一年就从月销售额不足10万元发展到月销售额3 000万元的规模，如兰蔻、雅诗兰黛等国际一线品牌商相继与其展开合作。目前，聚美优品拥有100万注册用户，占女性化妆品团购市场份额的60%以上，成为国内最大的化妆品团购网站，开创了一个以团购模式呈现的电子商务奇迹。在天使投资人徐小平看来，网购化妆品也是近两年刚刚出现的事情，是聚美优品改变了人们购买化妆

品的消费习惯。

服务与质量并重，做最大的女性化妆品垂直 B2C 网站

“消费者网购化妆品的时候，最怕买到假货、次品，且化妆品的供货渠道不透明。而聚美优品坚持只从品牌厂家、正规代理商、国内外专柜等可信的进货渠道采购商品，甚至在采购部专门设置了自己的质检员。让消费者拥有良好的服务体验，并且得到消费者的信任，是做化妆品 B2C 的关键所在。聚美优品的目标就是打造一个化妆品行业的网上精品店。”陈欧的一席话展现了他对聚美优品未来发展的自信。

与大多数化妆品网购企业“轻”模式经营不同，聚美优品推崇“重”模式经营，引导消费者接受聚美优品推荐的明星产品的同时，依靠完整的采购、物流和客服团队，提高服务质量，满足消费者更多变美的需求。

为了不漏掉任何一个与用户互动的机会，为了能够深刻了解用户的需求，聚美优品 CEO 陈欧甚至向消费者公开自己的微博地址。陈欧告诉记者说：“因为手机里装了微博，我可以跳过客服直接与消费者交流。通过这种方式，我可以第一时间了解到用户的想法，帮助我们的用户解决她们的美丽问题。”

聚美优品从团购到 B2C，是一项创新之举。聚美优品未来将在全国布局物流中心，增加品类，深化售后服务和完善供应链，为广大女性用户推荐更多更好的美丽单品，致力做最大的女性化妆品垂直 B2C 网站。

（资料来源：比特网）

案例点评：随着 B2C 市场的逐步成熟，B2C 领域进入用户细分的市场阶段。近年来，越来越多的厂商进入垂直细分线上 B2C 市场，消费者可选择的商品品类更加丰富，聚美优品作为中国第一批从事化妆品垂直型专业网站，借团购之力逐步发展成一家有影响力的女性化妆品垂直 B2C 电子商务平台。本章将重点对金融、旅游、农业等行业或领域的垂直电子商务应用进行全面介绍。

6.1 垂直电子商务概述

垂直电子商务是指在某一个行业或细分市场深化运营的电子商务模式。垂直电子商务网站旗下商品都是同一类型的产品。这类网站多为从事同种产品的 B2C 或者 B2B 业务，比如中国化工网，中国小商品市场网，其业务都是针对同类产品的。与其相对的则是综合电子商务网站，类似淘宝，易趣这类网站。垂直电子商务与多元化电子商务是电子商务的两种模式。

1. 垂直电子商务的核心是专业化

中国电子商务在起步阶段孕育了很多多元化的电子商务网站，如 B2C 的卓越、当当，C2C 的淘宝和 B2B 的阿里巴巴等。这些网站就像综合类的大百货商店，在初期也只为所有产品提供统一的服务。随着电子商务产业的成熟，垂直化的服务开始受到重视，如主营服饰的凡客诚品和 3C 起家的京东等都提供了个性化的体验。

其实电子商务的垂直化运营在国外早就有比较成熟的发展。美国最大的购物网站亚马逊虽然经营的产品包罗万象，但是各个产品类目都有自己的专业团队独立运营，以符合不同用户的

需求。

2．垂直行业用户对行业知识的需求量大

网站做行业知识栏目的最终目的还是为了商业服务，企业成为收费会员，做了广告，无非就是想获得买家；而网站提供个人学习、工作的服务，最终的目的还是为了能够为会员企业带来各个渠道的买家。在一个企业里，一切都是围绕业务来转的。但是必须明白，在大部分的企业里，关心技术、市场、管理的人会多于只关注销售的人。一个企业要发展壮大，技术和市场可以说是最关键的两个环节，从业人员的数量和知识水平都是非常重要的。

B2B 垂直行业网站提供了行业知识、技术、行情、管理、市场等知识，从业人员有不懂的问题，都可以到行业门户去学习、去提问、去交朋友，这样就满足了这些企业里员工的需求。而这个需求的量一定是行业企业数量的 10 倍甚至 50 倍以上，只要能解决这些用户的需求，就能像中国化工网、中国服装网、我的钢铁网、PVC 塑料网等国内优秀的 B2B 行业门户网站所取得的成效一样，这是它们与阿里巴巴、B2B 大行业网站最大的差异，也是它们的核心竞争力。

3．网络提供行业知识是最成熟的模式

据相关资料统计，在网络上学知识、找资料的人远远超过找商机的人，也是目前最为成熟的网络应用模式，最具代表性的就是百度。虽然是做搜索服务的，但是百度音乐、贴吧、知道、百科、空间却对其称雄中文搜索市场，市场份额遥遥领先于竞争对手起到了非常大的作用。因为一些人用百度形成习惯，就是觉得能找到许多有用的知识，其他搜索引擎不可以。这满足了一部分人的需求。门户网站新浪、搜狐也是从做资讯开始的，因为这些都是人们上网的一个很大的需求。B2B 垂直行业门户网站对行业知识更加专注。这类网站已经做了一定的细分，行业资讯、技术、市场行情等本身就是按照科目、行业去细分的，只有同行才能更好地交流技术、市场行情等。其实行业门户做技术社区更容易做好，因为社区更具有行业氛围，通过网络共享的属性，同行的一个技术新手和一个技术高手之间可以互相交流，互相学习；此外，网络可以跨地区，能更好解决交流成本问题，以极低的成本来满足需求，可以说，这也是信息社会同行之间进行技术、行情资讯等交流的最佳模式。

4．垂直网站应重视社区的知识交流和推广

许多 B2B 行业门户网站对行业资讯、论坛、知道、博客、空间等社区非常不重视，这对于网站的原创文章、用户的黏性、品牌知名度及影响力打造、搜索引擎对网站的评级都会有很大影响。这个模式的好处就是内容由用户去创造，垂直网站只需搭建一个平台，利用一些模式把特定的人群挖出来，例如，喜欢表现自己的行业专家，就让他们尽情地写优秀的博文；喜欢利用社区来推广自己产品的销售人员，就让他们来做知识营销；喜欢交朋友、玩空间的人，就让他们拥有属于自己的个性化的行业空间，等等。此外，垂直网站需有一定数量的专业编辑，每天除了和用户互动，编辑也需要注册一些“马甲”，来发布优质的信息，以在社区没有话题、没有热点、没有优质博文的时候引导用户。

【小知识】

马甲：一个现实人在同一论坛注册多于 2 个（含 2 个）ID 并同时使用时，常用的或知名度较高的那个 ID 一般称为主 ID，其他 ID 称为马甲 ID，简称马甲。

6.2 金融电子商务

6.2.1 概述

20 世纪 80 年代，我国银行业开始全面使用计算机，计算机金融时代来临，但当时主要限于利用计算机进行辅助银行内部业务管理，实际上是银行业的办公自动化。到 90 年代中期，我国金融专用网络体系建设获得了较大发展。1993 年，中国政府宣布将“金卡”等一系列“金”字工程作为重要的国民经济信息化工程后，我国计算机金融建设更是取得了巨大的成就。在这个阶段中，较为突出的成就是，我国建成了金融卫星通信网络和中国国家金融数据通信网等金融骨干网络。基于这些主干网，中国人民银行各大商业银行先后建立起中国国家现代化支付系统和网络联行系统。国内大部分城市中，本地清算系统、储蓄通存通兑系统、对公业务处理系统、银行卡自动处理系统等应用系统也先后投入运行。在这一阶段，一个集国家宏观金融管理和监控，金融机构内部经营管理和对外提供金融服务等功能于一体的网络金融体系已经初步形成。

20 世纪 90 年代中期以来，随着网络信息技术的发展和普及，我国正逐步跨入网络金融时代。这主要体现在以下几个方面。

（1）网络银行。目前，工、农、中、建“四大”商业银行都建立了较完善的通信网络系统。其他商业银行，如光大银行，华夏银行，以及中信实业银行都已采用帧中继银行专用网。中国第一家上网的银行是中国银行，时间是在 1996 年 10 月。深圳招商银行也是国内最早推出上网银行业务的商业银行。2000 年 6 月 29 日，由中国人民银行牵头，组织国内 12 家商业银行联合共建的中国金融认证中心全面开通，开始正式对外提供发证服务。中国金融认证中心作为一个权威的、可信赖的、公正的第三方信任机构，专门负责为金融业的各种认证需求提供证书服务，为参与网络交易的各方提供安全的基础，建立彼此信任的机制。

（2）网络保险。目前我国的网络保险业还处于起步阶段。总体而言，网络硬件条件不错，软件开发方面已有一定发展，由于大多数公司经营管理的标准化程度不高，使得应用效率偏低，但少数公司网络化建设和应用得比较好。1997 年 11 月“中国保险信息网”开始运行，成为中国网络保险的里程碑。自 2000 年年初起，国内开始涌现出多家大型的专业保险电子商务网站。

（3）网络证券交易。自 1997 年以来，网络交易方式在我国券商中得到迅速推广。1997 年 3 月，“中国华融信托投资公司”湛江营业部，推出多媒体公众信息网网上交易系统，揭开了我国网络证券交易的帷幕。在我国，网络证券交易开始是由证券公司全权委托 IT 公司（包括网上服务公司，资讯公司或软件系统开发商）负责的，而证券公司以营业部的身份在后台为客户提供网络交易的信道。根据 2000 年中国证监会公布的《网络证券委托暂行管理办法》的规定，只有获得中国证监会颁发的《经营证券业务许可证》的证券公司，在达到《证券经营机构营业部信息系统技术管理规范》的要求后，经向中国证监会申请，才可开展网上委托业务。从任何角度说，证券都是金融系统的重要组成部分。计算机网络在中国建立和广泛发展起来，也只是最近十几年的事，而标志着中国金融领域重要突破的股市的产生和发展，正好也在这段时间。

6.2.2 电子银行

1. 电子银行业务

根据中国银行业监督管理委员会2006年3月1日施行的《电子银行业务管理办法》中的有关定义，电子银行业务是：商业银行等银行业金融机构利用面向社会公众开放的通信通道或开放型公众网络，以及银行为特定自助服务设施或客户建立的专用网络，向客户提供的银行服务。电子银行业务主要包括利用计算机和互联网开展的网上银行业务，利用电话等声讯设备和电信网络开展的电话银行业务，利用移动电话和无线网络开展的手机银行业务，以及其他利用电子服务设备和网络，由客户通过自助服务方式完成金融交易的业务，如自助终端、ATM、POS等。电子银行是金融创新与科技创新相结合的产物。

2. 电子银行的特点

电子银行发展迅速在很大程度上是由于它具有无纸化交易、方便快捷、成本低廉等特点。

（1）无纸化交易

传统银行的日常支付手段通常是通过现金、票据等来完成的，而电子银行的应用使我国实现了无纸化交易，它具有高效、安全、保密的特点，已成为银行业及其他领域的发展主流。

（2）方便快捷

电子银行使用非常便捷，不受时间与空间的限制，可以随时随地获得服务。电子银行提供的个性化服务，有助于针对性地为企业与个人提供理财投资服务，使其降低运营成本，提高资金的周转率。电子银行也为用户日常生活提供了便利，足不出户即可完成水电费、网上购物等的交易支付，省时省力。

（3）成本低廉

电子银行的交易成本低廉，能够实现银行、客户成本的双降，实现共赢。电子银行省去了以往传统支付的繁杂手续，减少了银行的开支，同时可以减少客户交通等的额外费用。

3. 国内电子银行业务发展现状

电子银行最早兴起于美国。1996年，美国“安全第一网络银行”便开始通过网络开展金融业务。相对于国外，我国电子银行受到法律法规、信用体系建设不完全及网络信息技术较为落后等现状的制约，起步较晚，但发展较快。

（1）网上银行

1997年，招商银行建立“一网通”，开创我国网上银行的先河，中行、建行、农行等也随后陆续推出自己的网上银行。进入21世纪以后，网上银行业务流程更加现代化，网上银行越来越受到企业与个人的青睐。2010年我国网上银行市场交易额达到553.75万亿元，截止到2010年年底，注册用户数超过3亿。

（2）银行卡及自助银行

据数据显示，截至2010年年末，我国银行借记卡发卡量为21.9亿张，信用卡发卡量为2.3亿张。各类银行结算账户共计33.76亿户，同比增长20%，另外，我国非现金支付工具办理支付业务共277亿笔，金额为905.2万亿元，同比分别增长29.4%和26.5%。其中银行卡业务共257.6亿笔，金额为246.8万亿元，同比分别增长30.8%和48.7%。银行卡的使用，为消费者日常购物、交易等提供便利，排除了携带大量现金的安全隐患，无纸化操作也促使交易顺利、快速完成。

（3）电话银行

电话银行是近年来日益兴起的一种电子银行业务，它通过电话这一通信工具将用户与银行紧密相连，是为客户提供各类查询服务的新型银行。各大银行均开通了“9”开头的电话服务热线，如中国银行：95566。电话银行操作简单，自动化管理，可实时查询，实现了银行“24小时制”的服务模式。

（4）手机银行

手机银行是我国电子银行的重要发展方向。手机具有方便携带、操作简单等特征，用户可以随时与他人沟通联系，是一种大众化的便捷通信工具。1999年，我国首次开发手机银行业务，为用户提供账户查询、缴费、转账与证券交易信息等服务。目前，中行、交行、工行等各大银行均已开通手机银行的业务，其中招商银行用户手机银行转账汇款0费用、建行用户可享受转账汇款1折优惠等活动，大大促进了我国手机银行业务的发展。截至2011年6月，我国手机用户已突破9亿大关，超过3亿的用户使用手机上网业务，开通手机银行的用户已超7 000万，标志着我国手机银行业务已进入了一个崭新的发展阶段。

有关电子银行应用的网上银行方面的内容将在后面的第8章进行详细介绍，在此不再赘述。

6.2.3 网上保险

网上保险，指保险公司或保险中介机构以互联网和电子商务技术为工具来支持保险经营管理活动的经济行为。

从狭义上讲，网上保险是指保险公司或新型的网上保险中介机构通过互联网为客户提供有关保险产品和服务的信息，并实现网上投保、承保等保险业务，直接完成保险产品的销售和服务，并由银行将保费划入保险公司的经营过程。

从广义上讲，网上保险还包括保险公司内部基于互联网技术的经营管理活动，对公司员工和代理人的培训，以及保险公司之间、保险公司与公司股东、保险监管、税务、工商管理等机构之间的信息交流活动。

1. 网上保险商务模式

目前，我国保险电子商务应用模式不断丰富，已经形成B2B、B2C、B2M等多种服务模式。网站的信息、产品、服务等方面的成熟度，将决定其对销售拉动的实际效果，成为保险电子商务发展的关键。

（1）B2B网上保险模式

这是一种保险公司对销售代理机构的网上交易模式。如太平洋保险的诚信通代理平台，它是提供车险、货运险、意外险等条款和费率标准化程度较高的险种的网上交易平台。

（2）B2C网上保险模式

保险公司直接面对终端消费者的销售模式。这是市场上最为普遍的一种销售模式，安邦保险、人保、平安等的保险电子商务平台，各家公司的电话车险都属于这一类别。

（3）B2M网上保险模式

保险商品供应商对保险销售经理人的销售模式，类似于B2B，但M是属于个体保险代理人。这个销售模式，市场比较少见，主要以中国保险服务网电子商务的车险网上投保为代表。

（4）多业务选择

消费者可以利用保险网络平台完成很多保险业务，比如产品选择、填写投保单、支付保费及理赔查询等。然而，仍有超过八成的保险公司电子商务平台，在投保、批改和理赔功能上存在缺陷，网站仍然停留在以信息发布为主要功能的服务阶段，并不能称之为成熟的电子商务平台。

2．开展网上保险的优势

开展网上保险具有以下优势。

（1）网上保险信息流优势

首先，网上保险具有信息储量优势。宽带、高速、广域和多媒体化的互联网络具有信息容量大、时效性强的特点。它可以及时为客户提供大量高密度、多样化的专业信息，可减少投保人投保的盲目性和局限性。其次，网上保险具有信息调查优势。网络订单一般是标准化的电子保单，便于保险公司对各节点访问率进行统计分析，了解消费者的需求特征，制定市场扩张规划，设计险种组合，实现产品多元化经营。再次，网上保险具有信息交流优势。一方面，投保人通过在线浏览，对保险险种和有关条款进行比较、确认后，实现网上签单，简化了投保手续，给客户投保提供了很大的便利。另一方面，保险人也可以运用网络加强与公司股东、保险监督机构等相关人员和机构的信息交流，及时了解行业动态和政策法规。

（2）网上保险产品优势

长期以来，我国保险市场的保险经营依从于生产者导向模式，险种同构现象严重，相似率达 90% 以上。运用网络电子商务技术可以在很大程度上改变这种窘境：一方面，保险人可根据消费者网络反馈进行文档处理、数据分析、发现和满足消费者需求，制定新产品的开发规划，既有利于满足社会不同层次的需要，加强保险产品的市场竞争能力，又有利于保险产品档次提升，形成险种优势，实现保险行业规范化经营；另一方面，投保人也可以运用网络在线申请订立特别保单，投保条件、可保范围、缴费方式、融资渠道等条款都依据个性制定，保险商品不再是一成不变的要式经济合同，而是别具风格的特色产品，具有相当的灵活性。

（3）网上保险渠道优势

宽带、高速、广域和多媒体化的网络为网上保险创造了显著的渠道优势。首先，它为保险人将产品适时、经济地转移给消费者提供了便利，在很大程度上节省了流通费用，提高了市场占有率，同时也为消费者创造了一个产品比较的渠道，使完全竞争市场成为现实；其次，保险销售网与银行网联网，将保险方和投保方有机地联系起来，是网络电子商务在保险业中运用的最突出优势，改变了传统保险资金清算方式，使长期延续的上门收缴保费或保户到保险公司缴纳保费的烦琐结算方式逐渐消失。另外，从国外的经验数据看，相对于其他渠道，通过互联网分销的成本最为低廉。根据测算，代理人、经纪人、电话中心和互联网的保险销售成本比为 152:116:20:10；每次服务成本之比为 19:15:8:0.45。这意味着，通过互联网分销，不仅可以节约成本，而且可以高效实现市场覆盖。

（4）网上保险促销优势

首先，网上保险信息覆盖面广，保留时间长，发布费用低，具有传统保险望尘莫及的优势，保险公司在网上设立网站或主页，将公司概况、险种、条款及费率公之于众，方便了消费者在多家保险公司及多种产品中进行比较选择，有利于客户充分领会保险合同的条款细节，了解权利义务，合理选择险种；其次，保险信息在网上发布，一般针对特定市场制作，摈弃了传统保险广告容易分散人的注意力而导致印象肤浅的弊病，使保户从消极接受推销转变为自主选择。这更加符合消费者购买心理，更容易促成交易的达成，具有良好的促销效果。

（5）网上保险保障优势

网上投保透明度高，容易确认责任归属以规避风险，可以完整地体现保险的保障功能。在网上保险销售流程中，投保人不再沿袭传统中介展业模式，它直接与保险公司在线签约，经确认后填写电子投保单和保单，然后网上付款取单，整个过程完全公开，有效地避免了以往保险中介因利益驱动而侵犯隐私的事件，有利于保护客户的商业秘密，将保险公司的承保风险降低到最低限度。

（6）网上保险成本优势

保险经营成本过高一直是保险业不能快速发展的重要原因，而网络电子商务的运用则可以最大限度地改善这种不良状态。第一，保险人在线展业时，网络互动性优势使其可以免去代理人、经纪人等中介环节，只需支付低廉的网络服务费便可保证市场份额，大大节省了企业经营成本。国际咨询机构调查结果显示：采用电子商务技术以后的 2 年内，保险销售费用将平均下降 5%～10%；第二，网络受众群体庞大，通过互联网出售保单或提供服务有一种规模经济效益，它比传统营销方式大概可以节省 58%～71%的费用。据权威机构估计，今后的 10 年中，保险公司利润的 30%将依靠电子商务技术的支撑。

（7）网上保险服务优势

以往传统保险展业推行的是人海战术，营销人员素质低下，令公众信任感缺乏，严重阻碍了保险业的正常发展。运用电子商务网络展业，服务水平大大提高。第一，在线投保不受时空的限制，可以为客户提供最完全的服务。网络的无间断性特点，使保险人与投保人可以全天 24 小时进行网上交易，投保不受时间限制。网络的跨区域性特点，使其可以为身处不同地理位置的消费者提供多样化、多层次化的服务。第二，保险人利用网络可以对公司员工和代理人进行培训，提高营销人员的基本素质，保证服务水平，使保险展业不再停留在只注重扩大规模、抢占市场的低效益经营水平上。

【小案例 6-1】中国人寿电子商务平台

2012 年 6 月 16 日，中国人寿保险（集团）公司，简称中国人寿，新版互联网电子商务平台正式上线运行（见图 6-1）。新版电子商务平台是中国人寿推出的首个面向客户的“一站式”综合金融保险服务平台。平台的服务范围涵盖了寿险、财险、企业年金等综合业务，从集团层面实现各类金融保险业务的“综合服务、组合销售、统一宣传”功能。

图 6-1　中国人寿保险电子商务平台首页

中国人寿此次推出的新版电子商务平台实现了三个重要突破。一是网上服务突破。电子商务平台重点突出集团的“综合服务”理念，为客户提供一站式金融保险服务，平台的服务范围涵盖了寿险、财险、企业年金等综合业务，满足不同客户对保险产品服务的多样化需求；二是车险销售突破。通过着力构建集团层面的“网上商城”，在有效整合已有寿险产品销售功能的基础上，积极拓宽销售和服务领域，增加了车险产品销售等功能，提供中国人寿多种适用于互联网渠道销售的金融保险产品；三是移动电子商务突破。中国人寿第一次推出了面向客户的移动销售与服务工具。

作为电子商务平台建设创新的一部分，中国人寿同步推出了“国寿掌上保险”移动电子商务平台，将公司的人性化服务延伸到客户手中。目前，移动商务平台以苹果iPhone手机平台为终端，具备车险投保、保单查询、理赔查询、投保指引、生活服务等功能，其中手机投保功能可以实现投保车险产品从信息查询、险种选择、保费试算到手机支付的全流程操作。

“掌上保险”的及时推出，不仅使中国人寿率先进入移动应用领域，有利于宣传企业实力，塑造企业形象，更重要的是为客户提供随时随地的贴心保险服务，满足了广大客户通过手机实现快速方便购买车险的需求，为客户提供了贴心便捷的保险服务助手。此外，中国人寿还将陆续推出基于安卓等其他移动智能平台的“国寿掌上保险”版本，同时将在车险投保功能的基础上迅速扩展寿险意外险投保、激活卡激活、寿险保全等功能，打造全产品线的掌上移动销售与服务。

6.2.4 网上证券交易

网上证券交易，是指投资者通过互联网来进行证券买卖的一种方式，网上证券交易系统一般都有提供实时行情、金融资讯、下单、查询成交回报、资金划转等一体化服务。

网上证券交易与传统证券交易的最大区别就是：投资者发出的交易指令在到达证券营业部之前，是通过公共网络即互联网传输的。

1. 系统功能及构成

网上证券系统为客户提供网上股票交易的实际环境，使得股民通过 Internet 进行方便快捷的在线交易、管理及其行情查询。业务涵盖股票买卖、行情查询、银证转账、账户余额、开户、销户、密码修改等方面。交易系统由几个不同的模块组成，主要任务是完成证券金融信息的收集、整理、发布以及交易等工作。

其主要交易功能有：①登录；②委托买入；③委托卖出；④委托撤单；⑤委托查询；⑥成交查询；⑦资金明细查询；⑧历史委托查询；⑨当日委托查询。

2. 网上证券交易的特点

网上证券交易有替代传统证券交易的势头。一方面是由于近年来国际互联网的迅速发展及其与证券经纪业务的有机结合；另一方面是因为网上证券交易相对于传统的交易方式具有众多优势。

首先，网上证券交易以无所不在的国际互联网为载体，通过高速、有效的信息流动，从根本上突破了地域的限制，极大地缓解了我国券商地域分布不均的矛盾，将身处各地的投资者有机地聚集在无形的交易市场中，使得投资者能在全国，甚至全球任何能上网的地方进行证券交易，并使那些有投资欲望但无暇或不便前往证券营业部进行交易的人士进行投资成为可能。

其次，网上证券交易通过国际互联网，克服了传统市场上信息不充分的缺点，有助于提高证券市场的资源配置效率。

最后，网上证券交易可以降低证券交易的交易成本和交易风险。网上交易的全国引入，使得客户彻底突破传统远程交易的制约，无须投入附加的远程信息接收硬件设备，在普通的计算机上就可以全面把握市场行情和交易的最新动态。

另外，网上交易包容了证券活动的方方面面，使投资者足不出户就可以办理信息传递、交易、清算、交割等事务，节约了大量的时间和金钱。对券商而言，网上交易的大规模开展，可以大幅度降低营业部的设备投入和日常的运营费用。此外，现在网上交易通常采用对称加密和不对称加密相结合的双重数据加密方式，再加上证券公司本身的数据加密系统，使得网上证券交易的安全性无懈可击。

【小案例 6-2】平安证券网上营业厅

平安证券有限责任公司是中国平安综合金融服务集团旗下的重要成员，前身为 1991 年 8 月创立的平安保险证券业务部。2006 年，经中国证监会评审，成为证券行业创新试点类券商。2008 年成立全资子公司平安财智进行直接投资业务，2009 年在香港设立子公司平安证券（香港）。

平安证券网上营业厅（见图 6-2）是客户进行证券网上交易的平台，给平安证券客户提供股票网上交易、基金网上交易、银证转账、网上签署风险揭示书、开通短信定制服务等网上证券交易服务。

图 6-2 平安证券网上营业厅首页

6.3 旅游电子商务

6.3.1 概述

旅游电子商务是指以网络为主体，以旅游信息库、电子化商务银行为基础，利用最先进的电子手段运作旅游业及其分销系统的商务体系。旅游电子商务为广大旅游业同行提供了一个互联网的平台。

首先，产品和价格信息最受关注，居民出游前最希望获取的信息主要是旅游核心产品及价格信息，包括旅游目的地与旅游线路、景区、住宿与交通价格的信息，包括食、住、行、游、购、娱等旅游关联产业的信息和服务质量情况。

其次，游客的散客化趋势进一步明显，居民出游前希望通过参加旅行社或自己组织团队的形式较多，通过单位组织出游的比例相对较低。

第三，互联网已成为当前绝大部分居民出游前了解相关信息的最主要渠道，亲朋好友对旅游目的地的评价也是居民出游的重要信息渠道。

中国旅游电子商务网站是从 1996 年开始出现的。目前，具有一定旅游资讯能力的网站已有 5 000 多家。其中专业旅游网站 300 余家，主要包括地区性网站、专业网站和门户网站的旅游频道三大类。虽然电子商务运用于旅游业仅有数年的时间，但是其发展势头十分强劲。电子商务已经成为信息时代旅游交易的新模式。

旅游电子商务为广大旅游业同行提供了一个互联网的平台。旅游门户网站是最为专业的旅游产品交易市场，汇聚了大量的游客客源、旅游企业及旅游相关行业企业，将旅游行业进行了细分，精致打造，为游客提供了专业的旅游服务。强大的资源数据库、交易平台及多种游客出游必备的查询功能，成为人们出游的专业指导网站，每天巨大的流量，是企业在网上开店展示、宣传及销售的最佳窗口。

旅游大卖场是一个免费的旅游广告发布场所，汇聚了大量的旅游业同行和出游者，每天发布旅游咨询、询价信息、线路报价信息、寻找合作伙伴等旅游相关信息。

6.3.2 旅游电子商务交易形式

旅游电子商务的交易形式主要包括 B2B、B2E、B2C 与 C2B 四种类型。

1. B2B 交易形式

在旅游电子商务中，B2B 交易形式主要包括以下几种情况。

① 旅游企业之间的产品代理，如旅行社代订机票与酒店客房，旅游代理商代售旅游批发商组织的旅游线路产品。

② 组团社之间相互拼团，也就是当两家或多家组团旅行社经营同一条旅游线路，并且出团时间相近，而每家旅行社只拉到为数较少的客人。这时，旅行社征得游客同意后可将客源合并，交给其中一家旅行社操作，以实现规模运作，降低成本。

③ 旅游地接社批量订购当地旅游饭店客房、景区门票。

④ 客源地组团社与目的地地接社之间的委托、支付关系，等等。

旅游企业间的电子商务又分为两种形式。

一是非特定企业间的电子商务，它是在开放的网络中对每笔交易寻找最佳的合作伙伴。一些专业旅游网站的同业交易平台就提供了各类旅游企业之间查询、报价、询价直至交易的虚拟市场空间。

二是特定企业之间的电子商务，它是在过去一直有交易关系或者今后一定要继续进行交易的旅游企业之间，为了共同经济利益，共同进行设计、开发或全面进行市场和存量管理的信息网络，企业与交易伙伴间建立信息数据共享、信息交换和单证传输。如航空公司的计算机预订系统（CRS）就是一个旅游业内的机票分销系统，它连接航空公司与机票代理商（如航空售票处、旅行社、旅游饭店等）。机票代理商的服务器与航空公司的服务器是在线实时链接在一起的，当机票的优惠和折扣信息有变化时会实时地反映到代理商的数据库中。机票代理商每售出一张机票，航空公司数据库中的机票存量就会发生变化。B2B 电子商务的实现大大提高了旅游企业间的信息共享和对接运作效率，提高了整个旅游业的运作效率。

2. B2E 交易模式

B2E（business to enterprise）中的 E 是指与旅游企业有频繁业务联系、或为之提供商务旅行管理服务的非旅游类企业、机构、机关。大型企业经常需要处理大量的公务出差、会议展览、奖励旅游事务。它们常会选择和专业的旅行社合作，由旅行社提供专业的商务旅行预算和旅行方案咨询，开展商务旅行全程代理，从而节省时间和财务的成本。另一些企业则与特定的机票代理商、旅游饭店保持比较固定的业务关系，由此享受优惠价格。

旅游 B2E 电子商务较先进的解决方案是企业商务旅行管理系统（travel management systerm，TMS）。它是一种安装在企业客户端的具有网络功能的应用软件系统，通过网络与旅行社电子商务系统相连。在客户端，企业差旅负责人可将企业特殊的出差政策、出差时间和目的地、结算方式、服务要求等输入 TMS，系统将这些要求传送到旅行社。旅行社通过电脑自动匹配或人工操作为企业客户设计最优的出差行程方案，为企业预订机票及酒店，并将预订结果反馈给企业客户。通过 TMS 与旅行社建立长期业务关系的企业客户能享受到旅行社提供的便利服务和众多优惠，节省差旅成本。同时，TMS 还提供统计报表功能。用户企业的管理人员可以通过系统实时获得整个公司全面详细的出差费用报告，并可进行相应的财务分析，从而有效地控制成本，加强管理。

3. B2C 交易模式

B2C 旅游电子商务交易模式，也就是电子旅游零售。交易时，旅游散客先通过网络获取旅游目的地信息，然后在网上自主设计旅游活动日程表，预订旅游饭店客房、车船机票等，或报名参加旅行团。对旅游业这样一个旅客地域高度分散的行业来说，旅游 B2C 电子商务方便旅游者远程搜寻、预订旅游产品，克服距离带来的信息不对称。通过旅游电子商务网站订房、订票，是当今世界应用最为广泛的电子商务形式之一。另外，旅游 B2C 电子商务还包括旅游企业对旅游者拍卖旅游产品，由旅游电子商务网站提供中介服务等。

4. C2B 交易模式

C2B 交易模式是由旅游者提出需求，然后由企业通过竞争满足旅游者的需求，或者是由旅游者通过网络结成群体与旅游企业讨价还价。

旅游 C2B 电子商务主要通过电子中间商（专业旅游网站、门户网站旅游频道）进行。这类电子中间商提供一个开放的网上中介市场，提供一个信息交互的平台。上网的旅游者可以直接发布需求信息，旅游企业查询后双方通过交流自愿达成交易。

旅游 C2B 电子商务主要有两种形式。第一种形式是反向拍卖，是竞价拍卖的反向过程。由旅游者提供一个价格范围，求购某一旅游服务产品；由旅游企业出价，出价可以是公开的或是保密的，旅游者选择质价合适的旅游产品成交。这种形式，对于旅游企业来说吸引力不是很大，因为单个旅游者预订量较小。第二种形式是网上成团，即旅游者提出他设计的旅游线路，并在网上发布，吸引其他相同兴趣的旅游者。通过网络信息平台，愿意按同一条线路出行的旅游者汇聚到一定数量，这时，他们再请旅行社安排行程，或直接预订酒店客房等旅游产品，可增加与旅游企业议价和得到优惠的能力。

旅游 C2B 电子商务利用了信息技术带来的信息沟通面广和成本低廉的特点，特别是网上成团的运作模式，使传统条件下难以兼得的满足个性旅游需求与规模化组团以降低成本，有了很好的结合点。旅游 C2B 电子商务是一种需求方主导型的交易模式，它体现了旅游者在市场交易中的主体地位，对帮助旅游企业更加准确和及时地了解客户的需求，实现旅游业向产品丰富和个性满足的方向发展起到了促进作用。

6.3.3 旅游电子商务信息终端类型

旅游电子商务的网络信息系统中必须具备一些有交互功能的信息终端，使信息资源显示出来并被人们利用，同时接受用户向电子商务体系反馈的信息。按信息终端形式划分的旅游电子商务包括网站电子商务（W-commerce）、语音电子商务（V-commerce）、移动电子商务（Mobile-commerce）和多媒体电子商务（Multimedia-commerce）。

1. 网站旅游电子商务

用户通过与网络相连的个人电脑访问网站实现电子商务，是目前最通用的一种形式。Internet 是一个全球性媒体。它是宣传旅行和旅游产品的一个理想媒介，集合了宣传册的鲜艳色彩、多媒体技术的动态效果、实时更新的信息和检索查询的交互功能。它的平均成本和边际成本极为低廉。一个网站，无论是一万人还是一千人访问，其制作和维护的成本都是一样的。目的地营销组织在运用其他手段进行营销时，预算会随着地理覆盖范围的增加而增加。而互联网与地理因素毫无关系，在全球宣传、销售的成本与在本地销售的成本并无差别。互联网用户以年轻、高收入人群居多，是有潜力的旅游市场。

我国旅游网站的建设最早可以追溯到 1996 年。经过几年的摸索和积累，国内已经有相当一批具有一定资讯服务实力的旅游网站，这些网站可以提供比较全面的，涉及旅游中食、住、行、游、购、娱等方面的网上资讯服务。

（1）旅游电子商务网站的类型

旅游电子商务网站主要包括以下六种类型。

① 由旅游产品（服务）的直接供应商所建的网站。如北京昆仑饭店、上海青年会宾馆、上海龙柏饭店等的网站就属于此类型。

② 由旅游中介服务提供商（在线预订服务代理商）所建的网站。大致又可分为两类：一类由传统的旅行社所建，如云南丽江南方之旅、休闲中华，分别由丽江南方旅行社有限责任公司和广东省口岸旅行社推出；另一类是综合性旅游网站，如携程旅行网、中国旅游资讯网等，它们一般有风险投资背景，将以其良好的个性服务和强大的交互功能抢占网上旅游市场份额。

③ 地方性旅游网站。如金陵旅游专线、广西华光旅游网等，它们以本地风光或本地旅游商务为主要内容。

④ 政府背景类网站。如航空信息中心下属的以机票预订为主要服务内容的信天游网站，它依托于 GDS（Global Distribution System）。

⑤ 旅游信息网站。它们为消费者提供大量、丰富的专业性旅游信息资源，有时也提供少量的旅游预订中介服务。如中华旅游报价、网上旅游等。

⑥ 在 ICP 门户网站中，几乎所有的网站都不同程度地涉及了旅游内容，如新浪网生活空间的旅游频道、搜狐和网易的旅游栏目、中华网的旅游网站等，显示出网上旅游的巨大生命力

和市场空间。

（2）旅游电子商务网站的服务功能

从服务功能看，旅游网站的服务功能可以概括为以下三类。

- 旅游信息的汇集、传播、检索和导航。这些信息内容一般都涉及景点、饭店、交通旅游线路等方面的介绍，旅游常识、旅游注意事项、旅游新闻、货币兑换、旅游目的地天气、环境、人文等信息，以及旅游观感等；
- 旅游产品（服务）的在线销售。网站提供旅游及其相关的产品（服务）的各种优惠、折扣，航空、饭店、游船、汽车租赁服务的检索和预订等。
- 个性化定制服务。从网上订车票、预订酒店、查阅电子地图，到完全依靠网站的指导在陌生的环境中观光、购物。这种以自订行程、自助价格为主要特征的网络旅游在不久的将来会成为国人旅游的主导方式。提供个性化定制服务已成为旅游网站，特别是在线预订服务网站必备的功能。

2. 语音旅游电子商务

所谓的语音电子商务，是指人们可以利用声音识别和语音合成软件，通过任何固定或移动电话来获取信息和进行交易。这种方式速度快，而且还能使电话用户享受Internet低廉的服务。对于旅游企业或服务网站而言，语音电子商务将使电话中心实现自动化，降低成本，改善客户服务。

语音商务的一种模式是由企业建立单一的应用程序和数据库，用以作为现有的交互式语音应答系统的延伸，这种应用程序和数据库可以通过网站传送至浏览器，转送到采用无线应用协议（WAP）的小屏幕装置，也可以利用声音识别及合成技术，由语音来转送。语音商务的另一种模式是利用VoiceXML进行网上冲浪。VoiceXML是一种新的把网页转变成语音的技术协议，该协议目前正由美国电话电报、IBM、朗讯和摩托罗拉等公司进行构思。有专家断言“虽然语音技术尚未完全准备好，但它将是下一次革命的内容。”

3. 移动旅游电子商务

所谓的移动电子商务，是指利用移动通信网和Internet的有机结合来进行的一种电子商务活动。网站电子商务以个人电脑为主要界面，是“有线的电子商务”；而移动电子商务，则是通过手机、PDA（个人数字助理）这些可以装在口袋里的终端来完成商务活动的，其功能集金融交易、安全服务、购物、招投标、拍卖、娱乐和信息等多种服务功能于一体。随着移动通信、数据通信和Internet技术的发展，三者的融合也越来越紧密。

旅游者是流动的，移动电子商务在旅游业中将会有广泛的应用。诺基亚公司已开发出一种基于“位置”的服务：“事先将个人的数据输入移动电话或是移动个人助理，那么我位于某一个点上的时候，它会告诉我，附近哪里有电影院，将放映什么电影可能是我感兴趣的，哪里有我喜欢的书，哪里有我喜欢吃的菜；我会知道去机场会不会晚点，如果已经晚了，那么下一班是几点，它不会把巴黎的时刻表，而是只把北京的时刻表给我。这些完全是由移动性带来的，固定Internet服务不是这样的。”

4. 多媒体旅游电子商务

多媒体电子商务一般由网络中心、呼叫处理中心、营运中心和多媒体终端组成，它将遍布全城的多媒体终端通过高速数据通道与网络信息中心和呼叫处理中心相连，通过具备声音、图像、文字功能的电子触摸屏计算机、票据打印机、POS机、电话机及网络通信模块等，向范围广泛的用户群提供动态、24 小时不间断的多种商业和公众信息，可以通过 POS 机实现基于现有金融网络的电子交易，可以提供交易后票据打印工作，还可以连接自动售货机、大型广告显示屏等。

为旅游服务的多媒体电子商务，一般在火车站、飞机场、饭店大厅、大型商场（购物中心）、重要的景区景点、旅游咨询中心等场所配置多媒体触摸屏电脑系统，根据不同场合咨询对象的需求来组织和定制应用系统。它以多媒体的信息方式，通过采用图像与声音等简单而人性化的界面，生动地向旅游者提供范围广泛的旅游公共信息和商业信息，包括城市旅游景区介绍、旅游设施和服务查询、电子地图、交通查询、天气预报等。有些多媒体电子商务终端还具有出售机票、车票、门票的功能，旅游者可通过信用卡、储值卡、IC 卡、借记卡等进行支付，得到打印输出的票据。

【小案例 6-3】去哪儿网推出国内首款旅行类图片分享应用“旅图”

图片是人类最早期的叙事方式，也是 21 世纪最重要的媒介传播形式之一，以 Instagram、Pinterest 为代表的图片应用程序崛起，宣告了读图时代正在来临。2012 年上半年，去哪儿网推出了自己的图片分享应用——去哪儿“旅图”客户端，为用户提供了一个记录和分享旅行照片的平台，目前，iphone 手机用户可在苹果 app store 上免费下载安装使用（见图 6-3）。

“旅图是国内第一款旅行类 Instagram 移动应用”，去哪儿旅图产品负责人岳永辉表示，去哪儿旅图基于旅游景点和旅行拍照，是集出行工具与分享于一身的旅行类照片平台，具有记录、展示、分享、发现等四大功能，满足用户在旅行中与照片相关的各种需求。与众多 Instagram 类应用最大的区别是旅图对旅游本身的专注。

（a）　（b）　（c）　（d）

图 6-3　图片分享应用程序“旅图”

注：（a）“旅图”；（b）读取照片中的位置信息并与景点自动精准匹配；（c）精美的时光轴展示；（d）通过“发现”功能的最热选项找到其他旅行者喜爱的景点。

首先，在照片处理上，旅图专门针对旅行场景设计了 12 种滤镜。与一般照片滤镜不同的是，旅图的滤镜偏重对景区、景点、山水、建筑的处理，从中找出通用特点，然后制作成照片美化工具，从而可以通过滤镜让手机拍摄的照片也能找到专业级的感觉。值得一提的是，旅图的滤镜采用淘汰制，只保留用户最喜欢的、最常用到的，保持美化效果的最优。

其次，去哪儿旅图与旅游地理位置紧密关联，上传照片过程中，可自动识别照片中隐藏的位置信息，将其和景区、景点地标自动匹配。目前去哪儿旅图收录了覆盖全国的 25 000 个旅游景点，数据的完成性和准确性都是行业第一。如果无法找到相应景点，用户也可采用自创形式添加地标。

再次，在展现形式上除了通用照片墙，还推出了全新的时光轴展示和地图展示。前者以时间为轴，将多姿多彩的照片整理成一个个故事，后者则用经纬线为用户临摹个人旅行轨迹。无论是精致的时光轴，还是细致的地图坐标，都为旅行者提供了全新的拍照及图片浏览体验。

另外，去哪儿旅图将照片与LBS定位结合，让用户可以通过热门旅游照片找到身边好吃、好玩的地方。目前去哪儿旅图客户端支持“最近”、“最热”和“地图”三种筛选，用户可以迅速找到感兴趣的景点或娱乐场所，并有地图提供导航服务。在陌生城市，旅行者很难迅速了解当地情况，而图片恰恰是其他旅行者给出的最直观、最真实的信息，旅行者通过这些图片适当调整行程，既可以品味到原汁原味的当地生活，又能增加意想不到的乐趣。

此外，强大的分享互动功能则是去哪儿旅图的另一大亮点。旅图打通了新浪微博、QQ空间、腾讯微博等主流社会化媒体和社交网站，所有内容均可一键同步，与好友即时分享旅途点滴。在同步的过程中，借助旅图服务器的云分享模式，多个平台也只需要耗费同一份流量，这既减少了用户流量花费，也大大提高了分享速度。

业内人士指出，一张张具有冲击力的图片比文字更具吸引力，这促使更多旅行者随手拿起智能手机记录五光十色的世界，并将其通过新浪微博、腾讯空间等社会化媒体和朋友分享，从中体会旅行的双重快乐。而去哪儿旅图这类应用就可以满足很多旅行者随时随地记录、分享旅行照片的需求。

6.4 农业电子商务

6.4.1 概述

农业电子商务是指以农业生产为中心而发生的一系列电子交易活动，通过利用现代信息技术，完成农产品从研、产、供、销，最后到达消费者手中的过程。涉及农民、政府、企业、商家、消费者以及认证中心、配送中心、物流中心、金融机构、政府部门等多方面。

农业电子商务的作用主要体现在以下几个方面。

（1）减少生产的盲目性。农业的市场风险在很大程度上是由农业信息传递速度缓慢、信息准确性差等多种因素引起的生产和经营的盲目性所造成的。农业电子商务能够减少乃至消除农业市场的信息不对称现象，为农户和企业及时地提供全方位的市场信息，有利于企业和农户准确地把握市场需求，使农业的生产行为变得智能、快捷。

（2）降低成本，提高效率。在农业产业化中导入电子商务，企业通过网络发布信息、处理订单、安排生产、分配资源，供应链中的所有组织几乎可以在“第一时间”从互联网上获得所需信息，减少了中间商环节，缩短了小农户与大市场之间的距离。与传统的营销手段相比，成本降低、环节减少、交易速度加快，从而节省费用，提高了工作效率和经济效益。同时，电子商务疏通了信息的传输，既提高了信息传输的速度，又拓宽了信息的传输范围，便于买卖双方联系，降低了买卖双方的搜寻费用。

（3）打破区域和时间的限制。农业电子商务打破了传统交易中信息传递与交流的时空限制，依赖互联网的交易网络，使农业企业冲破条块分割的市场格局，摆脱区域性市场的限制，进入跨地区乃至跨国的网络销售，有利于形成统一有序的大市场，使交易双方的选择性扩展到最大。

（4）实现农产品流通的规模化。在农业电子商务中采用网络交易平台，能够将少量的、单独的农产品交易规模化、组织化。农民可能并不是以单个农户或合作社的身份出现，而是将农产品委托给配送中心而由其统一组织销售，交易的一方是农民群体，另一方是企业，双方的地位平等，各自的利益都能够得到充分保证。配送中心对农产品进行统一的质检、分级，采取明码标价，保证了流通规模化过程中农产品的质量。

（5）方便对农民的教育与培训。农业电子商务将使对农民的教育和培训变得更为快捷、方便，更具有针对性，能够让农户了解最新农业生产技术和社会发展动态，不断提高农民的科技文化素质，有利于促进农业新技术在农村迅速传播，有利于农业产业化不断发展深入。

6.4.2 农业电子商务模式

1. 信息联盟服务商务模式

农业信息具有季节性、地域性和综合性的特点。季节性指的是农业生产具有较强的季节性，信息服务必须有时间观念；地域性指的是我国各地气候、土壤等自然条件差异，农作物种植方式、品种分布均呈现地域性分布，信息服务要具有地域性；综合性指农业信息涉及许多方面、许多领域，包括政务信息（政策法规、政务通告等）、商务信息（价格信息、市场行情等）、文化生活信息、劳务信息、种子信息、化肥信息、农药信息、农机信息等，信息服务要具有全面性。

在目前信息尚缺乏科学分类和标准的农业领域，任何一个企业开展电子商务都会感到束手无策。解决这样的问题，只有依托现代信息技术的强大优势，在政府有关部门和单位支持下，科学分类，制定标准，建立农业网站信息服务联盟，构建农业领域综合信息平台，联合国内各区域、各部门的涉农网站，实现资源共享、信息互通、利益均沾、共同盈利。

2. 农民信息服务商务模式

农民信息服务商务模式是投资建立农业电子商务网站最先想到的模式。农业电子商务网站的建立，在一定程度上满足了农民的信息需求，特别是像广农网的建立，使得农民能够了解更多的市场信息，并利用网络来销售农产品，给广大农民带来的是不可预料的销售机会，增加了农民的收入，受到农民的欢迎。

（1）短信商务模式

农业信息短信服务模式伴随着现代网络信息技术的发展而出现，主客体包括信息内容提供商（ICP）、网络服务提供商（ISP）和手机客户（即农民或广大涉农生产经营者）。目前，这种模式在我国许多地方广泛运行，如中国移动的农信通，以及安徽农网和安徽移动通信公司进行联合也开展此项业务。这种模式的优点：能充分利用现代网络信息技术和无线通信技术，服务内容丰富，直接面向农民，减少了中间环节，效率较高，投入较小，产出效益较大。缺点是：没有得到很好的推广，了解的人不多，由于收费问题，让农民接受还需要一个过程；再者操作的难度、信息的分类标准和农民手机的持有量也是制约它发展的一个因素。从我国短信发展历史来看，这种服务模式蕴藏巨大商机，目前主要应在信息分类、信息标准等方面下工夫，让农民自主选择，完善个性服务。

（2）农村经纪人商务模式

我国农村经纪人在农业经济活动中非常活跃，在传播信息、促进农产品流通方面起到不可估量的作用。农村经纪人一般具有接受新事物快、交流广泛、熟悉市场、了解政策、具有一定的经济能力等特点，他们对信息的需求比普通农民要强烈，也有能力为获取有价值的信息支付一定的费用。可以预计，农村经纪人将是农业信息服务的主要对象。例如农村经纪人网，就是这种模式的典型应用。

（3）会员商务模式

这种模式主要是农业网站面向广大的农村市场，建立网站会员制度吸引农村经济组织、经纪人和农民的积极参与。要创造机会，让会员得到实惠。将会员的积极性调动起来，他们必然会积极主动和涉农相关部门合作，想方设法，通过各种渠道获取农业信息内容，而且会验证这些信息的真伪性，对客户负责。急需这些信息的客户们只需花很少的钱就能获得全部信息内容，从而获利，实现双赢。会员在得到信息的同时，也为网站带来源源不断的信息流和创造无限商机。会员可以帮助农民发布信息，收集农民所需的信息。这种模式的优点在于不需要多大的投入，而且能发动与农业有关的组织等力量参与，随着业务的开展，效益也会越来越大，越来越明显，可行性也越来越强。可以预计，这将是农业网站电子商务最具潜力的一种模式。

3．企业信息服务商务模式

在市场环境中，我国农业企业直接面向市场，对市场信息的需求比较强烈，并且对有价值的信息具有一定的支付能力。企业信息服务商务模式包括以下两种具体形式。

（1）农产品加工及贸易企业的信息服务商务模式

我国农产品加工及贸易企业绝大多数是中小企业，数量庞大，分布在城市边缘或广大的乡村，由于信息闭塞，无法及时掌握供求方面的信息，因此企业渴望从网上获得农产品供求信息。我国农业生产存在规模小、销售渠道不畅，甚至有些地方农产品存在卖不出去的问题。农业网站要成为供需双方之间一个信息的桥梁，让农产品能够迅速找到买家，让农产品加工和贸易企业迅速找到所需的农产品，这样才能赢得企业、农民对农业网站市场信息的依赖，在此基础上，进一步发展网上贸易。“一站通”就是一个很好的服务平台，每天发布大量的农产品供求信息，但由于网站栏目设计和网站功能简单，还没有引起农产品加工和贸易企业的高度重视。下一步，还必须不断调研、了解客户需求，完善“一站通”功能，使栏目设计更加合理、规范，方便应用。同时，对“一站通”发布的农产品信息要进行深加工，综合处理分析后，按地域、品种等分类发给相关企业。此外，农业网站应采用多种语言界面去面对国内和国外的市场。

（2）农用生产资料企业的信息服务商务模式

农业生产需要大量的生产资料，如化肥、农药、种子等。这些企业的产品面向广阔的农村市场，在市场推广、产品销售方面花费了大量的人力物力，在电视、广播、报刊、乡村墙壁等发布大量的广告，花费巨大，往往效果不一定很好。农业网站可以利用多媒体信息技术，面向广大农民，为这类企业发布广告，通过邮件发往网站的农村会员。由于农业网站的服务主体是农民，利用这种形式发布广告，直接面对需求者，具有非常强的针对性。

4．综合服务商务模式

上述前三种模式主要是提供服务，不涉及物流，而综合服务模式是以信息流为先导，结合物流的一种商务模式。任何一种商务模式，要么提供服务，要么提供产品，或者两者兼具。综合服务模式的核心内容是信息流和物流相结合，利用企业传统的物流系统，加上农业网站先进的信息流系统，组成商业联盟，网站会员购买联盟企业的产品实行优惠加积分制，每年根据积分多少，给予会员一定的报酬。

【小案例 6-4】首家农产品电子商城落户长沙 开创新模式

湖南省首家专为农产品服务的大型电子商城——沁坤电子商城，正式落户长沙隆平高科技园，开创大宗农产品交易电子商务新模式。

湖南省是传统农业大省，但农产品预测分析、产销动态等信息服务相对滞后，农产品“卖难”问题仍然突出。长沙沁坤电子商城董事长钟晓瑜介绍，沁坤电子商城首期投资2亿元，是目前湖南省首个专业从事农产品交易的大型电子商务平台，直接服务于农户和农产品生产、加工、消费企业。该平台通过提供信息、物流、金融三大服务，将农产品生产、销售、加工三大环节联于一体，具备大宗农产品战略储备、调节物价、组织生产和套期保值四大基本功能，对减少农产品流通环节，缓解农产品买卖难将起到重要作用。

6.4.3 我国农业电子商务发展中存在的问题

我国农业电子商务在发展中还存在以下问题。

（1）农村信息化基础设施有待加强。由于政府财力物力有限，农业本身缺少投资的积极性，即使有条件开展农业电子商务的地区，农业网站所占的比例也极小。虽然全国涉农网站有 6 000 多家，但只占全国网站总数的一成左右，能够通过互联网获取市场和技术信息的农村家庭比率不到 0.8%，全体网民中农民只占 1.6%，而且绝大部分农业管理与技术人员，高度集中于经济发达的京沪和广东、江浙等地区。

（2）农民对电子商务的认识有待提高。由于受文化程度的制约，农民仍保持传统的“眼看”、“手摸”、“耳听”、“口尝”的交易习惯，认为电子商务虚无缥缈，可信度值得怀疑。相当多的农民没有条件及时、直接地从网上获取信息，也没有能力对获取的信息进行分析筛选，更没有可能上网发布信息。

（3）电子商务网站专业化水平较低。目前国内不少涉农网站从形式到内容都有很多雷同之处，缺少专业水准和特色，更新周期长，且网站信息以宣传本地农业为主，真正适用于农民的信息较少，分析与决策参考类的信息就更少了。相当一部分网站以信息撮合功能为主，支付等功能很不完善。

（4）农产品电子商务配套环境有待提升。适合电子商务的商品主要是标准化产品和可鉴别性产品，农产品电子商务要求对网上交易的农产品品质分级标准化、包装规格化，以及产品编码化。但由于季节性强，在不恒定的自然环境中易变质，农产品尤其是鲜活农产品在标准化方面存在先天不足，行业内也无统一要求，这就导致目前农产品交易中以次充好现象屡见不鲜，“优质优价”难以做到。农产品种类繁多、生产单位小，在保鲜、运输、后续处理上较为困难，这使物流环节难度增大。

6.5 其他垂直应用

6.5.1 医疗行业电子商务

2009 年 10 月，国家药监局发出第一张通过互联网向个人消费者提供药品的资格证，不过这一市场的增长规模一直有限。数据显示，2009年中国药品零售市场规模约1 500亿元，其中网络销售仅7 000万元左右，只占零售市场销售的0.046%；2010年中国药品零售市场规模约1 739亿元，同比增长17%，网络销售额刚刚过亿元。而美国的网上药品销售规模已接近1 700亿美元，占整个药品零售市场的比例接近30%，最大的网上药店CVS的年营业额超过150亿美元。九州通作为中国最大的医药电子商务销售商，在B2B方面的销量也才突破10亿元人民币。

中国的医药电子商务领域还有很大的发展空间，2011年医药B2C的发展开始发力。腾讯QQ商城引入健客网，淘宝上马“医药馆”试水网上卖药，京东牵手九州通，际通宝携手信谊医药，之后当当也加入其中。越来越多的药品代理商纷纷加入这个电子商务行业。根据SFDA数据显示，我国具有互联网药品交易服务资格的企业共有67家，其中向个人消费者提供药品的B2C模式企业有36家，与其他企业进行药品交易的B2B模式企业有23家，第三方交易服务平台有8家。

医药电子商务的发展主要面临以下问题。

首先是政策壁垒。相关部门坚持一种宁缺毋滥的原则，这是医药企业做电商目前的最大障碍。根据《互联网药品交易服务审批暂行规定》，只有同时具备《互联网药品交易服务资格证》和《互联网药品信息服务资格证》两证的企业才能开展网络售药。但对于只提供第三方交易平台的电子商务企业，《互联网药品交易服务审批暂行规定》并未指明是否需要同时具备双证才能售药，京东商城与九州通当初的合作也是利用了这个漏洞。

其次，医药B2C市场还面临物流配送障碍。根据我国《药品管理法》的规定，药品作为关系到人民生命安全的特殊商品，不允许邮购。如果委托第三方配送，其必须通过GSP认证。医药电子商务企业通常不具备此资质，也不具备与之配套的物流中心，需要与符合GSP要求的、拥有先进物流技术和设备的医药物流公司合作，要建立相应的配送网点，配备专业的医药配送人员，进行点对点的配送并提供药学服务。

最后是消费者是否信任的问题。对于关系到身体健康的产品，人们更愿意在医院和药店获得。代理商挑选品牌及产品时不清楚究竟哪种市场大、价格便宜、品牌和质量过关。所以，企业应当建立起自己的品牌，增强用户对自己的信任度。

医药电子商务的发展需要国家从政策层面松绑，加强对网络售药的全过程监管，尽快通过线上线下相结合的方式，实现信息流、商流、资金流、物流的一体化、电子化和网络化，并从价格竞争过渡到差异化商品和相关药学服务的竞争。其中，保健品领域可能会成为医药电子商务的一大增长点。

1. 网上药店

网上药店在电子商务高度发达的时代应运而生，是医药电子商务发展的产物。因其关系到人的生命安全，国家对其监管比一般的电子商务严格许多。申请开办网上药店的企业必须是全国性的医药连锁商，有多家实体连锁药房；具备专业的信息化设备，能让消费者在网上方便、自主地下单；具备完善的仓储和物流体系。从事互联网药品信息服务和交易服务的网站，应在其显著位置标明《互联网药品信息服务资格证书》或《互联网药品交易服务资格证书》的信息，并且只能向个人消费者销售非处方药。例如乡亲药网，药房网、金象网等就是具备相关资质的网上药店，同时也都有自己的实体连锁药房。

网上药店具有以下优势和特色：

（1）提供了全面、详细的药品购物入口，轻松实现快捷购买。

（2）可以通过不同药品分类进行导航，用最方便、最快捷的方式找到你需要的药品。

（3）提供了网上药店所需的各种工具与网站，满足消费者的药品购买需求。

（4）公正性很强。大站、专站、小站排列顺序分明，有公平公正的网上药店 TOP 排行榜。

近几年来网上药店已经有了长足的发展，但是与中国互联网电子商务市场的疯狂发展相比，药品电子商务发展却显得步履蹒跚，甚至举步维艰。2005 年 9 月 29 日国家食品药品监督管理局正式公布《互联网药品交易服务审批暂行规定》，标志着我国已经许可在网上经营药品零售业务，网上药店业务从 2005 年 12 月 1 日起开始实施。但截至 2010 年 1 月 27 日，国内获得以 B2C 电子商务模式网上售药资格的药店只有 20 家。2010 年网上药店蓬勃发展，有网上售药资质的药店增加至 34 家，并且第三方网上药店平台——八百方医药健康网购商城应运而生。2011 年 1 月，网上售药资质下放至各省药监局。

【小案例 6-5】网上药店成本高盈利难

从 2005 年起我国药监部门开始批准网上售药，但现在多数网上药店仍不支持医保卡，而且缺乏专业物流体系，大大制约了其健康发展。

方小姐告诉记者，网上药店在常见药物方面还是有价格优势的。“枇杷膏、小儿感冒药、菊花……价格平，且时常搞促销。”但她发现，既不能刷医保卡也不能货到付款，最后不得不放弃网购。据了解，方小姐的困惑代表了很大一部分有意愿却又最终放弃网购药品的消费者。

记者浏览国内几家大型网上药店发现，保健品、日化用品、酒类成为网站主推商品，占据了大部分的页面，药品在所有商品中的占比甚至不到 40%。

据了解，目前国内取得《互联网药品交易服务资格证》的企业有 117 家，其中可向个人消费者提供药品的企业 68 家，然而不少网上药店却“不约而同”地选择了以出售保健品、美容护肤品、医疗器械等为主，药品销售情况并不突出。

网上药店物流成本高

“实体药店在一线城市正涌现关店潮，因为铺面租金太贵、人工等费用年年涨，因此很多连锁药店把目光投向了网店，但网店运营的成本也不低。”广州某药店总经理说。

据中国网上药店理事会的报告，今年国内医药电商的规模将突破 15 亿元，到 2015 年将飙升至 150 亿元，但实际情况并非如此。据了解，由于国家严控网上药品交易资质，自建药品配送体系的政策要求抬高了准入门槛，毛利和单价高的处方药禁止销售，导致大量医药 B2C 网站陷入一片哀鸿之中。“相关部门要求企业自建药品配送体系，操作难度非常大，不少大型网上药店现在都有着强烈的观望情绪。”一位业内人士表示。

九州通医药集团股份有限公司副董事长曾在媒体上公开表示，现在具备 B2C 资质的网上药店几乎全部是亏损的，最主要的原因是，当药品分解到一瓶一盒的时候，分解成本很高。“国家要求自建药品配送体系，在网上药店领域，营销成本很可能没有物流成本高。”一位业内人士说。药品属于特殊商品，运输、储存都是有严格要求的，这些都增加了网店物流成本。

细分市场是网店出路

虽然大部分惨淡经营，但据估算，2012 年或仍会诞生数家销售过亿的网上药店。“我们 2012 年销售额近两亿元，目前暂未听说其他同行公布业绩。”开心人网上药店媒介经理于翠翠告诉本报记者，药品仍是其销售主体。“我们的定位是男性健康，想走一条专业化道路，目前看来效果不错。”

对此，有业内人士表示，医药电商的确应“避短扬长”，细分市场并体现专业，加强二次营销，而不是如超市般看似琳琅满目，实际毫无特点。

2. 网上挂号

根据卫生部颁布的《关于在公立医院施行预约诊疗服务工作的意见》，网络挂号是公立医院以病人为中心开展医疗服务的重要改革措施，对于方便群众就医，提高医疗服务水平具有重大意义。在公立医院率先施行预约诊疗服务工作，有利于患者进行就医咨询，提前安排就医计划，减少候诊时间，也有利于医院提升管理水平，提高工作效率和医疗质量，降低医疗安全风险。

6.5.2 网络教育

网络教育是远程教育的现代化表现，远程教育是一种同时异地或异时异地进行教育的形式。迄今为止，远程教育经历了三代历程：传统的远程教育、广播电视远程教育和网络教育。传统的远程教育指函授、刊授教育。最早的函授教育起源于1840年的英国，当时英国速记法发明人伊萨克·皮特曼通过邮寄方式教速记，教育界一般就认为这便是世界函授教育的开端。广播电视远程教育起步于20世纪60年代，在近二十多年来得到了巨大的发展。由多媒体计算机技术和网络通信技术在教育中被充分利用而演绎出来的现代远程教育，一般被称为第三代远程教育，即网络教育。

网络教育、网络培训，即E-learning，现在一般指基于网络的学习行为。在线教育、远程教育、网络培训、在线学习等都可理解为统一或相似的概念。通行的E-learning概念约在10年前提出来，美国是E-learning的发源地，有60%的企业通过网络的形式进行员工培训。1998年以后，E-learning在世界范围内兴起，从北美、欧洲迅速扩展到亚洲地区。越来越多的国内企业对E-learning表示了浓厚兴趣，并开始实施E-learning解决方案。

据美国培训与发展协会（ASTD）预测，到2010年，雇员人数超过500的公司90%都将采用E-learning培训，E-learning正成为知识经济时代的正确抉择。需要特别指出的是，E-learning（在线培训）不只是一种技术，技术只是传送内容的手段，重要的是学习本身及通过学习产生的巨大变革，这才是E-learning（在线学习）的主要意义。

在线教育，顾名思义，是以网络为介质的教学方式，通过网络，学员与教师即使相隔万里也可以开展教学活动；此外，借助网络课件，学员还可以随时随地进行学习，真正打破了时间和空间的限制，对于工作繁忙，学习时间不固定的职场人而言，网络远程教育是最方便不过的学习方式。

在线教育的形式较多，比如北京个性100、环球职业网校、华图网校、游学网、101网校、北京四中网校、黄冈网校、新华网校、新东方网校、中华会计网校、东奥会计在线等，是针对在校学生、上网人员进行技术学习的网站，而一些会计网则是代替课堂教育。

1. 网络教育的分类

（1）基础网络教育

基础教育是指高中以下的教育。基础教育包括学前教育（幼儿园）、初等教育（小学）、中等教育（初中、高中）三个阶段。中专、职高虽然也属于中等教育，但一般归为职业教育。在我国一般称为“中小学网校”，简称“网校”，是一种辅助性的教育活动，不提供学历。

（2）高等网络教育

高等网络教育的对象一般为18周岁以上的成人，主要提供高中起点专科、高中起点本科、专科起点本科及本科第二学历教育，另外也提供非学历教育（只学习学历教育的部分课程）。网络学历教育可以通过相关考试，达到毕业要求颁发各高校毕业证书（注明“网络教育”字样）。目前有 68 所院校颁发的网络教育毕业证书，在教育部电子备案，是国家承认的学历。

（3）网络职业认证培训

这种培训的对象广泛，从学生到在职人员都有，提供职业技能培训、考试辅导、认证培训。此类职业认证培训的特点是：可解决行业优秀师资紧缺问题，利用网络视频为主要教学方式，学习时间灵活。主要机构有：英语类考试远程培训的新东方在线；会计类考试远程培训的中华会计网校、东奥会计网校；公务员类考试远程培训的华图网校；综合类考试远程培训的环球网校等。

（4）企业 E-learning

企业 E-learning 的对象主要为企业员工，实施主体则为企业，是企业实施内训的一种新型途径。根据企业具体情况，以局域网或互联网形式实现。

（5）网络教育服务

网络教育服务主要包括提供教育服务、教育网游、教育频道、教育平台、教育内容等，是为网络教育提供服务，不需要实体和网络学校。

2. 网络教育的特色

（1）资源利用最大化。各种教育资源通过网络跨越了空间距离的限制，使学校的教育成为可以超出校园向更广泛的地区辐射的开放式教育。学校可以充分发挥自己的学科优势和教育资源优势，把最优秀的教师、最好的教学成果通过网络传播到四面八方。

（2）学习行为自主化。网络技术应用于远程教育，其显著特征是：任何人、任何时间、任何地点、从任何章节开始、学习任何课程。网络教育便捷、灵活的“五个任何”，在学习模式上最直接体现了主动学习的特点，充分满足了现代教育和终身教育的需求。

（3）学习形式交互化。教师与学生、学生与学生之间，通过网络进行全方位的交流，拉近了教师与学生的心理距离，增加教师与学生的交流机会和范围。并且通过计算机对学生提问类型、人数、次数等进行统计分析，使教师了解学生在学习中遇到的疑点、难点和主要问题，更加有针对性地指导学生。

（4）教学形式个性化。网络教育中，运用计算机网络所特有的信息数据库管理技术和双向交互功能，一方面，系统对每个网络学员的个性资料、学习过程和阶段情况等可以实现完整的系统跟踪记录；另一方面，教学和学习服务系统可根据系统记录的个人资料，针对不同学员提出个性化学习建议。网络教育为个性化教学提供了现实、有效的实现途径。

（5）教学管理自动化。计算机网络的教学管理平台具有自动管理和远程互动处理功能，被应用于网络教育的教学管理中。远程学生的咨询、报名、交费、选课、查询、学籍管理、作业与考试管理等，都可以通过网络远程交互的方式完成。

6.5.3 网上票务

在互联网上，不仅可以购买火车票、飞机票，还可以购买演唱会、话剧、电影、音乐剧、体育赛事、戏曲综艺等各类门票。这些都属于网上票务。

1. 网上订票优势

网上订票具有以下优势：

（1）查询方便，不受时间和空间的限制。网络订票与传统的售票方式最大的不同之处就在于不需要现场去排队，只要用鼠标轻轻一点，足不出户就能知道是否还有剩余票。

（2）付款方便，快而安全。无论采用哪种电子支付的方式，都是通过信息数据自动处理，从而免去了购票者的来回奔波，而且通过技术手段使得支付安全问题得到解决，让购票者放心。

（3）拿票方便，送票上门。买到票后，可享受到快递公司送票上门的优质服务，也可以在使用前直接从自动出票机打印车票或机票，还可以到消费地点直接使用电子票，非常方便快捷。

2. 网上订票特点

网上订票与传统网上、电话订票的最大区别在于，它是一个完整的售票平台，而非预订，使得每一台可上网的电脑或每一部手机都可以成为售票终端，从而实现了售票点布向到每一个人，真正意义地实现了电子售票。网上订票的特点如下：

- 电子化：网上订票改变了百姓购票的传统观念，符合票务发展的最终趋势。
- 无纸化：运用网络进行订票操作，提倡环保理念，降低了客运行业运营成本。
- 预约化：可以提前进行订票，实现了方便快捷的要求。
- 实名化：网上订票通常采取实名制操作流程，有利于进行高效的管理。

3. 网上订购各类门票应用实例——大麦网

大麦网于 1999 年成立，现已成为中国票务领域成长性最强的知名品牌，世界华语类排名第一的票务网站。其前身为中国票务在线，两个网站现已整合运营。

大麦网为用户提供全面专业的演唱会、旅游、电影、音乐会、话剧、歌剧、儿童剧等演出票的在线订票购票服务（见图 6-4）。

图 6-4 大麦网首页

大麦网的特色频道包括如下 11 个。

大麦演出

大麦演出定位在“国际化票务技术和营销平台”。它继承并发展了中国票务在线华语地区 Live 产品票务营销及票务技术解决方案领域的领导品牌地位，以票务营销为中心运作过的市场化热点品牌项目比例，在全国同业中处于绝对领先水平。

大麦摇滚

大麦摇滚集合了摇滚演唱会、摇滚音乐节、LIVE HOUSE 等摇滚演出。大麦摇滚有海量的摇滚明星、摇滚乐队、摇滚资讯，集结了近期最热门的摇滚演出。

大麦戏剧

大麦戏剧是国内唯一一家集合戏剧票务销售、戏剧资讯、剧评分享于一身的戏剧演出互动平台。由大麦戏剧提供票务营销支持的戏剧作品，覆盖北京地区戏剧演出市场 80%的市场份额，以及 90%的市场。

大麦古典

大麦古典以大麦网和社会化手段为依托，集结乐迷、乐评界与音乐家三方力量，打造集古典资讯、古典演出购票、乐评分享、乐迷互动于一体的一站式解决方案，给每位乐迷最适合的古典演出，更发起古典讲堂、大师交流等活动，让乐迷收获音乐与演出之外的深刻体悟。

大麦体育

大麦体育致力于推动体育赛事全国营销最大化。从 2007—2008 好运北京奥运测试赛，到 2011 深圳世界大学生运动会；从 2009—2010NBA 中国赛，到 2011—2012CBA 总决赛创纪录的票房奇迹……大麦体育以先进票务技术与专业票务营销服务，让走进赛场见证经典赛事成为越来越多中国观众的一种习惯。而大麦网一向坚守的诚信保障体系，在最大程度上维护了中国体育营销产业的良性、健康、高速发展。

大麦亲子

大麦亲子是国内第一个专注儿童戏剧票务和家庭亲子票务服务的细分频道。

大麦亲子倡导：让更多的中国儿童能够接触儿童剧，享受儿童剧舞台艺术的魅力，使之成为孩子们童年的快乐之源！在戏剧接触中，帮助孩子建立美学的理念，告诉他们什么是真、善、美，什么是爱。

大麦电影

大麦电影是为用户提供热门电影资讯、全国影讯查询、电影评论分享、线下电影活动、影票在线购买、影迷网络社交等服务的综合性网络平台。

大麦旅游演艺

大麦旅游演艺将打造全球第一个旅游演艺聚集平台，使之成为以互联网为平台的旅游演艺的超级 shopping mall，该平台将成为全国游客和行业人士互动和交易的集散平台。

大麦爱打球

大麦爱打球是大麦网旗下一个集信息查询与在线预订为一体的运动健身类电子商务

平台。其业务范围包括羽毛球、网球、足球、篮球等大众体育运动场馆的在线预订与查询。

大麦票票堂

大麦票票堂，主打稀缺精品票，大麦票票堂依托中国最大的娱乐体育票务平台——大麦网，通过与全国各大演出商、演出院团、演出场馆的独家合作所形成的强大娱乐体育资源网络，聚集市面上很难购买到的热点精品演出或者抢手价位门票，面向真正有相关购票需求的用户群体展开完全公平公开的秒杀，用户可以通过访问大麦票票堂并参与秒杀的方式直接购买到这些“稀缺精品票”，真正实现热点演出的同步抢票。

大麦点将

大麦点将是大麦网全新推出的由歌迷自助发起演唱会的服务平台。歌迷可以通过投票预热，支付预订金造势，引起主办方或经纪公司的高度关注，支持偶像到期望的城市举办演唱会。在预订阶段，一旦项目达到足够热度，就有可能被某个主办公司承接，从而形成一场真正的演唱会。这种方式颠覆了传统演唱会的举办模式，真正做到了由歌迷促成！

（资料来源：百度百科整理）

【要点回顾】

垂直电子商务是指在某一个行业或细分市场深化运营的电子商务模式。垂直电子商务网站旗下商品都是同一类型的产品。垂直电子商务的核心是专业化。垂直电子商务与多元化（水平）电子商务是电子商务的两种模式。

金融电子商务应用主要体现在电子银行、网上保险和网上证券交易等方面。

网上保险指保险公司或保险中介机构以互联网和电子商务技术为工具来支持保险经营管理活动的经济行为。目前，我国保险电子商务应用模式不断丰富，已经形成 B2B、B2C、B2M、多业务选择等多种服务模式。

网上证券交易是指投资者通过互联网来进行证券买卖的一种方式。网上证券交易系统一般都有提供实时行情、金融资讯、下单、查询成交回报、资金划转等一体化服务。

旅游电子商务是指以网络为主体，以旅游信息库、电子化商务银行为基础，利用最先进的电子手段运作旅游业及其分销系统的商务体系。旅游电子商务的交易形式主要包括 B2B、B2E、B2C 与 C2B 四种类型。按信息终端形式划分的旅游电子商务包括网站电子商务、语音电子商务、移动电子商务和多媒体电子商务。

农业电子商务模式主要有四类：信息联盟服务商务模式、农民信息服务商务模式、企业信息服务商务模式和综合服务商务模式。其中，农民信息服务商务模式又包括短信商务模式、农村经纪人商务模式和会员商务模式。

医药电子商务的应用主要体现在网上药店和网上挂号两个方面。

网络教育、网络培训，即 E-learning，现在一般指基于网络的学习行为。在线教育、远程教育、网络培训、在线学习等都可理解为统一或相似的概念。

在互联网上，不仅可以购买火车票、飞机票，还可以购买演唱会、话剧、电影、音乐剧、体育赛事、戏曲综艺等各类门票。这些都属于网上票务。

【本章习题】

1. 什么是垂直电子商务？它与水平电子商务有何区别？

2. 网上保险的应用模式包括哪些？请举例说明。

3. 网上证券交易有何特点？

4. 简述旅游电子商务的交易形式，并举例说明。

5. 按信息终端形式划分的旅游电子商务包括网站电子商务、语音电子商务、移动电子商务和多媒体电子商务，请找出相应的应用实例。

6. 农业电子商务模式有哪些？请举例说明。

【课后拓展】

1. 随机选择一些网站进行访问，观察它们各自的特点，判断这些网站分别属于哪种类型？是垂直型还是水平型？并指出它们属于何种行业或领域。

2. 登录互联网，找出本章所提及的行业的电子商务应用实例，并找出其他垂直电子商务应用实例，进行总结。

3. 结合自己所在学科或所学专业，上网查找电子商务在你所熟悉的行业中的典型应用案例、解决方案等，撰写一篇某行业垂直电子商务应用分析报告。

第7章 电子商务网站建设

【内容提要】

电子商务网站是企业进行信息咨询、资金运作、新技术开发与应用、产品广告、人才流动、商品贸易的网络互动平台，在企业发展中占据着重要的位置。本章将从网站的规划、设计、开发技术、管理与运营等方面对电子商务网站建设展开详细介绍。

本章学习目标：

- 了解电子商务网站规划的主要任务和内容
- 熟悉电子商务网站设计的内容
- 了解电子商务网站的开发技术
- 熟悉电子商务网站的维护内容、安全管理方法和运营管理内容

7.1 电子商务网站规划

网站规划是指在网站建设前对市场进行分析，确定网站的目的和功能，并根据需要对网站建设中的技术、内容、费用、测试、维护等做出规划。网站规划对网站建设起到计划和指导的作用，对网站的内容和维护起到定位作用。

7.1.1 网站规划的主要任务

一个专业的网站建立在合理的网站规划前提之下，网站规划既有战略性的内容，也包含战术性的内容，网站规划应站在网络营销战略的高度来考虑，战术是为战略服务的。网站规划是网站建设的基础和指导纲领，决定了一个网站的发展方向，同时对网站推广也具有指导意义。网络营销计划侧重于网站发布之后的推广，而网站规划侧重于网站建设阶段的问题，但网站建设的目的是为了开展网络营销的需要，因此应该用全局的观点来看待网站规划，在网站规划阶段就将计划采用的营销手段融合进来，而不是等待网站建成之后才考虑怎么去做营销。

网站规划的主要任务如下。

（1）制订网站的发展战略。网站服务于组织管理，其发展战略必须与整个组织的战略目标协调一致。制定网站的发展战略，首先要调查分析组织的目标和发展战略，评价现行网站的功能、环境和应用状况。在此基础上确定网站的使命，制定网站统一的战略目标及相关政策。

（2）制订网站的总体方案，安排项目开发计划。在调查分析组织信息需求的基础上，提出网站的总体结构方案。根据发展战略和总体结构方案，确定系统和应用项目开发次序及时间安排。

（3）制订网站建设的资源分配计划。提出实现开发计划所需要的硬件、软件、技术人员、

资金等资源，以及整个系统建设的概算，进行可行性分析。

7.1.2 网站规划的特点

由于电子商务网站的建设耗资巨大，历时较长，技术复杂且涉及面广，网站规划是这一复杂工作的起始阶段，这项工作的好坏将直接影响到整个系统建设的成败。因此，应充分认识这一阶段工作所具有的特点和应该注意的一些关键问题，以提高规划工作的科学性和有效性。

（1）规划工作是面向长远的、未来的、全局性和关键性的问题，因此它具有较强的不确定性，而且非结构化程度较高。

（2）其工作环境是组织管理环境，高层管理人员（包括高层信息管理人员）是工作的主体。

（3）因为规划不在于解决项目开发中的具体业务问题，而是为整个系统建设确定目标、战略、系统总体结构方案和资源计划，因而整个工作过程是一个管理决策过程。同时，系统规划也是技术与管理相结合的过程，它确定利用现代信息技术有效地支持管理决策的总体方案。

（4）规划人员对管理与技术环境的理解程度、对管理与技术发展的见解以及开创精神与务实态度是规划工作的决定因素。目前，尚无可以指导系统规划全过程的适用方法，因此必须采用多种方法相互配合，取长补短。

（5）规划工作的结果是要明确回答规划工作内容中提出的问题，描绘出网站的总体概貌和发展进程，但宜粗不宜细。要给后续各阶段的工作提供指导，为网站的发展制定一个科学而又合理的目标和达到该目标的可行途径，而不是代替后续阶段的工作。

（6）电子商务网站规划必须纳入整个企业的发展规划，并应定期滚动。

7.1.3 网站规划的原则

进行网站规划应遵循以下几个原则。

（1）支持企业的总目标。企业的战略目标是规划的出发点。网站规划从企业目标出发，分析企业管理的信息需求，逐步导出网站的战略目标和总体结构。

（2）整体上着眼于高层管理，兼顾各管理层的要求。

（3）摆脱商务系统对组织机构的依从性。对企业业务流程的了解往往从现行组织机构入手，但只有摆脱对它的依从性，才能提高商务系统的应变能力。

（4）使系统结构有良好的整体性。网站的规划和实现的过程是一个“自顶向下规划、自底向上实现”的过程。采用自上而下的规划方法，可以保证系统结构的完整性和信息的一致性。

（5）便于实施。规划应给后续工作提供指导，要便于实施。方案选择应追求实效，宜选择最经济、简单、易于实施的方案。技术手段强调实用，不片面求新。

7.1.4 电子商务网站的规划内容

互联网上有无数的电子商务站点，如何从这些站点中脱颖而出？公司着手建立电子商务站点之前，需要定义站点的目标。

1. 确定电子商务站点的服务对象

公司需要明确站点的服务对象，从中确定关键人物。这些关键人物既包括公司内部主要机构人员，也包括供应商和大客户，甚至在某些情况下还包括政府部门。设立站点是为了更好地通过互联网将价值链上下游更紧密地联合在一起，因此必须考虑它们的意见，保证站点目标和各有关方面需求之间的无摩擦连接。

确定电子商务站点的服务对象，必须对访问者有清晰的定义。详尽的访问者定义包括用户个人信息以及他们的访问目的。确定电子商务站点的访问者需要采取以下两个步骤。

（1）确定访问者的范围

参与站点目标制定的关键人物显然包含在访问者之中。公司商务站点的访问者可以分为公司外部访问者和内部访问者。

外部访问者的存在是显而易见的，为他们服务本来就是建立网站目标所在，主要包括现实或潜在客户、供应商、政府、其他组织和个人。在竞争激烈的市场环境中，竞争者也会访问公司的商务网站了解公司的竞争战略，虽然这种情况可能有违公司设立网站的初衷。股东作为特殊的群体，也是不可忽视的访问者。

内部访问者要么被忽略，要么仅仅反映参与站点建设的部门的需求。很长时间以来，信息系统部门负责建设公司的网站，以至于这样的网站仅仅反映他们的意志，却忽略了其他重要的部门，例如市场部。事实上，公司组织结构图上的每个部门的需求都要得到反映，而不仅仅是最靠近总裁办公室或者市场的部门。

在确定访问者范围时，设计人员要着眼于公司整个大的经营环境，同时又不能仅仅向外看而忽略了内部访问者，比较好的方法仍然是选择关键人物，充分倾听各方需求，以价值链和组织机构图为起点，将每一个节点具体化为一类访问者。

（2）确定访问者的访问目的

通常来说，不同访问者具有不同的访问目的。公司的主顾可能通过访问网站，了解产品和服务的种类和价格情况，进行在线采购，也可能因为偶然购买了劣质产品而在网站上大吐苦水，提出刻薄意见。供应商也许通过定期访问网站以了解公司产品生产计划，并推测库存情况，调整相应的产品生产计划。竞争者肯定会试图通过网络了解公司战略。其他外部访问者也许碰巧从其他厂商提供的链接冲浪过来，如果公司的站点确实有值得一看的信息，那么他们还会再来。如果商务站点可以采取相应对策，提供与公司战略相匹配的信息，很显然，公司可以从外部竞争中获益。

内部访问者同样通过站点获取所需信息。例如，制造部员工可以得知客户对产品的评价；研发部可以了解客户的技术偏好；市场部将利用反馈信息制订特别的促销方案；各个部门可以通过站点了解其他部门的情况，以更好地进行协调。

在确定了访问者后，相对来说，分析他们的访问目的是比较容易的。召开由各类型访问者组成的讨论会，或者采用类似市场调查中经常采用的电话访问、邮寄问卷等方法，设计人员可以获得大致印象，再根据需要对个别类型做进一步了解。有时，如果同行业中有竞争者建立的较为成熟的站点，设计人员也可以借鉴，再按照公司实际情况加以调整和改善。显然，满足所有访问者的所有访问目的，不仅无效率，同时也是不可行的。但关键的一点是要在倾听各方声音后，根据重要程度的不同，加以协调，而不是在站点设计之初就武断地将一部分访问者拒之门外，无论是有意的还是无意的。

2．确定站点的目标

完成以上步骤之后，公司应该按时间表实施计划。公司必须明确以下要点。

（1）公司的任务或目标

这是公司之所以存在的根本原因。在公司决定改变经营模式之前，公司的任务和目标一直是明确的；那么，在运用流行的高效率的电子商务模式时，它们也许可以改变，但不应该模糊。

如果无法明确公司的任务和目标，那么公司商务站点同样不能给访问者以清晰的结构，会妨碍他们获得正确信息。这样的商务站点注定是要失败的。

当然，在转向电子商务模式时，很多公司会发现他们不得不重新设计公司的任务和目标，以适应网络时代的特征，并因此对他们的传统业务进行重组。

（2）网站的近期目标和远期目标

公司当然愿意一步到位，但这不可能。因此，公司必须区分网站近期目标和远期目标。一个简单的例子可能是：初期提供公司产品和服务的种类与价格的在线查询和订购，以后根据市场供求状况提供实时定价。任何事先定义的远期目标，在更长时期内看来也不过是近期目标，但它提供了未来发展的方向，并易于实现从近期目标到远期目标的平稳过渡。

（3）网站的访问者

很明显，正如无法提供市场上所有的产品那样，公司不能指望在互联网上获得任何冲浪者的欢心。公司所能做的，就是像它在传统业务领域里对市场进行细分那样，对冲浪者分类，寻找符合公司战略发展的访问者，即网站营销对象，优先满足他们的信息和服务需求。

正如前面按照交易对象进行分类那样，企业/公司从事电子商务主要有 B2B 和 B2C 两种不同的模式，公司营销对象可以由此分为组织和个人。这种初步分类是远远不够的。针对前者，可以按地域、经济、文化等进行细分；针对后者，可以按年龄、性别、收入等进行细分。公司营销对象不同，商务站点所要到达的目标和呈现的风格就不同。对营销对象进行识别和归类，并以此为根据设立商务站点，就可以更好地为目标受众服务，提供更相关的产品和服务，从而更易取得电子商务的竞争优势。当然，公司应该从擅长的产品和服务出发来界定访问者，而不能为增加访问者而改变在传统市场上的制胜法宝。

（4）确定为访问者提供的信息

商务站点的设立，在很大程度上就是让现实和潜在的消费者在线获得公司产品和服务的相关信息，以便为其消费决策提供依据。相关信息越丰富、越详细，访问者在线购物的体验越接近真实状态，访问者会对公司在线销售的产品和服务更加了解，也更愿意购买。因此，公司在建设商务站点时，必须根据提供的产品和服务为访问者提供尽可能详细的资料，并在成本与效益的平衡中做出决定。美国联邦快运公司甚至允许客户通过互联网对货物进行全程监查，以随时了解货物到达的时间和所经路线。显然，联邦快运公司在设立站点时充分考虑了访问者的要求，为他们提供传统快运方式下所无法提供的信息。相比之下，国内大多数公司的商务网站所提供的信息无非就是公司简介加产品服务价目单，根本无法发挥互联网所具有的多媒体和超媒体特性，与之相应的当然是商务站点的无效率。

3．确定站点评价体系

竞争不仅发生在传统的原子市场中，也将在电子商务模式下的比特市场中进行。商务站点要求使用方便，信息丰富，具有比较流行的操作界面。例如，服装类商务站点通常采用在线试衣技术，如果某个公司不采用，那么带来的后果就不仅仅只是技术落后的坏印象，而将直接影响在线销售。那么如何分析公司站点在同类站点中的竞争性呢？

（1）明确竞争者的站点

通过搜索引擎，可以毫不费力地找到主要竞争者的站点。由这些站点提供的链接，可以迅速地跳转到其他相关站点。如果还不放心，甚至可以使用 BBS 和新闻组，搜寻不甚出名但可能领导未来潮流的站点。

（2）建立评价每个网站的一系列标准

以公司站点的目标作为开端，把它们作为竞争性分析的特征基础。评价网站时，加入其他的特征和功能，包括下载时间、页面大小、布局和感受。有必要建一个表格：网站名作为行，特征和功能作为列。这个表格提供了一个与其他网站进行比较的粗略的、客观的标准。

（3）评价和分析

结合上面确定的标准，加上访问者的评价与访问量，可以轻易判断出哪些站点处于竞争优势，而哪些又是处于劣势。以这两类不同站点为两端，可以描绘出竞争地位的高低变化，确定公司站点的位置，可以明确努力方向。这样的分析绝不是静止的，要求公司不断地对互联网进行追踪。从一开始，这场竞争就只有永远的竞争，没有永远的成功。

7.2 电子商务网站设计

电子商务系统的构建中最核心的部分是电子商务站点的建设，它是企业实施电子商务的物质基础。电子商务站点的建设是一项系统性的工程，它的建设不仅仅是技术方面的问题，而且需要遵循一定的方法。

7.2.1 网站设计的内容

1. 确定网站的内容和功能

弄清了网站的目标、访问者及其访问目的，进行了竞争性分析之后，电子商务站点的设计人员基本上可以描绘出未来站点的框架，现在需要做的就是确定内容和功能。

电子商务站点的内容可以划分为静态和动态两类。静态内容是一些一般性的、常规的信息，如公司的历史、文化、所属行业、交易规则等，通常只在站点建立初期编制，而在比较长的时期内不需修改。提供这样的信息，主要的目的是使访问者对网站形成认同感、亲切感。试想一下，如果有一天某个代表美国文化的公司在它的站点上宣称其代表源远流长的东方文化，访问者也许会猜测该站点被黑客入侵。动态内容则是经常变动的，以提供诸如公司最新产品和服务的种类与价格等方面的信息。例如，各大软件公司在推出正式版本之前，通常会在站点上提供试用版本。动态内容通常用作促销手段，以不断变化的内容，在互联网上营造进取姿态，吸引访问者。如果商务站点没有动态内容，原有的访问者也会慢慢厌倦。

站点的功能可以分为主要功能和辅助功能两类。主要功能是电子商务网站的关键所在，提供信息发布、在线交易等基本功能。辅助功能是为实现主要功能而设置的。网上拍卖站点通常要求访问者在线竞价前，进行用户注册，以保证交易的严肃性和真实性。这样的功能虽然不是建立站点的初衷，却是必不可少的。

对照进行访问者分析和竞争性分析所得出的框架，设计人员可以通过满足相应需求确定站点所要提供的内容和功能。同样的，想要提供完善的内容和功能是不大现实的，而且内容和功能之间也会存在冲突。例如，站点允许访问者在发出订单后反悔，在技术上就必须实现这样的功能，否则在内容上就要事先将交易规则交代清楚。因此，必须在内容和功能的完善与技术可行之间按照重要性协调，放弃复杂却华而不实的内容和功能。

确定内容和功能还意味着对它们进行分类和整理。确定众多内容之间的逻辑联系，并按照这种联系对内容分组和标记。根据标记，可以在草图上搭起站点的具体框架。然后，在相应内容的页面设置需要的功能。

2．网站结构设计

网站结构设计是网站设计的重要组成部分。在内容设计完成之后，网站的目标及内容主题等有关问题已经确定。结构设计要做的事情就是如何将内容划分为清晰合理的层次体系，比如栏目的划分及其关系、网页的层次及其关系、链接的路径设置、功能在网页上的分配等。以上这些都仅仅是前台结构设计，而前台结构设计的实现需要强大的后台支撑，后台也应有良好的结构设计以保证前台结构设计的实现。显然网站的结构设计是体现内容设计与创意设计的关键环节。

网站物理结构，就是指网站的实际目录结构，分为网站扁平结构和网站树形结构。

扁平结构的网站，就是指所有的网页都在根目录下，多用于建设一些中小型企业网站。优点：有利于搜索引擎抓取。缺点：内容杂乱，用户体验不好。

树形结构的网站，就是网站根目录下有多个分类，即给网站设立栏目或者频道。树形结构的网站一般适合类别多，内容量大的网站，像资讯站，电子商务网站等。优点：分类详细，用户体验好。缺点：分类越深，不利于搜索引擎抓取内容。

3．确定网站的装饰风格

将内容和功能确定好，并不意味着大功告成。如何将内容和功能更好地表现出来，这依赖于网站的装饰风格。如同超级市场，有了众多产品，结果并不必然是顾客盈门；只有将产品分门别类排放，在合适的位置贴上标签，顾客才可以方便地找到所需产品。对于电子商务站点的设计，道理是一样的。

一般来说，网站有三种装饰风格：组织性装饰风格、功能性装饰风格和可视性装饰风格。组织性装饰风格按小组、系统或组织的结构安排站点的内容和功能。功能性装饰风格涉及的任务与在其他环境实现的任务相似。可视性装饰风格基于多数人熟悉的常用图形元素。

4．确定网站的导航系统

互联网极其方便的一点就是超文本链接，访问者借助网站提供的导航系统，很容易在不同页面间切换。但是，这有赖于设计者对导航系统的定义。定义网站的导航系统需要解决的问题是：访问者如何访问网站？他们如何从一个页面跳转到到另一个页面？怎样防止他们在波澜壮阔的网络世界中迷失？

网站的导航系统可以分为全局导航系统和局部导航系统。全局导航系统出现在网站的每个页面，通过全局导航将网站的各大主要部分联系起来，可以使访问者清楚网站的内容结构，方便他们在不同部分之间跳转。局部导航使得访问者可以在相关页面间跳转，也可以在同一页面内跳转。导航系统具有不同的形式，如主题的列表、选项菜单、相关条目的列表等。

确定网站的导航系统，就是在对网站内容和功能的确立和分类的基础上，将内容、功能之间的逻辑联系用导航工具连接起来。导航系统设计时常用的术语是连接和书签。全局导航在网站的每页中保持一致。尽量减少全局导航标志，以便于访问者进行选择。同时使用网站图标，作为访问者返回网站首页的连接，使他们无论在哪个页面上，都可以迅速返回首页。

7.2.2 网站模板设计

1. 制作网站的布局网格

布局网格是描述网页的模板。此时，应先回顾网站内容的分类，确定两种或三种一般的页面类型。从设计这些页面类型开始，并把它们作为所有其他页面类型的基础。所有主要部分的页面形式应该很相似。必须考虑的其他元素包括：商标、广告和赞助、导航、页标题、顶端图形、脚标（包括版权）。商标在每页中起重要作用，因为它告诉用户他还在网站上。商标一般放在页的左上角。不同的广告和赞助可以以多种方式结合在一起。导航也很重要，局部导航系统可以根据内容有所变化，但应尽可能保持一致。这是一个反复性的过程。

2. 设计网站的框架

设计框架用来建立对网站的直观感受。它可以与修饰风格或网站结构基本原理结合起来，但不是绝对必要的。通常此项工作可以与其他信息结构过程同时进行。框架不一定要代表结构或组织，但是，图形设计者确实应该知道图形文件的大小，还有其他的技术限制。

3. 设计网站的页面模型

通过把设计框架和布局网格结合起来实现真正的网站，用比较顺手的图形软件建立网站的框架，在布局网格的不同部分之间剪切和粘贴组件。另一种选择是用 HTML 做页面模型，把设计框架的组件作为图形。

7.3 电子商务网站开发技术

7.3.1 Web 开发技术

Web 是一种典型的分布式应用结构。Web 应用中的每一次信息交换都要涉及客户端和服务端。因此，Web 开发技术大体上也可以分为客户端技术和服务端技术两大类。这里对这些技术做下简要介绍，以使读者对 Web 技术有一个总体的认识。

1. Web 客户端技术

Web 客户端的主要任务是展现信息内容。Web 客户端设计技术主要包括 HTML 语言、Java Applets、脚本程序、CSS、DHTML、插件技术，以及 VRML 技术。

（1）HTML 语言

HTML 是 hypertext markup language（超文本标记语言）的缩写，它是制作 Web 页面的主要工具。

（2）Java Applets

Java Applets，即 Java 小应用程序。使用 Java 语言创建小应用程序，浏览器可以将 Java Applets 从服务器下载到浏览器，在浏览器所在的机器上运行。Java Applets 可提供动画、音频和音乐等多媒体服务。1996 年，著名的 Netscape 浏览器在其 2.0 版本中率先提供了对 Java Applets 的支持，随后，Microsoft 的 IE3.0 也在这一年开始支持 Java 技术。Java Applets 使得 Web 页面从只能展现静态的文本或图像信息，发展到可以动态展现丰富多样的信息。动态 Web 页面不仅仅表现在网页的视觉展示方式上，更重要的是可以对网页中的内容进行控制与修改。

（3）脚本程序

它是嵌入在 HTML 文档中的程序。使用脚本程序可以创建动态页面，大大提高交互性。用于编写脚本程序的语言主要有 Java Script 和 VB Script。Java Script 由 Netscape 公司开发，具有易于使用、变量类型灵活和无须编译等特点。VB Script 由 Microsoft 公司开发，与 Java Script 一样，可用于设计交互的 Web 页面。要说明的是，虽然 Java Script 和 VB Script 语言最初都是为创建客户端动态页面而设计的，但它们都可以用于服务端脚本程序的编写。客户端脚本与服务端脚本程序的区别在于执行的位置不同，前者在客户端机器执行，而后者是在 Web 服务端机器执行。

（4）CSS

CSS（cascading style sheets），即级联样式表。1996 年底，W3C 提出了 CSS 的建议标准，同年，IE3.0 引入了对 CSS 的支持。CSS 大大地提高了开发者对信息展现格式的控制能力，1997 年的 Netscape4.0 不但支持 CSS，而且增加了许多 Netscape 公司自定义的动态 HTML 标记，这些标记在 CSS 的基础上，让 HTML 页面中的各种要素“活动”了起来。

（5）DHTML

DHTML（dynamic HTML），即动态 HTML。1997 年，Microsoft 发布了 IE4.0，并将动态 HTML 标记、CSS 和动态对象（dynamic object model）发展成为一套完整、实用、高效的客户端开发技术体系，Microsoft 称其为 DHTML。同样是实现 HTML 页面的动态效果，DHTML 技术无须启动 Java 虚拟机或其他脚本环境，可以在浏览器的支持下，获得更好的展现效果和更高的执行效率。

（6）插件技术

这一技术大大丰富了浏览器的多媒体信息展示功能，常见的插件包括 Quick Time、Realplayer、Media Player 和 Flash 等。为了在 HTML 页面中实现音频、视频等更为复杂的多媒体应用，1996 年的 Netscape2.0 成功地引入了对 Quick Time 插件的支持。插件这种开发方式也迅速风靡了浏览器的世界。同年，在 Windows 平台上，Microsoft 将 COM 和 Active X 技术应用于 IE 浏览器中，其推出的 IE3.0 正式支持在 HTML 页面中插入 Active X 控件，这为其他厂商扩展 Web 客户端的信息展现方式提供了方便的途径。1999 年，Realplayer 插件先后在 Netscape 和 IE 浏览器中取得了成功，与此同时，Microsoft 自己的媒体播放插件 Media Player 也被预装到了各种 Windows 版本之中。同样具有重要意义的还有 Flash 插件的问世。20 世纪 90 年代初期，Jonathan Gay 在 FutureWave 公司开发了一种名为 Future Splash Animator 的二维矢量动画展示工具。1996 年，Macromedia 公司收购了 FutureWave，并将 Jonathan Gay 的发明改名为我们熟悉的 Flash。从此，Flash 动画成了 Web 开发者表现自我，展示个性的最佳方式。

（7）VRML 技术

Web 已经由静态步入动态，并逐渐由二维走向三维，将用户带入五彩缤纷的虚拟现实世界。VRML 是目前创建三维对象最重要的工具，它是一种基于文本的语言，并可运行于任何平台。

2. Web 服务端技术

与 Web 客户端技术从静态向动态的演进过程类似，Web 服务端的开发技术也是由静态向动态逐渐发展、完善起来的。Web 服务端技术主要包括服务器技术、CGI、PHP、ASP、ASP.NET、Servlet 和 JSP 技术。

（1）服务器技术

服务器技术主要指有关 Web 服务器构建的基本技术，包括服务器策略与结构设计、服务器软硬件的选择及其他有关服务器构建的问题。

（2）CGI

CGI（common gateway interface）技术，即公共网关接口技术。最早的 Web 服务器简单地响应浏览器发来的 HTTP 请求，并将存储在服务器上的 HTML 文件返回给浏览器。CGI 是第一种使服务器能根据运行时的具体情况，动态生成 HTML 页面的技术。1993 年，NCSA（National Center Supercomputing Applications）提出 CGI1.0 的标准草案，之后分别在 1995 年和 1997 年制定了 CGI1.1 和 1.2 标准。CGI 技术允许服务段的应用程序根据客户端的请求，动态生成 HTML 页面，这使客户端和服务端的动态信息交换成为了可能。随着 CGI 技术的普及，聊天室、论坛、电子商务、信息查询、全文检索等各式各样的 Web 应用蓬勃兴起，人们可以享受到信息检索、信息交换、信息处理等各更为便捷的信息服务。

（3）PHP

1994 年，Rasmus Lerdorf 发明了专用于 Web 服务端编程的 PHP（personal home page tools）语言。与以往的 CGI 程序不同，PHP 语言将 HTML 代码和 PHP 指令合成为完整的服务端动态页面，Web 应用的开发者可以用一种更加简便、快捷的方式实现动态 Web 功能。

（4）ASP

ASP（active server pages）技术，即活动服务器页面技术。1996 年，Microsoft 借鉴 PHP 的思想，在其 Web 服务器 IIS 3.0 中引入了 ASP 技术。ASP 使用的脚本语言是我们熟悉的 VB Script 和 JavaScript。借助 Microsoft Visual Studio 等开发工具在市场上的成功，ASP 迅速成为 Windows 系统下 Web 服务端的主流开发技术。

（5）ASP.Net 技术

ASP.Net 技术是面向下一代企业级网络计算的 Web 平台，是对传统 ASP 技术的重大升级和更新。ASP.Net 是建立.Net Framework 的公共语言运行库上的编程框架，可用于在服务器上生成功能强大的 Web 应用程序。

（6）Severlet、JSP 技术

以 Sun 公司为首的 Java 阵营于 1997 年和 1998 年分别推出了 Severlet 和 JSP 技术。JSP 的组合让 Java 开发者同时拥有了类似 CGI 程序的集中处理功能和类似 PHP 的 HTML 嵌入功能，此外，Java 的运行时编译技术也大大提高了 Severlet 和 JSP 的执行效率。Severlet 和 JSP 被后来的 J2EE 平台吸纳为核心技术。

3. 新的 Web 应用技术——Ajax 框架

Web 应用程序是最新的潮流，它们提供了在桌面上不能实现的服务。但是，伴随着 Web 的强大而出现的是等待，等待服务器响应，等待屏幕刷新，等待请求返回和生成新的页面。

（1）Ajax 简介

术语 Ajax 用来描述这样一组技术，它使浏览器可以为用户提供更为自然的浏览体验。在 Ajax 之前，Web 站点强制用户进入提交/等待/重新显示的循环，用户的动作总是与服务器的“思考时间”同步。Ajax 提供与服务器异步通信的能力，从而使用户从请求/响应的循环中解脱出来。借助于 Ajax，可以在用户单击按钮时，使用 JavaScript 和 DHTML 立即更新 UI，并向服务器发出异步请求，以执行更新或查询数据库。当请求返回时，就可以使用 JavaScript 和 CSS 来相应地更新 UI，而不是刷新整个页面。最重要的是，用户甚至不知道浏览器正在与服务器通信：Web 站点看起来是即时响应的。

虽然 Ajax 所需的基础架构已经出现了一段时间，但直到最近异步请求的真正威力才得到利用。能够拥有一个响应极其灵敏的 Web 站点确实激动人心，因为它最终允许开发人员和设计人员使用标准的 HTML/CSS/JavaScript 堆栈创建“桌面风格（desktop-like）”可用性。

（2）Ajax 的工作原理

Ajax 的核心是 JavaScript 对象 XmlHttpRequest。该对象在 E5 中首次引入，它是一种支持异步请求的技术。简而言之，XmlHttpRequest 使您可以使用 JavaScript 向服务器提出请求并处理响应，而不阻塞用户。

在创建 Web 站点时，在客户端执行屏幕更新为用户提供了很大的灵活性。下面是使用 Ajax 可以完成的功能。

① 动态更新购物车物品总数，无需用户刷新并等待服务器重新发送整个页面。

② 提升站点的性能，这是通过减少从服务器下载的数据量而实现的。例如，在亚马逊的购物车页面，当更新其中一项物品的数量时，会重新载入整个页面，这必须下载 32K 的数据。如果使用 Ajax 计算新的总量，服务器只会返回新的总量值，因此所需的带宽仅为原来的百分之一。

③ 消除了每次用户输入时的页面刷新。例如，在 Ajax 中，如果用户在分页列表上单击“Next”，则服务器数据只刷新列表而不是整个页面。

④ 直接编辑表格数据，而不是要求用户导航到新的页面来编辑数据。对于 Ajax，当用户单击“Edit”时，可以将静态表格刷新为内容可编辑的表格。用户单击“Done”之后，就可以发出一个 Ajax 请求来更新服务器，并刷新表格，使其包含静态的、只读的数据。

7.3.2 数据库技术

数据库技术产生于 20 世纪 60 年代末 70 年代初，其主要目的是有效地管理和存取大量的数据资源。数据库技术主要研究如何存储、使用和管理数据。近年来，数据库技术和计算机网络技术的发展相互渗透、相互促进，已成为当今计算机领域发展迅速、应用广泛的两大领域。数据库技术不仅应用于事务处理，并且进一步应用到情报检索、人工智能、专家系统、计算机辅助设计等领域。

1. 基本概念

数据库技术是信息系统的一个核心技术。它是一种计算机辅助管理数据的方法，它研究如何组织和存储数据，如何高效地获取和处理数据。它是通过研究数据库的结构、存储、设计、管理以及应用的基本理论和实现方法，并利用这些理论来实现对数据库中的数据进行处理、分析和理解的技术。

数据库技术研究和管理的对象是数据，所以数据库技术所涉及的具体内容主要包括：通过对数据的统一组织和管理，按照指定的结构建立相应的数据库和数据仓库；利用数据库管理系统和数据挖掘系统设计出能够实现对数据库中的数据进行添加、修改、删除、处理、分析、理解、报表和打印等多种功能的数据管理和数据挖掘应用系统；并利用应用管理系统最终实现对数据的处理、分析和理解。

数据库技术研究和解决了计算机信息处理过程中对大量数据进行有效组织和存储的问题，在数据库系统中减少数据存储冗余，实现数据共享，保障数据安全，以及高效地检索数据和处理数据。数据库技术的根本目标是要解决数据的共享问题。

2. 数据管理技术的发展

数据管理技术是对数据进行分类、组织、编码、输入、存储、检索、维护和输出的技术。数据管理技术的发展大致经历了以下 3 个阶段：人工管理阶段、文件系统阶段、数据库系统阶段。

（1）人工管理阶段

20 世纪 50 年代以前，计算机主要用于数值计算。从当时的硬件看，外存只有纸带、卡片、磁带，没有直接存取设备；从软件看（实际上，当时还未形成软件的整体概念），没有操作系统和管理数据的软件；从数据看，数据量小，数据无结构，由用户直接管理，而且数据间缺乏逻辑组织，数据依赖于特定的应用程序，缺乏独立性。

（2）文件系统阶段

20 世纪 50 年代后期到 60 年代中期，出现了磁鼓、磁盘等数据存储设备，新的数据处理系统迅速发展起来。这种数据处理系统是把计算机中的数据组织成相互独立的数据文件，系统可以按照文件的名称对其进行访问，对文件中的记录进行存取，并可以实现对文件的修改、插入和删除，这就是文件系统。文件系统实现了记录内的结构化，即给出了记录内各种数据间的关系。但是，文件从整体来看却是无结构的。其数据面向特定的应用程序，因此数据的共享性、独立性差，而且冗余度大，管理和维护的代价也很大。

（3）数据库系统阶段

20 世纪 60 年代后期，出现了数据库这样的数据管理技术。数据库的特点是数据不再只针对某一特定应用，而是面向全组织，具有整体的结构性，共享性高，冗余度小，具有一定的程序与数据间的独立性，并且实现了对数据进行统一的控制。

7.4 电子商务网站管理与运营

7.4.1 电子商务网站的维护

电子商务网站维护是为了让网站能够长期稳定地运行在 Internet 上，及时地调整和更新网站内容，在瞬息万变的信息社会中抓住更多的网络商机，主要包括以下内容。

- 服务器及相关软硬件的维护，对可能出现的问题进行评估，制定响应时间。
- 数据库维护。有效地利用数据是网站维护的重要内容，因此数据库的维护要受到重视。
- 内容的更新、调整等。
- 制定网站维护的规章，将网站维护制度化、规范化。
- 做好网站安全管理，防范黑客入侵网站，检查网站各项功能，链接是否有错。

1. 服务器软件及硬件维护

（1）服务器软件维护包括维护服务器、操作系统和 Internet 连接线路等，以确保网站 24 小时不间断地正常运行。

（2）服务器硬件维护。计算机硬件在使用中常会出现一些问题。同样，网络设备也影响企业网站的工作效率。网络设备管理属于技术操作，非专业人员的误操作有可能导致整个企业网站瘫痪。没有任何操作系统是绝对安全的。维护操作系统的安全必须不断地留意相关网站，及时地为系统安装升级包或者打上补丁。

2. 网站内容更新

建站容易维护难。对于网站来说，只有不断地更新内容，才能保证网站的生命力，否则网站不仅不能起到应有的作用，反而会对企业自身形象造成不良影响。如何快捷方便地更新网页，提高更新效率，是很多网站面临的难题。现在网页制作工具不少，但为了更新信息而日复一日地编辑网页，对信息维护人员来说，疲于应付是普遍存在的问题。内容更新是网站维护过程中的一个瓶颈。网站的建设单位可以考虑从以下 5 个方面入手，使网站能长期顺利地运转。

（1）在网站建设初期，就要对后续维护给予足够的重视，要保证网站后续维护所需资金和人力。很多单位是以外包项目的方式建设网站的，建设时很舍得投入资金，可是网站发布后，维护力度不够，信息更新工作迟迟跟不上，网站建成之时，便是网站死亡的开始。

（2）要从管理制度上保证信息渠道的通畅和信息发布流程的合理性。网站上各栏目的信息往往来源于多个业务部门，要进行统筹考虑，确立一套从信息收集、信息审查到信息发布的良性运转的管理制度，既要考虑信息的准确性和安全性，又要保证信息更新的及时性。要解决好这个问题，领导的重视是前提。

（3）在建设过程中要对网站的各个栏目和子栏目进行尽量细致的规划，在此基础上确定哪些是经常要更新的内容，哪些是相对稳定的内容。由承建单位根据相对稳定的内容设计网页模板，在以后的维护工作中，这些模板不用改动，这样既省费用，又有利于后续维护。

（4）对经常变更的信息，尽量用结构化的方式（如建立数据库、规范存放路径）进行管理，以避免数据杂乱无章的现象。如果采用基于数据库的动态网页方案，则在网站开发过程中，不但要保证信息浏览环境的方便性，还要保证信息维护环境的方便性。

（5）要选择合适的网页更新工具。信息收集起来后，如何“写到”网页上去，采用不同的方法，效率也会大大不同。比如使用 Notepad 直接编辑 HTML 文档与用 Dreamweaver 等可视化工具相比，后者的效率自然高得多。倘若既想把信息放到网页上，又想把信息保存起来以备以后再用，那么采用能够把网页更新和数据库管理结合起来的工具，效率会更高。

3. 制定网站维护的规章

制定网站维护的规章，将网站维护制度化、规范化。

（1）对留言板进行维护

网站制作好留言板或论坛后，要经常维护，总结意见。因为一般访问者对站点有什么意见，通常都会在第一时间看看站点哪里有留言板或者论坛，然后就在那里记录，期望网站管理者能提供他想要的东西，或提供相关的服务。我们必须对别人提出的问题进行分析、总结，一方面要以尽可能快的速度进行答复；另一方面，也要记录下来进行切实的改进。我们可以从中收集很多信息，获得很多商机。

（2）对客户的电子邮件进行维护

所有的企业网站都有自己的联系页面，通常是管理者的电子邮件地址，经常会有一些信息发到邮箱中。对访问者的邮件要及时答复，最好是在邮件服务器上设置一个自动回复的功能，这样能够使访问者对站点的服务有一种安全感和信任感，然后再对用户的问题进行细致的解答。

（3）对投票调查程序进行维护

有的企业的站点上有一些投票调查的程序，用来了解访问者的喜好或意见。我们一方面对已调查的数据进行分析；另一方面，也可以经常变换调查内容。但对于要调查的内容的设置要有针对性，不要搞一些空泛的问题，还可以针对某个热点投票，吸引别人来看结果。

（4）对 BBS 进行维护

这也是很重要的。BBS 是一个自由的天地，在企业 BBS 中可以自由地讨论技术问题，而对于 BBS 的实时监控尤为重要，诸如一些色情、反动的言论，要马上删除，否则会影响企业的形象。

从另一个角度，企业BBS中也可能会出现一些乱七八糟的广告，管理者要进行删除，否则影响了BBS的性质，就不会再吸引浏览者。有时甚至会出现一些竞争对手的广告或诋毁企业形象的言论，更要及时删除。同时，要收集一些相关资料在BBS中发表，以保证BBS的学术性。

（5）对顾客意见进行处理

网站的交互性栏目可能会收集到很多顾客意见，要及时处理，这样才能保持企业的良好形象。

（6）对电子邮件列表进行维护

电子邮件列表是很多企业网站上都有的，对电子邮件进行维护也很重要，一方面要保证发送频率；另一方面，要保证邮件的内容，要有新意，而且最好与收集的意见相结合。

4. 网站维护人员的专业要求

网站维护需要由专业的人员来进行，包括网站程序员、编辑人员、图片处理人员、网页设计师、服务器维护专员等。他们需要具备的专业技能包括：熟悉网站前台相关技术；熟悉Web2.0相关技术；精通TCP/IP协议、OSI参考模型；熟悉HTML、DHTML、CSS、JavaScript、ASP、JSP等Web页面开发语言、photoshop/Flash/Dreamweaver/Fireworks/等网站相关软件工具和数据库技术；具备较强的学习能力；还需要懂得FTP上传下载、服务器维护、MSSQL/MYSQL数据库应用。

企业在选择网站维护方式时需要考虑三点要素：维护成本、维护效率、维护效果。通常网站维护有以下几种方式。

（1）企业招聘专业维护人员，包括网页设计人员、文字采编人员、美工、服务器维护专员等。特点：维护成本高、维护效率高、维护效果有保证。

（2）企业委托建站公司，双方约定建站公司一定时期内免费对网站进行小范围改版、内容维护。特点：维护成本低、维护效果低、维护效果无保证。

（3）企业委托专业网站维护公司，双方签订网站维护合同，维护公司在网站内容更新、网页改版、安全维护、数据备份等方面全方位进行维护。特点：维护成本非常低、维护效果高、维护效果有保证。

7.4.2 电子商务网站的安全管理

随着黑客人数日益增长和一些入侵软件的泛滥，网站的安全日益受到挑战。像SQL注入、跨站脚本、文本上传漏洞等，网站安全管理与维护日益受到企业的重视。

> **【小知识】**
>
> 黑客：指利用系统安全漏洞对网络进行攻击破坏或窃取资料的人。黑客最早源自英文hacker，早期在美国的电脑界是带有褒义的。但在媒体报道中，黑客一词往往指那些“软件骇客”(software cracker)。黑客一词，原指热心于计算机技术，水平高超的电脑专家，尤其是程序设计人员。但到了今天，黑客一词已被用于泛指那些专门利用电脑网络搞破坏的家伙。对这些人的正确英文叫法是cracker，有人翻译成“骇客”。

1. 网站安全问题

常见的Web攻击分为两类：一类是利用Web服务器的漏洞进行攻击，如CGI缓冲区溢出，利用目录遍历漏洞等攻击；另一类是利用网页自身的安全漏洞进行攻击；如SQL注入，跨站脚本攻击等。

常见的针对 Web 应用的攻击如下。

（1）缓冲区溢出。攻击者利用超出缓冲区大小的请求和构造的二进制代码让服务器执行溢出堆栈中的恶意指令。

（2）**Cookie** 假冒。精心修改 cookie 数据进行用户假冒。

（3）认证逃避。攻击者利用不安全的证书和身份管理。

（4）非法输入。在动态网页的输入中使用各种非法数据，获取服务器敏感数据。

（5）强制访问。访问未授权的网页。

（6）隐藏变量篡改。对网页中的隐藏变量进行修改，欺骗服务器程序。

（7）拒绝服务攻击。构造大量的非法请求，使 Web 服务器不能响应正常用户的访问。

（8）跨站脚本攻击。提交非法脚本，在其他用户浏览时盗取用户账号等信息。

（9）SQL 注入。构造 SQL 代码让服务器执行，获取敏感数据。

（10）**URL** 访问限制失效。强行访问一些登录网页、历史网页。

（11）被破坏的认证和 **Session** 管理。Session token 没有被很好地保护，在用户退出系统后，黑客能够盗窃 Session。

（12）**DNS** 攻击。黑客利用 DNS 漏洞欺骗 DNS 服务器，从而达到使 DNS 解析不正常，IP 地址被转向，导致网站服务器无法正常打开。

【小知识】

Cookie：有时也用其复数形式 cookies，指某些网站为了辨别用户身份，进行 Session 跟踪而储存在用户本地终端上的数据（通常经过加密）。

URL：统一资源定位符（uniform / universal resource locator）也被称为网页地址，是因特网上标准的资源地址（address）。

Session：会话，是一个客户与服务器之间的不中断的请求响应序列。对客户的每个请求，服务器能够识别出请求来自于同一个客户。当一个未知的客户向 Web 应用程序发送第一个请求时就开始了一个会话。当客户明确结束会话或服务器在一个预定义的时限内不从客户接受任何请求时，会话就结束了。

Web 会话可简单理解为：用户打开一个浏览器，访问某一个 Web 站点，在这个站点点击多个超链接，访问服务器多个 Web 资源，然后关闭浏览器，整个过程称之为一个会话。

DNS：计算机域名系统（domain name system 或 domain name service），它是由解析器及域名服务器组成的。域名服务器是指保存有该网络中所有主机的域名和对应 IP 地址，并具有将域名转换为 IP 地址功能的服务器。

2. 攻击手段举例说明

（1）SQL 注入

对于和后台数据库产生交互的网页，如果没有对用户输入数据的合法性进行全面的判断，就会使应用程序存在安全隐患。攻击者在提交正常数据的 URL 或者表单输入框中提交一段精心构造的数据库查询代码，使后台应用执行攻击者的 SQL 代码，攻击者根据程序返回的结果，获得某些他想知道的敏感数据，如管理员密码、保密商业资料等。

（2）跨站脚本攻击

由于网页可以包含由服务器生成的、并且由客户机浏览器解释的文本和 HTML 标记。如果不可信的内容被引入动态页面中，则无论是网站还是客户机都没有足够的信息识别这种情况并采取保护措施。攻击者如果知道某一网站上的应用程序接收跨站点脚本的提交，他就可以在网上提交进行攻击的脚本，如 JavaScript、VBScript、ActiveX、HTML 或 Flash 等内容，普通用户一旦点击了网页上这些攻击者提交的脚本，那么就会在用户客户机上执行，完成从截获账号、更改用户设置、窃取和篡改 cookie，到虚假广告在内的种种攻击行为。

（3）DNS 攻击

黑客使用常见的**洪水攻击**，阻击 DNS 服务器，导致 DNS 服务器无法正常工作，从而使域名解析失败，造成网站无法访问。

【小知识】

洪水攻击：洪水攻击是现在黑客比较常用的一种攻击技术，特点是实施简单，威力巨大，大多是无视防御的。常见的洪水攻击方式有阿拉丁洪水攻击器、局域网 ARP 攻击，以及 DDOS 攻击等。

3. 引起网站安全问题的原因

网站安全问题的原因主要有以下几点。

（1）大多数网站设计者只考虑正常用户的稳定使用。但在黑客对漏洞敏锐的发觉和充分利用的动力下，网站存在的漏洞就被挖掘出来，而且成为黑客们直接或间接获取利益的机会。对于 Web 应用程序的 SQL 注入漏洞，有试验表明，通过搜寻 1 000 个网站取样测试，检测到有 15%的网站存在 SQL 注入漏洞。

（2）网站防御措施过于落后，甚至没有真正的防御。大多数防御只使用传统的基于特征识别的入侵防御技术或内容过滤技术，对保护网站抵御黑客攻击的效果不佳。比如对 SQL 注入、跨站脚本这种特征不唯一的网站攻击，基于特征匹配技术防御攻击，不能精确阻断攻击。因为黑客们可以通过构建任意表达式来绕过防御设备固化的特征库，例如，and 1=1 和 and 2=2 是一类数据库语句，但可以人为任意构造数字构成同类语句的不同特征。而 and、=等这些标识在 Web 提交数据库应用中又是普遍存在的表达符号，不能作为攻击的唯一特征。因此，这就很难基于特征标识来构建一个精确阻断 SQL 注入攻击的防御系统，这使得目前有很多黑客将 SQL 注入作为入侵网站的首选攻击技术之一。对基于应用层构建的攻击，防火墙更是束手无策。

网站防御不佳还有另一个原因，有很多网站管理员对网站的价值认识仅仅是一台服务器或者是网站的建设成本，为了这个服务器而增加超出其成本的安全防护措施被认为得不偿失。而实际网站遭受攻击之后，带来的间接损失往往不能用一个服务器或者是网站建设成本来衡量，很多信息资产在遭受攻击之后造成无形价值的流失。不幸的是，很多网站建设单位、人员，只有在网站遭受攻击后，造成的损失远超过网站本身造价之后才意识到这一点。

（3）黑客入侵后，未被及时发现。有些黑客通过篡改网页来传播一些非法信息或炫耀自己的水平，但篡改网页之前，黑客肯定是基于对漏洞的利用，获得了网站控制权限。这并不是最可怕的，因为这样的黑客在获取权限后没有想要隐蔽自己，反而是通过篡改网页暴露自己，这虽然对网站造成很多负面影响，但黑客本身未获得直接利益。最可怕的是，黑客在获取网站的控制权限之后，并不暴露自己，而是利用所控制网站产生直接利益。

网页挂马就是一种利用网站，向浏览网站的人种植其木马的一种非常隐蔽且直接获取利益的主要方式之一。访问网站而被种植木马的人通常也不知情，导致一些用户的机密信息被窃取。网站成了黑客散布木马的一个渠道。网站本身虽然能够提供正常服务，但访问网站的人却遭受着木马程序的危害。这种方式下，黑客们通常不会暴露自己，反而会尽量隐蔽，就好比"暗箭难防"，所以很多网站被挂木马数月仍然未被察觉。由于挂马原理是木马本身并非在网站本地，而是通过网页中加载一个能够让浏览者自动建立另外的下载连接完成木马下载，而这一切动作是可以很隐蔽地完成的，对用户不可见。在这种情况下网站本地的防病毒软件也无法发现这个挂马实体。

（4）发现安全问题不能彻底解决。网站技术发展较快，安全问题日益突出，但由于关注重点不同，绝大多数的网站开发与设计公司在网站安全代码设计方面了解甚少，发现网站安全存在问题和漏洞，其修补方式只能停留在页面修复，很难针对网站具体的漏洞原理对源代码进行改造。这也是为什么有些网站安装了网页防篡改和网站恢复软件后仍然遭受攻击的原因。在一次网站安全检查过程中，曾经戏剧化地发现，网站的网页防篡改系统将早期植入的恶意代码也保护了起来。这说明很少有人能够准确地了解网站安全漏洞问题解决得是否彻底。

4．网站安全维护方法

网站安全的隐患主要是源于网站存在漏洞，而世界上不存在没有漏洞网站，所以网站安全维护的关键在于早发现漏洞和及时修补漏洞。网上也有专门的网站漏洞扫描工具，如亿思网站安全检测平台。发现漏洞要及时修补，特别是采用开放源码的网站。

网站安全维护是指为防止外来入侵者对网站进行挂马、篡改网页等行为而做出的一系列防御工作。由于一个网站设计者更多地考虑满足用户应用，如何实现业务，很少考虑网站应用开发过程中存在的漏洞，这些漏洞在不关注安全代码设计的人员眼里几乎不可见。大多数网站设计开发者、网站维护人员对网站攻防技术了解甚少；在正常使用过程中，即便存在安全漏洞，正常的使用者并不会察觉。为了保证网站安全，必须注意以下几点。

（1）登录页面必须加密

在登录之后实施加密有可能有用，这就像把大门关上以防止马儿跑出去一样；不过登录会话并没有被加密，这就像在你锁上大门时却将钥匙放在了锁眼里一样。即使你的登录会话被传输到了一个加密的地方，在许多情况下，仍有可能被一个恶意的黑客攻克。他会精心地伪造一个登录表单，借以访问同样的资源，并访问敏感数据。常见的加密方式有 MD5 加密、数据库加密等。

（2）采取专业工具辅助

在市面上目前有许多针对于网站安全漏洞的监测系统，比如 MDCSOFT-IPS，MDCSOFT SCAN，这些大多数是收费的。网站安全检测平台能够迅速找到网站的安全隐患，而且这些平台都会提供针对安全隐患的对策建议。

（3）通过加密连接管理你的站点

使用不加密的连接（或仅使用轻度加密的连接），如使用不加密的 FTP 或 HTTP 用于 Web 站点或 Web 服务器的管理，就会将自己的大门向"中间人"攻击和登录/口令的嗅探等手段敞开大门。因此请务必使用加密的协议，如 SSH 等来访问安全资源；要使用经证实的一些安全工具，如某人截获了你的登录和口令信息，他就可以执行你可做的一切操作。

（4）使用强健的、跨平台的兼容性加密

根据目前的发展情况，SSL 已经不再是 Web 网站加密的最先进技术。可以考虑 TLS，即安全传输层协议，它是安全套接层加密的继承者。要保证你所选择的任何加密方案不会限制你的用户基础。同样的原则也适用于后端的管理，在这里 HSS 等跨平台的强加密方案要比微软的 Windows 远程桌面等较弱的加密工具要更可取、更有优越性。

（5）只连接安全有保障的网络

避免连接安全特性不可知或不确定的网络，也不要连接一些安全性差的网络，如一些未知的、开放的无线访问点等。无论何时，只要你必须登录到服务器或 Web 站点实施管理，或访问其他的安全资源，这一点就尤其重要。如果你连接到一个没有安全保障的网络，还必须访问 Web 站点或 Web 服务器，就必须使用一个安全代理，这样你到安全资源的连接就会来自于一个有安全保障的网络代理。

（6）不要共享登录的机要信息

共享登录机要信息会引起诸多安全问题。这不但适用于网站管理员或 Web 服务器管理员，还适用于在网站拥有登录凭证的人员，客户也不应当共享其登录凭证。登录凭证共享得越多，就越可能更公开地共享，甚至对不应当访问系统的人员也是如此；登录机要信息共享得越多，要建立一个跟踪索引借以跟踪、追查问题的源头就越困难，而且如果安全性受到损害或威胁因而需要改变登录信息时，就会有更多的人受到影响。

（7）采用基于密钥的认证而不是口令认证

口令认证要比基于密钥的认证更容易被攻破。设置口令的目的是在需要访问一个安全的资源时能够更容易地记住登录信息。不过如果使用基于密钥的认证，并仅将密钥复制到预定义的、授权的系统（或复制到一个与授权的系统相分离的独立介质中，直接需要它时才取回），你将会得到并使用一个更强健的难于破解的认证凭证。

（8）维护一个安全的工作站

如果你从一个客户端系统连接到一个安全的资源站点，而你又不能完全保证其安全性，你就不能保证没有人在监听你所做的一切。因此键盘记录器、受到恶意损害的网络加密客户，以及黑客们的其他一些破坏安全性的伎俩都会使某个未得到授权的个人访问到敏感数据，而不管网络是否有安全措施，是否采用加密通信，也不管你是否部署了其他的网络保护措施。因此保障工作站的安全性是至关重要的。

（9）运用冗余性保护网站

备份和服务器的失效转移有助于维持最长的正常运行时间。虽然失效转移可以极大地减少服务器的宕机时间，但这并不是冗余性的唯一价值。用于失效转移计划中的备份服务器可以保持服务器配置最新，这样在发生灾难时你就不必从头开始重新构建你的服务器。备份可以确保客户端数据不会丢失，而且如果你担心受到损害，系统上的数据落于不法之徒手中，就会毫不犹豫地删除这种数据。当然，你还必须保障失效转移和备份方案的安全，并定期地检查，以确保在需要这些方案时能够用到。

（10）对所有的系统都实施强健的安全措施

确保对所有的系统都实施强健的安全措施，而不仅运用特定的 Web 安全措施。在这方面，可以采用一些通用的手段，如采用强口令，采用强健的外围防御系统，及时更新软件和为系统打补丁，关闭不使用的服务，使用数据加密等手段保证系统的安全等。

5. 网站安全检测

（1）进行网站安全漏洞扫描

由于现在很多网站都存在 SQL 注入漏洞、上传漏洞等漏洞，黑客可以利用网站的这些漏洞，通过 SQL 注入进行攻击，通过上传漏洞进行木马上传等。所以网站安全检测中很重要的一步就是网站的漏洞检测。

（2）网站木马的检测

网站被挂马是非常普遍的事情，同时也是最头疼的一件事，所以在网站安全检测中，网站是否被挂马是很重要的一个指标。其实最简单的检测网站是否被挂马的方法就是打开杀毒软件，或用网站安全狗在线扫描，看看有没有挂马提示。当然还有直接去这些杀毒软件公司建立的网站安全中心，直接提交 URL 进行木马检测。网站被挂马会严重影响网站信誉，如被挂马，应暂时关闭网站，及时清理木马或木马链接的页面地址。

（3）网站环境的检测

网站环境包括网站所在服务器的安全环境和维护网站者的工作环境的安全，很多黑客入侵网站的目的是通过攻击服务器，窃取用户资料。所以在选择服务器时要选择一个有保证的服务商，而且稳定的服务器对网站的优化和 SEO 也很有帮助。而站长或维护者所处的环境也非常重要，如果本身系统就存在木马，那么盗取账号就变得很简单了。要保持系统的安全，可以装瑞星、卡巴这些杀毒软件，还有就是账号和密码要设置得复杂一些。

（4）其他检测

还应进行黑链检测。由于现在黑链的利润很高，所以现在很多黑客入侵网站的目的就是挂链接，而被挂黑链会严重影响 SEO 的优化。

（5）远程连接检测

打开宽带连接，进行宽带的检测和 IP 地址的检测，以防止恶意窃取用户资料。

7.4.3 电子商务网站运营

网站运营是指一切为了提升网站服务于用户的效率，而进行的与网站后期运作、经营有关的工作，通常包括网站内容更新维护、网站流程优化、数据挖掘分析、用户研究管理、网站营销策划等。网站运营常用的指标有 PV、IP、注册用户、在线用户、付费用户、在线时长、购买频次、ARPU 值。网站运营是一个总体概念，包括设计、编程、客户服务、公司管理等。

【小知识】

PV：PV（page view）即网页浏览量。用户每 1 次对网站中的每个网页的访问均被记录 1 次。用户对同一页面的多次访问，访问量累计。网页浏览量是评价网站流量最常用的指标之一。

ARPU：ARPU（average revenue peruser）即每用户平均收入，是目前用于衡量电信运营商业务收入的指标。ARPU 注重的是一个时间段内运营商从每个用户所得到的收入。很明显，高端的用户越多，ARPU 越高。在这个时间段，从运营商的运营情况来看，ARPU 值高未必说明利润高，因为利润还需要考虑成本。如果每用户的成本也很高，那么即使 ARPU 值很高，利润也未必高。

1. 网站运营的意义

建一个网站，对于大多数人并不陌生，尤其是已经拥有自己网站的企业和机构。企业建网站的目的只有一个：辅助传统营销模式。但是，提到网站运营可能很多人不理解，对网站运营的重要性也不明确，通常被忽视。网站运营不像网站建设一样，一次性投入，不管建得好坏，总能出现在人们面前。这就如同某某单位出资建了一家企业一样，领导人到位，资金到位，设备到位，那么企业就算是成立了。那么，企业建立的目的是什么呢？是希望它逐步发展，市场的占有率越来越高，实现利润回报。肯定没有人希望企业建成之日便是倒闭之时。所以，网站运营同样具有十分重要的意义。谁也不希望网站建成之后，会变成一个死站，不能为企业效力。从这个意义上说，网站若想得到好的回报，就应当进行运营，而且是科学的运营。网站的管理水平直接反映着该企业的管理水平，体现了企业文化。

2．网站运营的内容

运营是指网络营销体系中一切与网站的后期运作有关的工作。

就目前我国的互联网发展趋势看，网站的运营应当融入企业的整体经营体系中，使网络与原有的机制有机结合，这样才能发挥网站及网络营销的商业潜力。

企业的网站运营包括很多内容，如网站宣传推广、网络营销管理、网站的完善变化、网站后期更新维护、网站的企业化操作等，其中最重要的就是网站的维护和推广。随着网络应用的深入、网络营销知识的普及，越来越多企业老总、管理人员意识到：一个一两年没更新过的网站，以及一个做得精美但没有多少人知道的网站，完全是在浪费资源。“信息化”并非一次性投资建一个网站那么简单，更重要的工作在于网站建成后的长期更新与推广过程。

网站运营的内容如图7-1所示。

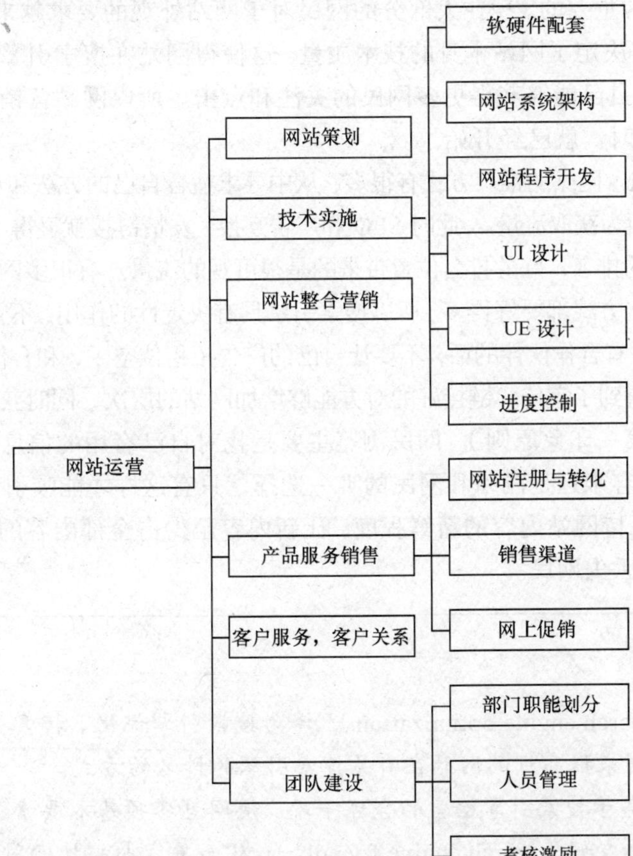

图7-1 网站运营图

（1）明确网站方向

在一个网站的设计阶段，就应该开始考虑运营问题了，每一项产品的诞生都是为了网站的运营，运营官如果参与到网站的设计中能够使得自己在运营中的目标方向变得清晰而准确。在网站运营上，一个网站运营官要做的事情有很多。首先要明确方向，必须瞄准这些方向才能获得运营的成功。

① 瞄准客户方向。为顾客着想，明确网站能够给客户带来什么，这才是最重要的。所以在产品设计上就要和运营官一起完成一次又一次不可能的任务。解决好这些问题，才能使网站成功的可能性提高。

② 瞄准市场方向。市场运营始终需要考虑的一个重要因素是：选择什么样的人群作为市场。这是一门很高的学问。寻找市场包括寻找网站的市场渠道，网站在什么时候适合什么样的运营方式，有什么样的资源可以整合，这些都是对于运营网站很重要的方向。

③ 合作和共赢。现在少了合作是很难生存的，不只是公司上下的合作，与外界的合作同样重要。口碑、博客、论坛广告等合作推广，一个都不能少。与其他相关网站及传统的企业合作伙伴的合作是非常重要的。只有在网站自身的信息合作增加的前提下，运营成功的机会才会大大增加。

（2）增加网站黏性

要增加网站的黏性，首先得保证自己的网站内容适合目标用户，然后还有以下四点需要把握。

① 网站设计时机。从网站的设计起，就已经是开始做营销了。对于一个拥有好内容的网站，其美工和 **SEO** 是非常重要的。现在大部分的网民对于网站外观的要求越来越高，这是获得网民青睐的保证，而 SEO 决定了网站本身的技术质量。这使得网站在搜索引擎上的信息量能优于其他同类型的网站，使自己能够获得更多网民的关注和点击。所以网站营销不是在网站出现后才开始的，在网站设计时，就已经开始了。

② 网站推广时机。网站的推广方式有很多，从中寻求适合自己的方法和步骤尤为重要，一方面为节约成本；另一方面为获取流量。此时 SEO 和广告互换、友情链接就显得十分重要了。SEO 在一定程度上决定了网站的排名，好的排名位置带来的是很可观的流量。有很多网民可以很快地找到你，这比其他的任何的广告方式都要好得多。所以搜索引擎具有决定性的作用，不管是什么引擎尽可能地提交，益处多多。如果有合作伙伴的话，不要让自己的广告招租位空了，和合作伙伴互换放上它的链接，既充实了网站又得到了宣传。链接好的对方能够增加网站的层次，同时获得排名和宣传。

③ 网民浏览（第一印象原则）。网民浏览主要是找对自己有用的信息，绝不是一来就被广告所吸引，合适的内容永远是网络和网民的唯一选择，只有这样才能吸引住网民。

④ 更新。时刻保持网站内容的新鲜程度，让新内容至少占全部内容的 3/4，保持这种程度，既不会太累，也不会丢失网民。

【小知识】

SEO：SEO（search engine optimization），译为搜索引擎优化。搜索引擎优化是一种利用搜索引擎的搜索规则来提高目的网站在有关搜索引擎的排名的方式。

SEO 通过采用易于搜索引擎检索的合理手段，使网站各项基本要素适合搜索引擎的检索原则，并且对用户更友好（search engine friendly），从而更容易被搜索引擎收录并优先排序。SEO 是搜索引擎领域中的一种技术手段而非商业模式。

（3）网站运营的方法

网站运营涉及资源和成本问题。但只要用对工夫，大部分中小企业网站运营需要的资源和成本并不会太高。这些企业网站的运营工作主要是更新产品及说明文字。一般中小企业网站都没有后台内容管理系统，网页更新需要由专业人员来完成，但企业大都没有这种人才（虽然学习做网页也并非难事）。有一个办法就是在与做网站的公司签订合同时就订下有关网页更新服务的条款；另外一个比较柔性的解决办法是，在公司里培训一个编辑网页的人员，学会使用Frontpage、Dreamweaver 等编辑程序。一个人要是能学会使用 Word 软件，就应该也可以学会进行网页编辑、FTP 文件上传。可以让网站开发公司进行培训，同时结合买书自学，并不难，学习者可以多掌握一门知识，也不会抗拒。因此，这个方法也是可以采用的。

网站推广就复杂艰巨得多了，这部分内容已在第 5 章网络营销那一节进行了具体介绍。从交换链接、登录搜索引擎、信息发布，到邮件列表维护发送等，各方面都涉及专业知识，已经不是简单学习一些诸如网页制作方法就可以解决的了，但这部分又至关重要。因此，对于中小企业的网站推广有以下建议：重点项目外包，其他推广工作自己内部承担。

【要点回顾】

网站规划是指在网站建设前对市场进行分析、确定网站的目的和功能，并根据需要对网站建设中的技术、内容、费用、测试、维护等做出规划。网站规划对网站建设起到计划和指导的作用，对网站的内容和维护起到定位作用。

网站规划的主要任务有：制定网站的发展战略，制订网站的总体方案，制订网站建设的资源分配计划。

电子商务网站的规划内容包括：确定电子商务站点的服务对象，确定站点的目标，以及确定站点评价体系。

电子商务网站设计的内容包括：确定网站的内容和功能，网站结构设计，确定网站的装饰风格，确定网站的导航系统等。

Web 是一种典型的分布式应用结构。Web 开发技术包括 Web 客户端技术、Web 服务端技术，以及新的 Web 应用技术，即 Ajax 框架。

电子商务网站维护是为了让网站能够长期稳定地运行在 Internet 上，及时地调整和更新网站内容，在瞬息万变的信息社会中抓住更多的网络商机。主要包括以下内容：服务器及相关软硬件的维护，数据库维护，内容的更新和调整，制定相关网站维护的规定，做好网站安全管理。

电子商务网站的安全管理涉及的内容有：网站安全问题、攻击手段、引起网站安全问题的原因、网站安全维护方法，以及网站安全检测。

网站运营是指一切为了提升网站服务于用户的效率，而进行的与网站后期运作、经营有关的工作，通常包括网站内容更新维护、网站流程优化、数据挖掘分析、用户研究管理、网站营销策划等。

【本章习题】

1. 电子商务网站规划的主要内容是什么？讨论电子商务网站规划的主要特点和应遵循的原则。
2. 如何进行电子商务网站的设计？主要设计内容包括哪些？

3. 企业电子商务网站建设要用到哪些主要的技术？
4. 如何有效地进行电子商务网站的维护？
5. 电子商务网站安全维护的方法都有哪些？在进行网站安全检测时，应从哪些方面着手？
6. 试讨论电子商务网站运营的意义与内容。

【课后拓展】

拓展任务：商务网站的规划与设计

知识目标：理解电子商务网站规划、设计的原则和意义

能力目标

（1）熟练掌握电子商务网站域名的概念和域名注册方法；

（2）能掌握电子商务网站项目分析与规划；

（3）学会电子商务网站项目方案的撰写。

要求：与同学自主结成“拓展活动小组”，每组 2～4 人为宜，共同完成 “某公司电子商务网站建设策划方案”。

第8章 电子交易与电子支付

【内容提要】

随着网络的发展和科技水平的提高，电子商务日益发展。同时，伴随着电子交易的出现和发展，电子支付的发展也步入了高速路。本章主要介绍有关电子交易的基本内容及电子支付的相关内容。

本章学习目标：

- 理解电子交易、电子合同的概念
- 了解电子支付的基本概念与分类
- 掌握电子支付卡和网络支付的使用方法
- 熟悉第三方支付的模式及其应用
- 熟悉网上银行的主要服务内容
- 熟悉移动支付的业务与运营模式

【引导案例】工行力推网售火车票电子支付服务

自2011年6月11日我国第一张网售铁路客票通过中国工商银行网上银行成功支付并顺利出票以来，这种新型的购票支付方式得到了众多旅客的接受，业务量也不断创出新高。据悉，截至2012年年末，通过工行互联网售票支付系统成功支付的交易金额达78.5亿元，累计支付笔数近4 381万笔，网售火车票业务支付占比在同业中居首，为全国铁路旅客提供了高效快捷的电子支付服务。

据介绍，旅客如果选择通过互联网购买火车票并在网上银行支付车票款，只要登录中国铁路客户服务中心网站（www.12306.cn）注册，根据提示查询并预订车票后，即可通过开通网上银行功能的工行卡完成在线支付，铁路部门将会把车票信息以邮件或短信形式发送给购票人，旅客可以凭身份认证信息前往各铁路售票点领取纸质车票。在乘车站和下车站都具备二代居民身份证检票条件的京津城际和京沪高铁本线车站，旅客还可以凭购票时所使用的乘车人有效二代居民身份证原件，直接通过车站自动检票机办理进出站检票手续。

（资料来源：互联网搜集）

案例点评：方便的购票流程、快捷的支付方式吸引了越来越多的用户从网上购买火车票，中国工商银行则及时抓住了机遇，推行网上银行支付服务，并取得了成功。本章将首先对电子交易和电子合同进行介绍，接着引出电子支付的内容。

8.1 电子交易与电子合同

8.1.1 电子交易

1. 电子交易的定义

电子交易（screen trading）是通过电子系统进行的交易，不同于在交易所交易大厅面对面进行的交易。在电子商务中没有哪一部分比电子交易更引人注目了。所谓电子交易就是指在网上进行买卖交易。电子交易不再是简单地开辟一条新的网上销售渠道，它可以降低经营成本，并能帮助企业与客户、供货商以及合作伙伴建立更为密切的合作关系。

2. 电子交易的发展

自从互联网诞生以来，越来越多的企业"触网"，随着技术的进步和时代的发展，企业电子交易经过了几个历程。

第一阶段：黄页型

互联网提供企业或产品黄页，取代了传统的传播介质。与传统黄页相比，它使用更方便，内容更新更快，传播范围更广，成本更低。

第二阶段：广告型

在这个阶段，互联网的页面取代了传统的企业画册，增加了多媒体内容，信息量更大，同时在企业和消费者之间建立了平等的沟通渠道，并且由于成本很低，对小企业来讲，降低了竞争的成本。

第三阶段：销售型

在这一阶段，互联网营销逐渐取代传统的销售方式。对一些适合在网上销售的产品来说，这更是一种有效地减少流通环节和降低经营成本的方法，同时因为互联网具有其他销售方式不可比拟的优势，集成了前两个阶段的功能，消费者和企业都更加乐意接受。最先采纳这种销售方式的是原来的邮购商品和图书类商品。

第四阶段：整合型

前面几个阶段着重于外向型商务平台，其实内部电子交易在简单的计算机文字处理时代就已经存在了，财务管理、库存管理、人事管理、决策管理等企业应用软件一直没有停止过网络化的步骤。随着服务器系统管理软件功能的强大，为了节约成本，越来越多的企业采用了整合型的方案，产品销售、招聘、招商引资、企业宣传、售后服务、技术支持、合作意向等，凡是可以公开的内容都上网了。从消费者、员工、经销商、零售商、供应商，直到管理者，根据不同的角色和权限，可以浏览各种相关的内容，进行各种各样的活动，如咨询、采购、面试、组织会议、发布消息、采访等。这时候，电子交易才真正成为一个企业的应用平台，而不再是一个所谓的人机交互式的平台，而是人与人沟通的平台。

第五阶段：在线生产，在线消费

其实这种方式现在就已经存在，只不过它仅仅涉及一些特殊商品，经常被人们忽略罢了。例如，软件、多媒体应用如电视、广播、电子图书、远程教育、远程医疗、咨询、报关、交税、金融业务等，这些是电子交易的最高级形式。

3. 电子交易模式

电子交易市场对交易系统进行多样化的模式设计，共包括 10 个模式：卖方挂牌、买方挂牌、在线竞买、在线竞卖、在线洽谈、双向竞价、竞价专场、集合竞价、在线招标、在线专场。

（1）卖方挂牌交易模式

卖方挂牌是指在本市场内卖方将其自有或未来将拥有的商品的详细情况录入交易系统，确认后发布挂牌要约；买方通过交易系统查询相关挂牌要约内容，并摘牌成交，签订电子交易合同的一种交易模式。

（2）买方挂牌交易模式

买方挂牌是指在本市场内买方将其需要订购的商品的详细情况录入交易系统，确认后发布挂牌要约；卖方通过交易系统查询相关挂牌要约内容，并摘牌成交，签订电子交易合同的一种交易模式。

（3）在线竞买交易模式

在线竞买是指某供货商（卖方）将一定数量的商品作为标的，通过本市场交易系统发布竞买要约，由买方以向上出价的方式进行公开竞价，最后满足卖方销售数量的一个或多个报价按由高到低的顺序排序，由位列前列的买方拍得标的商品，并签订电子合同的一种交易模式。

（4）在线竞卖交易模式

在线竞卖是指某购货商（买方）将需采购一定数量商品的需求作为标的，通过本市场交易系统发布竞卖要约，由卖方以向下出价的方式进行公开竞价，最后满足买方订货数量的一个或多个报价按由低到高的顺序排序，由位列前列的卖方拍得标的需求，并签订电子合同的一种交易模式。

（5）在线洽谈交易模式

在线洽谈是指交易商在洽谈模块中根据自己供货或需求情况建立洽谈室，发出洽谈邀请信息，邀请或等待其他交易商进入洽谈室，以互动方式进行信息沟通和合同内容洽谈，双方达成一致后，采用标准合同模板签订电子交易合同的一种交易模式。

（6）双向竞价交易模式

双向竞价是指在除订货价格、订货数量、生产商、交货地点不确定，其他合同条款均确定或买卖双方约定同意的情况下，在本市场规定的交易商品范围内，交易商选择具体的交易商品及交货日期进行买卖方向、数量、价格的竞价交易，签订电子合同的一种交易模式。

（7）竞价专场交易模式

竞价专场是指在交收地点、交货日期确定的情况下，在电子交易市场规定的交易商品范围内，交易商选择具体的品种及生产商进行买卖方向、数量、价格的竞价交易，签订电子合同的一种交易模式。

（8）集合竞价交易模式

集合竞价是指在除订货价格、订货数量不确定，其他合同条款均确定或买卖双方约定同意的情况下，在本市场规定的交易商品范围内，交易商选择具体的交易商品进行买卖方向、数量、价格的竞价交易，签订电子合同的一种交易模式。

8.1.2 电子合同

1. 电子合同的定义

电子合同，又称电子商务合同，根据联合国国际贸易法委员会《电子商务示范法》，以及世界各国颁布的电子交易法，同时结合我国《合同法》的有关规定，电子合同可以界定为：电子合同是双方或多方当事人之间通过电子信息网络以电子的形式达成的设立、变更、终止财产性民事权利义务关系的协议。

通过上述定义可以看出，电子合同是以电子方式订立的合同，主要是指在网络条件下当事人为了实现一定的目的，通过数据电文、电子邮件等形式签订的明确双方权利义务关系的一种电子协议。

2．电子合同的特征

电子合同具有以下五种特征。

（1）是一种民事法律行为

电子合同这种民事法律行为是双方或者是多方民事主体的法律行为。当事人之间以电子的方式设立、变更、终止财产性民事权利义务为目的签订的这种合同是合同的电子化，是合同的新形式。根据《电子商务示范法》中的有关规定，电子合同是以财产性民事权利义务为目的协议。该示范法列举了大量商业性质的关系。

（2）交易主体的虚拟化和广泛化

电子合同订立的整个过程所采用的是电子形式，通过电子邮件、EDI 等方式进行电子合同的谈判、签订及履行等。这种合同订立方式大大节约了交易成本，提高了经济效益。电子合同的交易主体可以是地球上的任何自然人和法人及相关组织。这种交易方式当然需要提供一系列的配套措施，如建立信用制度，让交易的相对人在交易前知道对方的资信状况。在世界经济全球化的今天，信用权益必将成为一种无形资产。

（3）技术化、标准化

电子合同是通过计算机网络进行的，有别于传统的合同，电子合同的整个交易过程都需要一系列的国际国内技术标准予以规范，如电子签名、电子认证等。这些具体的标准是电子合同存在的基础，如果没有相关的技术与标准，电子合同是无法实现和存在的。

（4）合同订立的电子化

我国《合同法》规定合同的订立需要有要约和承诺这两个过程，电子合同同样也需要具备这些要件。传统合同的要约和承诺采用的方式不同于电子合同，电子合同中的要约和承诺均可以用电子的形式完成。只要输入的相关信息符合预先设定的程序，计算机就可以自动做出相应的意思表示。

（5）电子合同中的意思表示电子化

意思表示的电子化，是指在合同订立的过程中通过相关的电子方式表达自己的意思的一种行为，这种行为的表现方式是通过电子化形式实现的。《电子商务示范法》中将电子化的意思表示称为“数据电文”。

3．电子合同与传统合同的区别

电子合同的形式发生了极大的变化，与传统合同相比，在以下几个方面存在着显著的区别。

（1）合同订立的环境不同

在传统合同的订立过程中，当事人一般通过面对面的谈判或通过信件、电报、电话、电传和传真等方式提出要约和接受要约，并最终缔结合同。在电子交易中，甚至不能确定交易的对方，他们的身份要依靠密码的辨认或认证机构的认证。电子合同的订立过程是通过电子数据的传递来完成的，一方电子数据的发出（输入）即可视为要约；另一方电子数据的回送（回执）

即为承诺。电子合同的要约和承诺是以数据电文的方式通过计算机互联网进行的，这是电子合同区别于传统合同的关键特征。

（2）电子合同交易主体的虚拟性和广泛性

订立电子合同的各方当事人是通过网络运作。可以互不谋面。因而电子合同的交易主体没有地域上的局限性。可以是世界上的任何自然人、法人或其他组织。

（3）合同订立的各环节发生了变化

在电子商务合同中，要约与承诺的发出和收到时间较传统合同复杂，合同成立和生效的构成条件也有所不同。合同的形式发生了变化，电子合同所载信息是数据电文，不存在原件与复印件的区分，无法用传统的方式进行签名和盖章。电子合同的成立、变更和解除也无需采用传统的书面形式，具有电子化的特点。与传统合同不同。电子合同是采用电子数据交换的方法来签订的，因此，电子合同的内容可以完全储存在计算机内存、磁盘或者其他接收者选择的非纸质中介物（如磁带、磁盘、激光盘等）上，无需采用书面形式。

（4）合同当事人的权利和义务有所不同

在电子合同中，既存在由合同内容所决定的实体权利义务关系，又存在由特殊合同形式产生的形式上的权利义务关系，如数字签名法律关系。在实体权利义务法律关系中，某些在传统合同中不受重视的权利义务在电子合同里显得十分重要，如信息披露义务、保护隐私权义务等。

（5）电子合同的履行和支付较传统合同复杂

传统合同一般以当事人签字或者盖章的方式表示合同生效，而在电子合同中，传统的签字盖章方式被电子签名所代替。传统合同的生效地点一般为合同成立的地点，而采用数据电文等形式所订立的电子合同，以收件人的主营业地为电子合同成立的地点；没有主营业地的，以其经常居住地为电子合同成立的地点。传统合同一般以要约到达受要约人作为要约生效的时间，以承诺通知到达要约人作为合同生效的时间。而采用数据电文形式订立的电子合同，收件人指定特定系统接收数据电文的，该数据电文进入该特定系统的时间，视为到达时间（即生效时间）；未指定特定系统的，该数据电文进入收件人的任何系统的首次时间，视为到达时间。因此电子合同的履行和支付比传统合同复杂，但是从费用、效率、安全性角度考虑，均优于传统合同。

电子合同形式上的变化对与合同密切相关的法律产生了重大影响。电子合同形式的变化，给世界各国都带来了一系列法律新问题，也对与合同密切相关的法律产生了重大影响，如知识产权、证据法等。电子商务作为一种新的贸易形式，与现存的合同法发生矛盾是非常容易理解的事情。但对于立法机构来说，就需要修改并发展现存合同法，以适应新的贸易形式。

4．电子合同分类

对电子合同进行科学的分类，一方面有利于法学研究，使研究更加深入；另一方面也可以使电子合同法律制度的建设更具针对性和全面性。

根据电子合同主体的不同，电子商务合同可分为：商业机构之间的电子合同（B2B 模式）、用户之间的电子合同（C2C 模式）、商业机构与用户之间的电子合同（B2C 模式）。

电子合同作为合同的一种，也可以按照传统合同的分类方式进行划分，但基于其特殊性，还可以将其分为以下几种类型。

（1）按电子合同订立的具体方式，可分为利用电子数据交换订立的合同和利用电子邮件订立的合同。

（2）按电子合同标的物的属性，可分为网络服务合同、软件授权合同、需要物流配送的合同等。

（3）按电子合同当事人的性质，可分为电子代理人订立的合同和合同当事人亲自订立的合同。

（4）按电子合同当事人之间的关系，可分为B-C合同，即企业与个人在电子商务活动中所形成的合同；B-B合同，即企业之间从事电子商务活动所形成的合同；B-G合同，即企业与政府进行电子商务活动所形成的合同。

8.2 电子支付

8.2.1 电子支付的定义

电子支付的概念有很多，在不同的方面有不同的定义方式。根据定义所处的不同环境，也有微小的差别，以下是电子支付的一些定义。

考虑到电子支付的实现方式和支付手段而提出的定义是：所谓电子支付，是将传统的支付业务，利用有线、互联网、无线通信技术，延伸到个人、家庭、企业，或利用信息技术，用电子信息流支付指令代替现金支付行为，使得用户可以实现远程支付或即时支付。

考虑到电子支付的基础和实现手段而给出的定义是：电子支付是以金融电子化网络为基础，以商用电子化工具和各类交易卡为媒介，以计算机技术和通信技术为手段，以电子数据形式存储在银行的计算机系统中，并通过计算机网络系统以电子信息传递形式实现流通和支付。

考虑到电子支付的实现目的而给出的定义是：电子支付是指单位、个人通过电子终端，直接或间接向银行业金融机构发出支付指令，实现货币支付与资金转移。

较为全面和准确的电子支付的定义是：单位、个人通过电子终端，直接或间接向银行业金融机构或其他具有资金转移能力的企业发出支付指令，实现货币支付与资金转移。

8.2.2 电子支付的分类

电子支付按照不同的标准有不同的分类。

1. 按照采用的通信手段

根据电子支付是否采用通信手段可分为在线支付和离线支付。

在线支付根据采用的通信渠道不同，又可以分为电话支付、互联网支付、移动支付；离线支付根据卡的介质分为接触式和非接触式支付。

2. 按照支付模式

按照电子支付的模式来划分，目前国内主要存在五种电子支付模式。

（1）充值卡支付。充值卡支付就是用户通过购买各种充值卡，然后使用充值卡来进行各种不同的支付。其优势是直接、实在，用户用钱直接购买实物，用户容易接受；弊端是卡主要通过网吧或门市销售，用户群体有限，而且渠道建设周期长、成本高。

（2）网上银行。网上银行的方式就是用户通过网上银行，直接通过互联网在线将资金从一个账户划拨到另一个账户，完成支付的过程。用户通过采用不同的网上银行，或采用相同银行的不同网上银行账户，可以完成不同类型的支付功能。其优势是快捷、方便，用户不需要出门，只要可以上网就可以完成支付。支付费用实时划扣，基本不存在坏账风险，支付成本也较为低廉。

（3）第三方支付。比如淘宝的“支付宝”、慧聪的“买卖通”。第三方支付平台解决了银行无法解决的信用问题，这种服务消除了买卖双方的担忧，是得到市场认可的安全模式；但基本只限于在其自己的网站上使用，没有被推广和普及。

（4）电话支付。这是固定电话和小灵通用户通过拨打当地声讯支付热线获得电子账号，然后凭电子账号到相应网站购买其收费产品的支付方式。其特点是普及程度高、支付快捷方便、渠道建立快，非常适合互联网小额产品的支付（每次支付一般在30元以下）；不足是不适合大额产品支付。

（5）移动支付。也称为手机支付，就是允许用户使用其移动终端（通常是手机）对所消费的商品或服务进行账务支付的一种服务方式。单位或个人通过移动设备、互联网或者近距离传感器直接或间接地向银行金融机构发送支付指令产生货币支付与资金转移行为，从而实现移动支付功能。移动支付将终端设备、互联网、应用提供商及金融机构相融合，为用户提供货币支付、缴费等金融业务。

3. 按电子支付产业发展

国内电子支付产业在发展过程中大致形成了复制 PayPal、支付网关和移动支付三种模式。

（1）复制PayPal。PayPal在美国做得很成功，在中国比如淘宝的支付宝、拍拍网的财付通、易趣的贝宝等都是属于账户支付模式。此外，我们还看到由 YeePay 易宝创新的多元化支付模式。这种支付模式会根据国内不同行业和不同地区的支付需求而采取多元化的方式。但是从美国到中国，有巨大的时空变化，银行体系、商家和消费者习惯也是不一样的。依现状来看，这个模式在中国会遇到巨大阻力。

（2）支付网关模式。这是电子支付产业发展最成熟的一种模式。实际上，银行和一些第三方支付公司提供的网上支付都是银行卡网关支付。但是这种形式的实际应用价值相对有限，而且并不十分方便。

（3）移动支付。通过手机让用户随时随地支付。目前推广这种方式的时机尚未成熟，手机可用性和安全性还是大问题。想通过手机发送短信预订机票或购物，操作流程仍显复杂，而且短信通道也存在加密问题，安全不能得到保障。这种支付模式或许要等待 3G 网络较成熟时才会得到大的发展。

4. 按照支付信息形态

按照支付信息形态分类，电子支付分为电子代币支付和指令支付。

（1）电子代币支付。电子代币支付是指消费者使用电子代币支付时，网络中传输的数据流本身就是货币，和现实中的人民币、美元的意义一样，只不过是将其用特殊的数据流表示。

（2）指令支付。指令支付是指将包含币种、支付金额等信息的数据指令通过网络传输给银行，银行根据此指令在支付双方的账户间进行转账操作，完成支付。

5. 按照支付时间

按照支付时间来分，电子支付分为预支付、即时支付和后支付三种。

（1）预支付。就是先付款，然后才能购买到产品和服务。如中国移动公司的“神州行”。

（2）后支付。是消费者购买一件商品之后再进行支付。在现实生活的交易中，后支付比较普遍，和我们平时所说的“赊账”类似。

（3）即时支付。指交易发生的同时，资金也从银行转入卖方账户。随着电子商务的发展，即时支付方式越来越多，它是“在线支付”的基本模式。

6. 按照载体的不同分类

按照载体的不同进行分类，电子支付工具又可以分为“卡基”型电子支付工具和“数基”型电子支付工具。

（1）“卡基”电子支付工具。其载体是各种物理卡，包括银行卡、IC 卡、电话卡等，消费者在使用这种支付工具时，必须携带卡介质。

（2）“数基”型电子支付工具。完全基于数字的特殊编排，依赖软件的识别与传递，不需要特殊的物理介质。

8.2.3 电子支付卡片

1. 支付卡

支付卡（payment card）是存有某些信息的电子卡，这些信息是为了实现支付目的所必需的。支付卡主要有以下 3 种。

（1）信用卡（见图 8-1）。信用卡的持有者可以在发卡银行规定的信用额度内消费，相当于先向银行借钱来支付消费，然后在一定期限内把钱还清，信用卡通常不收取年费（国内很多银行采取本年度刷卡消费几次则下年度免年费的制度，不同银行要求的次数不同），但如果在规定时间内没有还清，则银行要收取罚金，并且在账户上会留下不好的记录。Visa、MasterCard 和 EuroPay 是当今最主要的三种信用卡。

图 8-1 招商银行与中信银行发行的信用卡

（2）签账卡（见图 8-2）。签账卡与信用卡不同，它具有无限信贷额度，是经常需要支付大笔金额的持卡人的最佳工具。欠账要在规定计费周期内全部还清，大约在账单产生的 30 ~ 45 天之内。签账卡一般要收取年费。美国运通公司的 Green Card 是签账卡的代表，另外还有大莱卡。

（3）借记卡（见图 8-3）。用户先将资金存到卡账户中，然后再持卡消费。它相当于用户银行账户的延伸，基本等同于支票，每次消费都要核对用户的账户是否有足够的金额来支付。从持卡人到商家的转账完成需要一到两天时间。Visa、MasterCard 和 EuroPay 是 3 种主要的借记卡。

图 8-2　美国运通长荣航空签账金卡

图 8-3　中国银行发行的长城电子借记卡

2. 智能卡

智能卡（smart card）（见图 8-4）是包含一个嵌入式微型芯片的电子卡，芯片具有一定的存储能力和计算能力，可以预定义操作或对卡中的信息进行添加、删除、修改等操作。

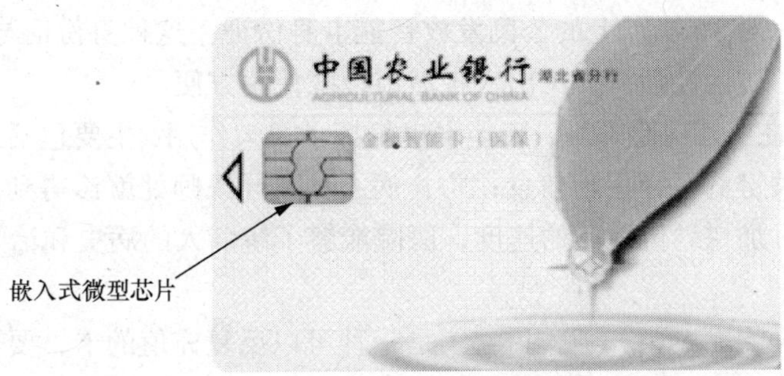

图 8-4　智能卡

（1）智能卡的类型

智能卡主要有以下两种类型。

① 接触卡：需要插入智能卡读卡器中方能工作。接触卡又有两种。

- 不可更新的可编程只读存储器卡（EPROM）。数据只能写入卡中剩余空间，当数据写满了，卡就失效了。
- 可更新的可编程只读存储器卡（EEPROM）。它上面的数据是可以被擦除和重新写入的，可反复使用直到卡被磨损或出故障时才会失效。大多数接触卡都是 EEPROM 类型的。

② 非接触卡。非接触卡上除了芯片还有一个内置天线，通过天线，与读取终端相距一定距离便能自动读取卡中信息并进行处理。

另外，“混合卡”、“双面智能卡”兼具接触和非接触两种使用方式。“混合卡”嵌入了两片分离的芯片，一片是接触式芯片，另一片是非接触式芯片。而“双面智能卡”的一片复合芯片兼具两种功能。这两种卡的好处就在于一卡双用，避免了携带不便。

（2）智能卡的应用

智能卡的使用在国内外都增长迅速，下面仅介绍一些较为重要的智能卡应用。

① 零售消费。智能卡较传统信用卡更为安全，并可支持多种支付服务。这些服务主要针对零售业中那些通常是现金消费，而且非常重视支付速度和便利性的商店。例如在便利店、加油站、快餐店、速食店等地方进行消费。**电子钱包**和非接触卡就具备了上述增值服务功能。

【小知识】

电子钱包：电子钱包（e-purse），持卡人可通过特定的机器将银行账户的钱转出一部分至卡的芯片内，这个过程有 PIN 密码保护，之后持卡人便可在商店的 POS 机上消费，店员会通过读卡器将芯片中的钱取走，就如同从 ATM 机取款一样。

② 交通付费。如今，许多城市公共交通运营单位都将过去各自独立的付费系统集成为智能卡付费系统，只需一张非接触卡就可以交付各种交通费（见图 8-5）。

③ 电子身份识别。由于智能卡上可以存储用户的个人信息，包括照片、生物识别特征、数字签名和私人密钥等，因此可以用来识别用户身份。许多国家都在实施全国性的智能卡身份识别工程。例如，中国在 2004 年首次在北京、天津、上海、深圳和长沙等地试行智能卡身份证（即二代身份证）工程，对 16 岁以上的公民发放智能卡身份证。这种身份证与银行卡的大小相同，也含有非接触芯片，防伪性强，公民出入各城市地区使用方便。

④ 医疗保险。在医疗保险领域，智能卡也发挥了很大作用，主要包括核实病人的身份和医疗保险信息；存储关键的医疗用药信息；防止病人从不同医师处就诊得到多个治疗处方；加快医院挂号处理速度；加快划价取药的速度；医院能够了解病人的病史和治疗记录信息等。

3．储值卡

储值卡（stored-value card）（见图 8-6）是一种可以反复充值的卡，要预先将资金存储到卡上，之后才能使用。储值卡无论是外观还是技术都与信用卡和借记卡类似。它是一张背面有磁条的塑料卡片，有时并不把持卡者的姓名打印在上面。资金就是存储在磁条上的，这与智能卡不同，智能卡的资金是存储于芯片上的。从技术上讲，储值卡和信用卡、借记卡共用一套网络、加密通道机制和电子银行协议，支持在线和非在线消费。唯一不同的是，任何人都可以购买储值卡而无需像信用卡和借记卡那样要有一定的资金保障才有资格获得。

图 8-5　北京市政交通一卡通

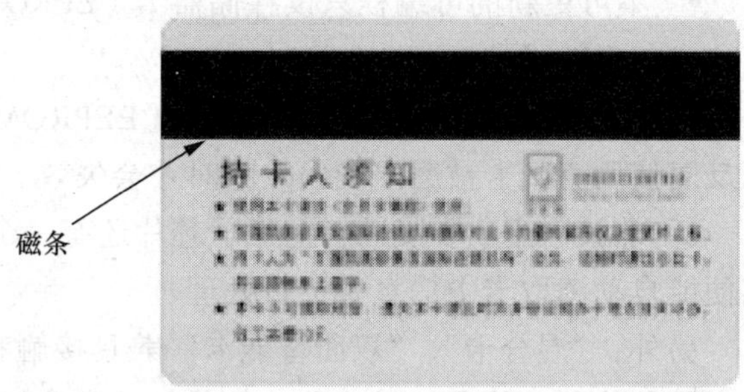

图 8-6　储值卡

储值卡一般有以下两种。

（1）封闭型储值卡。又称单用途卡，是由特定商家或商业组织（例如商场）发行的只能在本商店使用的消费卡，如大型超市的购物卡、积分卡和礼品卡、话费充值卡等。

（2）开放型储值卡。又称多用途卡，可以在不同零售店消费，还可以直接接收存款或从 ATM 机上提款。开放型储值卡是由多家金融机构联名发行的具有银联标志的卡，比如 Visa 或 MasterCard 标志，可以在任何接受银联卡的地方使用。工资卡、政府福利卡或者预付借记卡都属于开放型储值卡。

【小知识】

微支付：微支付（micro payment）是指在互联网上进行的一些小额的资金支付。这种支付机制有着特殊的系统要求，在满足一定安全性的前提下，要求有尽量少的信息传输、较低的管理和存储需求，即速度和效率要求比较高。微支付适用于 B2C、C2C 最活跃的商品交易，特别是数字音乐、游戏等数字产品，如网站为用户提供搜索服务、下载一段音乐、下载一个视频片段、下载试用版软件等，所涉及的支付费用很小，往往只要几分钱、几元钱或几十元钱。微支付就是为解决这些“小金额的支付”而提出的。

电子现金：电子现金（electronic cash，简称 E-cash），又称为电子货币（E-money）或数字货币（digital cash），是一种比较成熟的电子支付手段，适用于那些通过网络进行支付的小额交易。它可以被看作是现实货币的电子或数字模拟，电子现金以数字信息形式存在，通过互联网流通。

电子支票：电子支票（E-check）是纸质支票的一种合法的电子版本或表现手段。它包含了纸质支票的所有信息，与纸质支票功能相同，并且基于相同的法律规范。它可以通过因特网或无线接入设备来完成传统支票的所有功能。电子支票的签发、背书、交换及账户清算流程均与纸票相同，用数字签名背书，用数字证书来验证相关参与者身份，安全工作也由公开密钥加密来完成。除此之外，电子支票的收票人在收到支票当时，即可查知开票人的账户余额及信用状况，避免退票风险，这是电子支票超越传统支票的优势。电子支票通常需要使用专用网络进行传输，不适合小额支付及微支付。

8.2.4 网络支付

1. 网络支付的概念

网络支付不等同于电子支付，网络支付只是电子支付的一个子集。一般来说，很容易将电子支付和网络支付混为一谈，其实严格地说，二者还是有很多差异的。如上所述，电子支付包括很多种方式，其中，只有在线支付，并且是通过公共网络进行的支付才是网络支付。

广义地讲，网上支付是以互联网为基础，利用银行所支持的某种数字金融工具，发生在购买者和销售者之间的金融交换，从而实现从买者到金融机构、商家之间的在线货币支付、现金流转、资金清算、查询统计等过程，由此为电子商务服务和其他服务提供金融支持。

网络支付，是指参加电子商务活动的一方向另一方付款的过程，是网上交易当事人，包括消费者、商家和金融机构，使用安全电子支付手段通过公用网络进行的货币支付或资金流转。伴随着电子商务的浪潮，网络支付方式逐渐深入人心。这种快捷和日渐安全的、在网上支付货款、支付各项公用事业费用的账单，甚至进行个人网上理财的方式，让使用者感到新鲜和方便。同时随着消费者对信息安全技术信心的提高，网络支付将会越来越受欢迎。

2. 网络支付的条件

网络支付是以开放性的 Internet 为基础的在线电子支付。从技术角度看，网络支付至少需要4个方面的条件，即商家系统、客户系统、支付网关和安全认证。其中后三者是网络支付的必要条件，也是网络银行运行的技术要求。

（1）商家系统

商家系统指安装在商家网络服务器上的支付服务系统，它与支付网关相连。

（2）客户系统

客户系统指安装在客户计算机上的支付系统，如电子钱包等。它的安装程序可以从网上下载，或直接到网络银行领取安装光盘。一些网络银行甚至直接用普通信用卡代替电子钱包的功能。

（3）支付网关（payment gateway）

支付网关是连接银行网络与 Internet 的一组服务器。其主要作用是完成两者之间的通信、协议转换和进行数据加密、解密，以保护银行内部网络的安全。支付网关的功能主要有：将 Internet 传来的数据包解密，并按照银行系统内部的通信协议将数据重新打包；接收银行系统内部反馈的响应消息，将数据转换为 Internet 传送的数据格式，并对其进行加密。实际上，支付网关起着一个数据转换与处理中心的作用。

（4）安全认证

安全认证涉及安全电子交易协议（secure electronic transaction，SET）与安全套接层协议（security socket layer，SSL）与认证机构（certificate authority，CA）。网上支付与网络安全如同孪生兄弟，提到网上支付，必然要提交易安全。目前在交易过程中使用的安全协议有两种，即 SET 与 SSL。为了确认交易各方的身份以及保证交易的不可否认性，在网上交易中需要由认证机构发放数字证书进行安全认证。

3. 网络支付的特征

与传统支付方式相比，网络支付的特征主要包括以下方面。

（1）网络支付的一切都是数字的

网络支付与传统支付方式的本质不同在于，其各种支付方式都是采用数字化的方式进行款项支付的，而传统的支付方式则是通过现金、支票及信用卡等物理实体的流转来完成款项支付的。

（2）网络支付基于 Internet 和虚拟专用网

网络支付的工作环境主要是基于 Internet，同时也使用虚拟专用网（virtual private network，VPN）等私有网络处理电子数据交换业务。

网络支付的工作环境是一个开放的系统平台，基于这样的工作环境要求配备有相应的软、硬件配套设施保证支付操作的顺畅与安全。传统支付是在较为封闭的系统中运行的，相对而言，软、硬件标准要求不高。网上支付需要有一定的社会基础，主要包括信用卡公司、ATM 网络以及自动清算所（automated clearing house，ACH），这些现已存在的机构或系统已经构成了网络支付的社会基础。

（3）网络支付基于 Internet，具有使用方便、内容广泛等特性

基于此工作环境上的网络支付相对于传统支付而言，具有方便、快捷、高效、经济的优势。用户只要拥有一台可以上网的个人计算机，就可以足不出户地在很短时间内完成整个交易过程。支付费用仅相当于传统支付费用的几十分之一，甚至几百分之一。同时，因为电子系统的维护开销很小，无论小公司还是大公司都可以从中受益。传统支付系统要求完整性，除了要有这些特征外，还有新的要求，即可接受性、适用性、匿名性、效率，数字货币与其他类型货币的可兑换性、可靠性、安全性。

8.3 第三方支付

8.3.1 第三方支付概述

1. 第三方支付的概念

所谓第三方支付，就是通过与国内外各大银行签约，并由具备一定实力和信誉保障的第三方独立机构提供交易支持平台。由独立的第三方平台作为中介，在网上交易的商家和消费者之间作一个信用的中转，通过改造支付流程来约束双方的行为，从而在一定程度上缓解彼此的不信任，增加网上购物的可信度。在通过第三方支付平台的交易中，买方选购商品后，使用第三方平台提供的账户进行货款支付，由第三方通知卖家货款到达，进行发货；买方检验物品后，就可以通知付款给卖家，第三方再将款项转至卖家账户。

第三方支付，实际上就是买卖双方交易过程中的“中间件”，也可以说是一种“技术插件”，是在银行的监管下保障交易双方利益的独立机构。第三方支付是一种新的支付模式，它是一种居于网上消费者和商家之间的公正的中间人，它的主要目的就是通过一定手段对交易双方的信用提供担保，从而化解网上交易风险的不确定性，增加网上交易成交的可能性，并为后续可能出现的问题提供相应的其他服务。

相对于传统的资金划拨交易方式，第三方支付可以比较有效地保障货物质量、交易诚信、退换要求等环节，在整个交易过程中，都可以对交易双方进行约束和监督。在不需要面对面进行交易的电子商务形式中，第三方支付为保证交易成功提供了必要的支持。

2. 第三方支付的优势

第三方支付平台至少有以下几点优势。

（1）第三方支付平台采用了与众多银行合作的方式，可同时提供多种银行卡的网关接口，从而大大方便了网上交易的进行。

（2）第三方支付平台作为中介方，可以促成商家和银行的合作。

（3）第三方支付平台可以对交易双方的交易进行详细的记录，从而防止交易双方对交易行为可能的抵赖，以及为在后续交易中可能出现的纠纷问题提供相应的证据，并能通过一定的手段对交易双方的行为进行一定的评价约束，成为网上交易信用查询的窗口。

总之，第三方支付机制将成为目前解决支付安全和交易信用问题较优化的解决方案，是我们在网上支付领域应该大力关注和发展的。

3. 第三方支付的特点

（1）第三方支付平台提供一系列的应用接口程序，将多种银行卡支付方式整合到一个界面上，负责交易结算中与银行的对接，使网上购物更加快捷、便利。

（2）较之 SSL、SET 等支付协议，利用第三方支付平台进行支付操作更加简单且易于接受。在 SSL 中需要验证商家的身份；在 SET 中，各方的身份都需要通过 CA 进行认证，程序复杂，手续繁多，速度慢且实现成本高。有了第三方支付平台，商家和客户之间的交涉由第三方来完成，使网上交易变得更加简单。

（3）第三方支付平台本身依附于大型的门户网站，而且以与其合作的银行的信用作为其信用依托，因此第三方支付平台能够较好地突破网上交易中的信用问题，有利于推动电子商务的快速发展。

4. 第三方支付的模式

第三方支付不仅承担着信用中介的任务，而且还肩负着安全保障和技术支持的作用。根据支付流程不同，我国第三方支付平台大致可分为三种模式：账户型支付模式、网关型支付模式和多种支付手段结合模式。

（1）账户型支付模式

这种类型的支付平台一般是由电子交易平台独立或者合作开发，并与各大银行建立合作关系，凭借其公司的实力和信誉承担买卖双方中介担保责任的第三方支付平台，利用自身的电子商务平台和中介担保支付平台吸引商家开展经营业务。在这支付模式下，付款者和收款人首先必须在第三方支付平台开立虚拟账户，付款人需要将实体资金转移到支付平台的支付账户中，这时可使用开通了网上银行功能的银行卡进行充值。当付款人发出支付请求时，第三方平台将付款人账户中相应的资金转移到自己的平台，然后通知收款人已经收到货款，可以发货。通过物流，付款人确认收货并检验完毕后通知第三方支付平台，第三方平台将临时保管的资金划拨到收款人账户中。最后收款人可以将账户中的款项通过第三方支付平台和实际支付层的支付平台兑换到银行的账户中保管。国内账户型第三方支付平台的典型代表是支付宝。

（2）网关型支付模式

网关型支付又分为以下两种模式。

① 单独的网关型支付模式

网关型第三方支付平台是没有内部交易功能，只是银行网关代理的第三方支付平台。所谓的支付网关是连接银行内部的金融专用网络与互联公用网络的一组服务器，其主要作用是完成两者之间的通信、协议转换和对数据进行加密、解密，以保护银行内部数据安全。在这种模式下，支付平台只作为支付通道将客户发出的支付指令传递给银行，银行完成转账后再将信息传递给支付平台，支付平台将此信息通知商户并与商户进行账户结算。网上消费者的付款直接进入支付平台的银行账户，然后由支付平台与商户的银行进行结算，中间没有经过虚拟账户，而是由银行完成转账。在支付过程中，交易双方不能看到对方银行卡号码等支付信息，商品种类、规格等交易信息也不能让交易双方以外的人获取。国内网关型第三方支付平台的典型代表是快钱。

② 由电子交易平台支持的第三方支付网关模式

随着电子商务的发展，网上购物越来越受到人们青睐，很多网关型支付模式也有了自己的电子商务平台网关。这种类型的在线支付企业进入时间早，又依附于成熟的电子商务企业，拥有坚实的后盾和雄厚的资金，占有了很多在网上进行买卖的客户源。其典型代表是首信易支付和云网支付@网。

（3）多种支付手段结合模式

多种支付手段结合模式是指第三方电子支付公司利用电话支付、移动支付和网上支付等多种方式提供支付平台的模式。该种模式比起在电脑上的操作，更多的在于其他方式（手机、终端等）的操作，用户可以选择办理卡片进行购物、缴费等各种服务，还可在终端上选择相应的服务，或者是利用手机短信等进行相关操作。其典型代表是拉卡拉和“嗖!付”。

以上三种模式各有各的特点，不同的模式的盈利方式、发展方向不同，也面临着不同的问题，如表 8-1 所示。

表 8-1　　第三方支付系统模式比较

	账户型支付模式	网关型支付模式	多种支付手段结合模式
优势	承担中介职责，有客户资源，建立信用评价体系，可信度高	起步早，充分了解客户需求	方式多样，不用上网也可完成操作，风险低
客户	个人或中小型商户，面向 B2B、B2C、C2C	为中小型电子商务网站提供在线支付服务，面向 B2C	主要面向个人消费者，主要提供线下服务
盈利	服务费、店铺费、商品展示费等	手续费+年费	手续费+会员费
问题	平台间竞争激烈，认证程序复杂，中介账户有资金滞留吸储嫌疑	单独网关型的收入主要是银行的二次结算获得的分成，一旦商家和银行直接相连，这种模式就会因为附加值低而最容易被抛弃	大部分是线下服务，若当地没有开通此服务或没有相关终端，则无法进行操作
发展	加强与银行、物流、认证中心的合作，将信息流、资金流、物流整合在一起	提供多种增值服务，扩大自己的营销领域；整合电子商务资源，发展成为以支付为基础的行业咨询公司	提供各式各样的增值服务，建立多种会员制，牢牢把握客户

国内主要的网上支付平台如表 8-2 所示。

表 8-2　　网上平台列举

模　　式	举　　例
账户型支付模式	支付宝（https：//www.alipay.com） 财付通（https：//www.tenpay.com/） 安付通（http：//www.ebay.com.cn/） PAYPAL 贝宝（http：//www.paypal.com） YeePay（http：//www.yeepay.com）
网关型支付模式	快钱（https：//www.99bill.com/） 北京首信易支付（http：//www.beijing.com.cn） 云网支付（http：//www.cncard.net）
多种支付手段结合模式	拉卡拉（http：//www.lakala.com/） 嗖!付（https：//www.soopay.net/） 缴费易（https：//www.pay1.com.cn）

8.3.2　账户型第三方支付——支付宝

支付宝（中国）网络技术有限公司是国内最大的独立第三方支付平台，由阿里巴巴集团创办。支付宝公司从 2004 年建立开始，始终以“信任”作为产品和服务的核心。不仅从产品上确保用户在线支付的安全，同时让用户通过支付宝在网络间建立起相互的信任，为建立纯净的互联网环境迈出了非常有意义的一步。支付宝（www.alipay.com）致力于为中国电子商务提供“简单、安全、快速”的在线支付解决方案。

也许你现在还不是很了解什么是支付宝，其实很简单，支付宝就是一个基于信任的第三方支付平台。当买家卖家进行交易后，买家首先是把钱从自己的账户划拨到支付宝账户，而并非直接交付给卖家。只有当买家确认收货并满意后，才同意将支付宝账户的钱转入卖家。这样，就有效地避免了网上交易的欺诈行为。

1. 支付宝发展现状

支付宝提出的建立信任，化繁为简，以技术的创新带动信用体系完善的理念，深得人心。在短短几年的时间内，为电子商务各个领域的用户创造了丰富的价值，成长为全球领先的第三方支付公司之一。截至 2010 年 12 月，支付宝注册用户突破 5.5 亿，日交易额超过 20 亿元人民币，日交易笔数达到 800 万笔。

支付宝以稳健的作风、先进的技术、敏锐的市场预见能力及极大的社会责任感，赢得了银行等合作伙伴的认同。目前国内工商银行、农业银行、建设银行、招商银行、上海浦发银行等各大商业银行，以及中国邮政、VISA 国际组织等各大机构均与支付宝建立了深入的战略合作伙伴关系。支付宝不断根据客户需求推出创新产品，成为金融机构在电子支付领域最为信任的合作伙伴。

支付宝创新的产品技术、独特的理念及庞大的用户群吸引越来越多的互联网商家主动选择支付宝作为其在线支付体系。除淘宝和阿里巴巴外，支持使用支付宝交易服务的商家已经超过 46 万家，涵盖了虚拟游戏、数码通信、商业服务、机票等行业。这些商家在享受支付宝服务的同时，还形成了一个极具潜力的消费市场。

支付宝的飞速发展与中国网民数和网络经济的高速增长密不可分。据中国互联网络信息中心（CNNIC）发布的数据，2011 年 6 月底，我国网民规模已经达到 4.85 亿，2011 年年底将超过 5 亿，互联网普及率达到 36.2%。而支付宝用户数占到了网民总数的 62.5%，每 10 个网民中就有 6 个支付宝用户，更为重要的是这一市场仍在快速增长。

2011 年 5 月 26 日对支付宝来说是一个历史性的时刻，支付宝等其他 26 家企业正式获得了由央行颁发的第三方支付牌照。第三方支付牌照的颁发，标志着中国的第三方支付产业走上了法制化、正规化的道路，对于第三方支付未来的发展具有重大的意义。

2. 支付宝的主要产品及业务

支付宝在以第三方支付为主业的基础上，为广大用户提供了优质多样的个性化服务。主要包括支付宝实名认证服务、支付宝卡通、支付宝数字证书、支付盾、多元转账服务，以及生活助手等，如图 8-7 所示。

支付宝实名认证是一种身份识别服务。支付宝实名认证同时核实会员身份信息和银行账户信息。通过认证的用户就可以在淘宝网等众多电子商务网站开店、出售商品，增加支付宝账户拥有者的信用度。

支付宝卡通将用户的支付宝账户与银行卡关联，不需要开通网上银行，就可直接在网上付款，并且享受支付宝提供的“先验货，再付款”的担保服务。

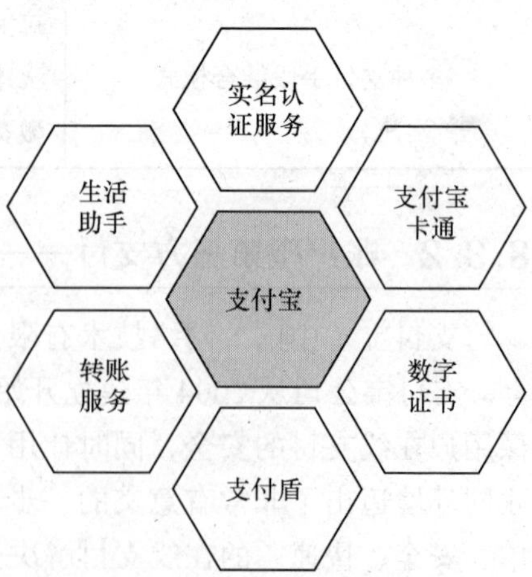

图 8-7 支付宝业务功能

“支付宝卡通”具有以下特点。

- 输入支付密码立刻充值或支付，不需开通网上银行；
- 自动帮助与用户完成实名认证，即刻可以成为收款账户；

- 一个支付宝账户可以绑定多个银行和多张银行卡；
- 在支付宝网站可随时查询银行卡内余额；
- 实时提现，零等待。

数字证书和支付盾都是支付宝提供的安全保障策略。支付宝数字证书通过采用数字签名技术，颁发给支付宝客户用以增强客户账户使用安全的一种数字凭证，并根据支付宝客户身份给予相应的网络资源访问权限。而支付盾则具有电子签名和数字认证的功能，保证了用户在网上信息传递时的保密性、唯一性、真实性和完整性。

收款主页是支付宝最近推出的一项针对个人收款的新功能，现在可以免费申请收款主页，以后收款可以直接将主页链接发送过去，对方可以在收款主页上直接付款，同时用户收到款后也会收到 E-mail 和短信通知。

收款主页上只显示用户的姓名和注册时间，以及是否为实名认证用户，支付宝账户和手机都进行了省略处理。这对于需要长期收款的个人用户是相当方便的，在你的网店、博客挂上付款链接后客户即可直接进入付款，非常方便。

支付宝作为用户的生活助手，其网络 24 小时支持还款，支持跨行、跨地区，而且全过程免手续费，这一特点更是受到用户青睐。用户登录支付宝后选择需要还款的银行即可开始还款。根据相关部门的规定，信用卡内的钱以及充值到支付宝的余额不能用于还款，而如果使用支付宝还款失败，钱会在 3 ~ 5 天内退回到原卡。同时支付宝还提供了每月短信提醒功能，及时将还款提醒发送到用户手机、邮箱和旺旺，避免错过还款日造成损失。

在我们的日常生活中，水费、电费、煤气费、固话通信费等公共事业费用缴纳是通过银行或者相关公共事业单位的营业厅完成的，对用户造成不小的困扰。基于此，支付宝建立了支付宝公共事业缴费平台，利用互联网进行公共事业一站式缴费服务，它通过银行与缴费单位建立连接，支持更多地区和种类的缴费项目。

另外，支付宝也将继续新增如养路费、行政代收费、学费、有线电视费等各种公共事业费用缴费，真正打造“生活，因支付宝而简单!”的网络时代生活理念。

8.3.3 网关型第三方支付——首信易支付

1. 网关支付概念

网关支付（payment gateway）是银行金融网络系统和 Internet 网络之间的接口，是由银行操作的将 Internet 上传输的数据转换为金融机构内部数据的一组服务器设备，或由指派的第三方处理商家支付信息和顾客的支付指令。

支付网关可确保交易在 Internet 用户和交易处理商之间安全、无缝地传递，并且无需对原有主机系统进行修改。它可以处理所有 Internet 支付协议、Internet 安全协议，交易交换、信息及协议的转换，以及本地授权和结算处理。另外，它还可以通过设置来满足特定交易处理系统的要求。离开了支付网关，网络银行的电子支付功能也就无法实现。

2. 网关型支付的发展现状

国内的网关型支付发展现状不容乐观，很多网关型支付企业面临困境。其实，单一的网关型支付企业做的仅仅是银行批发商的生意，也就是中介的角色。这种定位使该行业壁垒较低，任何企业都可以进入。而从业务模式上看，网关型支付企业和银行合作，只是为银行提供接口，然后再寻找那些需要支付通道的商户，向它们提供平台的接口，仅此而已。这本身就处于整个行业价值链的低端，所以，在现阶段其他第三方支付模式蓬勃兴起的时刻，单纯的网关型支付模式确实面临巨大的困境。

网关型支付如果想要在激烈的竞争中求得长远发展，那么探究多元化的业务模式就非常重要。在支付的三个环节——银行、支付网关和商户中，网关型支付公司处于中间环节。它的上游是银行这样的基础支付服务提供者，下游是提供支付宝等应用支付服务的提供者。应用支付提供者的优势在于，它们更加贴近终端消费者，为其提供了一些类似担保的增值服务。从现状就可以看出，在这场第三方支付的无声战役中，基于电子交易平台支持的第三方支付网关模式远远比单纯的网关型支付模式更具竞争力，首信易支付就是一个典型。这一点也启示国内其他网关型支付模式应该进一步推进业务重组与多元化，只有这样，网关型支付才能继续立足发展。

3. 首信易支付

北京首信易支付是首都电子商城的网上支付平台，创建于 1999 年 3 月。它是国内首家“中立第三方网上支付平台”，开创了“跨银行、跨地域、多种银行卡、实时”交易模式、“二次结算”模式，以及“信任机制”。首信易支付目前支持国内 23 家银行卡及 4 种国际信用卡在线支付，拥有国内外 800 余家企事业单位、政府机关、社会团体的庞大客户群，在公共支付、教育支付、会议支付等服务领域发展尤为突出。首信易支付凭借独特的二次结算模式，作为支付过程中的中立第三方，成为构建电子商务法律、信用环境的必要组成部分。

二次结算模式相对于普通的支付服务而定义，是首信易支付所独有的结算模式。在二次结算的服务过程中，首信易支付不是单纯地作为连接各银行支付网关的通道，而是作为中立的第三方机构，保留商户和消费者的有效交易信息，为维护双方的合法权益提供有力的保障。

首信易支付首页如图 8-8 所示。

图 8-8 首信易支付首页

首信易支付是中国首家实现跨银行跨地域提供多种银行卡在线交易的网上支付服务平台。平台包含 B2C、B2B、G2C 等多种在线支付服务，支持银行卡及电子充值计费系统在社区、互联网、银行柜台、信息亭、手机、电话等多种终端进行支付，并可广泛应用于电子商务、电子政务领域的交易、支付、计费、清算、会员管理等应用系统（见图 8-9）。

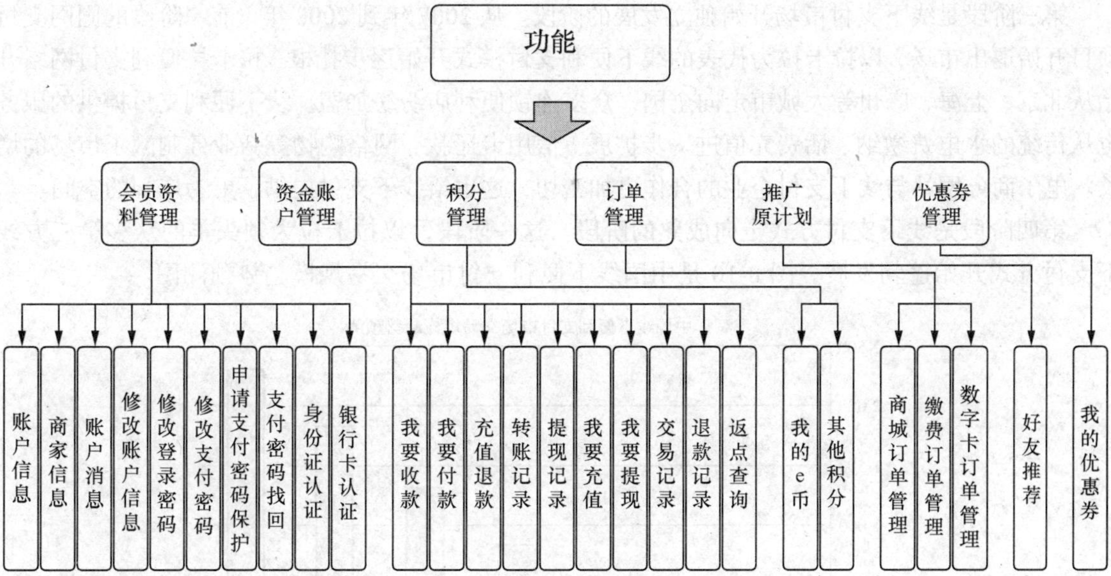

图 8-9　北京首信易支付功能结构

8.3.4　混合支付模式——拉卡拉

1. 线下支付简述

线下支付是相对于网上支付来讲的。网上支付一般是通过第三方支付平台实现的，例如支付宝、财付通、百付宝等。具体操作是先开通网上银行，再把一定资金通过本人许可转入到支付平台上，在网络购物中，可以通过支付平台上的预留资金购买物品。

基本上不通过网上支付的都叫线下支付，具体方式有：货到付款、邮局汇款、银行转账和当面交易等。货到付款是指卖方可以通过快递等物流机构代为收取货款，以快递送货为例，当货物送达买方时，买方签收货物时需要把货款支付给快递公司，再由快递公司支付给卖方。

从总体来看，我国各地区经济水平、教育水平、信息基础设施建设、互联网普及率、参与电子商务的互联网用户的经济实力、电脑应用能力都不同，因此需要多元的支付手段和支付方式。从局部来看，参与电子商务的互联网用户大部分生活在北京、上海、广州、深圳等经济发达地区，但我国绝大部分人口并不是生活在上述城市。对于占人口总数绝大部分的其他地区的消费者来说，刷卡才是他们日常消费的主要支付手段，要让他们接受网银、手机等线上方式进行支付，还需假以时日。因此，线下支付具有重要的存在意义。

2. 线下支付发展历史

我国线下支付起步于2003年，当时电信运营商开始探索线下支付的前身——固网支付的运营模式。具体来说，我国线下支付的发展可以分为以下几个阶段。

第一阶段是固网支付的高潮阶段。从2004年到2005年，在电信运营商和银联的推动下，固网支付项目开始在全国推广，中国银联与当当网、携程网进行了试点合作；各家商业银行推出了自己的非ATM的支付和缴费终端；地方政府也开始推出自己的市政缴费终端。

第二阶段是市场的反思阶段。从2006年到2007年，由于前期的市场投放并没有收到预期的效果，市场各参与方开始反思固网支付的发展。拉卡拉正是在这个阶段开始进入市场的，线下支付也开始受到人们的关注。

第三阶段是线下支付市场开始独立发展的阶段。从 2007 年到 2008 年，前一阶段的固网支付项目开始退出市场，以拉卡拉为代表的线下便利支付模式开始逐步扎根。拉卡拉便利支付网络开始从北京、上海、广州等大城市走向全国，众多连锁便利店纷纷加盟。线下便利支付提供的服务也从传统的水电费缴纳、话费充值进一步扩展。信用卡还款、网络购物等新业务刺激了市场的增长。电子商务网站与线下支付企业的合作更加密切，这也给线下支付提供了更为广阔的空间。

第四阶段是线下支付方式走向成熟的阶段。这一阶段，以拉卡拉为领头羊的众多第三方线下支付方式开始蓬勃发展。图 8-10 是中国线下便利支付市场交易规模趋势预测图。

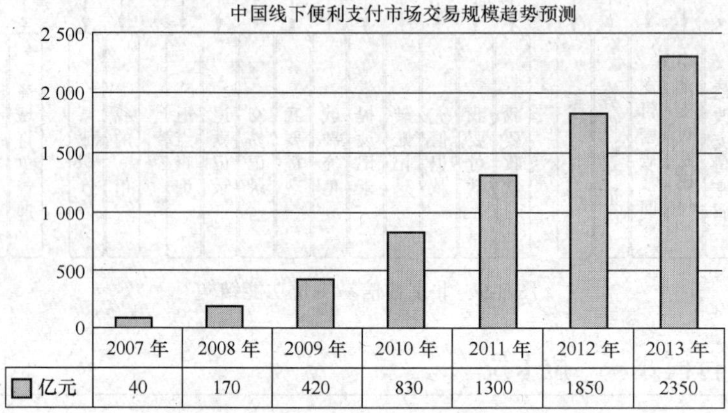

图 8-10　中国线下便利支付市场交易规模趋势预测图

数据来源：易观图际

3．拉卡拉公司介绍

由于受不了经常去银行排队交电话费的烦琐，拉卡拉公司创办者孙陶然萌生出了提供更接近消费者的缴费终端的念头。借助于密布消费者身边的拉卡拉便利支付点，拉卡拉为用户提供了百步之内还款、付款、缴费、充值等多项金融服务。

拉卡拉开创了全新的电子支付方式。借助自主研发的“拉卡拉电子账单服务系统”，拉卡拉开创了革命性的“拉卡拉便利支付点刷卡支付”方式。这种支付方式具有安全、简单、方便、灵活的特点，是适合中国国情，深受中国网民尤其是高消费用户欢迎的电子支付方式。目前已经成为淘宝网、携程网、盛大游戏等数百家知名电子商务企业必备的支付方式。拉卡拉总部位于北京，在上海、广州、深圳、成都、长沙等地设有分公司，在 32 个城市设有办事处。从用户群上看，拉卡拉针对的主要是这样的客户群：他们有稳定的刷卡消费需求，但不愿使用第三方在线支付，同时对银行排队等候有不良体验。

目前拉卡拉的业务大致涉及三类：一是个人金融业务，如转账、查询、汇款等；二是电子支付业务，如给支付宝充值；三是便民金融服务业务，如水电煤气的缴费、购买电影票等。拉卡拉首页如图 8-11 所示。

2011 年 1 月，拉卡拉已在 230 多个城市开通了约 5 万个拉卡拉便利支付点，并进入了 5 万多个办公室、20 万户家庭中。同时，拉卡拉除了遍布在大街小巷的便利店、超市、大卖场等公共场所外，其服务还以 ATM、电视刷卡遥控器、家用型拉卡拉刷卡机等多种形式存在，使便利支付越来越贴近用户。2011 年 5 月 26 日，拉卡拉获得央行颁发的首批《支付业务许可证》，这是拉卡拉发展史上的一个重要里程碑，标志着拉卡拉从此正式踏入第三方支付企业正规军阵营。

图 8-11　拉卡拉支付平台首页

4. 拉卡拉的主要业务功能

拉卡拉通过深挖用户需求，创新出一系列产品和服务，目前逐渐形成了四大业务：便民金融、互联网服务、POS 收单和用户经营。

（1）便民金融

近几年来，拉卡拉一共投入了近 4 亿元人民币搭建了中国最大的便民金融服务网络，目前已在国内 290 多个城市建设了 5 万多个便利支付点，拉卡拉已与中国银联及 50 余家国有商业银行和股份制银行建立了战略合作伙伴关系，在还款渠道、电子账单支付、业务推广宣传等多个领域达成深度合作。

（2）互联网服务

拉卡拉互联网业务以拉卡拉覆盖全国的终端设备为依托，以最新推出的 Mini 拉卡拉家用刷卡机、拉卡拉超级盾为个人终端基础，为电子商务企业提供支付接入手段来满足拉卡拉 2 000 万用户的网购需求。拉卡拉为广大电子商务企业解决接入问题的同时，利用终端用户数据系统，提供精准的数据库营销；为电子商务网站解决支付问题的同时，增加接入网站的流量及新客户数量；通过多种营销手段刺激老客户重复购买，带动品类转化，促进商品销售。

拉卡拉首创的“线上购物、线下刷卡”的网购模式得到了众多电子商务企业的支持和认可，目前已经有近千家的电子商务网站接入了拉卡拉支付方式，如淘宝网、财付通、尚品网、糯米网、驴妈妈等。拉卡拉支付可以帮助电子商务企业把用户付款变得更简单，有助于将用户购买意向变成消费行为。拉卡拉互联网业务还可以提供定制服务和联合营销，根据企业行业的特点及用户构成，提供产品技术、产品外观、接入服务、数据营销等全套定制解决方案。

（3）POS 收单

2011 年，拉卡拉成为中国支付清算协会的第一批会员理事单位，成为首批拥有支付牌照的非银行金融服务机构。2011 年 5 月 26 日，拉卡拉获得人民银行颁发的《中华人民共和国支付业务许可证》，正式获得银行卡收单业务许可。

拉卡拉根据特约商户的特点，为其提供专业的支付解决方案。

① 面向大型百货、专业化大卖场、医院、连锁超市、连锁专卖店等类型商户提供基于收银机的强大的一体化银行卡支付系统，为特约商户提供简单、便利的支付服务；

② 拉卡拉为全国性的商户提供统一的银行卡受理服务，实现特约商户资金归集的需求，便

于商户和企业的资金管理；

③ 拉卡拉为特约商户提供会员卡系统、受理服务，满足商户和企业对其会员的服务需求，降低商户和企业的成本投入；

④ 拉卡拉通过对受理终端和系统的定制，满足不同行业商户和企业的收款需求，实现信息和资金的管理以及业务数据分析。

（4）用户经营

通过与线上、线下商户进行合作，拉卡拉为用户提供特惠、团购、账单分期等多种增值服务，为用户创造消费增值。拉卡拉始终坚持“让支付更简单”这一经营目标，整合资源，不断创新，给用户以个性化的、完美的服务体验。

8.4 网上银行支付

金融环境竞争加剧，使得银行不得不重新审视自身的服务方式。已有多位专家预测，未来银行分行的开设将逐渐减少，自动取款机的增长率亦将减缓，而电话语音及网上银行的使用将大幅度增加。新兴的网上银行无疑是对传统银行的挑战。

8.4.1 网上银行概述

1. 网上银行的定义

网上银行又称为网络银行、在线银行，是指银行利用Internet技术，通过Internet向客户提供开户、销户、查询、对账、行内转账、跨行转账、信贷、网上证券、投资理财等传统服务项目，使客户足不出户就能够安全便捷地管理活期和定期存款、支票、信用卡及个人投资等。它是传统银行业务在互联网上的延伸，是一种电子虚拟世界的银行。它的服务对象和业务范围涵盖了对公业务（B2B）和对私业务（B2C）所有银行业务。

网上银行又被称为“3A 银行”，因为它不受时空限制，能够在任何时间（anytime）、任何地点（anywhere）、以任何方式（anyhow）为客户提供金融服务。

2. 网上银行的特点

网上银行是随着 Internet 的普及和电子商务的发展在近几年逐步成熟起来的新一代电子银行，它依托于传统银行业务，并为其带来了根本性的变革，同时也拓展了传统的电子银行业务功能。与传统银行和传统电子银行相比，网上银行在运行机制和服务功能方面都具有不同的特点。

（1）全球化、无分支机构

传统银行是通过开设分支机构来发展金融业务和开拓国际市场的，客户往往只限于固定的地域。而网上银行是利用 Internet 来开展银行业务，因此，可以将金融业务和市场延伸到全球每个角落。打破了传统业务地域范围局限的网上银行，不仅可吸纳本地区和本国的客户，也可直接吸纳国外客户，为其提供服务。

（2）开放性与虚拟化

传统电子银行所提供的业务服务都是在银行的封闭系统中运作的，而网上银行的Web服务器代替了传统银行的建筑物，网址取代了地址，其分行是终端机和 Internet 这个虚拟化的电子空间，因此有人称网上银行为“虚拟银行”。但它又是实实在在的银行，利用网络技术把自己与客户连接起来，在有关安全设施的保护下，随时通过不同的计算机终端为客户办理所需的一切金融业务。

（3）智能化

传统银行主要借助于物质资本，通过众多员工辛勤劳动为客户提供服务。而网上银行主要借助智能资本，靠少数脑力劳动者的劳动（如 SFNB 只有 15 名员工）提供比传统银行更多、更快、更好、更方便的业务，如提供多元且交互的信息、客户除可转账、查询账户余额外，还可享受网上支付、贷款申请、国内外金融信息查询、投资理财咨询等服务，其功能和优势远远超出电话银行和传统的自助银行。

（4）创新化

网上银行是创新化银行。在个性化消费需求日趋凸显及技术日新月异的信息时代，网上银行提供的金融产品和拥有技术的生命周期越来越短，淘汰率越来越高。在这种情况下，只有不断采用新技术，推出新产品，实现持续创新，才不至于被淘汰。以 SFNB 为例，它对基本支票账户不收取手续费，没有最低余额限制，这在美国银行界是首开先河，而且客户每个月可免费使用 20 次电子付款服务，免费使用自动柜员机或借记卡。与此同时，SFNB 还不断开拓新业务，1998 年，它与 AOL（“美国在线”）达成协议，允许客户通过 AOL 访问 SFNB，此举使 SFNB 的客户数迅速增长，其存款额很快突破 1 亿美元。

（5）亲和性增强

增加与客户的沟通和交流是企业获取必要信息，改进企业形象，贴近客户，寻找潜在客户的主要途径。在这方面，网上银行具有传统银行无法比拟的优势。网上银行可通过统计客户对不同网上金融产品的浏览次数和点击率，以及各种在线调查方式了解客户的喜好与不同需求，设计出有针对性的金融产品以满足其需求，这不仅方便了客户，银行也因此增强了与客户的亲和性，提高了竞争力。

3. 网上银行的分类

网上银行的分类有很多，最典型的是按运行机制划分。真正的网上银行有以下两种形式。

（1）虚拟银行

一种是完全依赖于 Internet 发展起来的全新网上银行，也叫虚拟银行，这类银行几乎所有的业务交易都依靠互联网进行，如美国安全第一网络银行。这种银行最大的优点就是节省费用。美国安全第一网络银行的行长估计他们的管理费用只占总资产的 1%，而一般的银行则要达到 3%～3.5%，所以它可以带给用户更多的利益，如提供优惠的利率，而且收费仅为普通银行的三分之一。美国安全第一网络银行通过 Internet 提供全球性的金融服务，提供新的服务手段，客户足不出户就可以进行存款、取款、转账、付款等业务。当然，客户进入网络银行的先决条件是要有一台计算机和一个调制解调器，同时还要有进入国际互联网的账号。在此基础上，客户即可登录到网上银行主页，这时屏幕上显示“开户”、“个人财务”、“咨询台”、“行长”等栏目，用鼠标点击所需位置，就可以遵照各类提示办理自己所需的业务了。

（2）实体与虚拟结合的银行

另一种网上银行模式是在现有商业银行基础上发展起来，是传统银行运用公共的 Internet 服务，开设新的电子服务窗口，开展传统银行业务交易处理服务，是实体与虚拟结合的银行。这种银行主要是运用计算机和网络技术开展传统银行业务，如日常交易处理、发展家庭银行、发展企业银行等。这种模式与前一种模式的不同之处在于，它是利用计算机辅助银行开展业务，而不是完全电子化。能够提供网络服务已经成为银行国际化和先进性的一项重要标志，花旗、汇丰等老牌银行纷纷推出了自己的网络银行服务。1995 年 10 月，资产达 2 000 亿美元的老牌巨头美国花旗银行（National City Bank of New York）推出网上业务，其早期经营方式就是将其正常的柜台业务搬到网上来做，除去应用了网络，本质上没有任何改变。美国前 50 家银行中，大部分银行已允许客户通过互联网访问其站点，查看自己的账户信息，部分银行还提供网络存款和转账业务。目前我国开办的网络银行业务都属于后一种。

4．网上银行与传统银行的比较

网上银行是一种高科技的银行业务手段，与传统的银行服务体系相比，具有以下明显的优势。

（1）提高了金融服务质量

网上银行方便、快捷、高效的服务更能满足客户的多样化需求。目前客户的需求越来越多样化，而且对效率等提出了很高的要求。通过网上银行，上网客户可以在家里开立账户，进行收付交易，省去了跑银行、排队等候的时间，减少了银行服务的中间环节，网上银行可以大范围、全天候、实时提供各种服务，这种服务包含更多的针对性、个性化和人情味。银行的电子化大大缩短了资金在途时间，提高了资金利用率和整个社会的经济效益。

（2）打破了地域的局限

以往银行投入大笔资金开设分行，客户往往只限于固定的地域，而网上银行则打破了地域的局限，可以永久地留住客户。

（3）拓宽金融服务领域

目前银行所提供的服务，无论是分行、ATM 或电话语音，都难以像网上银行一样提供多元且交互的信息及服务，网上银行不仅可以使企业或个人不出家门通过网络查询信息或实现在线交易支付，还可以帮助企业实现在线理财、企业集团服务、对公账务实时查询、网络转账、国际收支申报等广泛的金融服务。

（4）大大降低服务成本

与其他银行服务手段相比，网上银行可以减少固定网点数量和银行工作人员数量，从而银行的投入与经营成本大大减少。网上银行的设立成本低，因为所有必要的软件都是现成的，还可利用电子邮件、讨论组等技术，提供一种全新的真正的双向交流方式。随着电子货币、电子票据技术的日趋成熟以及这些技术全面广泛地被采用，以前使用的纸币、票据、单据部分地被取代，原有的纸质文件的邮递也将变为通过网络进行传输，银行逐渐实现无纸化交易。

（5）网上银行系统简单易用，便于升级维护

在网络服务中，客户处于中心地位，客户使用网上银行服务不需要特别的软件，甚至无需任何专门的培训，只要有一台电脑和进入 Internet 的账号和密码，便能在世界各地与 Internet 联网，入网后，即可按照网上银行网页的提示进入自己所需的业务项目，处理个人交易。这不仅方便客户，银行本身也可因此加强了与客户的亲和性。网上银行的客户端由标准 PC、浏览器组成，便于维护。网络 E-mail 通信方式也非常灵活方便，便于客户与银行之间以及银行内部之间的沟通。银行在升级应用系统或安装新产品时只需简单地更新或升级服务器应用程序即可，而不用对客户端做任何变动。

8.4.2 网上银行系统的组成

一般地，网上银行由客户机前台子系统、银行端后台业务处理子系统、支付密码管理子系

统、通信子系统和保密子系统等组成，如图 8-12 所示。

1. 客户机前台子系统

它接受用户的查询、交易的请求，显示查询、交易结果，进行操作员的管理，以及管理客户端本地数据库。

2. 银行端后台业务处理子系统

接受客户端发来的查询和交易请求，对交易进行支付密码的校验，在通过安全性检查后，与银行主机进行通信，查询公司业务数据库或者进行公司业务的账务处理，把查询或者账务处理的结果返回客户端，并进行相应的制单操作。

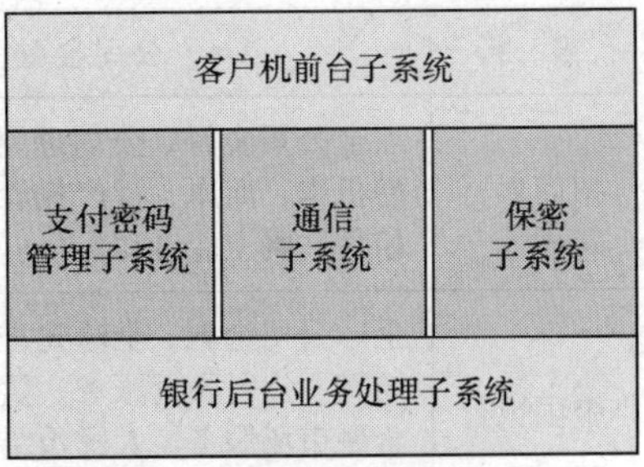

图 8-12 网上银行系统构成

3. 支付密码管理子系统

提供校验函数进行支付密码合作性校验，返回校验结果。支付密码器的管理包括密码器机具和密码器账号的管理、客户密钥的管理，以及日志查询与打印。

4. 通信子系统

通信子系统是指企业银行客户机与企业银行前置机之间的通信，并提供企业银行前置机的通信监控管理软件，负责显示、控制当前的通信及通信日志的管理。

5. 保密子系统

它提供一整套的保密通信方案，包括通信双方的身份认证、数据的加密，以及通信报文的认证。尤其是在公用网络上传输和在银行外部处理必须保证不被非法篡改和不可否认。一般采用位数较高的 RSA 安全认证技术，对电子信息进行数字签名，保证网上银行系统的安全可靠。

8.4.3 网上银行的主要业务

网上银行业务是银行借助个人电脑或其他智能设备，通过互联网技术或其他公用信息网，为客户提供的多种金融服务。网上银行业务不仅涵盖传统银行业务，而且突破了银行经营的行业界限，深入到证券、保险，甚至是商业流通等领域。网上银行代表了未来银行业的方向，网上银行业务的迅速发展必将推动银行业新的革命。

从提供服务的性质来分，网上银行业务一般分为以下三类。

第一类是信息服务，主要是宣传银行能够给客户提供的产品和服务，包括存贷款利率、外汇牌价查询，投资理财咨询等。这是银行通过互联网提供的最基本的服务，一般由银行一个独立的服务器提供。这类业务的服务器与银行内部网络无链接路径，风险较低。

第二类是客户交流服务，包括电子邮件、账户查询、贷款申请、档案资料（如住址、姓名等）定期更新。该类服务使银行内部网络系统与客户之间保持一定的链接，银行必须采取合适的控制手段，监测和防止黑客入侵银行内部网络系统。

第三类是交易服务，包括个人业务和公司业务两类，这是网上银行业务的主体。个人业务包括转账、汇款、代缴费用、按揭贷款、证券买卖和外汇买卖等。公司业务包括结算业务、信贷业务、国际业务和投资银行业务等。银行交易服务系统服务器与银行内部网络直接相连，无论从业务本身或是网络系统安全角度，均存在较大风险。

从网上银行服务的对象来分，网上银行业务可以分为对公（公司金融服务）业务和对私（个人金融服务）业务。通过对国内几家主要网上银行进行业务调查，得到招商银行、中国银行、中国工商银行和中国建设银行四大网上银行的公私业务（见表 8-3）、个人业务比较（见表 8-4），以及企业业务比较（见表 8-5）。

表 8-3　　主要网上银行公私业务一览表

银　行	公司金融服务	个人金融服务
招商银行	点金公司金融、公司理财、国内、国际、金融机构、离岸、资产托管、企业年金、融资租赁、网上企业银行	一卡通、金葵花理财、出国金融、个人贷款、存储业务、居家生活、投资理财、电子银行、网上个人银行、客户服务
中国银行	全球公司金融、全球先进管理、跨境人民币结算、公司融资服务、贸易金融服务、公司金融市场服务、人民币结算服务、公司存款服务、公司银行服务	中银财富管理、私人银行、爱心理财成长账户、双向宝、国家助学贷款、出国留学金融服务、个人存款服务、个人贷款服务、个人理财服务、个人汇兑服务、个人银行服务
中国工商银行	公司业务、机构业务、资产托管、企业年金、投资银行、电子银行、工行学苑、金融咨询、网上论坛、网上银行、网上商城、理财、债券、贵金属、股票、基金、期货	电子银行、个人金融、信用卡、投资银行、公司业务、机构业务、资产托管、企业年金、工行学苑、金融咨询、网上论坛、网上银行、理财、外汇、保险、股票、基金、期货、缴费、债券、贵金属
中国建设银行	电子银行、个人存款、个人贷款、银行卡、信用卡、外汇服务、房改金融、证券代理、便利服务、基金、理财、黄金、保险、国债、外汇投资	电子银行、公司业务、机构业务、国际业务、房改金融、投资银行、投资托管、企业年金、现金管理

表 8-4　　网上银行个人业务比较一览表

业　务	招商银行	中国银行	工商银行	建设银行
账务查询	个人银行专业版可查看账户信息、当天交易、历史交易等账户信息，查看结果还可自行打印输出	进入个人网上银行可查询所有关联账户的余额、账户详情、交易明细	自助添加的注册卡和账户只能进行账务查询和作为转入账户，不能进行转账	主要有储蓄账户查询、信用卡查询、公积金查询、企业年金查询
网上支付	可选择使用网上支付卡或一卡通活期网上支付进行付款；网上支付卡可在任何一台计算机使用，消费额限制在人民币 5 000 元内	可以自行设置一个或多个银行卡账户用于网上支付	可以通过在线支付业务，对电子商务平台生成的订单进行支付操作	主要包括跨行转账、信用卡还款、账户查询、账户签约授权共 4 大类服务
转账汇款	自助转账、同城转账、境内汇款、境外汇款、个人结汇/购汇业务	办理方式灵活，可以即时转账，也可根据需要指定日期或预约周期，实现有规律的自动转账	可以使用工行汇款向同城或异地的任意工行个人或单位客户进行汇款	活期转账汇款，定活互转，向企业转账，跨行转账，预约转账，批量转账，外汇汇款
自助缴费	通过招行电话银行、网上银行向招行的特约收费单位自助缴纳各类日常生活费用（以当地分行开通的缴费项目为准）	可以在网上自助缴纳手机费、固定话费、水电费等（缴费品种各地区有所不同）	可选择全国或本地范围的缴费服务，并且可查询在网上缴纳工行代理的全国范围内各种服务缴费交易明细情况	代缴手机、固话、水电费等基本服务，部分电子银行还开通了 Q 币充值、银彩通、代缴平安保费、代缴中小学学费等个性化功能

表 8-5　　网上银行企业业务比较一览表

业务	招商银行	中国银行	工商银行	建设银行
账务查询	1. 查询企业存款账户的余额信息；2. 查询企业存款账户的明细交易记录信息；3. 下载企业存款账户明细进行财务分析	可通过Internet随时随地查询、下载其在境内、海外中国银行分支机构的本外币账户实时余额、当日交易、历史余额、历史交易、网上银行汇入汇款等信息	通过网上银行进行账户信息查询、下载、维护等一系列账户服务。无论是集团企业还是中小企业，都可以随时查看总（母）公司及分（子）公司的各类账户的余额及明细账，实时掌握和监控企业内部资金情况	1. 查询企业存款账户的余额信息 2. 查询企业存款账户的明细交易记录信息 3. 下载企业存款账户明细进行财务分析
资金划转	转账、财务支付、代发工资、收款方管理、款项用途维护	通过批量委托、授权模式定制、全程跟踪转账交易状态、到账时间查询、实时 E-mail 付款通知、预约付款、定向支付、交易数据下载；客户留言互动、个性化页面定制、定期提醒密码更新等服务	国内支付结算，国际结算，基金业务，企业理财服务，金融机构服务，电子银行服务，资产处置，投资银行	1. 主动付款：可由中国建设银行签约账户向全国任何一个商业银行的账户进行转账 2. 主动收款：经过对方授权可以主动收取国内中国建设银行其他机构企业客户的资金 3. 实现中国建设银行账户之间资金调拨实时到账 4. 实现网上批量代发工资 5. 实现企业电子商务，组建网上商城
资金管理	1. 离岸业务：银行吸收居民的资金，为非居民服务 2. 资产托管业务：托管业务产品已基本覆盖境内市场所有托管业务品种 3. 企业年金业务：招商银行企业年金，从年金开始创造美好退休生活 4. 融资租赁业务：招银租赁为企业提供专业的融资租赁服务	轻松实现集团内部账户信息查询及汇总；主动归集下属公司资金；统一对外支付款项；定制自动归集时间和金额；定时自动补足下属公司备款；限定资金体内流动，集团内外付款分权限控制；境外账户管理	网上国债业务是为企业网上银行客户提供的通过企业网上银行自助办理记账式国债申购、买卖和国债信息查询的业务。您可通过网上国债进行查询、申购、卖出等功能	1. 对下级单位账户进行实时监控 2. 对下级单位账户的资金进行定时、定金额、定余额、零余额等各种方式的自动归集 3. 对自有账户资金对外支付时间进行预先定制 4. 集团理财功能为集团客户建立网上结算中心
财务内控管理	可以	可以	可以	1. 财务人员根据职责分配不同的角色和权限 2. 不同额度转账流程控制 3. 集团理财功能，为集团客户建立网上结算中心

8.5 移动支付

移动支付是目前新兴支付技术的热点之一，它的核心理念是将近距离非接触式智能卡和手机终端相连接，通过手机模拟卡片实现现场支付功能，并利用手机的网络通信功能实现远程支付功能，同时利用智能卡的高安全性来保障支付信息及支付过程的安全性。手机支付具有易用、便捷、安全等特性。随着技术的不断发展，手机支付技术成熟度及用户体验也不断提高，商业模式日渐清晰，手机支付业务的发展目前正处在上升阶段。

8.5.1 移动支付的概念

由于移动支付出现得较晚，是一个新兴的领域，因此对移动支付的讨论很多，目前还没有一个统一的移动支付的概念，但总体来说有以下一些观点。

移动支付（mobile payment）是在商务处理流程中，基于移动网络平台特别是日益广泛的Internet，随时随地利用现代的移动智能设备如手机、PDA、笔记本电脑等，为服务于商务交易而进行的有目的资金流流动。

移动支付是在现有技术（如 wireless LAN，Bluetooth 等）的基础上提出的用手持设备如手机和 PDA 等（有时称手持设备）作为一个新的终端进行交易的支付方法。

也有观点认为，移动支付（又称手机支付）是指用户使用移动手持设备，通过无线网络（包括移动通信网络和广域网）购买实体或虚拟物品以及各种服务的一种新型支付方式。移动支付不仅能给移动运营商带来增值收益，而且可以增加银行业的中间业务收入，同时能够帮助双方有效提高其用户的黏性和忠诚度。

总之，移动支付就是指交易双方为了某种货物或者服务，使用移动终端设备为载体，通过移动通信网络实现的商业交易。移动支付所使用的移动终端可以是手机、PDA、移动 PC 等。

移动支付业务是一项跨行业的服务，是电子货币与移动通信业务相结合的产物。移动支付业务不仅丰富了银行服务内涵，使人们随时随地享受银行服务，同时还是移动运营商提高 **ARPU** 值的一种增值业务。其支付过程如图 8-13 所示。

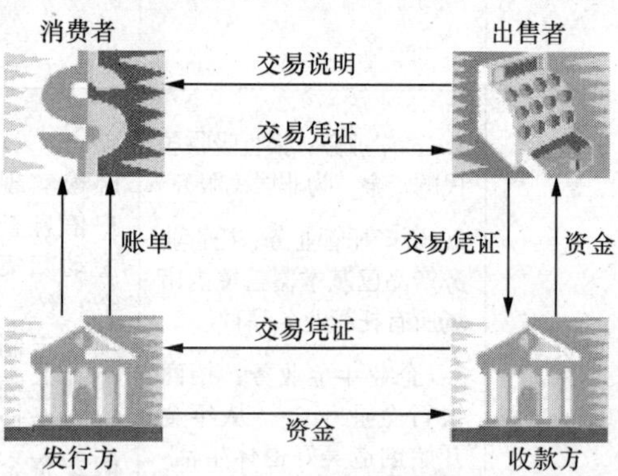

图 8-13　移动支付交易过程

> **【小知识】**
>
> **ARPU**（Average Revenue Per User）：即每用户平均收入。目前用于衡量电信运营商业务收入的指标。ARPU 注重的是一个时间段内运营商从每个用户所得到的收入。很明显，高端的用户越多，ARPU 越高。在这个时间段，从运营商的运营情况来看，ARPU 值高，未必说明利润高，因为利润还需要考虑成本，如果每用户的成本也很高，那么即使 ARPU 值很高，利润也未必高。

8.5.2 移动支付的分类

移动支付按照距离主要分为近场支付和远程支付两种。所谓近场支付，就是用手机刷卡的方式坐车，或者通过手机在自动售货机上购买饮料等，很便利。远程支付是指：通过发送支付指令（如网银、电话银行、手机支付等）或借助支付工具（如通过邮寄、汇款）进行的支付方式，如“掌中付”推出的掌中电商、掌中充值、掌中视频等，属于远程支付。

移动支付业务按支付的空间和时间特点，可分为非现场的非实时支付和现场的实时支付。非现场的非实时支付是目前常用的支付方式，这种方式一般通过短信方式发起交易请求，从支付的速度来看，具有明显的时间延迟，快时需几秒钟，慢时甚至几分钟。目前在国内开展的手机购物、手机银行等均属此类非现场的非实时支付。

移动支付系统按照交易额的数量分为宏支付（$10 以上）和微支付（$10 以下）。现存的移动支付系统大部分是微支付，主要提供信息类服务，交易类服务很少，真正使用手持设备进行交易的用户就更少。在这种微支付系统中，交易的费用是从用户的话单中扣除的，银行不直接参与。若采用宏支付系统，用户不需携带信用卡，用手持设备即可在商场购物。在这种系统中，银行是参与者之一，用户的交易费用是直接从与用户手持设备绑定的银行账户中扣除的。从长远来看，使用手持设备随时随地进行交易是一种发展趋势，一些发达国家已经实现宏支付。

8.5.3 移动支付的业务

作为一宗新型电子商务支付形式，移动支付的主要业务可以分为以下几类。

1. 手机小额服务

主要使用手机账号或特制的小额账号完成支付功能。一般采用 SMS（short messaging service）、WAP（wireless application protocol）、USSD（unstructured supplementary service data）、K-Java（Java 2 Micro Edition）等实现，通过将手机绑定银行卡、网络银行、移动话费积分为小额账户充值，可以通过电信运营商提供业务，管理用户账户，第三方交易服务提供商提供支付平台，付费采用预付费实时扣除、后付费记账等方式完成。

2. 金融移动服务

移动运营商与金融机构合作，将手机与银行卡绑定，从银行卡支付交易费用。金融移动服务一般由电信运营商提供信道，目前主要是短信模式，银行负责资金管理、结算等，由第三方交易平台负责移动支付运营管理。这种服务的付费采用实时扣除模式，同时也支持信用卡支付。

3. 公共事业缴费

在银行营业网点开办通过移动支付业务进行公共事业缴费，同时第三方平台通过移动网络通知用户确认交易。这种使用移动终端代缴公共事业费的业务目前已在上海付费通、捷银等第三方支付服务公司平台实现。

4. 产业链

移动支付产业链环节包含运营商、银行、信用卡机构、第三方交易平台、解决方案提供商、终端厂商、商户、用户。这些参与者以移动用户为中心，以移动网络运营商或金融机构为主导，在一定的政府管制政策限定下开展各种活动，以实现自己的商业价值。

8.5.4 移动支付的运营模式

移动支付平台是一个开放的，允许任何消费者、任何商户进行交易支付的平台。在这个开放的交易支付平台中，网络运营商、金融组织、商户和消费者组成支付流程的完整闭环。作为支付协议许可的拥有者，网络运营商努力利用移动支付的优势，借助它在通信话单和网络通信方面的经验为用户提供方便的移动商务。

移动支付价值链可以涉及很多个方面：标准制定组织、技术平台供应商、网络运营商、金融组织、第三方运营商、终端设备提供商、商品或服务供应商，以及消费者。

移动支付的运营模式是由移动支付价值链中各方的利益分配原则及合作关系所决定的。目前移动支付的运营模式主要有以下几种。

1. 网络运营商独立运营

对于网络运营商推出的移动支付业务大多可以提供 3 种账户设置方式：手机账户、虚拟银行账户和银行账户。除银行账户外，消费者可以选择手机，即账户与手机进行绑定，支付款项将从手机话费中扣除；也可以选择虚拟银行账户，这是一种过渡时期的账户形式。用户开户后可以通过指定方式向移动支付平台存入现金，形成一个只能用于移动支付的虚拟的银行账户。账户信息将保留在支付平台本地，支付时金额将从这个虚拟账户中扣除。在发展初期，尤其是还没有得到银行支持的时候，虚拟账户将在小额度的移动支付业务上发挥其作用。

多数的移动支付品牌已经获得了银行的支持，借助于银行或其他金融机构的资源进行移动支付的独立运营。欧洲品牌也多采用这种方式，较著名的有由 Orange、Vodafone、T-mobile 和 Telefonica 四家欧洲最大的移动电信运营商联合运营的 Simpay 品牌等。

2. 银行独立运营的方式

银行也可以借助移动运营商的通信网络，独立提供移动支付服务。银行有足够的在个人账户管理和支付领域的经验，以及庞大的支付用户群和他们对银行的信任。移动运营商不参与运营和管理，由银行独立享有移动支付的用户，并对他们负责。

银行独立运营的方式在韩国取得了瞩目的成效，所有提供消费金融服务的银行纷纷投资移动支付业务。截至 2004 年年底已有两千多万个在线银行账户。银行希望人们投入到移动支付的行列，这将大大减少成本，因为手机处理业务费用比面对面处理业务的费用少得多。韩国央行曾对 2004 年 6 月交易量做过一次统计，当月共有 58.1 万韩国人用手机完成了 400 万笔金融交易。

3. 网络运营商与金融组织联合运营

移动电信运营商与金融组织进行互补，发挥各自的优势。共同运营移动支付服务。中国移动和中国银联共同投资创办联动优势科技有限公司，共同推出移动支付业务并参与运营；韩国 SK Telecom 联合五家卡类组织（KORAM Bank、Sumsung Card、LG Card、Korea Exchange Card、Hang Card）共同推出的移动支付业务品牌 MONETA，就是此种形式的代表。日本的 NTT DoCoMo 推出的 i-mode Felica 也是与 VISA 合作的结果，手机也同时拥有了信用卡的功能。

4. 技术供应商参与运营

技术供应商作为移动支付解决方案的提供者，作为业务平台的实现者，也可以取得参与平台的运营机会。上海捷银就是一个很好的例子。作为解决方案的供应商，它获得了与江苏联通合作运营移动支付业务的机会，为江苏联通提供移动支付业务的技术平台，并参与支付平台的运营。

5. 第三方运营商独立运营

第三方运营商独立于银行和移动电信运营商，利用移动电信的通信网络资源和金融组织的各种支付卡，进行支付的身份认证和支付确认。最典型的例子有瑞典的 PayBox。PayBox 是由瑞典一家独立的第三方作为移动支付应用平台提供商，这家公司推出的移动支付解决方案在德国、瑞典、奥地利、西班牙和英国等国家成功实施。

PayBox 无线支付以手机为工具，取代了传统的信用卡。使用该服务的用户，只要到服务商那里进行注册取得账号，在购买商品或需要支付某项服务费时，直接向商家提供手机号码即可。

【要点回顾】

电子交易指通过电子系统进行的交易，不同于在交易所交易大厅面对面进行的交易。在目前阶段，电子交易市场对交易系统进行了多样化的模式设计，共包括十个模式：卖方挂牌、买方挂牌、在线竞买、在线竞卖、在线洽谈、双向竞价、竞价专场、集合竞价、在线招标、在线专场。

电子合同是双方或多方当事人之间通过电子信息网络以电子的形式达成的设立、变更、终止财产性民事权利义务关系的协议。电子合同的特点有：是一种民事法律行为，交易主体的虚拟化和广泛化、技术化、标准化，合同订立的电子化，以及意愿表示电子化的特征。

电子合同与传统合同的区别主要表现在：合同订立的环境不同；电子合同交易主体的虚拟性和广泛性；合同订立的各环节发生了变化；合同当事人的权利和义务有所不同以及电子合同的履行和支付较传统合同复杂等方面。

根据电子支付是否采用通信手段可分为在线支付和离线支付。

在线支付根据采用的通信渠道的不同，又可以分为电话支付、互联网支付、移动支付；离线支付根据卡的介质分为接触式和非接触式支付。

目前国内主要存在充值卡支付、银行与邮政汇款支付、网上银行、第三方支付和电话支付五种电子支付模式。

网络支付不等同于电子支付，网络支付只是电子支付的一个子集。网络支付，是指参加电子商务活动的一方向另一方付款的过程，是网上交易当事人，包括消费者、商家和金融机构，使用安全电子支付手段通过公用网络进行的货币支付或资金流转。

网络支付有其产生的条件和它所具有的特征。从技术角度看，网络支付至少需要四个方面的条件，即商家系统、客户系统、支付网关和安全认证。其中后三者是网络支付的必要条件，也是网络银行运行的技术要求。网络支付和传统支付相比最主要的特征是一切都是数字的，并且通过 Internet 来进行传输。

由于网络支付是在开放的 Internet 上进行的，因此就对网络支付系统的安全机制提出了更高的要求，具体来说，要解决机密性、完整性、不可抵赖性、有效性等问题。

第三方支付是通过与国内外各大银行签约、并由具备一定实力和信誉保障的第三方独立机构提供交易支持平台。由独立的第三方平台作为中介，在网上交易的商家和消费者之间作一个信用的中转，通过改造支付流程来约束双方的行为，从而在一定程度上缓解彼此的不信任，增加网上购物的可信度。

我国第三方支付平台大致可分为三种模式：账户型支付模式、网关型支付模式和多种支付手段结合模式。其中，账户型支付模式的典型代表是支付宝；多种支付手段结合模式的典型代表是拉卡拉。

网关型支付分为单独的网关型支付模式和基于电子交易平台支持的第三方支付网关模式。单独网关型第三方支付平台没有内部交易功能，只是银行网关代理的第三方支付平台，其典型代表是快钱。基于电子交易平台支持的第三方支付网关模式的典型代表是首信易和云网支付@网。

线下支付是指相对于网上支付来讲的。基本上不通过网上支付的都叫线下支付，具体方式有：货到付款、邮局汇款、银行转账和当面交易等。

目前，国内的电子支付方式有四种，它们分别是：虚拟账户支付、网银支付、移动支付和线下支付，其中线下支付是为非现场消费提供的电子支付方式之一。

网上银行又称为网络银行、在线银行，是指银行利用Internet技术，通过Internet向客户提供开户、销户、查询、对账、行内转账、跨行转账、信贷、网上证券、投资理财等传统服务项目，使客户可以足不出户就能够安全便捷地管理活期和定期存款、支票、信用卡及个人投资等。它是传统银行业务在互联网上的延伸，是一种电子虚拟世界的银行。它的服务对象和业务范围涵盖了整个对公业务（B2B）和对私业务（B2C）的所有银行业务。

网络银行具有全球化无分支机构、开放性与虚拟化、智能化、创新化，以及亲和性增强等特点。与传统的银行服务体系相比，网络银行具有提高了金融服务质量，打破了地域的局限，拓宽了金融服务领域，大大降低了服务成本，以及简单易用、便于升级维护等优势。

移动支付（mobile payment）是在商务处理流程中，基于移动网络平台特别是日益广泛的Internet，随时随地利用现代的移动智能设备如手机、PDA、笔记本电脑等，为服务于商务交易而进行的有目的资金流流动。

移动支付按照距离主要分为近场支付和远程支付两种。移动支付业务按支付的空间和时间特点，可分为非现场的非实时支付和现场的实时支付。移动支付系统按照交易额的数量分为宏支付（$10以上）和微支付（$10以下）。

移动支付的业务主要包括手机小额服务、金融移动服务、公共事业缴费以及产业链服务等主要方面。移动支付的运营模式是由移动支付价值链中各方的利益分配原则及合作关系所决定的。目前移动支付的运营模式主要包括网络运营商独立运营、银行独立运营的方式、网络运营商与金融组织联合运营、技术供应商参与运营，以及第三方运营商独立运营等几种。

【本章习题】

1. 什么是电子交易？电子交易有几种主要模式？
2. 什么是电子合同？电子合同和传统合同的区别在哪里？
3. 什么是电子支付？什么是网络支付？二者有什么区别和联系？
4. 我国目前电子支付的现状如何？未来的发展趋势怎样？
5. 电子支付都由哪些主要的方式，对你个人来说，你都体验过哪些方式？
6. 什么是第三方支付？第三方支付主要有哪几种模式？每种模式的优缺点是什么？
7. 什么是网络银行？其特点是什么？网络银行的主要业务有哪些？你认为阻碍网络银行发展的最大障碍是什么？
8. 什么是移动支付？主要有哪几种移动支付形式？
9. 移动支付的主要业务有哪些？目前在我国移动支付有哪些运营模式？
10. 你体验过移动支付吗？你认为移动支付会成为主要的支付模式吗？为什么？

【课后拓展】

1. 申请支付宝，进行账户认证，在互联网上购买商品并选择使用支付宝进行网上支付，分析支付宝提供的功能与服务。

2. 针对个人使用的储值卡，开通相应银行的网上银行服务，体验个人网上银行的功能。若有多个不同银行的储值卡，请对比不同银行的个人网上银行的服务差别。

3. 办理个人信用卡，在互联网上购买不同商品后，分别选择使用信用卡和储值卡进行支付，对比它们在网上支付使用上的不同。讨论用哪种卡支付更安全，哪种更便捷。

第9章 电子商务安全与管理

【内容提要】

本章围绕电子商务交易过程及交易各方主体，重点介绍有关电子商务安全的知识，主要包括电子商务安全的基本要求、电子商务安全策略及体系架构、电子商务安全协议、电子商务安全技术，以及电子商务应用安全五个方面。

本章学习目标：

- 掌握电子商务安全基本要求的内容
- 熟悉电子商务安全策略
- 了解电子商务安全协议——以 SET 协议和 SSL 协议为重点
- 掌握电子商务安全技术——以数字签名为重点
- 了解电子商务应用安全

【引导案例】关于安全的几个小例子

【案例一】一个不明文件引发的损失

2011 年 5 月 14 日，山东的张女士在网上购买了一款打折的名牌皮包，卖家通过聊天工具发来一个压缩文件，要求确认款型。张女士打开压缩文件时看到系统提示“该文件损坏”，当时并没有在意，重新回到购物网站上进行付款操作。蹊跷的是，500 元钱却被打入了另一个陌生账户名下。

大家想一想，张女士的钱究竟去哪儿了？

【案例二】你汇款了吗？

2011 年 6 月，云南的李先生在网上搜到一个冒牌的旅行网站，订了两张从云南到上海的机票。在该网站“客服”热情的咨询服务后，李先生听信对方的话，直接将 2 000 元购票款汇到了对方的银行账户中。后来却被告知汇款系统已冻结，需要再次汇款才能解封，李先生于是又汇出 2 000 元。可是最终李先生既没有得到机票，也没有收回票款，一共被骗 4 000 元。

大家想一想，正规的支付网站和钓鱼网站有哪些区别呢？

【案例三】ATM 中取假钞张张同号

2009 年，辽宁孟先生报料说，他到员村山顶某银行柜员机提取 2 000 元现金，离开后却发现这沓人民币竟全是假钞，张张同号。他找到银行投诉，很长时间都未有结果。该银行行长表示，内部调查显示，柜员机绝不可能流出假币。

大家想一想，这到底是谁的责任呢？

……

（资料来源：互联网整理）

案例点评：在电子商务发展如火如荼之际，网上欺诈、黑客攻击、计算机病毒等各种网络威胁也肆意猖獗。案例中的风险也许曾经就发生在你的身上，那么，电子商务安全包含哪些内容，如何保障电子商务的安全？通过学习本章，读者将会有一个明确的认识。

9.1 电子商务安全的基本要求

一般而言，电子商务安全的要求主要体现为：交易的认证性、交易的保密性、交易的完整性、交易的不可否认性，以及一些其他附加要求。只有真正满足这些要求的电子商务才可以称得上安全的电子商务。电子商务安全的基本要求如下。

9.1.1 交易的认证性

交易的认证性是指在交易开始之前，买卖双方能够认证对方的身份，即可以识别对方的身份是真实的。

电子商务是在网络上进行的电子交易，买卖双方实际上都是在和虚拟的对方进行交易。在这种情况下，可能存在的风险是：对方的身份是否与其在网络上声称的一致，是否存在着诈骗的可能。在现实社会中都无法避免存在的诈骗现象；在网络的社会里，买卖的双方可能相距千里，甚至在不同的国家，在这种情况下，辨别交易双方的实际身份就显得更为重要。

身份认证是证实对方身份是否真实的过程。身份认证一般包含识别和认证两个方面。识别是向系统申明身份的过程，一般通过用户名、账户等完成。认证比识别更高一层，认证主要是提供一种方法验证其申明的正确性，交易的认证性类似现实社会中的“中间人”或者“担保人”，交易的双方都可能对对方不信任，但是只要他们都信任“中间人”——CA，而由CA来确认双方的身份，那么买卖双方就可以取得彼此的信任。这种认证是需要一定的手段来进行保证的，一般是通过数字证书进行身份的验证，而数字证书有良好的安全性，有些时候还可以要求有硬件（如IC卡、USB KEY等）来进行验证。

9.1.2 交易的保密性

交易的保密性国外也称为交易的隐私性，是指交易双方的信息在网络传输或者存储中不被他人窃取。交易保密性是在交易信息可用的情况下，保障信息安全的重要手段。

传统的商务交易中，敏感性的数据，例如商务合同、信用卡号码、交易机密等可以通过文件的封装或者其他可靠的途径来传递，以此来保证数据的安全。而在开放的 Internet 上，由于 TCP/IP 协议采用 IP 报文交换方式，因而存在数据被窃取的可能。所以，电子交易过程中要保证交易数据的隐秘，就显得尤为重要。

电子商务的保密性主要是通过“数据不被窃取、窃取不可破译”的思路来设计的。具体来说，“数据不被窃取”，可以通过防火墙、IPSec等手段实现；而“窃取不可破译”，则主要通过各种加密手段来进行保证，如采用DES、RSA加密等方法。

在交易的隐私性中，还包括了一点就是交易的不可跟踪性。也就是在进行电子交易的时候，其他人无法通过对消费者所采用的支付手段进行分析，发现消费者的身份，这方面在数字现金等领域的应用尤为重要。

9.1.3 交易的完整性

交易的完整性是指交易信息未经授权不能进行改变的特性，即交易数据在传输或存储过程中不被恶意或意外地删除、改变、伪造、乱序、重放、插入等损坏。

交易的保密性固然能够保证交易数据在传输过程中不被窃取，但是不能保证传输过程中可能发生某种意外或者非授权情况下的破坏，同时也难以保证数据传输的顺序统一。而完整性对交易中的敏感数据是非常重要的，由于各种原因可能导致交易各方信息的差异，将影响到交易各方的决策。例如在交易中的扣款过程，需要在双方的账号上进行操作，如果交易不完整，只在一方账号上进行了操作，那么产生的结果是难以预料的。因此，交易的完整性是电子商务应用的基础。完整性一般通过消息摘要、数字签名等技术实现。

9.1.4 交易的不可否认性

不可否认性也称不可抵赖性，主要指交易的双方不能否认彼此之间所进行的信息交流。

在传统的交易过程中，就算双方并不见面，例如邮购过程，但是双方对交易的行为是很难抵赖的，因为有足够的证据（如邮购中的单据、凭证等）来证明买方或者卖方的行为。

而网络上的交易，由于采用的是电子化的信息，如果没有相关的手段进行保证的话，确实很难证明某笔订单是来自某个买家的，如常见的网络购物中的“送货上门、货到付款”。

电子商务中的抵赖行为有多种，常见的如下：

（1）发信者事后否认曾经发送过某条信息或内容；

（2）收信者事后否认曾经收到某条信息或内容；

（3）购买者下单后不承认；

（4）商家卖出商品后却不承认原有的交易等。

电子商务交易的不可否认性无法像传统交易那样通过签订“白纸黑字”的合同、盖章来加以确认，但是可以采取类似的思路，通过使用数字签名来加以确认。通过数字签名，将具体用户信息与对应操作和交易信息进行绑定，使用户必须为他们的行为负责任，也为法律提供了可信证据。

9.1.5 其他安全要求

除了以上主要的安全需求之外，电子商务的安全需求还包括以下几方面。

1. 有效性

有效性指交易信息、数据在约定的交易期限内是有效的。交易信息的有效性是整个交易进行的重要基础。在传统的商业贸易中，我们通过各种合同条文及纸质单据来保证交易的有效性，在整个交易过程中，有效性为保密性提供了基本条件。在网上交易的过程中，没有了纸质单据对有效性的长效证明，而交易的双方又处于不同的时空点，所以，交易的有效性往往成为制约交易进行的重要问题。比如，A 给 B 发送了一份报文："请在 2009 年 12 月汇款三万元，A"，报文在传递过程中经过 C 的手，C 将 12 月改为 8 月，这样，整个报文信息就失去了有效性。

2. 可用性

可用性是指当用户需要使用硬件、软件、数据等方面的资源时，这些服务是可用的。可用性一般用系统正常使用时间和整个工作时间之比来度量。影响资源可用性的原因主要是由硬件故障、软件缺陷、病毒及拒绝服务攻击等恶意行为引起的运行中断事件，所以，为确保资源的可用性，工作人员必须清楚资源不可用的原因，通过对中断事件的合理分析，最大限度地减小对运营的影响。

3. 合法性

合法性保证各方的业务符合可适用的法律法规。法律法规是对一切事物的标准规约，在法制社会里，只有符合法律法规的行为才能得到执行与落实，网上交易也是如此。相比传统的交易方式，网上交易的合法性更加难以确保，一方面是由于网上交易本身具有的时空异质性；另一方面，关于网上交易的相关立法现在还不完善，尤其在中国，电子商务法律还处于起步阶段。因此，保障网上交易的合法性就成为发展电子商务的重要制度保障。只有建立起健全的电子商务法律法规体系，用户及商家在进行网上交易时才能明确什么是合法的、什么是非法的，才能在发生矛盾时有章可循。

9.2 电子商务安全策略及体系架构

所谓安全策略就是实施计算机信息系统的安全措施及安全管理的指导思想，是在计算机信息系统内，用于所有与安全活动相关的一套规则。安全策略是某个机构对所要保护的特定资源要达到的目的所进行的描述。安全策略是一套法律、规则及实际操作方法，用于规范某个机构如何来管理、保护和分配资源以达到安全策略的既定目标。安全策略所描述的是如何将某个特定的信息技术系统付诸工程实现，以支持此机构的安全策略要求。

9.2.1 授权策略

授权（authorization）是一个安全策略的基本组成部分。

所谓授权，是指赋予主体（用户、终端、程序等）对客体（数据、程序等）的支配权力，等于规定了谁可以对什么做些什么。

9.2.2 访问控制策略

访问控制技术最早产生于 20 世纪 60 年代，是网络安全防范和保护的主要策略。它主要是按用户身份及其所归属的某项定义组来限制用户对某些信息的访问，或限制对某些控制功能的使用。它管理所有资源访问请求，即根据安全策略的要求，对每个资源访问请求做出是否许可的判断，能有效地防止非法用户访问系统资源和合法用户非法使用资源。访问控制通常用于系统管理员控制用户对服务器、目录、文件等网络资源的访问。

访问控制系统一般包括：主体、客体、安全访问策略。

- 主体：访问操作、存取要求的发起者，通常指用户或用户的某个进程。
- 客体：被调用的程序或欲存取的数据，即必须进行控制的资源或目标，如网络中的进程等活跃元素、数据与信息、各种网络服务和功能、网络设备与设施。
- 安全访问策略：一套访问控制规则，用以确定一个主体是否对客体拥有访问能力，它定义了主体与客体可能的相互作用途径（见表 9-1）。

表 9-1 访问控制规则

用户＼目标	目标 *x*	目标 *y*	目标 *z*
用户 a	读、修改、管理		读、修改、管理
用户 b		读、修改、管理	
用户 c	读	读、修改	
用户 d	读	读、修改	

访问控制策略根据其作用对象的不同，可以分为以下三种。

（1）基于对象的访问控制（OBAC model：object-based access control model）。

（2）基于任务的访问控制模型（TBAC model，task-based access control model）是从应用和企业层角度来解决安全问题，以面向任务的观点，从任务（活动）的角度来建立安全模型和实现安全机制，在任务处理的过程中提供动态实时的安全管理。TBAC 模型由工作流、授权结构体、受托人集、许可集四部分组成。

（3）基于角色的访问控制模型（RBAC model，role-based access model）：RBAC 模型的基本思想是将访问许可权分配给一定的角色，用户通过饰演不同的角色获得角色所拥有的访问许可权。

9.2.3 责任策略

支撑所有安全控制策略的一个根本原则是责任（accountability）。

受到安全策略制约的任何个体在执行任务时，需要对他们的行动负责任，这与人事安全有十分重要的关联。

某些网络防护措施，包括认证工作人员的身份，以及与这种身份相关的活动，都直接支持这一原则。

9.2.4 电子商务安全体系结构

电子商务的安全架构是一个分层的体系结构（见图 9-1）。位于最底层的是电子商务的人文社会环境层，要保障电子商务的安全运作首先离不开社会大环境的影响。法律制度是电子商务产业发展走向规范化、成熟化的重要保证。在电子商务的交易过程中，诚信体制的建立也是至关重要的，而诚信体制的建立离不开社会整体的道德规范化。同时，在电子商务的具体运作层面，管理人员、技术人员，以及各交易参与方的素质也是构成电子商务发展软实力的必要补充。

人文社会环境层之上为基础设施层。基础设施层主要是为电子商务的正常运转提供软硬件设备，包括软件系统、安全防护产品、服务器等。如果没有基础设施层的支持，电子商务则如无本之木，无法成长发展。

基础设施层之上为实体层，实体层主要提供了电子商务安全运作的各种技术支撑。比如，密码技术，可以有效对交易各方的网上交易信息进行安全加密；数字签名技术可以保证交易信息的安全，同时还可以对交易各方的身份信息进行有效验证；PKI 是利用公钥理论和技术建立的提供安全服务的基础设施，是信息安全技术的核心，也是电子商务的关键和基础技术。

位于实体层之上的则是电子商务的安全服务层，安全服务层定义了电子商务的基本安全要求，包括交易的真实性、完整性、保密性、不可抵赖性以及可用性等，电子商务的基本安全需求是电子商务能够长效运行的核心内容。

在电子商务安全服务层之上是电子商务的应用层，电子商务应用层主要面向电子商务的各种实体应用，比如第三方支付、网上银行及移动支付等。

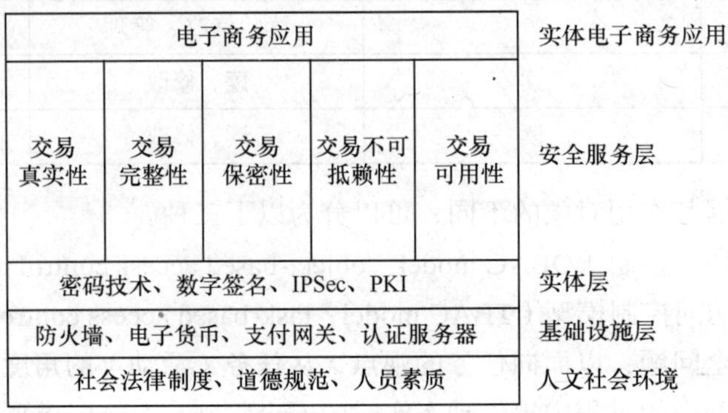

图 9-1　电子商务安全体系框架

9.3 电子商务安全协议

在涉及电子商务安全问题的标准时，一般会提到电子商务安全五协议，包括 SSL、SET、S-HTTP、STT、S-MIME，简称为 5S。5S 具体指的是安全套接层协议（SSL）、安全电子交易协议（SET）、安全超文本传输协议（S-HTTP）、安全交易技术协议（STT）和安全电子邮件管理协议（S-MIME）。它们都是在电子商务活动中常用的电子商务系统安全交易标准。在实际工作中，充分、深入地了解这些协议各自的主要用途是很重要的。

9.3.1 安全套接层协议

安全套接层协议（Secure Sockets Layer）是 Netscpe 公司推出的一个安全通信协议。SSL 协议采用公开密钥技术，其目标是在服务器和客户机两端同时实现支持、保证两个应用之间通信的保密性和可靠性。目前，SSL 协议已经成为 Internet 上保密通信的标准。现行的 Web 浏览器普遍将 HTTP 协议和 SSL 协议相结合，

图 9-2　SSL 协议栈

从而实现安全通信，如图 9-2 所示。

SSL 协议是在 Internet 基础上提供的一种保证机密性的安全协议，它能使客户机/服务器应用之间的通信不被攻击者窃听，并始终对服务器进行认证，还可以选择对客户机进行认证。SSL 协议要求建立在诸如 TCP 这样的可靠传输层协议之上。SSL 协议的优势是它独立于应用层协议，高层的应用层协议（如 HTTP、FTP、Telnet）能透明地建立于 SSL 协议之上。SSL 协议在应用层协议通信之前就已经完成加密算法、通信密钥的协商，以及服务器认证工作，在此之后，应用层协议所传输的数据都会被加密，从而保证通信的私密性。

9.3.2　安全电子交易协议

安全电子交易协议 SET（Secure Electronic Transaction）是由 Master Card 和 Visa 公司及其他一些业界的主流厂商设计发布的一种基于信息流的协议。它主要用于保证在公共网络，特别是 Internet 上进行银行卡支付交易的安全性，能够有效地防止电子商务中的各种诈骗。它是目前已经标准化并且被业界所广泛接受的基于信用卡的支付机制。

安全电子交易协议主要通过使用各种密码技术对交易数据及支付信息进行加密，以确保信息的保密性，并使用数字证书来验证参与交易各方的身份，因而保护了进行交易的各方（包括持卡人、商家、银行）等的安全。SET 协议还具有证书机制及数字签名、双重数字签名等技术手段，不但可以为不可否认性提供重要证据，而且还保证了商家无法看到持卡人的相关信息，而银行无法看到订单信息等功能，更好地保护了各方利益。1997 年 5 月，SET 规范 1.0 版正式发布，它是面向 B2C 模式的，针对使用信用卡（包括借记卡）来进行网络支付而制定的，涵盖了信用卡在电子商务交易中的交易协定、信息保密、资料完整性等各个方面。

9.3.3　安全超文本传输协议

安全超文本传输协议（S-HTTP，SHTTP）是利用密钥对文本进行加密，通常只用于 Web 业务，保障 Web 站点之间进行交换信息传输的安全性。SHTTP 是为 HTTP 扩充安全特性，增加了报文的安全性而产生的，它是基于 SSL 技术的。该协议向 Internet 的应用提供完整性、可鉴别性、不可抵赖性及机密性等安全措施。

HTTP 是一个客户端和服务器端请求和应答的标准（TCP）。客户端是终端用户，服务器端是网站。通过使用 Web 浏览器、网络爬虫或者其他的工具，客户端发起一个到服务器上指定端口（默认端口为 80）的 HTTP 请求。我们称这个客户端为用户代理（user agent）。应答的服务器上存储着一些资源，比如 HTML 文件和图像。我们称这个应答服务器为源服务器（origin server）。在用户代理和源服务器之间可能存在多个中间层，比如代理、网关、或者隧道（tunnel）。事实上，HTTP 可以在任何其他互联网协议上，或者在其他网络上实现。HTTP 只假定其下层协议提供可靠的传输，任何能够提供这种保证的协议都可以被其使用。

浏览器通常利用 HTTP 协议与服务器通信，收发信息未被加密；安全敏感的事务，如电子商务或在线财务账户等信息，浏览器与服务器必须加密。HTTPS：URI scheme 与 S-HTTP 二者在 20 世纪 90 年代中期均已被定义来满足这一需求。不过占据浏览器市场的网景及微软公司支持 HTTPS 远胜 S-HTTP，使得 https 成为安全万维网通信的事实标准。

HTTP 的发展是万维网协会（World Wide Web Consortium）和 Internet 工作小组（Internet Engineering Task Force）合作的结果，他们最终发布了一系列的 RFC，其中最著名的就是 RFC

2616。RFC 2616 定义了 HTTP 协议中一个现在被广泛使用的版本——HTTP 1.1。

9.3.4 安全交易技术协议

安全交易技术协议（Secure Transaction Technology，STT）是由 Microsoft 公司提出的，STT 将认证和解密从浏览器中分离开来，用以提高安全控制能力。Microsoft 在 Internet Explorer 中采用了 STT 技术。

由于 MasterCard、Netscape、IBM 在之后开发了 SEPP（安全电子支付协议），使两大信用卡组织 MasterCard 和 VISA 分别支持独立的网络支付解决方案。几个月后，这些机构联合开发了 SET（安全电子交易协议）。

9.3.5 安全电子邮件管理协议

安全电子邮件管理协议（S-MIME），也称为电子邮件扩充标准格式。S-MIME 是安全的多功能因特网电子邮件扩充协议，是一种在因特网安全电子邮件管理环境中采用加密报文语法对电子邮件安全性进行处理的规则，主要用于电子邮件的收发业务或电子邮件的使用业务，也可以用于 Web 业务。S-MIME 是在 RFC1521 所描述的多功能 Internet 电子邮件扩充报文基础上添加数字签名和加密技术的一种协议。MIME 是正式的 Internet 电子邮件扩充标准格式，但它未提供任何的安全服务功能。S-MIME 的目的是在安全电子邮件管理协议上定义安全服务措施的实施方式。S-MIME 已成为产业界广泛认可的协议，如微软公司、Novel 公司、Lotus 公司等都支持该协议。

9.4 电子商务安全技术

电子商务安全是整个电子商务产业蓬勃发展的重要保障，因此，如何保障电子商务安全也成为近几年的一个热点研究领域，就目前而言，已经有很多成熟的技术可以用来保障电子商务的安全，比如密码技术、数字证书、数字签名，以及防篡改等。下面，对其进行分别介绍。

9.4.1 密码技术

在电子商务交易过程中信息的保密性是非常重要的，它直接关系着交易的真实性与有效性。然而，当我们的交易信息在经过网络传播时，却时刻面临着被窃听、截获、篡改的危险，网络上活跃的黑客往往让我们的交易风险陡增。那么，如何让我们的交易信息能够在网络信道上安全传输呢？如何才能使黑客即使截获了信息也无法从中得到任何有价值的信息呢？这就需要数据加密技术的支撑。现在的数据加密技术已经取得了飞速的发展。

1. 基本概念

密码技术来源于密码学，密码学是研究编制密码和破译密码的科学技术，或者说是研究如何隐密地传递信息的学科。密码学是一个迷人的领域，实际上它分为两个部分：密码编码学（cryptography）和密码分析学（cryptanalysis）。

密码编码学主要研究对数据进行变换的原理、手段和方法，主要进行密码体制设计，目的是为了设计出安全的密码体制。而密码分析学则进行密码分析，在未知密钥的情况下，从密文推出明文或密钥的技术，是用来研究如何破译密文的。

密码学中经常涉及的概念主要有：明文、密文、加密、解密、算法和密钥等。

明文即未被加密或者经过解密的可以直接理解的信息，也就是接收方通过共同的密码破译方法将其破译解读为直接的文字或可直接理解的信息，称为“明文”。与之对应，一个可通过算法还原的被打乱的消息则是密文。比如，A 要给 B 发送一则信息“I LOVE YOU”，这就是明文，是可以直接看得懂的信息。但是 A 如果使用密码替换方法将每一个字母替换成其后第一个字母，则原信息成为“J MPWF ZPV”，这便是密文，如果接收者不使用还原算法还原的话，一般的人是不知道这则信息的具体内容的。

上面的例子中，将普通信息转换成难以理解的资料的过程称为加密；解密则是其相反的过程——由密文转换回明文。加解密的具体运作由两部分决定：一个是算法，另一个是密钥。算法是解决一个数学问题所需要的一组步骤，密码算法（cryptographic algorithm）是数学算法，设计密码算法是为了能够用不同的数据集合作为参数来调用它们，从而在这些数据集合上进行相应的运算。密钥是一个用于加解密算法的秘密参数，通常只有通信者拥有。

2. 对称密码（钥）加密

密码算法主要分为两大类，对称密码算法和非对称密码算法。

对称密码（钥）加密，又称私钥加密，即发送和接收数据的双方必使用相同的密钥对明文进行加密和解密运算（见图 9-3）。对称密码算法分为两种：分组密码（block cipher）和序列密码（stream cipher）。

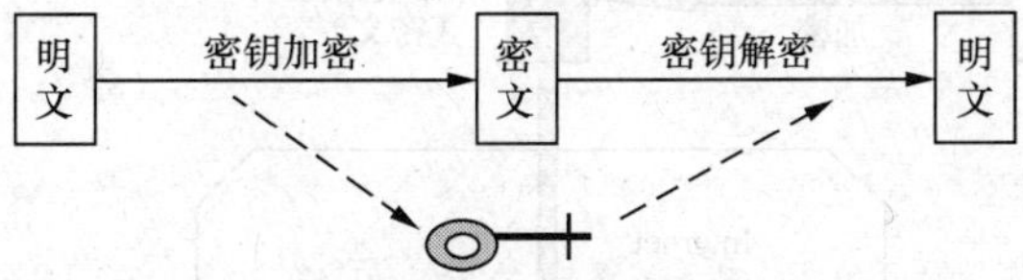

图 9-3　对称密钥加密

分组密码是在数据的固定长度的小分组上进行运算的，分组的长度一般是 64 位。分组密码有很多种，包括 DES，3-DES，RC2，RC5，RC6，以及 Rijndael（也被称作 AES）。DES 是最著名的，同时也是研究得最透彻的对称密码算法。DES 是 IBM 在 20 世纪 70 年代晚期开发的，在此期间 NSA 也有很多参与。DES 是一种分组密码，它使用长度为 64 位的分组。DES 密钥的长度固定为 56 位，但是因为计算机的计算能力在不断增长，DES 的 56 位密钥对于强力穷举攻击已经显得强度不够了。3-DES 是三重 DES 的缩写。因为人们越来越多地担心 DES 太脆弱，因此发展了许多不同的技术来增加 DES 的强度，像对数据加密三次，或者组合三种基于 DES 的加密操作来增加有效的密钥长度。

分组密码还包括 RC2、RC5、RC6 及 AES 等。RC2 是由 Ron Rivest（RSA 当中的 R）开发的。RC2 被开发出来时想替换 DES，它比 DES 要快两三倍。RC5 是 Rivest 开发的另一套密码。RC5 通常使用 64 位或者 128 位的分组，并且支持可变长度的密钥，密钥长度最多可达 2 048 位。RC6 是基于 RCS 的分组密码，支持 128 位的分组和 128 位的密钥长度。AES 竞争的胜利者是名为 Rijndael 的对称分组密码，由 Daemen 和 Rijmen（比利时）提交，和所有 AES 候选者一样支持 128 位的密钥长度。

除了在固定长度的数据分组上进行运算的分组密码以外，还有在单个的数据位上进行运算的序列密码。最著名的序列密码也许就是 RC4 了。RC4 非常快，比所有的分组密码都快，而且支持可变长度的密钥。

对称密码的特点如下；

- 在对称密码当中，同一个密钥既可用于加密，也可用于解密；
- 对称加密速度快；
- 对称加密是安全的；
- 对称加密得到的密文是紧凑的；
- 因为接收者需要得到对称密钥，所以对称加密容易受到中途拦截窃听的攻击；
- 对称密码系统当中密钥的个数大约是以使用者数目的平方的速度增长,因此很难将它的使用扩展到大范围的人群中；
- 对称密码系统需要复杂的密钥管理；
- 对称密码技术不适用于数字签名和不可否认性。

3. 非对称密码（钥）加密

非对称密码（钥）加密，又称公钥加密，是指对信息加密和解密时所使用的密钥是不同的，即有两个密钥，一个是可以公开的，另一个是私有的，这两个密钥组成一对密钥对。如果使用其中一个密钥对数据进行加密，则只有用另外一个密钥才能解密。由于加密和解密时所使用的密钥不同，因此这种加密技术称为非对称密钥加密（见图 9-4）。

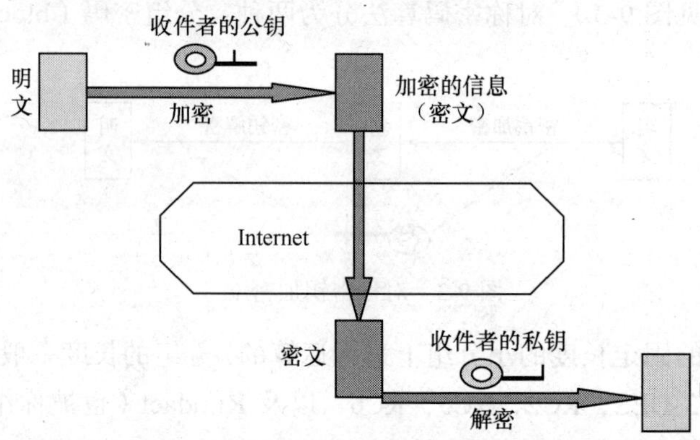

图 9-4　非对称密钥加密

非对称密码算法的数目相对要少一些，而且一般说来它们都基于复杂度和困难度都大得多的数学问题。RSA 算法是最为成功的非对称密码算法，RSA 同时还是被研究得最多的非对称密码算法，也可能是计算最为复杂的流行密码的算法，它在漫长的生命当中已经经受住了许多次攻击。现在个人用的 RSA 算法通常使用的是 1 024 位的密钥。在低端处理器的情况下，如智能卡中，往往需要密码硬件加速卡来执行 RSA 计算。

椭圆曲线密码算法（ECC）是又一个被普遍接受的非对称算法。ECC 出现的时间比 RSA 短，但是到目前为止它也经受住了对它的攻击。事实上，ECC 有数个变种，因此也许 ECC 应该被称作一类密码算法而非一个算法，这样更为合适一些。许多协议都支持 ECC 作为一个可选的密码套件，而且 ECC 也可能会成为那些不需要广泛的互操作的应用所选择的非对称密码算法。此外，ECC 在计算上也比 RSA 简单，用比较小的密钥就可以达到和使用较大的 RSA 密钥同等水平的安全性。

如前所述，非对称密钥算法也称公钥加密算法，使用两对密钥：一个公钥和一个私钥。用户要保障私钥的安全，公钥则可以发布出去。公钥与私钥是有紧密联系的，用公钥加密的信息只能用私钥解密，反之亦然。使用公钥加密既能够确保只有该收件人才能收到信息，即信息的保密性（见图 9-5）；又能够保证只有该发件人才能发送该信息，即起到鉴别发件人的作用（见图 9-6）。

例如，图 9-5 中，确保只有收件人刘立能够解读该信息。

图 9-5　非对称密钥加密实现信息的保密性

例如，图 9-6 中，确保只有发件人李明能够发送该信息。

图 9-6　非对称密钥加密实现信息的可鉴别性

由于公钥算法不需要联机密钥服务器，密钥分配协议简单，所以极大地简化了密钥管理。除加密功能外，公钥系统还可以提供数字签名。公共密钥加密算法主要有：RSA（Receive，Shamir，Adelman）、Fertezza、ElGama 等。

公用密钥（公钥）的优点就在于，也许您并不认识某一实体，但只要您的服务器认为该实体的 CA 是可靠的，就可以进行安全通信，而这正是电子商务所要求的，例如信用卡购物。服务方对自己的资源可根据客户 CA 的发行机构的可靠程度来授权。

在这些安全实用的算法中，有些适用于密钥分配，有些可作为加密算法，还有一些仅用于数字签名。多数算法需要大数运算，所以实现速度很慢，不能用于快的数据加密。

非对称密码技术的主要特点如下：

- 使用非对称密码技术时，用一个密钥（公钥或者私钥）加密，只能用另外一个密钥（私钥或者公钥）来解密；
- 非对称加密是安全的；
- 因为不必发送密钥给接收者，所以非对称加密不必担心密钥被中途拦截的问题；
- 需要分发的密钥的数目和参与者的数目一样，这样，在参与者数目很大的情况下，非对称密码技术仍然会工作得很好；
- 非对称密码技术没有复杂的密钥分发问题；
- 非对称密码技术不需要事先在各参与方之间建立关系以交换密钥；
- 非对称密码技术支持数字签名和不可否认性；
- 非对称加密速度相对较慢；
- 非对称加密会导致得到的密文变长。

9.4.2　数字证书

数字证书是互联网通信中标志通信各方身份信息的一系列数据，提供了一种在 Internet 上验证参与者身份的方式，其作用类似于司机的驾驶执照或日常生活中的身份证。数字证书是由一个由权威机构——CA 机构，又称为证书授权（certificate authority）中心发行的，人们可以在网上用它来识别对方的身份。最简单的证书包含一个公开密钥、名称及证书授权中心的数字签名。

其实，数字证书是一个相当简单的概念（参见图 9-7）。

在最简单的形式下，所有的数字证书都是这个样子的。数字证书列出了公钥的所有者是谁，而且还包含了该用户公钥的一份拷贝。

然后一个可信的权威机构就对所有这些东西签名。“对上面所有这些东西签名”的意思是说对上面刚刚讨论过的东西进行数字签名处理，计算整个证书的散列值，然后用那个可信的权威机构的私钥对这个散列值进行加密。

要检查一个数字证书的有效性，你只需要用那个可信的权威机构的公钥来验证该证书上的签名就可以了。如果证书检查一切正常，那么就可以相信包含在此证书中的公钥的确属于列在证书中的那个人了。

现在还是存在如何防止黑客用他的公钥替换掉那个可信的权威机构的公钥的问题。解决这个问题的方法是让那个可信的权威机构创建一个包含它自己的身份信息和公钥的证书，然后对其签名。我们称它为自签名证书（selfsigned certificate）。我们用的软件必须小心地管理这些特殊的顶层证书，因为它们是该权威机构签署的所有证书的信任基础。

你所使用的软件已经认识了许多个这样的可信的权威机构的自签名证书。如果看一下你的Web 浏览器的安全设置，就会发现一个浏览器已经认识的可信的权威机构的长长的列表。浏览器厂商在验证了这些可信的权威机构是真的之后，就会将这些证书加载到浏览器当中。图 9-8 是一个浏览器中的数字证书的例子。

图 9-7　数字证书的概念

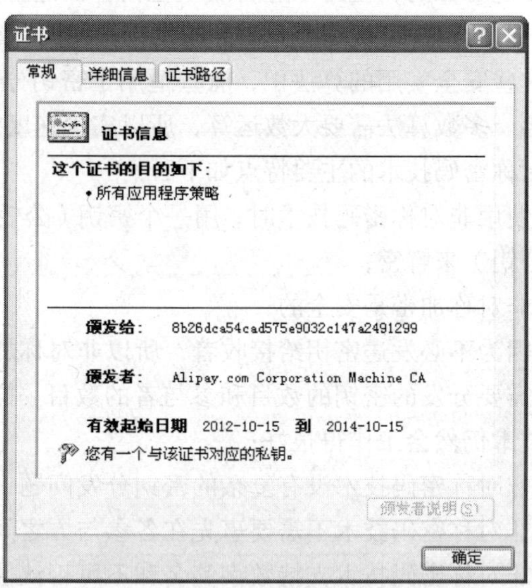

图 9-8　数字证书

在发送者的软件将加密摘要附在明文文件后面的时候，它也会将发送者的证书的一份拷贝文件附在后面。在这个数字证书内容中，除了所有者的名字以外，数字证书当中还常常包含一些关于用户的额外的信息，例如他或者她的公司及其所在的部门。除了一份该用户公钥的拷贝之外，证书还包含了有效日期。证书会在特定的日期生效，到了特定的日期就会作废。一般说来，证书会有数年的生命周期，但是在特定的应用当中，证书可能只有几个小时那么短的生命周期。图 9-9 显示的是证书的详细信息。

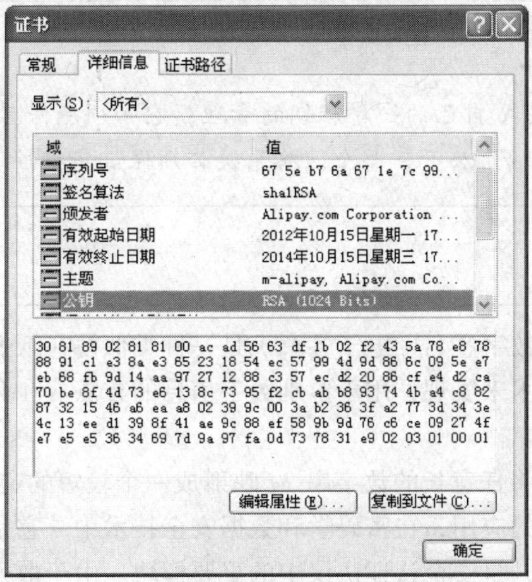

图 9-9　数字证书的详细信息

在实践当中，发送者会将一份数字证书的拷贝和加密后的摘要及明文文件放在一起。因此在数字签名的验证过程中，第一步是要将 3 个组成部分划分开来；接下来是检查数字证书，看该证书上的签名是否有效。检查有效性首先是要检查是否有某个你的软件信任的人对该证书签了名。这一点是通过比照该软件所包含的一个可信权威机构（**CA 机构**）列表来检查该证书的签名者而完成的。

【小知识】CA 机构

CA 机构，又称为证书授证（certificate authority）中心，作为电子商务交易中受信任的第三方，承担公钥体系中公钥的合法性检验的责任。CA 中心为每个使用公开密钥的用户发放一个数字证书，数字证书的作用是证明证书中列出的用户合法拥有证书中列出的公开密钥。

CA 机构的数字签名使得攻击者不能伪造和篡改证书。它负责产生、分配并管理所有参与网上交易的个体所需的数字证书，因此是安全电子交易的核心环节。由此可见，建设证书授权（CA）中心，是开拓和规范电子商务市场必不可少的一步。为保证用户之间在网上传递信息的安全性、真实性、可靠性、完整性和不可抵赖性，不仅需要对用户的身份真实性进行验证，也需要有一个具有权威性、公正性、唯一性的机构，负责向电子商务的各个主体颁发并管理符合国内、国际安全电子交易协议标准的电子商务安全证书。

CA 的职责归纳起来有以下几方面：

- 验证并标识证书申请者的身份；
- 确保 CA 用于签名证书的非对称密钥的质量；
- 确保整个签证过程的安全性，确保签名私钥的安全性；
- 证书资料信息（包括公钥证书序列号、CA 标识等）的管理；
- 确定并检查证书的有效期限；
- 确保证书主体标识的唯一性，防止重名；
- 发布并维护作废证书列表；

- 对整个证书签发过程做日志记录；
- 向申请人发出通知。

其中最为重要的是 CA 自己的一对密钥的管理，它必须确保其高度的机密性，防止他方伪造证书。CA 的公钥在网上公开，整个网络系统必须保证完整性。

9.4.3 数字签名

数字签名（又称公钥数字签名、电子签章）是一种类似写在纸上的普通的物理签名，但是使用了公钥加密领域的技术来实现，用于鉴别数字信息的方法。在介绍数字签名之前，首先有必要对散列函数进行了解。

散列（Hash）函数是将任意长的数字串 M 映射成一个较短的定长输出数字串 H 的函数。散列函数在实际中有广泛的应用，在密码学和数据安全技术中，它是实现有效、安全可靠的数字签名和认证的重要工具，是安全认证协议中的重要模块。由于散列函数应用的多样性和其本身的特点，而有很多不同的名字，其含义也有差别，如压缩（Compression）[HT5H]函数、紧密（Contraction）函数、数据认证码（Data Authentication Code）、信息摘要（Message Digest）、数字指纹、数据完整性校验（Data Integity Check）、密码检验和（Cryptographic Check Sum）、消息认证码 MAC（Message Authentication Code）、窜改检测码 MDC（Manipulation Detection Code）等。

关于散列函数的另外一个典型例子就是大多数通信报文后面都会有的循环冗余校验（Cyclic Redundancy Check，CRC）值（参见图 9-10）。

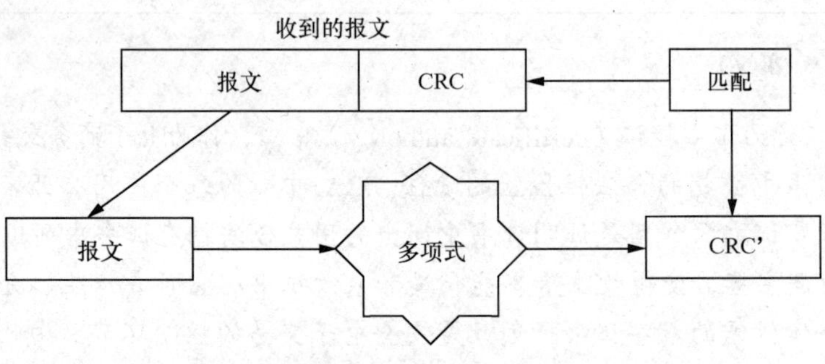

图 9-10　循环冗余检验

当要通过通信线路发送报文时，往往会在该报文的所有字节上计算一个多项式。计算这个多项式所得到的结果，也就是 CRC 码，会在报文被发送之前将它接在报文的末尾。当接收系统收到带有 CRC 的报文时，它也会在该报文（除了最初计算得到的 CRC）上计算相同的多项式并得到 CRC 的第二个版本（在图 9-10 中标记为 CRC'）。然后该软件就对最初的 CRC 和新的 CRC 进行比较，如果两个 CRC 匹配，那么接收方就可以确信该报文在通过网络传输的时候没有被修改过。

密码学中所用的散列函数必须满足安全性的要求，要能防伪造，抗击各种类型的攻击，如生日攻击、中途相遇攻击等，它应具有以下特殊的性质：

- 明文发生很小的变化，会导致摘要发生很大的变化；
- 你无法反向执行算法来恢复出哪怕是一点儿最初的明文；
- 得到的摘要不会告诉你任何关于最初明文的信息；

- 创建/发现摘要为某个特定值的明文，这在计算上是不可行的，这使得攻击者无法在替换文件的同时确保摘要仍然匹配。

散列算法相当多，MD2 是 RSA 公司的一个散列算法，它产生 128 位的摘要并且针对低端 8 位微处理器做了优化。MD5 也产生 128 位的摘要，但最优化处理所针对的是 32 位处理器。SHA-1 散列算法针对高端处理器做了优化，它产生 160 位的摘要。

了解了散列函数的知识后，再来看上例中的信息传输问题，此处要用到数字签名的知识，如图 9-11 所示。

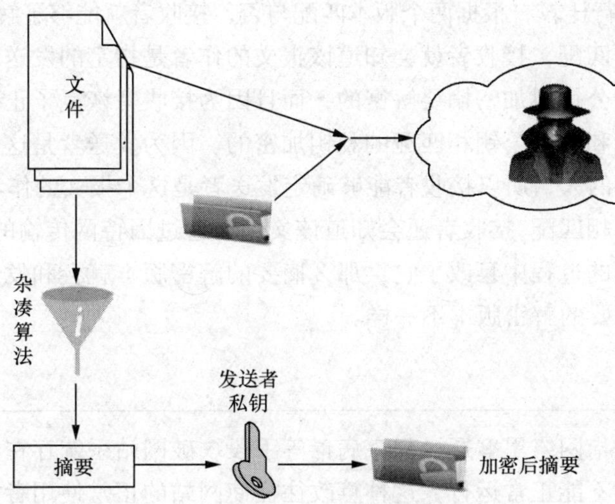

图 9-11 创建数字签名

如图 9-11 所示，一开始手中有明文文件。此时，选择一个适当的散列算法，用它来处理明文文件以生成摘要；接下来，用发送者的私钥加密该摘要。加密后的摘要被附着在最初的明文文件后面，并且被一并通过因特网发送给接收者。这可能会造成迷惑，不知道这些过程到底是干什么用的，但当了解了数字签名的验证过程之后，一切就会清楚了。接下来请看图 9-12。

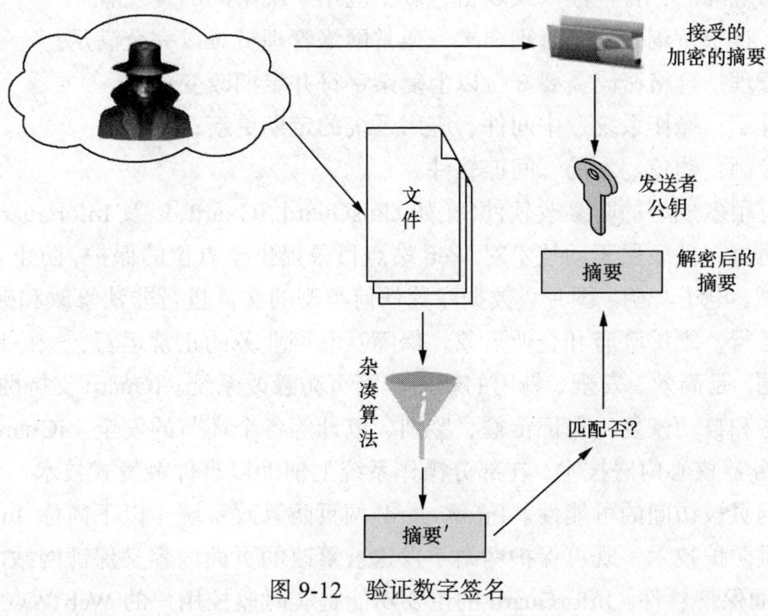

图 9-12 验证数字签名

带有加密摘要的明文文件通过因特网传递到了接收者的手中，接收者的软件会把明文文件和加密摘要分开来，发送者用他的私钥对最初的摘要进行了加密。正如在前一个例子当中做的那样，接收者将会从目录中找到和发送者的私钥相匹配的公钥，利用发送者的公钥，对摘要进行解密，恢复出最初的明文摘要。

现在就到了比较巧妙的地方了。接收者现在回到明文文件，用和发送者创建最初的摘要时所使用的散列算法一样的算法，对收到的明文文件进行处理，从而创建出摘要的一个新版本，这个摘要的新版本在图 9-12 中显示为摘要；最后一步，接收者对新创建的摘要和用发送者的公钥解密得到的最初的摘要进行比较，根据两个版本匹配与否，接收者就能够了解到下面几件事情。

如果摘要的两个版本匹配，接收者就会知道该报文的作者是指定的发送者。这是确定的，因为接收者是用发送者的公钥对加密摘要解密的，而且因为接收者恢复了正确的明文摘要，所以接收者知道它最初是用和解密公钥相匹配的私钥加密的。因为发送者是这个世界上唯一拥有和解密公钥相匹配的私钥的人，所以接收者能够确定发送者是这个报文的作者。

如果摘要的两个拷贝相匹配，接收者还会知道该文件在通过因特网传输的时候没有被修改。如果黑客在明文文件传递的过程中篡改了它，那么摘要的解密版本就会和发送者通过因特网发送报文前所生成的加密摘要的解密版本不一样。

9.4.4 防篡改

网页（网站）篡改是指网络黑客通过程序病毒等手段攻破网站系统存在的漏洞，将网站内容进行非法篡改，使网站不能正常运行。这种篡改往往使网站的正常使用者无法获得新鲜的实用信息，类似案例经常发生在政府官方网站，造成严重后果。

目前网站（包括网银）的网页之所以存在被篡改的可能性，有客观和主观两方面的原因。

客观而言，因为存在诸如以下原因，现有技术架构下的网站漏洞将长期存在。

（1）操作系统复杂性：已经公布超过 1 万多个系统漏洞；

（2）漏洞与补丁：系统漏洞从发现到被利用为 5 天，补丁发布时间为 47 天；

（3）应用系统漏洞：各种注入式攻击，多个应用系统不同的开发者。

主观而言，过于苛刻的安全管理要求，通常网络管理员难以完全满足。

（1）密码管理：合格密码需要 8 位以上复杂字符并定期改变；

（2）漏洞补丁：操作系统、中间件、应用系统的定期更新；

（3）上网控制：钓鱼、木马、间谍软件。

目前已经有很多成型的防篡改软件，比如 UnisGuard、iGuard，以及 InforGuard 等。UnisGuard 的主要功能是通过文件底层驱动技术对 Web 站点目录提供全方位的保护，防止入侵者或病毒等对目录中的网页、电子文档、图片、数据库等任何类型的文件进行非法篡改和破坏。UnisGuard 保护网站安全运行，维护政府和企业形象，保障互联网业务的正常运营，较好地解决了网站的非法修改的问题，是高效、安全、易用的新一代网页防篡改系统。iGuard 支持网页的自动发布、篡改检测、警告和自动恢复，保证传输、鉴别、审计等各个环节的安全。iGuard 使用了先进和可靠的 Web 服务器核心内嵌技术，在部分操作系统上辅助以事件触发式技术，从而完全实时地杜绝篡改后的网页被访问的可能性。InforGuard 网页防篡改系统（以下简称 InforGuard）是目前国内采用四重防护技术，既可保护网站不发送被篡改的页面内容又保证网站内无被篡改页面滞留的 Web 页面保护软件。InforGuard 的主要功能是实时监控用户的 Web 站点，洞察黑客、病毒等对网站的网页、电子文档、图片等文件进行破坏或非法修改。一旦文件遭到破坏，系统会立即恢复被破坏的文件，并向管理人员报警。

目前市面上主要的防篡改技术如下：

（1）定时循环扫描技术（即：外挂轮询）：使用程序按照用户设定的时间间隔，对网站目录进行定时扫描比对，如发现篡改，就用备份进行恢复。

（2）事件触发技术：使用程序对网站目录进行实时监控，稍有“风吹草动”就进行检查是否是非法篡改。

（3）核心内嵌技术（即“数字水印”或“数字指纹”）：在用户请求访问网页之后，在系统正式提交网页内容给用户之前，对网页进行完整性检查。

（4）文件过滤驱动技术：采用系统底层文件过滤驱动技术，拦截与分析IRP流。

【小案例9-1】来自国家互联网应急中心的报告

据报道：一份来自国家互联网应急中心的报告显示，从2010年5月10日开始，至5月16日一周时间内，中国境内有81个政府网站被篡改；至5月17日12时，仍有29个被篡改的政府网站没有恢复，其中不仅包括分别位于安徽、江苏、四川和西藏自治区的4个省部级网站，甚至还有25个地市级政府网站也遭到攻击。由此可见，政府网站的安全意识和安全措施有待加强。

此次81个政府网站遭到攻击，再次敲响了网络安全警钟。政府门户网站作为国家的行政管理机构发布的信息事关国计民生，一旦被篡改将造成多种严重的后果，主要表现在让政府形象受损，影响信息传达，甚至是恶意发布信息，还会造成木马病毒传播，严重者还会引发泄密事件。

互联网的无疆界性，不仅让电子政务遭受安全隐患，在电子商务领域更为明显。网页被篡改的后果是严重的，站点所在的服务器的稳定性和安全性是关键因素。

9.4.5 入侵检测技术

入侵检测是指“通过对行为、安全日志、审计数据或其他网络上可以获得的信息进行操作，检测到对系统的闯入或闯入的企图”。入侵检测技术是一种积极主动的安全防御技术，提供了对外部、内部攻击以及人员误操作的实时防护。入侵检测是对传统安全产品的合理补充，帮助系统对付网络攻击，扩展了系统管理员的安全管理能力（包括安全审计、监视、进攻识别和响应），提高了信息安全基础结构的完整性。它从计算机网络系统中的若干关键点收集信息，并分析这些信息，看看网络中是否有违反安全策略的行为和遭到袭击的迹象。入侵检测被认为是防火墙之后的第二道安全闸门，在不影响网络性能的情况下能对网络进行监测，从而提供对内部攻击、外部攻击和误操作的实时保护。

入侵检测技术的工作原理可以用三个过程来表示：信息收集、信息分析和结果处理。

（1）信息收集：入侵检测的第一步是信息收集，收集内容包括系统、网络、数据及用户活动的状态和行为。由放置在不同网段的传感器或不同主机的代理来收集信息，包括系统和网络日志文件、网络流量、非正常的目录和文件改变、非正常的程序执行。

（2）信息分析：收集到的有关系统、网络、数据及用户活动的状态和行为等信息，被送到检测引擎，检测引擎驻留在传感器中，一般通过3种技术手段进行分析：模式匹配、统计分析和完整性分析。当检测到某种误用模式时，产生一个报警并发送给控制台。

（3）结果处理：控制台按照警告产生预先定义的响应采取相应措施，可以是重新配置路由器或防火墙、终止进程、切断连接、改变文件属性，也可以只是简单的报警。

入侵检测实现的方法有很多，如基于专家系统入侵检测方法、基于神经网络的入侵检测方法等。目前一些入侵检测系统在应用层入侵检测中已有实现。比如基于专家系统的入侵检测方法主要是通过对入侵行为特征进行抽取并建立知识库，将有关入侵的知识转化为 if-then 结构（也可以是复合结构），if 部分为入侵特征，then 部分是系统防范措施。这样，当发生入侵行为时，系统便会采取具有针对性的措施。

入侵检测通过执行以下任务来实现。

（1）监视、分析用户及系统活动；

（2）系统构造和弱点的审计；

（3）识别反映已知进攻的活动模式并向相关人士报警；

（4）异常行为模式的统计分析；

（5）评估重要系统和数据文件的完整性；

（6）操作系统的审计跟踪管理，并识别用户违反安全策略的行为。

对一个成功的入侵检测系统来讲，它不但可使系统管理员时刻了解网络系统（包括程序、文件和硬件设备等）的任何变更，还能给网络安全策略的制定提供指南。更为重要的一点是，它的管理、配置简单，从而使非专业人员非常容易地获得网络安全。而且，入侵检测的规模还应根据网络威胁、系统构造和安全需求的改变而改变。入侵检测系统在发现入侵后，会及时做出响应，包括切断网络连接、记录事件和报警等。

入侵检测技术按技术可以划分为异常检测模型（anomaly detection）和误用检测模型（misuse detection）两类。

异常检测模型是基于行为检测系统，基于行为检测是指根据使用者行为或者资源的使用状况来判断是否发生入侵行为。通过提前定义了哪些是可以接受的行为，然后检测行为与可接受行为之间的偏差，则可确定哪些是不可以接受的行为。这种检测模型漏报率低，误报率高。因为不需要对每种入侵行为进行定义，所以能有效检测未知的入侵。

误用检测模型正好相反，它是基于知识性检测系统，运用已知攻击方法定义好入侵模式，它首先定义了哪些是不可接受的行为，然后通过对这些入侵模式分析来判断是否发生是入侵行为，其主要包括状态转换分析、模型推理与特征检测技术等方法，检测行为与不可接受行为之间的匹配程度，则可以确定哪些行为是不可接受的。其关键在于抽取非正常行为的特征并建立知识库，以便抽取匹配。这种检测模型误报率低、漏报率高。对于已知的攻击，它可以详细、准确地报告出攻击类型，但是对未知攻击却效果有限，而且特征库必须不断更新。

【小知识】入侵检测技术的研究及产品

对于入侵检测的研究始于 20 世纪 90 年代，首先是针对具体入侵行为或具体的入侵过程进行的入侵检测的研究，1994 年以后逐渐出现一些入侵检测的产品，其中比较有代表性的产品有 ISS（Internet Security System）公司的 RealSecure，NAI（Network Associates Inc.）公司的 Cybercop 和 Cisco 公司的 NetRanger。现在入侵检测系统已经成为网络安全中一个重要的研究方向而越来越受到重视。

国内在这方面的研究刚开始起步，目前已经开始着手入侵检测标准 IDF（Intrusion

Detection Framework，入侵检测框架）的研究与制定。

国内现阶段的入侵检测系统大部分是基于各自的需求和设计独立开发的，许多新产品也不断涌现，比如，联想网御入侵检测系统、天融信网络卫士入侵检测系统、绿盟入侵检测系统等。这些入侵检测系统均是在原始入侵检测系统的基础上，通过对当下各种网络安全风险的综合分析，设计的多功能的、高效的入侵检测系统。联想网御入侵检测系统采用联想网御USE（Uniform Secure Engine）安全引擎，综合使用会话状态检测、应用层协议完全解析、误用检测、异常检测、内容恢复、网络审计等入侵分析与检测技术，全面监视和分析网络的通信状况。在此基础上，可主动发包或与多种第三方设备联动来自动切断入侵会话，实现实时有效防护。绿盟入侵检测系统具备全面入侵检测、可靠的Web威胁检测、细粒度流量分析，以及全面用户上网行为监测等四大功能，无疑成为当下流行的入侵检测产品之一。

9.4.6 数据库安全技术

数据库安全是指保护数据库以防止非法用户的越权使用、窃取、更改或破坏数据。要保证数据库安全必须在以下几个层面做好安全措施。

（1）物理层：重要的计算机系统必须在物理上受到保护，以防止入侵者强行进入或暗中潜入。

（2）人员层：数据库系统的建立、应用和维护等工作，一定要由政治思想上过硬的合法用户来管理。

（3）操作系统层：要进入数据库系统，首先要经过操作系统，如果操作系统的安全性差，数据库将面临着重大的威胁。

（4）网络层：由于几乎所有网络上的数据库系统都允许通过终端或网络进行远程访问，所以网络的安全和操作系统的安全一样重要，网络安全了，才能对数据的安全提供保障。

（5）数据库系统层：数据库系统应该有完善的访问控制机制，以防止非法用户的非法操作。为了保证数据库的安全，必须在以上所有层次上进行安全性控制。

对于数据库安全技术而言，目前主要有以下几项。

1. 数据库加密

对于一些重要的机密的数据，例如一些金融数据、商业秘密、游戏网站玩家的虚拟财产，都必须存储在数据库中，需要防止对它们未授权的访问，哪怕是整个系统都被破坏了，加密还可以保护数据的安全。对数据库安全性的威胁有时候是来自于网络内部，一些内部用户可能非法获取用户名和密码，或利用其他方法越权使用数据库，甚至可以直接打开数据库文件来窃取或篡改信息。因此，有必要对数据库中存储的重要数据进行加密处理，以实现数据存储的安全保护。

2. 用户认证技术

用户认证技术是系统提供的最外层安全保护措施。通过用户身份验证，可以阻止未授权用户的访问，而通过用户身份识别，可以防止用户的越权访问。

（1）用户身份验证

该方法由系统提供一定的方式让用户标识自己的身份。每次用户请求进入系统时，系统必须对用户身份的合法性进行鉴别认证。用户要登录系统时，必须向系统提供用户标识和鉴别信息，以供安全系统识别认证。目前，身份验证采用的最常用、最方便的方法是设置口令法。但近年来，一些更加有效的身份验证技术迅速发展起来，如智能卡技术、物理特征（指纹、虹膜等）认证技术等具有高强度的身份验证技术日益成熟，并取得了不少应用成果，为将来达到更高的安全强度要求打下了坚实的理论基础。

（2）用户身份识别

用户身份识别以数据库授权为基础，只有经过数据库授权和验证的用户才是合法的用户。数据库授权技术包括授权用户表、用户授权表、系统的读出/写入规则和自动查询修改技术。

3．访问控制

访问控制是从计算机系统的处理功能方面对数据提供保护，是数据库系统内部对已经进入系统的用户的访问控制，是安全数据保护的前沿屏障。它是数据库安全系统中的核心技术，也是最有效的安全手段，限制了访问者和执行程序可以进行的操作，这样通过访问控制就可防止安全漏洞隐患。DBMS 中对数据库的访问控制是建立在操作系统和网络的安全机制基础之上的，只有被识别、被授权的用户才有对数据库中的数据进行输入、删除、修改和查询等权限。

4．备份与恢复

数据备份与恢复是实现数据库系统安全运行的重要技术。备份与恢复是指当数据库发生故障时，管理员能够利用已有的备份数据，将数据库恢复。一般来说，数据库备份常用的方法有：静态备份（关闭数据库时将其备份）、动态备份（数据库运行时将其备份）和逻辑备份（利用软件技术实现原始数据库内容的镜像）等。数据库恢复则可以通过磁盘镜像、数据库备份文件和数据库在线日志三种方式来完成。

5．建立安全的审计机制

审计就是对指定用户在数据库中的操作进行监控和记录的一种数据库功能。数据库建立安全审计机制后，就可以有效保障其整体运行安全。

9.5 电子商务应用安全

9.5.1 支付交易安全要求

1．保护用户匿名性

实际上，保护用户匿名性的服务并不仅仅用于电子支付系统，还可用于任何类型的互联网服务，比如，用户会想要在互联网上匿名地发送电子邮件或购物。地址不可跟踪性与用户的网络匿名性有关，尽管 sender（或 from）字段中没有泄露发送匿名电子邮件的用户的身份，但是用户发送邮件时所用的 IP 地址或主机名也是可知的。在这种情况下，跟踪者就可以大大缩小查找发送人的范围，可以判断出邮件发送者就是某些人；甚至，如果这台主机是发送人的家用个人电脑的话，则可能的发送人就只有这一个人了。地址不可跟踪性就是确保个人电脑的 IP 地址或主机名不会泄露。

自从在通信网上进行电子支付交易以来，买方匿名性与用户匿名性一直是密切相关的。用户匿名性是用于通信双方之间的服务，在一次通信会话期间必须一直得到保护。而买方匿名性必须在整个交易过程中受到保护，这期间可能会发生好几次会话。例如，顾客与商家之间的会话，商家与接收银行之间的会话，以及接收银行与发行银行之间的会话，等等。除了买方与自己的银行之间的会话以外，在其他所有会话中通常都要求买方是匿名的。换句话说，正如地址不可跟踪性一样，用户匿名性是买方匿名性的先决条件，此外买方匿名性还可能会运用某些其他的机制。

买方的匿名可通过隐藏在假名中或数字签名来实现。但是，如果他在所有的支付交易中都使用同一个 ID，则就可以跟踪到他的行为，同其他一些信息结合后就能用于断定其身份。

2. 支付交易不可跟踪性

支付交易不可跟踪性的目的就是使得无法将同一买方的多次支付交易联系在一起。支付交易数据的机密性相当于通信机密性。此外，这一服务还包括更复杂的情况，其中不仅仅是要防止支付交易数据泄露给外人，而且还要防止数据的指定部分泄露给指定的参与方（如卖方）。举例来说，假设数据包括 a、b 两个部分，经授权的参与方有 A 和 B，可以采用如下方式来保护数据的机密性。

- 除了 A、B 以外没有任何参与方能读取数据的任何部分；
- A 只能读取 a；
- B 只能读取 b；
- 同时保持数据的完整性。

3. 支付交易的不可抵赖性

电子支付交易由一个或几个网络协议组成。协议由参与双方的一系列交互消息组成。消息源的不可抵赖性是一种信息安全服务，用于防止当参与方收到了消息，发送方却否认曾发送过这一消息的情况。不可抵赖性可以用数字签名机制来实现。在电子支付交易中，客户、商家、支付网关和银行都是参与方。如果客户声称他从未发送支付指令，或者商家声称他没有收到客户的付款，就会发生纠纷。支付交易消息的不可否认性就是帮助解决此类纠纷的。

4. 支付交易消息的新鲜性

保证支付交易消息的新鲜性意味着防止重复使用，如支付指令消息的重复使用。一旦顾客为了付款发送了其信用卡的消息，该消息即使是以加密的形式发送的，也可能被窃听者盗用，之后在顾客不知情的情况下被攻击者重复使用。下面就是重放攻击的一个例子。

【小案例 9-2】阿里巴巴与 40 大盗

话说有一天，40 大盗准备把抢来的珠宝放进他们的宝库里去。

//用户打算登录系统。

他们来到宝库面前，准备打开石门。

//系统要求身份认证，弹出口令窗口。

40 大盗的首领对着石门喊道："芝麻开门！"

//用户输入口令"芝麻开门"。

不巧这一幕被阿里巴巴看到。

//有黑客截获用户的登录过程。

40 大盗将宝物放进宝库后，就离开了。

//用户退出系统。

等 40 大盗走远后，阿里巴巴来到石门前也大喊："芝麻开门！"

//黑客对系统进行了重放攻击。

石门打开了，阿里巴巴把宝物都搬回家了。

//成功入侵系统。

9.5.2 数字货币安全

不幸的是，完美的匿名性也有其缺点，因为这就使得欺骗简单易行而且不会被捕获。比如，理想的匿名数字货币就是可以被任意复制的比特串。即使银行发现了某人想要多次使用同一货币，也不可能揭露他的身份，因为货币是匿名的。在这样的情况下，服务可以建立在有条件的匿名性的基础上，这个条件就是，如果该顾客是诚实的，而且仅一次性使用货币，那么他的身份就不会被识别出来，而一旦他想要重复花费货币，他就会被识别出来并最终受到惩罚。

正如上面所提到的，数字货币是比特串。如果货币的比特串没有满足一定的特性，或者其特性过于简单以至于很容易产生许多满足此特性的比特串，那么实际上任何人都可以制造出合乎要求的货币（伪币）。在离线支付系统中，不可能实时地检验比特串是否是经授权的经纪人发行的，因此离线支付系统必须具备防止伪币的保护措施。

作为比特串，数字货币如果不经加密会很容易被盗（被窃听者窃取）。如果买方是匿名的，卖方根本没法分辨合法的货币所有者和盗用货币的贼,然而可以使用某些机制来防止货币被盗，并用于实现相应的支付安全服务。

以上所述的三种数字货币安全服务在一定程度上是相互冲突的，但有办法在实施的同时达到风险与保护的平衡。例如，可以将这三种服务设置成仅当非法事件发生的时候才起作用（如有条件的匿名性）。

数字货币代表着电子商务的一种新的支付手段。与其他支付方式不同的是，它无论对于大额支付或微支付都需要开发一系列新的安全技术。本章将就选定的一些数字货币交易安全机制进行概述。

数字货币在电子商务应用中，在安全方面主要应支持以下几点。

1. 支付交易不可跟踪性

当顾客从 ATM（自动柜员机）或银行柜台提取现金时，通常都不会记录下纸币的序列号，因而支付交易不会与顾客相关联。数字货币也有序列号，在特定的情况下可以通过唯一的数字来代替。由于这些数字只是以数字形式存在（并没有印刷在物理的纸据上），因此我们很容易建立一个记录表示出哪一个顾客拥有哪些序列号。这样，只要简单地看一看这些号码，就可以清楚某一个顾客所进行的电子支付交易了。为了防止这种情况的发生，就需要一些专门的机制。简单地说，是通过盲签名来支持不可跟踪性。

2. 防止重用

通常我们可以很容易地任意复制数字货币，对任何人都是如此，因为它们只是很简单的被电子储存起来的数字。如果买方通过合法途径获得一笔有效的数字货币，他可能会多次违章使用，因此有必要运用某些可以检查出再度花费的机制。简单地说，是通过分割选择实现有条件的匿名性。

3. 防止货币的伪造

通常，要伪造传统意义上的纸币是很困难的。首先，纸币必须具备一些特殊的、昂贵的，或是难以复制的物理性质（例如特殊的印刷或颜色）；其次，序列号至少要看起来是真实的。序列号是否伪造只能由合法的货币发行机构检测出来。而对于数字货币，物理上的复制根本不成问题。只有在线系统才能在花费之前检验序列号，这既是无法扩展的，又是不实际的。于是唯一的选择就是使得发行的数字货币的序列号具备一些特别的数学特性。如果制造小额的货币开销很大，抑或制造货币需要很大的一笔初始投资的话，那么货币伪造机构就无法盈利。

4. 防止货币的盗用

防止通过窃听盗用数字货币的一种明显的方式就是使用加密。通常货币的面值很低（比如说低到 1 欧元），因此很多情况下使用加密机制效率实在是不高，而且花费还很大。

9.5.3 电子支票安全

电子支票是与传统的纸面支票包含同样数据的电子公文。如果在电子支付交易中要用到电子支票，就有必要运用一种或几种支付交易安全体制。其中一种机制在普通支票中也很常见，即支付授权转移。

当你交给某人一张支票，实际上就是授权给他，让他从你的银行账户上提取现金。对于书面支票，这样的授权是通过手写签字来确认的；对于电子支付指令，授权必须通过支付授权转账服务来执行。

9.5.4 第三方支付安全

1. 第三方支付的业务

第三方支付的业务种类繁多，不同的第三方支付公司的业务也各具特色。

支付宝在以第三方支付为主业的基础上，为广大用户提供了优质多样的个性化服务。主要有：支付宝实名认证服务、支付宝卡通、支付宝数字证书、支付盾、多元转账服务，以及生活助手等。

拉卡拉通过深挖用户需求，创新出一系列产品和服务，目前逐渐形成了四大业务：便民金融、互联网服务、POS 收单和用户经营。

首信易支付则为用户提供了资金账户管理、订单管理、积分管理、会员资料管理以及优惠券管理等业务内容。

2. 第三方支付的风险

第三方支付作为电子商务时代交易双方的中介平台，由于外部政策制度环境以及自身运作模式的特殊性，无论是哪一种第三方支付模式，都普遍存在一些应用风险。将这些问题归纳起来可以表述如下。

（1）诚信风险

第三方支付在电子商务中扮演的角色具有特殊性，它首先需要将买方的资金吸纳到自己的平台，并通知卖方发货；等到买方收到了卖方的货物并同意付款后，第三方支付平台才将钱款拨入卖方银行账户。由于第三方支付平台在此处是以一个具有权威性的中间机构出现的，因此，交易各方的诚信是保障这种机制能够长效运作的根本。但就目前第三方支付发展过程中暴露出的问题来看，诚信问题已经成为一个重要方面，在电子商务交易过程中，一些交易主体仍然存在欺诈、蒙骗行为，虽然很多涉案金额并不高，但这种行为往往具有很强的影响力，许多电子商务潜在用户在了解这些信息之后，对电子商务的诚信始终秉持怀疑态度，这对中国电子商务产业的发展是不利的。因此，诚信问题是关乎电子商务前途发展的重要方面，需要探索相关的诚信保障体制来规范电子商务交易各方的诚信责任。

（2）技术风险

第三方支付的业务及风险控制工作均是在计算机及网络环境下完成的，因此网上支付系统的安全是第三方网上支付面临的重要风险。虽然目前第三方网上支付平台都设计有多层安全系统，并不断开发和应用具有更高安全性的技术及方案，以保护支付平台的平稳运行，但是从总体来说，其技术安全仍然是第三方网上支付业务中最为薄弱的环节。这种技术风险的来源很多，它可能来自于计算机内部，比如系统崩溃、磁盘损坏等不确定因素，也会来自网络外部的黑客攻击，以及计算机病毒破坏等因素。安全风险主要体现在三个方面：一是数据传输过程中遭到攻击，威胁用户资金安全；二是网上支付应用系统本身存在的设计上的缺陷可能被黑客利用，进而危害整个系统的安全，造成重大损失；三是计算机病毒可能突破网络防范，入侵网上支付的主机系统，造成数据丢失等严重后果。

（3）金融风险

第三方支付的金融风险主要有以下几种。

① 盗卡恶意支付。虽然越来越多的银行已经不再默认银行卡可直接上网，而是用户通过申请并认证的方式，才可开通网上银行。随着电子商务发展的不断深入，越来越多的人开通了网上银行服务，那么如何防范盗卡者在网上恶意支付，对于第三方支付厂商来说，在缺少必要信息支持的环境下，建立这样的风险控制系统就更为艰难。

② 诈骗犯罪。由于网上交易的匿名性和隐蔽性，使第三方支付可能成为通过制造虚假交易来实现诈骗的手段，有些不法分子利用购买者对第三方支付流程以及后果的不熟悉，利用安全漏洞来骗取钱财，比如说，支付平台的网上操作中有取消支付的选项，在取消支付后，如果直接撤销刚才的取消操作来再次确认支付，顾客的钱就在未收到购买物品之前就打到了销售者的账户中，造成诈骗。

③ 资金滥用。在第三方支付平台中，除支付宝等少数几个并不直接经手和管理来往资金，而是将其存在专用账户外，其他公司大多代行银行职能，可直接支配交易款项，这就可能出现不受有关部门的监管，而越权调用交易资金的风险。

④ 资金沉淀。第三方网上支付平台通过对交易资金的暂时保管，在交易过程中监督和约束买卖双方。在交易过程中，当买方把资金转到第三方的账户，此时第三方起到对资金的保管作用，买方仍然是资金的所有权人。当买方收到商品，确认付款时，所有权转到卖家。所以，第三方作为资金的保管人，始终不具备对资金的所有权，只是保管的义务。根据目前的交易规则，支付金额可以在第三方网上支付平台上停留 3 天至 7 天，这样，支付平台中随时都有数以千万计的资金沉淀。随着将来用户数量的增长，这个资金沉淀量将非常巨大。对于这笔资金，第三方将可取得一笔定期存款或短期存款的利息，而且利息的分配会引发新的问题。如缺乏有效资金管理，就有可能引发支付风险和道德风险。

3. 第三方支付的风险防范

第三方支付虽然面对着诸多的风险问题，但是其发展的潮流并不会改变。有风险就要应对。下面，针对以上第三方支付存在的风险问题提出以下几点防范措施。

（1）改进网上交易税收监控手段

网上交易所具备的交易隐蔽性、快速性，以及交易主体的跨地域、全球性等特点，使网上交易税收问题对传统税收方式提出了挑战。在我国现有的税收体制中，税收都是按照属地化管理的原则来进行的，而网络交易的跨地域性将加大确定税收主体的难度。因此对新技术条件下发展起来的网上交易，要研究用新的监控手段进行征税。第三方支付平台作为网上交易现金流的出入口，是买家和卖家进行交易的一个凭证，因此可考虑将第三方支付作为网上交易征税的突破口。另外还需制定第三方支付中的税收监管法律，严惩逃税行为。

（2）加强对第三方支付平台的监管

加强第三方支付平台的监管，首先应明确市场准入门槛。由于行业的准入门槛较低，从事第三方支付平台的服务商注册资金规模、资质参差不齐，容易引发风险。其次应加强对第三方支付平台沉淀资金的监管,应规定第三方支付服务商的自有账户与用户沉淀资金的账户相分离，禁止将用户沉淀资金进行放贷、投资或挪作他用，由银行对用户资金账户进行托管。目前工商银行便为“支付宝”托管账户，并且每月出具账户资金的使用报告。最后建立第三方支付保证金制度。要求第三方支付服务商在其开户银行存有一定金额或交易比例的保证金，一旦第三方出现问题，银行可以立即冻结这部分资金用以抵御风险，在一定程度上保障广大用户的资金安全，不致因第三方机构的风险而蒙受过大的损失。

（3）加强内部监督和管理，规范信息披露制度

当前，一些第三方支付公司缺乏健全的内控机制，组织内部没有建立相关的管理规章。一些不成规模的第三方支付公司急于盈利或“抢地盘”，放松了对公司内部的制约与管理，容易造成员工道德风险，造成延迟信息传递或泄密等类似现象的出现，使公司的信誉受损。而且，除了内部少数人之外，外界很难知道公司的经营状况，信息披露非常不充分。因此，要按照产权明晰、责任明确、管理科学和政企分开的要求建立现代公司制度，并规范内部信息披露制度。通过建立内部责任分工制度、权力制约制度、激励和惩罚制度，独立的财务制度等，来提高第三方支付公司的管理水平和绩效。

9.5.5 网上银行安全

1. 网上银行的风险

网上银行面临的风险主要来自于软硬件系统问题、交易风险问题，以及终端客户风险等。

（1）软硬件系统问题

从整体看，网上银行的业务操作和大量的风险控制工作均由电脑软件系统完成。全球电子信息系统的技术和管理中的缺陷成为网上银行运行的最为重要的系统风险。

在整个网上银行业务处理过程中，网上银行服务器充当着至关重要的作用，而很多针对网上银行服务系统的风险问题也正是出于此处。比较典型的有以下几种。

① 系统漏洞带来的安全风险

系统漏洞往往会带来不可预计和不可控制的安全后果，如 2009 年 5 月，发生了因暴风影音软件的一个微小漏洞导致多个省份大面积断网的事件。目前，国内的网上银行系统往往架设在 Unix 操作系统上，采用 WebSphere 等中间件和 DB2 等数据库，也有部分网上银行采用了 Windows 系统。这些网上银行业务赖以运转的基础软件都会不可避免地暴露出一些系统漏洞，而每个漏洞都可能被互联网上的攻击者所利用，造成网上银行账号失窃或数据篡改。如某银行的网上银行系统曾被黑客利用 OS 的系统漏洞入侵，并被成功窃取了网上银行客户的身份证号码、银行账号及密码等敏感信息，直接造成了网上银行用户的资金被非法转移。

② Web 安全问题带来的风险

网上银行业务通常采用 B/S 架构，因此，Web 安全问题会直接威胁到网上银行的应用安全。

根据知名的 Web 安全与数据库安全研究组织 OWASP 提供的报告显示，目前对 Web 业务威胁最严重的两种攻击方式是 SQL 注入攻击和跨站脚本攻击。SQL 注入的攻击原理是，程序员在编写代码的时候，没有对用户输入数据的合法性进行判断，导致入侵者可以通过恶意 SQL 命令的执行，获得数据读取和修改的权限。跨站脚本（XSS）攻击则将目标指向了 Web 业务系统所提供服务的客户端，跨站脚本攻击是通过在网页中加入恶意代码，当访问者浏览网页时恶意代码会被执行或者通过给管理员发信息的方式诱使管理员浏览，从而获得管理员权限，控制网上银行网站。在过去几年中，国内多个网上银行网站曾被监控到挂马事件。

③ 数据库安全问题带来的风险

数据库是网上银行系统的核心，前两种安全风险最终也会危害到数据库的安全。但是针对网上银行系统，数据库的安全问题还有其特定的含义，那就是数据库的权限滥用所带来的安全问题，如违规越权操作、恶意入侵导致数据库里的敏感信息失窃，且事后无法有效追溯和审计。

④ DDoS 攻击带来的安全风险

DDoS 的本质是攻击者合法或非法地利用互联网上的大量其他机器（可能是“肉机”，也可能是合法的代理机器），对攻击目标发起多对一的攻击；并且随着攻防对抗的发展，当前基于应用层的 DDoS 攻击方式逐渐成为了 DDoS 的主流。DDoS 攻击的危害体现在网络银行上，就是造成网上银行系统的服务器资源或者带宽资源被攻击报文占用，从而无法响应正常的网上银行业务。

（2）交易风险问题

网上银行主要是服务于电子商务的需要，而电子商务在网络上的交易由于交易制度设计的缺陷、技术路线设计的缺陷、技术风险缺陷等因素，可能导致交易风险。这种风险是电子商务活动及其相关网上银行独有的风险，它不仅可能出现于交易各方、支付的各方，而且可能导致整个支付系统的系统性风险。

（3）终端客户问题

从技术上讲，银行的网络是安全的，交易信息的传输采用的是 128 位加密算法，以现今的技术要破解该加密信息，必须耗费数百万年的时间。用以验证用户身份的数字证书技术，到目前为止，全球范围内还没有破解的案例。因此，网上银行的风险点主要来自网上银行交易的用户端。主要有以下几类典型风险。

① 网络犯罪分子的攻心术

即以各种网络诈骗、中奖、网上银行升级、网络钓鱼等手段引诱用户将网上银行账户信息提供出来。如钓鱼网站就是典型的网络诈骗。犯罪分子一般通过电子邮件发送虚假信息诱骗点击，此类邮件中一个经过伪装的链接将收件人连接到钓鱼网站。“钓鱼网站”通常伪装成为银行网站，其页面与真实网站界面完全一致，不熟悉的客户很难分辨。它要求访问者输入账号和密码，从而达到窃取访问者账号和密码信息的目的。在所有的网上银行风险中，这种诈骗手段是最为普遍，也是最让银行、执法机关头疼的，很多用户往往在受到了巨大的经济损失后，由于网上银行交易领域相关立法以及运作机制的空白，只能自认倒霉。

② 网上黑客与计算机病毒

网上黑客即所谓非法入侵电脑系统者，网上黑客攻击对国家金融业的潜在风险极大。目前，黑客行动几乎涉及了所有的操作系统，包括 UNIX 与 Windows NT。因为许多网络系统都有着各种各样的风险漏洞，其中某些是操作系统本身的，有些是管理员配置错误引起的。黑客利用网上的任何漏洞和缺陷修改网页，非法进入主机，进入银行盗取和转移资金，窃取信息，发送假冒的电子邮件等。

计算机病毒通过木马、恶意插件、后门程序等恶意程序或黑客技术窃取用户账号和密码等信息。“灰鸽子”就是一种攻击计算机实体的典型木马病毒，一旦中招，灰鸽子就会植入用户的计算机，运行后就在本地和对方机器之间建立 P2P 连接，并修改 IE 的关联，这时用户端的一举一动全部被远程控制了。用户一旦登录网上银行进行网上交易时，输入的网上银行账户、密码、支付密码统统被窃取，接下来就是网上银行账户里的钱不翼而飞。

③ 数字证书攻击

央视曾报道过的上海蔡先生账户上的16万元在网上银行被盗，就是典型的网上银行数字证书被盗引发的网上银行盗窃案件。银行早期推出的数字证书是一种虚拟的数字证书，由用户下载并安装在 IE 浏览器中，这种软证书虽具备了 PKI 加密的特性，但不强制用户设置证书使用口令，其他人登录同一台电脑就能直接使用，软证书的私钥可以导出，从而给木马程序以可乘之机，很多新的病毒木马可以偷走证书文件，这样一来用户账户信息就得不到有效的保障。

【小案例 9-3】蔡先生账户上的 16 万元在网上银行被盗

2007 年 3 月 10 日中午，家住上海市的蔡先生正想上网查看自己的网上银行账户，却发现无法登录。蔡先生马上拨通银行的客服电话进行确认，客服却告诉他 16 万元已被转走。得知钱已被转走，蔡先生马上赶去银行了解情况，他表示自己在开通网上银行之前和银行签过协议，但协议的内容里面对于被盗如何认定责任很模糊，银行方表示钱无法追回。蔡先生想到，自己被盗的网银账户在使用时不仅需要账号和密码，还应该有银行的数字认证证书。当天，蔡先生向上海市公安局卢湾分局报了案，卢湾分局刑侦支队迅速成立“3.10 网上银行盗窃案”专案组，首先调查被盗资金的流向。经查询，发现蔡先生资金在 9 日和 10 日先后盗划了 11 次，这些资金全部被划到了昆明的一个叫郭某的建设银行账户内。之后，专案组对犯罪嫌疑人的真实身份和可能落脚点进行了大量的排查。3 月 28 日，专案组在云南警方的配合下，在出租房内抓获了犯罪嫌疑人白永春。在警方进行综合分析后基本上判断是该被害人的电脑内被植入了一些病毒程序，从而导致了他银行网络里的银行账号、密码包括一些数字认证证书被盗。

2. 网上银行的安全防范技术

了解了网上银行的风险，只要采取积极有效的防范措施，采用安全的操作策略，养成良好的使用习惯，网上银行的安全是能够得到保证的。从技术层面上来说，主要可以从以下几方面努力。

（1）建立网络风险防护体系

不断采用新的风险技术来确保网上银行的信息流通和操作风险，如防火墙、滤波和加密技术等，要加快发展更强的信息风险技术，包括更强的加密技术、网络使用记录检查评定技术、人体特征识别技术等。使正确的信息及时准确地在客户和银行之间传递，同时又防止非授权用户如黑客对网上银行所存储的信息的非法访问和干扰。为了确保网上银行业务的风险，通常设有三种防护设施。第一种是装在使用者上网用的浏览器上的加密处理技术，从而确保资料传输时的隐秘性，保障使用者在输入密码、账号及资料后不会被人劫取及滥用；第二种是被称为“防火墙”的风险过滤路由器，防止外来者的不当侵入；第三种防护措施是“可信赖作业系统”，它可充分保护网上银行的交易中枢服务器不会受到外人尤其是“黑客”的破坏与篡改。

目前，市场上已经形成了很多成熟的网银安全防御产品。针对来自互联网上的各种应用安全风险，可以通过主流的应用层安全产品实现对网银服务器区的安全加固，主要包括 IDS、数据库审计产品和专业抗 DDoS 设备。

结合网银应用的特点，通过部署应用安全设备 IDS、数据库审计设备和抗 DDoS 设备形成的立体防御体系，将对网银服务器的应用安全形成有效的保障。

（2）加速金融工程学科的研究、开发和利用

金融工程是在金融创新和金融高科技基础上产生的，是指运用各种有关理论和知识，设计和开发金融创新工具或技术，以期在一定风险度内获得最佳收益。目前，急需加强电子技术创新对新的网上银行模式、技术的影响，以及由此引起的法制、监管的调整。

（3）通过管理、培训手段来防止金融风险的发生

网上银行是技术发展的产物，许多风险管理的措施都离不开技术的应用。不过这些技术措施实际上也不是单纯的技术措施，技术措施仍然需要人来贯彻实施，因此通过管理、培训手段提高从业人员素质是防范金融风险的重要途径。《中华人民共和国电脑系统风险保护条例》、《中华人民共和国电脑信息网络国际联网管理暂行规定》对电脑信息系统的风险和电脑信息网络的管理使用做出了规定，严格要求网上银行等金融业从业人员依照国家法律规定操作和完善管理，提高风险防范意识和责任感，确保网上银行业务的风险防范和良好运行。

以上都是从宏观层面以及专业技术层面阐述了如何保障网络银行系统的安全。其实，正如上文所述，网络银行风险很大一部分来自客户端，也就是用户方面，针对这方面的问题，主要提出如下防范措施。

（1）实体证书作防御

尽快将“软”证书升级为“硬”证书。所有不带有身份认证令牌硬件设备的网上银行系统都是不安全的。只有脱离用户的电脑系统，使用独立的身份认证硬件设备，才能构造出安全的网上银行系统。归根结底，网上银行安全风险要借助硬装备，才能御黑客于千里之外。

目前各家银行推出的网上银行数字硬证书综合起来主要有 3 种类型：动态密码卡、动态口令牌和 USB Key，如工行的 U 盾、农行的 K 宝、建行的网上银行盾等都属于 USB Key。网上银行硬证书的核心是将进入网上银行大门的钥匙牢牢攥在自己手上，而不是放在电脑 IE 浏览器上。相对于软证书而言，硬证书无疑是网上银行安全的保护神。

（2）账户保护多留心

有的用户为了简单省事，将所有的金融交易集中在一张银行卡上，用这张卡注册网上银行，用于购物、缴费和投资理财，这种将所有的资金风险集中到一个账户上是非常危险的。为了规避网上银行风险，可将自己的账户做一个功能划分。如开两个银行账户，一个账户（比如工资卡）不注册网上银行，作为储蓄账户；另一个账户（如普通的借记卡）注册网上银行，作为消费账户，所有需要通过上网交易的活动都走消费账户。储蓄账户作为资金的蓄水池，根据需要随时向消费账户注资，消费账户上只存少量的现金，即使注册了网上银行的消费账户遭受风险，其损失也很有限。

（3）巧用电话银行转账

这只需在银行柜台将需要转账的两张银行卡注册为电话银行签约用户，并设置转出账户和转入账户的卡号、密码，以及转账限额。在进行网上银行交易时，一旦资金不足，就可通过电话银行，足不出户也能实现储蓄账户向消费账户转账。另外，用户在申请电话银行转账功能时，

还能申请绑定电话号码，将自己的手机号或家里的电话与电话银行的特服号绑定，非本人设定的号码拨打电话银行实施转账时都将被拒绝，这样安全性和便利性都得到保证。

（4）密码设置要取巧

用户注册网上银行后，会涉及许多密码，如电子银行、网上银行登录、银行账户、支付宝、证书及电子邮件等，有的用户为了省事，将所有的密码设置成同一串数字，这是相当危险的。保护密码就是对网上银行安全的保护，建议采用如下几个原则设置密码，实现对重要密码的保护。

① 网上银行的登录密码一定要与常用网站如淘宝网、视频网站、游戏网站的密码区别开来。网上银行的登录密码一般有长度限制（多为6~8位数字），必须按照银行的要求设置网上银行登录密码，而普通网站的登录密码没有限制，可以设置得长一些，复杂些，数字和字符混用。

② 网上银行的登录密码与银行账户的支付密码区别开，不要使用相同的密码。

③ 电子邮箱的登录密码经常被用到，也不要作为网上银行的登录密码。

④ 不要用生日、电话、车牌等号码设置密码，很容易被破解。

⑤ 注册在网上银行上的不同账户要设置不同支付密码。

⑥ 对于不能将密码熟记在心的客户来说，建立密码文档是一种解决办法，以避免因密码遗忘或混淆发生账户锁定、无法正常登录的事件。将密码文档保存在家里安全的地方，保护好这个文档就保护了所有密码的安全。

（5）登录正确的网站

在登录网银或是通过购物网站使用网银支付时，网址的前缀应为“https”，而且浏览器上会显示一个“挂锁”图形的安全证书标识。如果使用的网银不符合这两项条件，就不该输入自己的银行账户和密码。

（6）网银升级要当心

如果遇到相关的“网银升级”或“银行系统升级”的短信，要及时拨打银行的客服电话进行咨询，不要轻易相信，同时要特别留意发送短信的端口，如果不是银行的专用端口而是个人的手机号码，诈骗的可能性就非常大。

（7）网银使用好习惯

要对网上银行转账功能进行一定的限制，如每天的最大转账额度以及转账次数等，这样即使一旦网上账户被盗，由于有转账额度限制，也可以防止重大财产损失。

设置网银登录欢迎信息，以便确认登录的是正式的官方网站，并养成定期查看网上银行余额的习惯，最好于月末或季末打印网上银行业务对账单。

开通一些短信提醒功能，如对网银登录、登录密码连续输错、转账汇款等及时进行短信提醒。

避免在公共场所（如网吧、机场等）使用网上银行，因为无法知道这些计算机上是否有恶意程序。

（8）补丁杀毒不可少

及时升级电脑系统补丁和杀毒软件，使用防火墙等网络保护工具，采用正版可靠的杀毒工具并及时升级，定期对计算机进行杀毒处理，保证网银操作环境的安全性。

9.5.6 移动支付安全

1. 移动支付安全风险

作为一种发展势头迅猛的新型支付形式，移动支付在带给广大用户快捷、方便体验的同时，也存在着很多不容忽视的问题，其中可能隐藏的安全问题如下。

（1）普通手机通常没有加密技术，在支付过程中往往会造成信息泄露，这已成为移动支付发展的一大难题。用户在使用手机进行支付时，未进行加密等安全措施保护，而黑客们通过钓鱼网站或木马程序就可以窃取用户信息，将移动支付功能进行非法复制，从而造成用户的损失。

（2）对参与交易各方的身份识别，手机支付须解决的一大问题就是商家和消费者合法身份的确认。由于移动支付将银行、商家紧密联系，涉及现金转账的往来，如何解决合法身份认证就显得尤为重要。

（3）用户信用体系有待进一步建设和完善，通常一些小额支付业务可以通过扣除手机话费的方式进行付费交易，于是就可能产生手机话费透支、恶意拖欠等现象。同时，由于我国手机号管理不够完善，许多手机号购买时尚未采取实名制管理，由此可能造成恶意透支现象发生。

（4）手机丢失会给移动支付用户带来损失。由于手机的便捷携带，也使得手机在日常生活中会出现频繁丢失的情况，而移动支付通常是手机卡与银行卡、信用卡相关联，由此可能造成用户在丢失手机后自己的移动支付账户被他人冒用的风险。

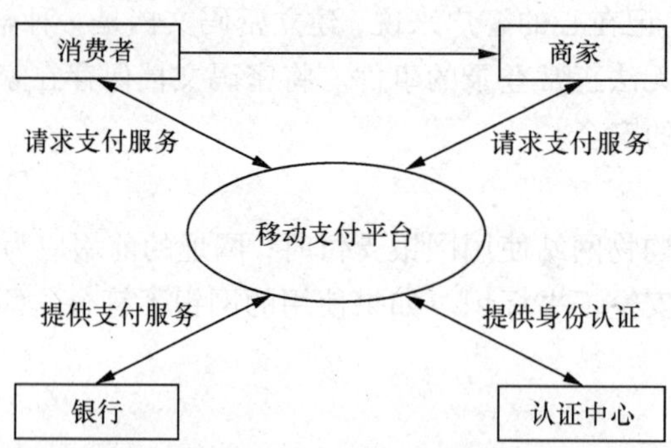

图 9-13　移动支付参与方

如图 9-13 所示，移动支付是由银行、商家、移动支付服务提供商、认证中心、用户等多元素组成，该系统还与移动网络运营商、移动网络内容服务商、信用卡服务公司等其他机构产生业务往来，这样一个庞大而复杂的移动支付产业链，其安全问题不仅仅涉及其技术本身的安全防范，还会影响到和其他系统之间的信息传递。

2．移动支付安全防范

通过对移动支付安全问题的认识，我们可以通过无线公钥基础设施（WPKI）、WAP 安全、身份认证等方式来确保移动支付的安全性。

（1）无线公钥基础设施（WPKI）

WPKI（wireless PKI）是有线 PKI 的一种扩展，它将互联网电子商务中 PKI 的安全机制引入到移动支付交易过程中。WPKI 以 WAP 的安全机制为基础，通过管理实体间关系、密钥和证书等来增强移动支付系统的安全性。WPKI 可与 WTLS、TCP/IP 相结合，实现身份认证、私钥签名等功能。无线 WPKI 的架构包括无线终端、注册中心（RA）、证书认证中心（CA）、目录服务器和无线网关等。注册中心负责接受用户对证书颁发、撤销等请求；认证中心负责证书的颁发和管理，证书内容包括使用者的姓名和公开密钥、证书有效期等信息，以及 CA 对这些信息的数字签名；目录服务器用来存放证书、CRL 等供用户查询、下载；无线网关完成无线和有线环境协议的相互转化。在安全协议 WTLS 中，服务器和客户（如果服务器要求的话）分别利用其公钥证书向对方证明自己的身份。

在移动支付的安全架构中，WPKI 是安全协议能有效实行的基础设施。在基于 WPKI 的解决方案中，移动用户会将私钥和 ROOT CA 证书存在 WIM 卡上；将自己的证书通过发证机构存放在在线证书目录服务器上；用户浏览服务提供商提供的业务信息，然后用自己的私钥对交易数据进行数字签名；应用服务器收到该签名信息后，会用用户的公钥对数字签名进行验证。

（2）WAP 安全

在移动支付中我们最为关心的是数据在传输过程中的保密性、完整性、信息发送的不可否认性，以及参与交易各方身份的真实性。由于我们目前所用到的无线终端设备如手机、PDA 等，一般都是通过 WAP 协议接入无线网络的，所以其安全性也是由 WAP 的安全性来保障的。WAP 协议与 TCP/IP 协议的体系结构类似，都是多层的工作模式，每一层都是为其上层提供服务，并为上层屏蔽下层所带来的差异。WAP 安全协议层如图 9-14 所示。

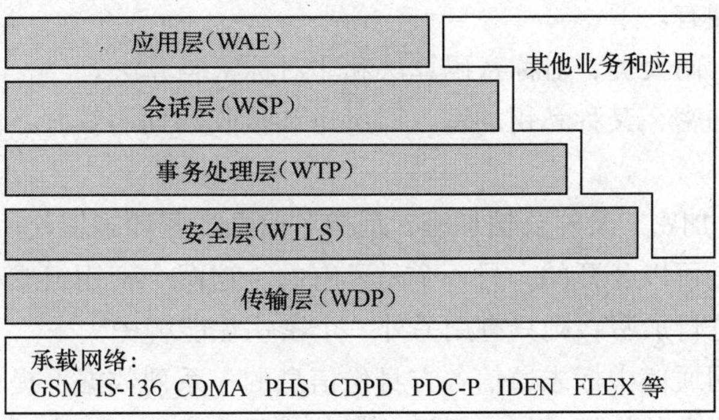

图 9-14 WAP 安全协议层

（3）身份认证方式

在移动支付中，最关键的问题是使用者的身份认证，主要通过以下五种方式来进行。

① 移动电话号码采用实名制管理；

② 移动支付嵌入固定的密码；

③ 移动支付过程中共用一副密钥，并开展对称式加密进行数据交换；

④ 移动支付过程中可以考虑使用动态密码管理方式；

⑤ 移动支付过程中可以采用移动 PKI 做身份认证。

在实际操作过程中将根据不同的因素和安全需求决定不同的身份认证方式。小额移动支付认证可以采用移动电话号码和固定密码认证，大额移动支付认证采用固定的密码和动态密码来提高安全性。并且，以 WIM 为基础的移动 PKI 认证方式可以同时满足以上两项要求，进而可以完成更多的移动支付功能。

随着移动支付安全技术的不断发展，越来越多的用户逐渐将目光投向这一崭新领域，移动支付的安全性、便捷性一定会把电子商务的发展推向一个新的高潮，未来的移动支付也将成为新兴电子商务产业的中流砥柱。

【要点回顾】

电子商务安全的要求主要体现为：交易的认证性、交易的保密性、交易的完整性、交易的不可否认性，以及一些其他附加要求。只有真正满足这些方面的电子商务才可以称得上安全的电子商务。

所谓安全策略就是实施计算机信息系统的安全措施及安全管理的指导思想，是在计算机信息系统内，用于所有与安全活动相关的一套规则。电子商务安全策略包括授权策略、访问控制策略和责任策略。

电子商务安全五协议，即 5S，包括安全套接层协议（SSL）、安全电子交易协议（SET）、安全超文本传输协议（S-HTTP）、安全交易技术协议（STT）和安全电子邮件管理协议（S-MIME）。

目前已经有很多成熟的技术可以用来保障电子商务的安全，比如密码技术、数字证书、数字签名，以及防篡改等。

加解密的具体运作由两部分决定：一个是算法，另一个是密钥。算法是解决一个数学问题所需要的一组步骤，密码算法是数学算法，设计密码算法是为了能够用不同的数据集合作为参数来调用它们，从而在这些数据集合上进行相应的运算。密钥是一个用于加解密算法的秘密参数，通常只有通信者拥有。

密码算法主要分为两大类，对称密码算法和非对称密码算法。

对称密码（钥）加密，又称私钥加密，即发送和接收数据的双方必使用相同的密钥对明文进行加密和解密运算。

非对称密码（钥）加密，又称公钥加密，是指对信息加密和解密时所使用的密钥是不同的，即有两个密钥，一个是可以公开的，另一个是私有的，这两个密钥组成一对密钥对。如果使用其中一个密钥对数据进行加密，则只有用另外一个密钥才能解密。

数字证书是互联网通信中标志通信各方身份信息的一系列数据，提供了一种在 Internet 上验证参与者身份的方式，其作用类似于司机的驾驶执照或日常生活中的身份证。最简单的证书包含一个公开密钥、名称及证书授权中心的数字签名。

数字签名（又称公钥数字签名、电子签章）是一种类似写在纸上的普通的物理签名，但是使用了公钥加密领域的技术，用于鉴别数字信息的方法。

目前市面上防篡改使用的技术有定时循环扫描技术、事件触发技术、核心内嵌技术和文件过滤驱动技术等。

入侵检测技术是一种积极主动的安全防御技术，提供了对外部、内部攻击以及人员误操作的实时防护。入侵检测被认为是防火墙之后的第二道安全闸门，在不影响网络性能的情况下能对网络进行监测，从而提供对内部攻击、外部攻击和误操作的实时保护。

数据库安全技术主要有数据库加密、用户认证技术、访问控制、备份与恢复、建立安全的审计机制等。

【本章习题】

1．名词解释

交易认证性　交易完整性　授权　访问控制　SET　SSL　对称加密　非对称加密　数字证书　数字签名　篡改　数字货币　电子支票　第三方支付　网上银行　移动支付

2．简答题

（1）简述电子商务安全基本要求及其内容。

（2）简述访问控制策略的运作原理。

（3）简述电子商务安全体系的构成内容。

（4）SET 协议的主要功能是什么？

（5）简述 SSL 协议的主要组成。

（6）简述对称加密和非对称加密的特点。

（7）简述数字证书的功能。

（8）简述数字签名的具体流程。

（9）简述电子商务支付交易的安全要求。

（10）简述第三方支付安全风险及其防范措施。

（11）简述网上银行安全风险及其防范措施。

3. 综合应用题

详细论述电子商务安全体系架构的构成内容及其相互关系。

【课后拓展】

课后实验 1：使用数字证书发送安全电子邮件

实验目的

（1）掌握免费个人数字证书申请、安装、导入和导出；

（2）掌握 Foxmail 的配置；

（3）掌握使用数字证书签发安全电子邮件的流程。

实验内容

（1）免费数字证书的申请安装；

（2）数字证书的导出和导入；

（3）利用数字证书对电子邮件进行数字签名和加密。

课后实验 2：在 Web 服务器中部署 SSL 服务

实验环境准备

（1）证书服务器：Win2003Server，（地址为 http：/172.31.40.89:8081/certsrv）。

（2）Web 服务器：WinXP pro + IIS。

（3）浏览器：IE6 以上。

实验内容

（1）离线申请服务器证书；

（2）在 IIS 中安装 SSL 证书，部署 HTTPS 服务；

（3）使用浏览器验证 Web 服务器提供的 HTTPS 服务。

第 10 章 电子商务物流管理

【内容提要】

电子商务的顺利开展离不开高效的物流体系的支撑。要实现有形商品的网上交易，必须要采用实体物流。本章在了解电子商务物流活动基本构成要素的基础上，让读者对电子商务物流有一个总体性的认识。

本章学习目标：

- 理解电子商务与现代物流的相互关系
- 掌握电子商务物流的基本概念及活动构成要素
- 熟悉常用的电子商务物流技术
- 熟悉电子商务物流配送中心的类型
- 了解第三方物流、第四方物流的定义、特点

【引导案例】沃尔玛的高效物流配送系统

沃尔玛公司是全世界零售业年销售收入位居第一的巨头企业，以精确掌握市场、快速传递商品和优质地满足客户需求著称，是著名的“全球500强”零售业排行冠军。

沃尔玛之所以能够迅速发展成为世界零售业巨头，其中一个重要的原因是重视配送系统的建设和完善。自1962年第一间商场开业以来，沃尔玛在美国已有1 800家商场，在英国、墨西哥、德国和中国等国家共有员工110万名，其中在美国约有88.5万名员工。1969年沃尔玛在美国建立第一个配送中心，现在该中心为4个州32家商场配送商品。2000年沃尔玛在配送系统的投资达1 600亿美元，在美国利用自己的配送系统为企业全部连锁商场配送商品。沃尔玛的企业理念是“以最低的成本，提供最高质量的服务”。配送系统必须为商店和顾客提供最迅速的服务，整个供应链“无缝”链接，顺畅运转，顾客在商场无论买走什么商品都会得到及时补充。

商品供应系统的协调运行，要求建立在各个环节主体间高质量的信息传递与共享的基础上。沃尔玛投资4亿美元由休斯公司发射了一颗商用卫星，实现了全球4 000多家门店，通过全球网络在1小时之内对每种商品的库存、上架、销售量全部盘点一遍，并通知货车司机最新的路况信息，调整车辆送货的最佳线路。20世纪80年代末，沃尔玛开始利用电子数据交换系统（EDI）与供应商建立了自动订货系统，通过网络系统，向供应商提供商业文件，发出采购指令，获取收据和装运清单等，同时也让供应商及时、准确地把握产品的销售情况。沃尔玛还利用更先进的快速反应系统（QR）代替采购指令，真正实现了自动订货。该系统利用条码扫描和卫星通信，与供应商每日交换商品销售、运输和订货信息。凭借先进的电子信息手段，沃尔玛做到了商店的销售与配送保持同步，配送中心与供应商

运转一致，提高了工作效率，降低了成本。

沃尔玛的供货商可以直接进入配送信息系统，任何一个供货商都可以了解昨天、今天、上周、上个月和去年的销售情况，根据这些信息决定生产，预测未来，及时供应，降低产品的生产成本，这大大提高了沃尔玛的价格谈判能力。

非常重要的一点是，沃尔玛配送中心在上游供货及下游商场的这个供应链中，确保进货商品与订货单、发货单完全一致，整车的商品卸到商店不需要检验，因为他们确信没有失误，这样就节省了验货的时间和劳动力，降低了成本。

沃尔玛的配送中心非常庞大，每个月的产值约2亿美元，供货商直接送货到配送中心。当然供货商非常清楚为一家配送中心送货与为数十家商场配送同样的货物相比成本要低得多。供货商和配送中心之间建立伙伴关系，供货商拿出节省的部分利润让利于消费者，大家最终获得最佳利益。

沃尔玛的配送中心全部是自动化平面仓库形式，商品从一个门进，从另外一个门出，商品的流动不受任何阻碍。沃尔玛的配送中心每周处理商品120万箱，根据不同商场所需的不同商品，对商品进行分类、分拣、然后放入不同的货箱中，分拣员根据信号灯所提供的信息取货，所有商品都按顾客的订单配货放入不同的货箱中，在发货区装上配送车。

其实在整个沃尔玛配送系统中，送货运输费用最高。为了节省送货费用，降低运输成本，沃尔玛的配送车辆全部是加长的大型货柜型车辆，在长度和高度上超过了集装箱卡车。车辆是沃尔玛自有的，并拥有 3 700 多名驾驶员，以及 5 000 名外聘驾驶员。每辆车每周行驶 7 000～8 000km。沃尔玛采用全球卫星定位系统，在调度室任何时候都能够知道某一车辆的地点。知道车辆在哪里、产品在哪里、何时到达商场，这样就可以提高整个系统的效率。沃尔玛的配送车辆一般都是在高速公路上行驶，保证安全是最重要的。他们认为：不出事就是节约费用、降低成本。

沃尔玛在送货方面的另一个运营策略就是把车装满。配送中心在供货商和商场之间车辆什么时间到达都是事先约好的，按照运行时间表进行供货运输或配送运输，沃尔玛对运输的时间进行了很好的管理，可以节省时间，提高效率。另外，供货商的供货运输可以采用沃尔玛的运输系统，因为沃尔玛的运输系统效率高、成本低，对商场需求批量大的货物可以由供货商直接运抵商场。

早在20世纪80年代，沃尔玛就采取了一项政策，从交易中排除制造商的销售代理，直接向制造商订货，同时将采购价降低2%～6%，大约相当于销售代理的佣金。统一订购的商品送到配送中心后，根据每个分店的需求对商品就地筛选，重新打包。这种类似网络零售商“零库存”的做法使沃尔玛每年都可节省数以百万计的仓储费用。

据统计，在美国，沃尔玛利用配送系统把货品送到商店的物流成本占销售额的2.5%，而其竞争对手做同样的事情一般要付出 5%的成本。也就是说，当沃尔玛与对手经营同一种商品的时候，他们比竞争对手的成本要低2.5%。同时，沃尔玛利用卫星信息处理系统，把制造商、物流商融入自己的营运网络。别人要30天配送补货，沃尔玛只要5～7天，从而能够对市场的变化做出快速反应。

总而言之，沃尔玛的配送系统是高效的、合理的，成本低且服务水平高。沃尔玛配送中心的高效运营，使它在零售业中更加成功。

（资料来源：互联网搜集整理）

案例点评：物流配送专家詹姆斯·阿尔里德在其专著《无声的革命》中写道“主要通过提高物流配送打竞争战的时代已经悄悄来临”。看清这点的企业和管理人员才是未来竞争激流中的弄潮者，否则，一个企业将可能在新的物流配送环境下苦苦挣扎，甚至被淘汰出局。沃尔玛之所以能够迅速发展成为世界零售业巨头，其中一个重要的原因是，重视配送系统的建设和完善。配送系统必须为商店和顾客提供最迅速的服务，整个供应链“无缝”链接，顺畅运转，顾客在商场无论买走什么商品，都会得到及时补充。本章将带领读者去认识电子商务物流。

10.1 电子商务与现代物流

10.1.1 现代物流的概念与内涵

1984 年，美国物流管理协会正式将物流这个概念从 physical distribution 改为 logistics，并将现代物流定义为“为了符合顾客的需求，将原材料、半成品、完成品及相关的信息从发生地向消费地移动的过程，以及为使保管能有效、低成本而从事计划、实施和控制的行为”。

这个定义的特征是强调了顾客满意度、物流活动的效率性，以及将物流从原来的销售物流扩展到采购物流、企业内物流和销售物流。此后，物流的概念又得到进一步的发展，1991 年 11 月荷兰乌德勒支市举办了第九届物流国际会议，在这次会议上，人们对物流的内涵进行了更多的拓展，不仅接受了欧美的现代物流概念（logistics），认为物流应包括生产前和生产过程中的物质、信息流通过程，而且还向生产之后的市场营销活动、售后服务、市场组织等领域发展。显然，物流概念的扩展使物流不仅包括了与销售预测、生产计划的决策、库存管理、顾客订货的处理等相关的生产物流，还延伸到了与顾客满意相关的各种营销物流活动。

那么如何理解现代物流概念的内涵呢？

（1）现代物流是指有关“物”的流通的经济活动。现代物流是将货物由供应者向需求者的物理性移动，包括运输、仓储、装卸搬运、包装、流通加工、配送等活动，是从供应开始经各种中间环节的转让而到达最终消费者手中的实物运动，并以此实现社会商品的流通。

（2）现代物流是关于“物”的信息活动过程。伴随物资的流通将产生大量的信息，具体地说，物流是与上述运输、仓储、装卸搬运、包装、流通加工、配送等物资流通活动相关的信息活动。如果物流要将适当数量的产品在适当的地方用适当的价格供给消费者，就需要借助物流信息进行各种过程的统一和综合。可见，物流是一个借助通信方式控制仓库场所、运输方式、保管方法、加工配送等方面的系统。

（3）现代物流是创造时间价值和场所价值的经济活动。物流过程克服了时间和空间的距离，连接供给主体和需求主体，从供应、生产、搬运、仓储到销售，在各个不同环节上创造价值，使这一过程中有形无形的资本获得增值，可见，它是物资在物理性移动中创造经济价值的活动。例如，将产品运输到消费者需要的场所，或在产品流通过程中加以分类的包装，可以方便消费者购买，使产品真正变成商品。

（4）现代物流是利用现代信息技术将多种活动有机整合的集成性活动。物流过程也是实现组织目标的过程，要对这一过程进行计划、控制和组织，既要满足顾客需要，又要实现自身盈利。在实现物的流动中包括运输、仓储、装卸搬运、流通加工、包装、配送等实物处理的过程，这些处理过程形成了环环相扣的整体的链条。另外，在物的流动中，要靠信息活动来统一和协调，借助于信息技术手段来实现物的流动的科学化和数字化，降低物流活动的成本。可以说物流是产品流、商流、信息流的相互融合和统一。

（5）现代物流的目的是使顾客满意和挖掘“第三利润源”。现代物流的目标是以最经济的方式和手段为顾客提供良好的服务，在使顾客满意的同时创造“第三利润源”。因此，物流企业要认识顾客需求为其服务，通过准时、节约、规模优化、库存调节等手段来挖掘和创造“第三利润源”，并在相关利益主体间进行合理分配，以达到双赢或多赢的目的。

10.1.2　电子商务与现代物流的关系

电子商务与物流的关系极为密切，主要体现在以下几点。

1. 电子商务是现代化物流和信息技术发展的产物

电子商务概念首先是在美国提出的。而美国的物流管理技术自1915年发展至今已有90多年的历史，通过利用各种机械化、自动化工具及计算机和网络通信设备，早已日臻完善。同时，美国作为一个发达国家，其技术创新的本源是需求，即所谓的需求拉动技术创新。作为电子商务前身的电子数据交换技术（EDI）的产生是为了简化烦琐、耗时的订单等的处理过程，以加快物流的速度，提高物资的利用率。电子商务的提出最终是为了解决信息流、商流和资金流处理上的繁琐，对现代化的物流过程的延缓，进一步提高现代化的物流速度。

2. 电子商务离不开物流

电子商务是20世纪信息化、网络化的产物，由于其自身的特点已广泛引起了人们的注意，但是人们对电子商务所涵盖的范围却没有统一、规范的认识。和传统商务过程一样，电子商务中的任何一笔交易，都包含着几种基本的“流”，即信息流、商流、资金流和物流。

过去，人们对电子商务过程的认识往往只局限于信息流、商流和资金流的电子化、网络化，而忽视了物流的电子化过程，物流仍然可以由传统的经销渠道完成。但随着电子商务的进一步推广与应用，物流的重要性对电子商务活动的影响日益明显。试想，在电子商务下，消费者网上浏览后，通过轻松点击完成了网上购物，但所购货物却迟迟不能送到手中，甚至出现了买电视机送茶叶的情况，其结果可想而知。消费者势必会放弃电子商务，选择更为安全可靠的传统购物方式。

3. 物流是实施电子商务的根本保证

《互联网周刊》撰文列举了人们为什么不选择电子商务的五大理由，从根本上讲，是物流与信息流、商流、资金流严重脱节。目前，电子商务只是通过网络订货，而送货则要依靠物流体系。消费者通过网上浏览，轻松点击就完成了一本自己喜欢的书的购买过程，但所购的图书却迟迟不能送到手中。最后终于等到了送来的书，封面破损，还必须支付20元的送货费，其结果可想而知。消费者在经历了这样的电子商务后，一定会对电子商务十分失望。

电子商务通过快捷、高效的信息处理手段可以比较容易地解决信息流（信息交换）、商流（所有权转移）和资金流（支付）的问题，而将商品及时地配送到用户手中，即完成商品的空间转移（物流）才标志着电子商务过程的结束，因此物流系统的效率高低是电子商务成功与否的关键。在我国，物流设施比较落后，配送体系尚不完善，要发展电子商务首先应改造物流设施，建立与电子商务衔接的配送体系。否则，物流将会成为电子商务发展的最大瓶颈。

4. 电子商务将促进物流技术的大发展

所谓物流技术，是指完成物流任务所必须采用的最有效的方式方法。传统的概念主要是指物资运输技术或者物资流通技术,也就是说物流技术是各种流通物资从生产者转移给消费者时，实现各种流通形态的停顿与流动功能所需要的材料、机械、运输工具、设施等硬件环境和计划、运用、评价等软件技术。

电子商务是一种新型的基于因特网技术在因特网上所进行的企业与企业、企业与用户间的商业活动的形式。电子商务实现了在全世界范围内用因特网技术以电子方式进行物品与服务的交换。随着计算机技术的不断普及，网络技术的不断完善，电子商务势必取得长足的发展和应用，物流也将实现真正意义上的“货能畅其流”。

【小案例 10-1】中国远洋运输（集团）总公司电子商务发展战略

中国远洋运输（集团）总公司（简称中远）虽是一家跨国企业集团，但在电子商务发展上还落后于世界优秀航运企业。为适应形势发展的需要，中远将发展电子商务的战略目标定位在从全球客户的需求变化出发，构建以全球一体化营销体系为业务平台，以物流、信息流和业务流程重组为管理平台，以客户满意为文化理念平台，基于因特网技术智能的、服务方式柔性的、运输方式综合多样并与环境协调发展的网上运输和综合物流系统。

从中可以看出，物流、信息流和业务流程的重组是其电子商务发展战略的一个重要组成部分。物流解决客户供应链的传递以实现商品最终对消费者的使用价值，信息流解决供应链的主体信息传递，而企业内部业务流程则是企业实现物流与信息流互相匹配并紧密融合的载体。中远电子商务的管理平台就是实现三流统一，以创造更科学、更合理、更节约的生产与消费的衔接。

由此来看，电子商务是为航运企业获取物流管理增值效益的手段之一。作为管理平台的中远电子商务，以因特网为主进行构筑供应链的管理体系。从构成上讲，不是单纯的硬、软件技术，而是从市场上搜集各种物流提供者所提供的信息，包括服务内容、方式、费用、时间等；以客户需求为目标，包括服务水平、质量、成本等信息，进行集中、加工整理、分析和融会贯通，从而在供求双方之间实现互动性交易。从这里可看出，信息流比物流更重要。作为全球承运人，由于航运是全球物流的主干环节，与客户和其他环节的物流提供商存在着天然的、密切的联系，使得发展电子物流具备先天优势。关键是要以全球性的因特网为基础，整合客户供应链各个环节的物流提供者，构造面向客户的虚拟综合物流网络。

物流、信息流和业务流程重组是中远集团电子商务发展战略的一个重要组成部分，电子商务将促进物流技术的大发展，电子商务同样也是中远集团获取物流管理增值效益的手段之一。

10.1.3 电子商务物流活动的构成要素

现代物流的发展趋势，在很大程度上是受电子商务发展的影响。电子商务物流是在传统物流的基础上，引入高科技手段，如通过计算机进行信息联网，并对物流信息进行科学管理，从而使物流速度加快，准确率提高，减少库存，降低成本，延伸并扩大了传统的物流功能，使物流配送满足电子商务方便、快捷的需要。

在电子商务物流活动由物资运输、储存、装卸搬运、包装、流通加工等构成。这些基本要素有效地组合、联结在一起，相互平衡，形成密切相关的一个系统。

1．运输

电子商务的运输环节主要是载运和输送物品，改变物的空间位置。运输是物流系统的一项重要功能，包括生产领域的运输和流通领域的运输。生产领域的运输是在生产企业内部进行的，称为厂内运输，是生产过程的一个组成部分，直接服务于产品生产，包括原材料、半成品和成品的运输，这种厂内运输也称为物料搬运。流通领域的运输活动是生产过程在流通领域的继续，运输的是物质产品或商品，是为社会服务的。

基于电子商务的运输管理与传统运输管理的不同之处，主要体现在通信方式和信息的获取上。传统的运输管理主要指在通信不发达条件下的运输管理，其信息沟通主要依靠电话进行；基于电子商务的运输管理主要指现代的运输管理，其信息沟通主要依靠互联网和无线通信网络，可以最大限度地实现运输信息的快速整合，从而有效降低空驶率，实现运输过程的有效监控和调度并极大地提升服务水平。

2．储存

在物流中，运输承担了改变物品空间状态的责任，储存则改变了物品时间状态。储存包含储备与库存。储备是一种有目的的储存物品的行动，库存是指仓库中处于暂时停滞状态的物品，它是存储的静态形式。库存主要分为基本库存和安全库存。

基本库存是补给过程中产生的库存。在订货之前，库存处于最高水平，日常的需求不断地“抽取”存货，直至该储存水平降至为零。实际中，在存储没有降到零之前，就要开始启动订货程序，在发生缺货之前完成商品的储备。补给订货的量就是订货量，在订货过程中必须保持的库存量就是基本库存。为了防止不确定因素，如运输延误；商品到货，但品种、规格、质量不符合要求；销售势头好，库存周转加快；紧急需要等对连锁物流的影响，都需要企业必须另外储备一部分库存，这就是安全库存。确定合理库存是企业物流管理的重要内容之一。

3．装卸搬运

装卸是指货物在指定地点以人力或机械装入或卸下。而搬运是指在同一场所内，对货物进行水平移动为主的物流作业。所谓装卸搬运就是指在同一地域范围内、进行货物的存放状态和空间位置变更的物流活动。装卸和搬运既有区别又有联系，装卸主要指货物在空间产生的以垂直方向为主的位移：而搬运则是指货物在小范围内发生的短距离的水平位移。在实际操作中，多数情况下是两者的融合，有时以装卸为主，有时以搬运为主，有时两者同时进行或交替进行，因而统称为装卸搬运。

装卸搬运与运输、储存不同，运输是解决物料空间位移的，储存是解决时间距离的，而装卸搬运侧重于改变物料的存放状态和空间位移，但没有改变物料的时间或空间价值。

4．包装

包装是在物流过程中保护产品，方便储运，促进销售，按一定技术方法采用适当的容器、材料及辅助物等将物品包封，给予适当的封装标志的工作总称。简而言之，包装是包装物及包装操作的总称。

在社会再生产过程中，包装处于生产过程的末尾和物流过程的开头，既是生产的终点，又是物流的始点。在现代物流观念形成以前，包装自然地被看成生产的终点。因而一直是生产领域的活动，包装的设计往往主要从生产终结的要求出发，因而常常不能满足流通的要求。物流的研究认为，包装与物流的关系，比与生产的关系要密切得多，其作为物流始点的意义比作为生产终点的意义要大得多。因此，包装应进入物流系统之中，这是现代物流的一个新观念。

5. 流通加工

所谓流通加工，指的是在流通环节进行的商品简单加工、组装、再包装、按订单要求做的调整等作业。

流通加工是在物品从生产领域向消费领域流动的过程中，为了促进销售、维护产品质量和提高物流效率，对物品进行加工，使物品发生物理、化学或形状的变化。比如，遵照顾客的订单要求，将鲜肉、鲜鱼分割或把量大的包装分解成销售需要的小包装，家具的喷涂、调整，家用电器的组装、衣料、布品在陈列前挂品名标牌、上架，礼品的拼装等。还有在日常生活中我们不熟悉的领域，比如按五金店的要求切割不锈钢材和玻璃，截断过长的钢筋等作业，流通加工在生产资料方面也起着重要作用。这些活动是按顾客的需求尽量做到最合适而进行的，其结果是增大了商品的附加值、满足了顾客的需求。在这个意义上，对企业来说，流通加工与市场活动有密切关系。

10.1.4 电子商务物流的特点

与传统物流相比，电子商务物流呈现出以下新的特点。

1. 信息化

物流信息化是电子商务的必然要求。物流信息化表现为物流信息的商品化、物流信息搜集的数据库化和代码化、物流信息处理的电子化和计算机化、物流信息传递的标准化和实时化、物流信息存储的数字化等。因此，物联网技术（Internet of Things）、射频识读技术（radio frequency identification，RFID）、条码技术（bar code）、数据库技术（database）、电子订货系统（electronic ordering system，EOS）、电子数据交换（electronic data interchange，EDI）、快速反应（quick response，QR）及有效的客户反映（effective customer response，ECR）、企业资源计划（enterprise resource planning，ERP）等技术与观念在我国的物流中将会得到普遍的应用。

2. 自动化

自动化的基础是信息化，自动化的核心是机电一体化，自动化的外在表现是无人化，自动化的效果是省力化。另外，自动化还可以扩大物流作业能力，提高劳动生产率，减少物流作业的差错等。物流自动化的设施非常多，如条码/语音/射频自动识别系统、自动分拣系统、自动存取系统、自动导向车、货物自动跟踪系统等。这些设施在发达国家已普遍用于物流作业流程，而我国由于物流业起步晚，发展水平低，自动化技术的普及还需要相当长的时间。

3. 网络化

物流领域网络化的基础也是信息化，网络化具有两层含义：一是物流配送系统的网络化，物流配送中心系统通过网络与供应商、制造商、下游顾客等进行联系，如物流配送中心向供应商提出订单这个过程，就可以使用计算机通信方式，借助于增值网（value added network，VAN）上的电子订货系统（EOS）和电子数据交换技术（EDI）来自动实现，物流配送中心通过计算机网络搜集下游客户的订货过程也可以自动完成；二是组织网络化，即建立所谓的企业内部网（Intranet）。例如，我国台湾地区的计算机产业在20世纪90年代创造了“全球运筹式产销模式”。这种模式的基本点是按照客户订单组织生产，生产采取分散形式，即将全世界的计算机资源全部利用起来，采取外包的形式将一台计算机的所有零部件、元器件、芯片外包给世界各地的制造商生产，然后通过全球的物流网络将这些零部件、元器件和芯片发往同一个物流配送中心进行组装，由该物流配送中心将组装的计算机迅速发给订户。这一过程需要高效物流网络的支持，当然物流网络的基础是信息和计算机网络。

物流网络化是物流信息化的必然，是电子商务时代物流活动的主要特征之一。当今世界因特网等全球网络资源的可用性及网络技术的普及为物流网络化提供了良好的外部环境，物流网络化不可阻挡。

4. 智能化

智能化是物流自动化、信息化的一种高层次应用。物流作业过程大量的运筹和决策，如库存水平的确定、运输（搬运）路径的选择、自动导向车的运行轨迹和作业控制、自动分拣机的运行、物流配送中心经营管理的决策支持等问题，都需要借助于大量的知识才能解决。在物流自动化的进程中，物流智能化是不可回避的技术难题。好在专家系统、机器人等相关技术在国际上已经有比较成熟的研究成果。为了提高物流现代化水平，物流的智能化已成为电子商务时代物流发展的一个新趋势。

5. 柔性化

柔性化本来是为实现“以顾客为中心”理念而在生产领域提出的，但要真正做到柔性化，即真正地能根据消费者需求的变化来灵活调节生产工艺，没有配套的柔性化物流系统是不可能达到目的的。20 世纪 90 年代，国际生产领域纷纷推出柔性制造系统、计算机集成制造系统、制造资源系统、企业资源计划，以及供应链管理的概念和技术。这些概念和技术的实质是要将生产、流通进行集成，根据需求组织生产，安排物流活动。因此，柔性化物流正是适应生产、流通与消费的需求而发展起来的一种新型物流模式。这就要求物流配送中心要根据消费需求“多品种、小批量、多批次、短周期”的特色，灵活组织和实施物流作业。

另外，物流设施、商品包装的标准化，物流的社会化、共同化也都是电子商务下物流模式的新特点。

10.2 电子商务物流技术

物流信息技术（logistics information technology，LIT）是物流现代化的重要标志，也是物流技术中发展最快的领域之一。从物流数据自动识别与采集的条码系统，到物流运输设备的自动跟踪；从企业资源的计划优化到各企业、单位间的电子数据交换；从办公自动化系统中的微型计算机、互联网、各种终端设备等硬件，到各种物流信息系统软件，都在日新月异地发展。同时，随着物流信息技术的不断发展，产生了一系列新的物流理念和物流经营方式，推进了物流的变革。

在推动电子商务物流系统发展过程中，有几种物流信息技术发挥着至关重要的作用，包括条码、射频、全球定位系统、地理信息系统、电子商品编码等。

10.2.1 条码技术

条码技术（bar code）是在计算机的应用实践中产生和发展起来的一种自动识别技术。它起源于 20 世纪 40 年代、发展于 20 世纪 70 年代、普及于 20 世纪 80 年代，它的每一步发展都引起了世界流通领域里的大变革。

所谓条码也称为条形码，是由一组宽窄不同、反射率不同的条和空按一定的编码规则组合起来，用以表示一定信息的代码。为了便于人们识别条码符号所代表的字符，通常在条码符号下部印有所代表的数字、字母或专用符号（见图 10-1）。

条码所包含的信息一般都跟所附着的对象有关，例如对象物的生产国、制造厂商、产地、名称、特性、价格、数量、生产日期等。使用光电扫描阅读设备对条码进行扫描，就能立即获取条码所反映的信息，并快速、正确、可靠地将其输入计算机系统。条码技术的应用解决了物流信息系统中的数据录入和数据采集的“瓶颈”问题，为物流信息管理提供了有力的技术支持。

0 471236 256477

图 10-1　常用的一维条码

根据维度的不同，条码主要分为一维条码和二维条码。

（1）一维条码

一维条码只在一个方向（一般是水平方向）表达信息，垂直方向不表达任何信息，其一定的高度通常是为了便于阅读器对准。由于一维条码的应用可以提高信息录入的速度，减少差错率，所以自其问世以来，很快得到了普及并广泛应用。目前世界上约有 225 种以上的一维条码，每种一维条码都有自己的一套编码规则，一般较流行的一维条码有 EAN 码，UPC 码，39 码，128 码，交叉 25 码、库德巴码，以及专门用于书刊管理的 ISBN、ISSN 等（见图 10-2）。

（2）二维条码

二维条码是在水平和垂直方向的二维空间存储信息的条码，它是在一维条码无法满足实际应用需求的前提下产生的。二维条码储存数据容量大，可以存放 1KB 字符；可以直接显示英文、中文、数字、符号、图形；可用扫描仪直接读取内容，无须另接数据库；数据可以加密，保密性更高；安全级别最高时，损污 50%仍可读取完整信息。

使用二维条码可以解决以下问题：表示包括汉字、照片、指纹、签字、声音之内的小型数据文件；在有限的面积上表达大量信息；对“物品”进行精确描述；防止各种证件、卡片及单据的伪造；在远离数据库和不便联网的地方实现信息的携带、传递和防伪。

目前二维条码有二十多种，常用的有：PDF417 码、Code49 码、Code 16K 码、QR code 码、Data Matrix 码、Code One 等（见图 10-3），主要分为堆积式（或层排式）和棋盘式（矩阵式）两大类。

1 23456 78912 8
UPC码

1 234567 890128
EAN码

ABC01234
39码

ABC0123456
128码

001234567890
交叉25码

a000800a
库德巴码

ISSN 1671-9220
9 771671 922045 11
ISSN

ISBN978-75011-7885-8
9 787501 178858
ISBN

图 10-2　世界上较流行的一维条码

PDF417

QR code

Code 49

12345678901234567890 12
Data Matrix

Code 16K

Code One

图 10-3　常用的二维条码

10.2.2 射频识别技术

在目前的自动识别领域应用技术中，应用最广泛的是光学技术和无线电技术。条码属于光学技术的范畴，而无线电技术在自动识别领域应用中更具体的技术名称为射频识别技术（radio frequency identification，RFID）。

RFID 是一项利用射频信号通过空间耦合（交变磁场或电磁场）实现无接触信息传递并通过所传递的信息达到识别目的的技术。简单地说，RFID 是利用无线电波进行数据信息读写的一种非接触式的自动识别技术。RFID 俗称电子标签，其主要核心部件是一个电子标签，直径不到 2 毫米，通过相距几厘米到几米距离内的传感器发射的无线电波，可以读取电子标签内储存的信息，识别电子标签代表的物品、人和器具的身份。

RFID 系统是利用感应无线电波或微波能量进行非接触式双向通信、识别和交换数据的。RFID 系统的基本原理是：阅读器通过发射天线发送一定频率的射频信号，当射频卡进入发射天线工作区域时产生感应电流，射频卡获得能量被激活；射频卡将自身编码等信息通过卡内置的发送天线发送出去；系统接收天线接收到从射频卡发送来的载波信号，经天线调节器传送到阅读器，阅读器对接收的信号进行解调和解码，然后送到后台主系统进行相关处理；主系统根据逻辑运算判断该卡的合法性，针对不同的设定做出相应的处理和控制，发出指令信号控制执行机构动作（见图 10-4）。

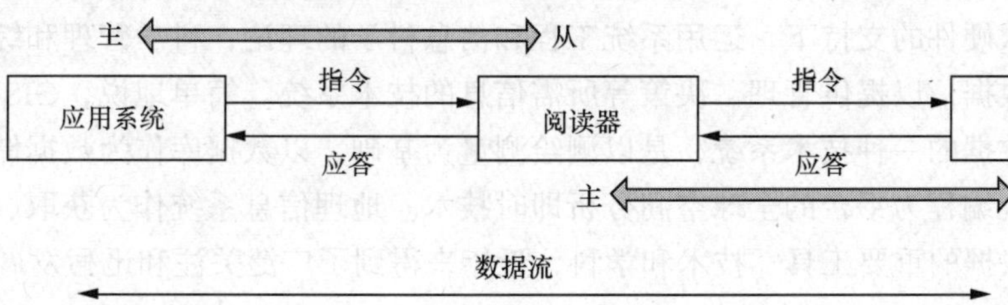

图 10-4 RFID 基本工作原理

10.2.3 GPS 技术

GPS 是全球卫星定位系统（global positioning system）的英文简写。它是在“子午仪卫星导航定位”技术上发展起来的具有全球性、全能性（陆地、海洋、航空与航天）、全天候性优势的导航定位、定时、测速系统。

GPS 全球卫星定位系统起始于 20 世纪 50 年代末，前苏联发射的人类第一颗人造地球卫星。美国从 1973 年开始筹建全球定位系统 GPS，于 1989 年开始发射专用工作卫星，在 1994 年全部建成并投入使用。GPS 能在全球范围内，向任意用户提供高精度、全天候、连续、实时的三维测速、三维定位和授时。

GPS 系统包括三大部分：空间部分——GPS 卫星星座；地面控制部分——地面监控系统；用户设备部——GPS 信号接收机。

1. GPS 空间部分

空间卫星系统由均匀分布在 6 个轨道平面上的 24 颗高轨道（距地面约 20 000km）工作卫星构成，其中三颗是用来及时更换老化或损坏的卫星，保障整个系统的正常工作。该卫星系统能够保证地球上任一地点的 GPS 用户都能连续地观测到至少 4 颗卫星，从而提供全球范围从地面到 20 000km 高空之间任一载体高精度的三维位置、三维速度和系统时间信息。

2. GPS 地面监控部分

主控站：主控站拥有大型电子计算机，接收各监测站的 GPS 卫星观测数据、卫星工作状态数据、各监测站和注入站自身的工作状态数据。其功能是：采集数据、编辑导航电文、诊断功能、调整卫星。

监测站：对每颗卫星进行观测，精确测定卫星在空间的位置，定时向主控站提供观测数据。

注入站：接受主控站送达的改正后的卫星导航电文，并将电文注入飞越其上空的每颗卫星。

3. 用户接收系统

GPS 接收机：是一种特殊的无线电接收机，用来接收导航卫星发射的信号，并以此计算出定位数据。GPS 接收机一般用蓄电池电源。其主要任务是：捕获到按一定卫星高度截止角所选择的待测卫星的信号，并跟踪这些卫星的运行。对于接收到的 GPS 信号进行变换、放大和处理，以便测量出 GPS 信号从卫星到接收天线的传播时间，解译出 GPS 卫星所发送的导航电文，实时地计算出监测站的三维位置、三维速度和时间。用户通过测量到太空各可视卫星的距离来计算它们的当前位置，同时收集到至少 4 颗卫星的数据时就可以计算出三维坐标、速度和时间。

10.2.4 GIS 技术

GIS（见图 10-5）即地理信息系统（geographic information system），是以地理空间数据库为基础，在计算机软硬件的支持下，运用系统工程和信息科学的理论，科学管理和综合分析具有空间内涵的地理数据，以提供管理、决策等所需信息的技术系统。简单地说，GIS 是综合处理和分析地理空间数据的一种技术系统，是以测绘测量为基础，以数据库作为数据储存和使用的数据源，以计算机编程为平台的全球空间分析即时技术。地理信息系统作为获取、存储、分析和管理地理空间数据的重要工具、技术和学科，近年来得到了广泛关注和迅猛发展。

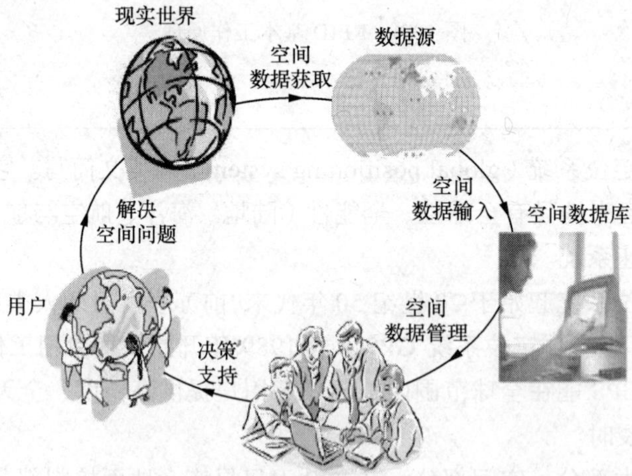

图 10-5 GIS 系统

地理信息系统是一种具有信息系统空间专业形式的数据管理系统，其主要特征是存储、管理、分析与位置有关的信息。地理信息系统的主要作用是将表格型数据（无论它来自数据库、电子表格文件或直接在程序中输入）转换为地理图形显示，然后对显示结果浏览、操作和分析。

其显示范围可以从洲际地图到非常详细的街区地图，显示对象包括人口、销售情况、运输线路以及其他内容。

GIS 功能包括：数据采集、监测与编辑；数据处理；数据存储与组织；空间查询与分析；图形交互与显示。

（1）数据采集、监测与编辑。获取数据，保证 GIS 数据库中的数据完整性、数值逻辑一致性、正确性等。GIS 数据库的建设占整个系统建设投资的 70%多。

（2）数据处理。包括数据格式化、转换、概括。数据的格式化是指不同数据结构的数据间变换；数据转换包括数据格式转化、数据比例尺的变化。

（3）数据存储与组织。空间数据和属性数据的组织。在数据组织与管理中，最为关键的是如何将空间数据与属性数据融合为一体。

（4）空间查询与分析——最核心的功能。空间查询是最基本的分析功能。空间分析是核心功能。空间分析可分为三个不同的层次：①空间检索，包括从空间位置检索空间物体及其属性和从属性条件集检索空间物体；②空间拓扑叠加分析，实现了输入要素属性的合并以及要素属性在空间上的连接；③空间模型分析。

（5）图形交互与显示。为用户提供多形式的数据表现的工具，如报告、表格、地图等。

10.2.5 EPC——电子商品编码

产品的唯一识别对于某些商品非常必要。而条码识别最大的缺点之一是它只能识别一类产品，而不是唯一的商品。例如牛奶纸盒上的条码到处都一样，要辨别哪盒牛奶先超过有效期将是不可能的。那么如何才能识别和跟踪供应链上的每一件单品呢?

虽然有多种方法可以解决单品识别问题，但目前所找到的最好的解决方法就是给每一个商品提供唯一的号码——“EPC 码”。EPC 是电子商品编码（Electronic Product Code）的简称，它是国际条码组织推出的新一代产品编码体系，EPC 码中既有代表制造厂商及其产品的编码，也有唯一地标识该厂商该类产品每一个具体单品的编码。也就是说，EPC 码能够对每个单品都赋予一个全球唯一编码。EPC 码采用 96 位（二进制）方式的编码体系，可以为 2.68 亿公司赋码，每个公司可以有 1 600 万产品分类，每类产品有 680 亿的独立产品编码，形象地说可以为地球上的每一粒大米赋一个唯一的编码。

EPC 技术是由美国麻省理工学院的自动识别研究中心（Auto-ID Center）开发的，旨在通过互联网平台，利用射频识别（RFID）、无线数据通信等技术，构造一个实现全球物品信息实时共享的“物联网（Internet of Things)”。2003 年 11 月 1 日，国际物品编码协会（EAN-UCC）正式接管了 EPC 在全球的推广应用工作，成立了电子产品代码全球推广中心（EPC Global)，标志着 EPC 正式进入全球推广应用阶段。中国物品编码中心（ANCC）是 EPC Global 在国内的唯一授权代表机构。

EPC 系统是一个非常先进的、综合性的和复杂的系统。其最终目标是为每一单品建立全球的、开放的标识标准，实现全球范围内对单件产品的跟踪与追溯，从而有效提高供应链管理水平，降低物流成本。其特点如下。

1. 开放的结构体系

EPC 系统采用全球最大的公用的 Internet 网络系统。这就避免了系统的复杂性，同时也大大降低了系统的成本，并且还有利于系统的增值。

2. 独立的平台与高度的互动性

EPC系统识别的对象是一个十分广泛的实体对象，因此，不可能有哪一种技术适用所有的识别对象。同时，不同地区、不同国家的射频识别技术标准也不相同。因此开放的结构体系必须具有独立的平台和高度的交互操作性。EPC系统网络建立在Internet网络系统上，并且可以与Internet网络所有可能的组成部分协同工作。

3. 灵活的可持续发展的体系

EPC系统是一个灵活的、开放的、可持续发展的体系，可在不替换原有体系的情况下就做到系统升级。EPC系统是一个全球的大系统，供应链的各个环节、各个节点、各个方面都可受益，但对低价值的识别对象，如食品、消费品等来说，它们对EPC系统引起的附加价格十分敏感。EPC系统正在考虑通过本身技术的进步，进一步降低成本，同时通过系统的整体改进使供应链管理得到更好的应用，提高效益，以便抵销和降低附加价格。

10.3 电子商务物流配送及模式

10.3.1 电子商务物流配送

1. 电子商务物流配送的含义

电子商务物流配送是利用现代通信技术和计算机技术所进行的配送活动，或者说，是将现代信息技术应用于配送活动之中。具体来讲，就是指配送企业采用网络化的计算机技术和现代化的硬件设备、软件系统及先进的管理手段，针对社会需求，严格地、守信用地按照用户的订货要求，进行一系列的分类、编配、整理、分工、配货等理货工作，定时、定点、定量地将货物交给没有范围限制的各类用户，满足其对商品的需求。

2. 电子商务配送的特点

与传统配送相比，电子商务物流配送具有以下特点。

（1）虚拟性

配送的虚拟性是指在信息网络构筑的虚拟空间中进行配送活动，它通过对现实配送活动的虚拟，生成各种虚拟环境，作用于人的视觉、听觉等，人们不仅可以看到配送活动图像，而且可以进行配送操作演示，产生身临其境的感觉。

虚拟现实（virtual reality，VR）系统具有以下四个作用。

① 企业可建立配送中心的订货虚拟系统，以科学、合理地确定订购品种和规模。

② 企业可建立库存信息系统，虚拟地反映库存品种和规模，科学、合理地确定库存的品种和规模，规划库存的利用效率。

③ 可建立虚拟配货装配系统，以科学、合理地进行配货，科学、合理地对人力和装卸设备进行分配并选择合理的运输工具。

④ 可建立虚拟送货系统，科学、合理地确定运输线路和时间等。

此外，电子商务配送的虚拟性可使企业有效地对配送活动进行实时监控，保证配送环节的合理衔接，提高配送效率。

（2）高效性

配送虚拟性的特点，可使企业根据现实状况建立一套完整、有效的自动信息传递系统，实现程序化活动的自动传递。企业可根据用户的需求情况，通过自动信息传递系统，调整库存数量和结构，调节订货数量和结构，进而调整配送作业活动；对于一些非程序化的活动，可通过自动信息传递系统进行提示或预报，做好调节配送，提高信息的传输效率。

配送虚拟性的特点也可使企业建立一套有效的计算机辅助决策系统，将一些程序化的活动通过计算机辅助决策系统来完成，提高决策效率。同时，利用电子商务还可迅速、有效地完成信息交流、单证传输，以及配送过程中的支付等业务。

（3）低成本性

电子商务不仅可使配送双方节约成本，而且也可降低整个社会的配送成本。

① 电子商务配送可节约配送双方的库存成本。在电子商务配送情况下，配送双方可以有效地利用电子商务技术及交易等优势，减小配送双方的库存规模。对于整个社会来说，库存水平也得到了降低，库存管理的成本和费用将相对下降。

② 电子商务配送可降低配送双方的行销成本。提供配送服务的一方可实现促销成本及送货成本的降低，需要配送服务的一方可实现信息采集成本等的降低，节约自建配送系统的投资及相应的管理费用。

③ 电子商务配送可使配送双方通过网上结算和单证传输，实现配送双方的结算成本及单证传输成本的降低。

④ 电子商务配送可降低租金成本。一方面，它可使企业合理地确定配送场地的面积和地点，提高配送场所的利用率，降低配送场所的使用成本；另一方面，它可使企业相应地减小办公场地面积，因为在电子技术、电子工具高度发达的今天，企业可以充分利用网络管理的方法与技术，对配送活动进行管理，需求的面积远远小于传统配送管理所需要的面积。

（4）个性化

电子商务配送可根据用户的不同需求，提供一对一的配送服务，更好地满足了不同用户的配送需求。个性化服务在配送中的应用、推广和发展开创了配送服务的新时代，它不仅可使普通的大宗配送业务得到发展，而且能够适应用户需求多样化的发展趋势和潮流。

个性化服务的实现主要通过共同筛选技术和神经网络匹配技术进行。共同筛选技术可以将某一位用户的需求配送习惯、喜好的配送方式等与其他用户的需求配送习惯、喜好的配送方式等加以比较，以确定用户下一次对配送的具体要求。神经网络匹配技术通过模仿人的大脑程序，识别复杂数据中的隐含信息，使提供配送的服务者能够迅速地与每一位用户进行通信和交流，从而满足用户提出的特殊配送要求。

10.3.2 物流配送中心

1. 配送中心的一般概况

配送中心是企业商流、物流、信息流的交汇点，承担着各企业所需商品的进货、库存、分拣、加工、运输、送货和信息处理等任务。要发挥其集中供货的作用，首先须采取各种方式（如零星集货、批量进货）去组织货源，其次须按照用户的要求及时分拣和配备各种货物。为更好地满足客户需要，提高配送水平，配送中心还须有较强的加工能力以开展各种形式的流通加工。由此可见，配送中心实际上是集集货中心、分货中心和流通加工中心为一体的现代化物流基地，也是能发挥多种功能作用的物流组织。

2. 配送中心的定义

《物流手册》中对配送中心的定义是："配送中心是从供应者手中接受多种大量的货物，进行倒装、分类、保管、流通加工和情报处理等作业，然后按众多需要者的订货要求备齐货物，以令人满意的服务水平进行配送的设施。"国内物流专家给予如下定义："配送中心是从事货物配备（集货、加工、分货、拣选、配货）和组织对用户的送货，以高水平实现销售或供应的现代流通设施。"我国2001年颁布的国家标准《物流术语》中对配送中心的定义是："配送中心是指从事配送业务的物流场所或组织。应基本符合下列要求：主要为特定的用户服务；配送功能健全；信息网络完善；辐射范围小；多品种、小批量；以配送为主，储存为辅。"总之，配送中心的内涵如下。

（1）货物配备工作是配送中心的主要工作，并全部由其完成。

（2）配送中心有的是完全承担送货，有的是利用社会运输企业完成送货。在我国开展配送的初期，用户自己取货的较多，而配送中心主要组织配货。因而对于送货而言，配送中心主要是组织者而非承担者。

（3）定义中强调配送活动与销售或供应等经营活动的结合，有一定的经营功能，以此排除了它是单纯的物流活动的看法。

（4）定义中强调配送中心是"现代流通设施"，着意于与以前的诸如商场、贸易中心、仓库等流通设施的不同，在这个流通设施中以现代装备和工艺为基础，不但处理商流还处理物流，是兼有商流、物流功能的流通设施。

3. 配送中心的类型

配送中心根据不同标准可划分为不同的类型，常见的有以下几种划分方式。

（1）根据功能划分

作为配送中心其主要的功能有周转、分拣、保管、在库管理和流通加工等，根据其侧重点不同，可分为不同类型的配送中心。具体主要有TC、DC、SC、PC四种类型，各种类型的特点如下。

① 流通型配送中心（transfer center，TC）。即不具有商品保管、在库管理等功能，而是单纯从事商品周转、分拣业务的配送中心。

② 流通储存型配送中心（distribution center，DC）。拥有商品保管、在库管理等管理功能，并开展商品周转、分拣业务的配送中心。

③ 储存型配送中心（stock center，SC）。单一从事商品保管功能的配送中心。

④ 流通加工型配送中心（brocess center，PC）。从事流通加工功能的配送中心。

以上各种类型的区别反映在物质流动上，体现出物流中心的作业内容和服务范围的差异。从现代物流发展的趋势看，为了加速商品的运动，更好地使物流系统顺应用户的需求，物流中心逐渐从TC转向DC。目前在发达国家，DC的比例一般要占到所有物流中心的70%以上。另外，PC的发展也非常迅速。

（2）根据不同的运营主体划分

配送中心按运营主体不同，大致可分为四种类型。

① 制造商主导的配送中心。这种配送中心里的商品全部由自己生产制造，及时将预先配齐的成组元器件运送到规定的加工和装配工位，以降低流通费用，提高售后服务质量。从商品制造、生产成品后条码及包装的配合等多方面都较易控制，所以按照现代化、自动化的配送中心

来设计比较容易，但不具备社会化的要求。

② 批发商主导的配送中心。商品从制造商到消费者手中，在传统流通中有一个批发环节。一般是按部门或商品类别的不同，把制造商的商品集中起来，然后以单一品种或搭配向消费地的零售商进行配送。这种配送中心的商品来自各制造商，它所进行的一项重要活动是对商品进行汇总和再销售，而它的全部进、出货都是社会配送的，社会化程度高。

③ 零售商主导的配送中心。零售商发展到一定规模后，就可考虑建立自己的配送中心，为专业商品零售店、超级市场、百货商店、建材商场、粮油食品商店、宾馆饭店等服务。社会化程度介于前两者之间。

④ 仓储运输业主导的配送中心。这种配送中心的地理位置（如港湾、铁路和公路枢纽）优势在于可迅速将到达的货物配送给用户，具有较强的运输配送能力。它提供仓储的储位给制造商或供应商；而配送中心的货物仍属于制造商或供应商所有，配送中心只是提供仓储管理和运输配送服务。这种配送中心的现代化程度往往较高。

10.3.3 第三方物流

1. 第三方物流的概念

第三方物流（third party logistics，3PL 或 TPL）是指生产经营者为集中精力搞好主业，把原来属于自己处理的物流活动，以合同的方式委托给专业物流服务企业，同时通过信息系统与物流服务企业保持密切联系，以达到对物流全程的管理与控制的一种物流运作与管理方式。因此第三方物流又被称为合同物流。从事第三方物流的企业在委托方物流需求的推动下，从简单的存储、运输等单项活动转为提供全面的物流服务，其中包括物流活动的组织、协调和管理，设计最优物流方案，物流全程的信息收集和管理等。目前第三方物流概念已广泛地被西方流通行业接受。

2. 第三方物流的特征

（1）第三方物流建立在现代电子信息技术基础上

第三方物流要有信息技术的基础设施的提供和支持，信息技术实现了数据的快速、准确的传递，提高了仓库管理、装卸运输、采购、订货、配货发运、订单处理的自动化水平。第三方物流提供商投资建立的信息网络，其信息资源与客户企业共享，通过与客户的信息系统对接，形成以供应链为基础的高效、便捷的信息平台，提高整个供应链的竞争力。常用于支撑第三方物流的信息技术有 WMS（仓库管理系统）、EDI（电子数据交换系统）、EFT（电子支付系统）和条形码等技术。

（2）第三方物流提供个性化的物流服务

随着经济的发展，市场需求呈现个性化和多样化的发展趋势，导致物流外包者对服务需求的专业个性化趋势更加明显。第三方物流提供商为了提供满意的客户服务，根据客户的产品要求、运输要求、仓储要求和包装要求等进行一体化、专业化的设计，重新整合物流服务过程，帮助企业提高经营效率和客户满意度，同时降低运营成本。

（3）第三方物流要求与客户企业建立长期战略联盟合作伙伴关系

当今的市场经济复杂多变，竞争越来越激烈，许多企业通过建立联盟来获得竞争优势，使企业形成规模化经营，降低运作成本，还可以共享彼此的网络，提高客户服务能力，从而增强企业的竞争力。第三方物流企业为客户提供的不仅是一次性的运输或配送服务，而且是一种具有长期契约性质的综合物流服务，最终职能是保证客户物流体系的高效运作和不断优化的供应链管理。从本质上说，物流联盟就是通过“双赢”使整体的系统产生更高的效率。

（4）利益一体化是第三方物流企业的利润基础

第三方物流企业的利润来源与客户的利益是一致的，并不矛盾。第三方物流企业的利润来源不是运费、仓储费用等直接收入，而是与客户一起在物流领域创造的新价值。从本质上讲，第三方物流企业的利润来源于现代物流管理科学推广所产生的新价值，也就是我们经常提到的“第三利润源泉”。以美国为例，1980 年全美企业存货成本总和占 GDP 的 29%，随着物流管理中零库存控制的实施，到 1992 年这一比例下降到 19%。可以说这种库存成本的节约就是物流科学创造的新价值。这种新价值由第三方物流企业与客户共同分享，即利益一体化，也就是我们强调的“双赢”。第三方物流企业为客户节约的物流成本越多，其利润率就越高。虽然我国现有的物流企业还没有摆脱传统的以运费、仓储费用为计量的结算方式，但许多第三方物流企业已明确提出了“以降低客户经营成本为根本经营目标”，这代表了我国物流业的发展方向，也是物流企业实现与客户利益一体化战略合作的经济基础。

3. 第三方物流的作用

（1）增强企业核心竞争力。发展第三方物流，企业能够实现资源的优化配置，将有限的人力、财力等集中于核心业务，进行重点研究，发展基本技术，开发新产品参与世界竞争。企业将物流业务委托给第三方物流专业公司负责，可增强自己的核心竞争力，降低物流成本，完善物流活动的服务功能，提高客户满意度。

（2）加速企业资本周转。企业自营物流需要投入大量资金，用于购买物流设备，建设仓库和信息网络等专业物流设备。使用第三方物流不仅可以减少设施的投资，还可以减少仓库、车队、发货设施、包装器械方面的资金占用，加速了资金周转；同时，第三方物流提供者借助精心策划的物流计划和适时运送手段，可最大限度地减少企业库存，甚至使企业实现零库存生产，减少企业的资金占用，加速资金周转。

（3）分担企业风险。第三方物流与客户企业是战略伙伴关系，它追求的不是短期的经济效益，它以一种投资人的身份为客户服务，这是它身为战略同盟者的一个典型特征。例如，为了适应客户的需要，第三方物流公司往往自行投资或合资为客户建造现代化的专用仓库、个性化的信息系统以及特种运输设备等，这种投资直接为客户节省了大量的建设费用，而投资的风险必然也由自身承担。企业利用第三方物流资源，实际上是把参与物流运行中的政策、经济、技术、市场和财务风险分解，使企业能节约有限资源，更灵活、更有针对性地对市场变化做出迅速反应。

（4）提升客户企业形象。第三方物流与客户，不是竞争对手而是战略伙伴，它们为客户着想，通过全球性信息网络使客户的供应链管理完全透明化，客户随时可通过网络了解供应链的情况。第三方物流提供者和物流专家，利用完备的设施和训练有素的员工对供应链实现整体的控制，减小物流的复杂性；它们通过遍布全球的运送网络和服务提供者大大缩短了交货期，帮助顾客改进服务，树立自己的品牌形象。第三方物流提供者通过“量体裁衣”式的设计，制订以顾客为导向、低成本高效率的物流方案，使顾客在同行中脱颖而出，为企业在竞争中取胜创造了有利条件。

因为具有以上种种作用，第三方物流得到了极大的发展，成为 21 世纪国际物流业发展的主流。

10.3.4 第四方物流

【小案例 10-2】海丰的第四方物流“冲动”

2006 年 10 月，海丰集团旗下的物流公司与新时代公司的合并计划正式开始。而在接下来的 100

个工作日内，整个合并的所有细节就已经全部完成，足见海丰集团的“迫不及待”。据悉，海丰集团将其原物流体系中的新海丰物流有限公司以及一系列与第三方、第四方物流有关的优质资产与新时代国际运输服务有限公司合并成立海丰物流有限公司。合并完成后的新公司整合航运、空运资源，货源客源同步扩大，“海丰物流”这一国内创新的供应链管理服务与综合物流企业随之诞生。

海丰物流毫不犹豫地将第四方物流（4PL）作为了自己身份的标识，而业界则怀着极其“复杂”的心情，注视着海丰集团的一举一动。接下来发生的一切，再一次让业界刮目相看。自10月份进入合并程序之后，在国内主要城市拥有16个分拨中心、服务国内248个城市的海丰物流，数月内业务和利润增长迅速。预计2007年空运货运量将突破110 000吨，较2006年的60 000吨增长80%。同期，海运货量将由180 000（标准）集装箱增至逾210 000（标准）集装箱。这些看似不可能的业绩是如何取得的呢?其实，了解海丰集团成长轨迹的人都会明白，海丰集团打4PL牌不是“心血来潮”。

早在2004年12月，海丰集团就进行了大规模的企业战略重组。当时，公司被分为集运、物流、船东、散货、沿海内贸运输和航运配套服务六大业务体系，并开始向国际化、综合性物流公司迈进。2005年，海丰集团总裁杨绍鹏不惜血本，毅然拿出了8 400万元进行他认为是“奢侈品”的IT系统建设。然而正是这样的远见，让海丰集团将供应链的各个链条有效地连接了起来，形成了信息的平滑过渡和流程间的无缝链接，同时提供了基于互联网的查询、客户服务和电子商务平台，为采购商、生产商、运输公司、报关公司、仓储、陆运等相关的公司和客户提供了一个统一的接入平台。

也正是这些“厚积”决定了海丰集团4PL梦想的“薄发”。在进军4PL之前，海丰集团已经铺好了路。海丰集团成功建立了国内供应链管理，拥有了稳定的客户群，持续优化和增强的网络平台的实时功能，为开拓和加强海外代理网络创造了条件，并可为其开拓全球供应链管理提供服务。至此，海丰集团梦寐以求的4PL水到渠成。

1. 第四方物流的概念

第四方物流（fourth party logistics，4PL）的概念，最早由全球500强企业之一的、从事管理咨询、信息技术和外包服务的安德森咨询公司提出，定义为“一个供应链集成商，调集和管理组织自己的，以及具有互补性的服务提供商的资源、能力和技术，以提供一个综合的供应链解决方案”。有的咨询公司以“有领导力量的物流提供商”的名称提供类似服务。不管如何称呼，这种提供供应链的有影响力的综合性解决方案，将为顾客带来更大的价值。不过，第四方物流的概念目前在我国还很少提及，即便在国外，物流业界对此也有不少异议。所以，第四方物流的发展前景如何，尚待理论完善与实践检验。

第四方物流不仅控制和管理特定的物流服务，而且对整个物流过程提出策划方案。因此第四方物流成功的关键在于为顾客提供最佳的增值服务，即迅速、高效、低成本和人性化的服务等。发展第四方物流需综合第三方物流的能力、技术及贸易流通管理等，为客户提供功能性一体化服务，并扩大营运自主性。

2. 第四方物流的特点

（1）提供了一个综合性的供应链解决方法

第四方物流的特点之一是其提供了一个综合性供应链的解决方法，以有效地适应需方多样化和复杂化的需求，集中所有资源为客户完美地解决问题。

① 供应链再建。供应链再建主要是指通过供应链的参与并将供应链规划与实施同步进行，或通过独立的供应链参与者之间的合作提高规模和总量。供应链再建改变了供应链管理的传统模式，创造性地重新设计了参与者之间的供应链，使之达到真正的一体化。

② 功能转化。功能转化主要是指销售和操作规划、配送管理、物资采购、客户响应、供应链管理等，通过战略调整和流程再造，整体改变管理和技术，使客户间的供应链运作形成一体化。

③ 业务流程再造。业务流程再造主要是指将客户与供应商的信息和技术系统一体化，将人的因素和业务规范有机地结合起来，使整个供应链规划和业务流程能够贯彻实施。

④ 实施第四方物流。开展多功能、多流程的供应链业务，其范围远远超出传统外包运输管理和仓储作业的物流服务。企业可以把整条供应链全权交付第四方物流运作，第四方物流可为供应链提供完整的服务。

（2）通过影响整个供应链而获得价值

第四方物流的特点之二是通过影响整个供应链而获得价值，与类似外包供应链的区别之一在于其能够为整条供应链的客户带来以下几方面的收益。

① 利润增长。第四方物流的利润增长取决于服务质量的提高、实用性的增加和物流成本的降低。由于第四方物流关注的是整条供应链而不是单纯的储存或运输方面的效益，因此其为客户及自身带来的综合效益会展现出来。

② 运营成本降低。第四方物流可以利用运作效率的提高、流程的增加和采购成本的降低，即通过整条供应链外包功能达到节约的目的。流程一体化、供应链的改善和实施将使运营成本和产品销售成本降低。

③ 工作成本降低。第四方物流通过采用现代信息技术、科学管理流程和标准化的管理，可使存货和现金流转次数减少，降低30%的总成本。

④ 提高资产利用率。客户通过第四方物流，可减少固定资产的占用和提高资产利用率，使得客户可通过投资研究设计、产品开发、销售与市场拓展等获得经济效益的提高。

第四方物流成功地影响了大批的服务商（第三方物流、网络工程、电子商务、运输企业等）及客户的能力和供应链中的伙伴。作为客户之间的连接点，第四方物流可通过合作或联盟提供多样化的服务，使迅速、高质量、低成本的运送服务得以实现。不少人认为，第四方物流由于难以获得委托方的信任而只能是一个设想，但随着社会经济的不断发展，第四方物流将会得到广泛运用。

【要点回顾】

电子商务物流是在传统物流的基础上，引入高科技手段，如通过计算机进行信息联网，并对物流信息进行科学管理，从而使物流速度加快，准确率提高，减少库存，降低成本，延伸并扩大了传统的物流功能，使物流配送满足电子商务方便、快捷的需要。

电子商务物流活动由物资运输、储存、装卸搬运、包装、流通加工等构成。这些基本要素有效地组合、联结在一起，相互平衡，形成密切相关的一个系统。

与传统物流相比，电子商务物流具备信息化、自动化、网络化、智能化、柔性化等新特点。

在推动电子商务物流系统发展过程中，有几种物流信息技术发挥着至关重要的作用，包括条码、射频、全球定位系统、地理信息系统、电子商品编码等。

电子商务物流配送是利用现代通信技术和计算机技术所进行的配送活动，或者说，是将现代信息技术应用于配送活动之中。

与传统配送相比，电子商务物流配送具有虚拟性、高效性、低成本性、个性化的特点。

根据功能划分，配送中心的类型有流通型、流通储存型、储存型和流通加工型。

第三方物流（third party logistics，3PL 或 TPL）是指生产经营者为集中精力搞好主业，把原来属于自己处理的物流活动，以合同的方式委托给专业物流服务企业，同时通过信息系统与物流服务企业保持密切联系，以达到对物流全程的管理与控制的一种物流运作与管理方式。因此第三方物流又被称为合同物流。

第四方物流是一个供应链集成商，调集和管理组织自己的，以及具有互补性的服务提供商的资源、能力和技术，以提供一个综合的供应链解决方案。

【本章习题】

1. 名词解释

现代物流　装卸　搬运　运输　包装　配送　条码 RFID GIS GPS 第三方物流　第四方物流

2. 简答题

（1）物流在电子商务中的地位与作用是什么?

（2）简述电子商务与物流的关系。

（3）简述我国电子商务物流的特点。

（4）运输在物流中的作用是什么?

（5）什么是条码？一维条码与二维条码的区别是什么?

（6）现代物流信息技术都包括哪些技术?

（7）配送在物流中的作用是什么?配送中心有哪些类型?

（8）什么是第三方物流、第四方物流？它们各自的特点是什么?

【课后拓展】

实践项目

商品的存储、流通加工、运输、包装。

实践目的

通过实践促进对物流存储、流通加工、运输、包装基本知识的掌握。

实践要求

参观一个对应的物流企业，观察在物流中存储、流通加工、运输、包装过程的实际操作。

实践环节

（1）实践场所选择。本市具有一定规模、物流机械化水平较高的物流仓储、流通加工、运输、包装企业。

（2）实践准备工作。复习本章有关内容，提出自己的问题，设计好参观目标。

（3）实践内容

① 了解该物流企业的仓储、流通加工、运输、包装范围。

② 调查该企业主要的仓储场所及其仓储设备设施，流通加工、运输、包装等环节。

③ 找出仓储、流通加工、运输、包装中存在的主要问题。

实践结果

完成实践报告。

第11章 电子商务社会管理机制

【内容提要】

伴随着快速发展的经济形势，电子商务也面临着一系列问题，本章从电子商务文化和伦理、电子商务中的网络交易纠纷、知识产权保护、电子商务立法体系及法律规范等方面对电子商务社会管理机制进行探讨。

本章学习目标：

- 了解电子商务文化对社会的影响，以及电子商务伦理问题
- 掌握电子商务信用模式及信用管理体系
- 熟悉网络交易纠纷的定义与分类、网络交易平台的内部争议处理机制
- 掌握网络交易纠纷解决机制应遵循的原则与相应解决机制
- 熟悉电子商务中的知识产权侵权问题，以及如何进行电子商务知识产权保护
- 了解电子商务交易中的法律新问题、当前的立法现状与相关的电子商务法

【引导案例】2011 年度十大网购投诉典型案例盘点

中国电子商务研究中心在 2012 年年初发布的《2011 年度中国电子商务市场数据监测报告》显示，2011 年全年"中国电子商务投诉与维权公共服务平台"接到电子商务投诉案例约 10 万起，其中网络购物投诉占总投诉的 52%。报告亦显示，2011 年中国网络购物用户规模已达 2.03 亿人。

网购的快速发展带来了一系列投诉问题，网友反映遇到网购问题无处维权，只能自认倒霉。在此情况下，中国电子商务研究中心主办的"中国电子商务投诉与维权公共服务平台（www.100ec.cn/zt/315/）"为广大用户提供了这样一个平台，让广大顾客遇到问题有处可说，并且有专业的团队来协助处理用户的投诉事件。对于不诚信的网店予以鞭策、监督，这也是对网络购物平台的一种有效监督。

2011 年该平台受理了许多用户的投诉，以下为中国电子商务投诉与维权公共服务平台接到的十大典型案例。

案例一：电商企业诟病多，网友投诉直指京东

网友姚先生等多位网友反映在京东商城购买的商品遭遇订单被取消、发货迟缓、虚假宣传、售后放空等问题。京东商城成为众矢之的，成为投诉率较高的电商企业之一。

案例二：把脉苏宁易购投诉症结：下单无货是寻常

网友贺小姐等多位网友反映苏宁易购下单无货，退款迟缓。苏宁易购屡遭投诉，均为

页面显示有货，下单后缺货，尤其是以旧换新下单的商品缺货严重。

案例三：电商诚信遭考验：买特网收款不发货

网友黄先生等多位网友反映在买特网购买的商品既不发货也无任何消息，并且售后电话一直占线，无人接听。网友质疑温州买特网收款不发货，有携款潜逃之嫌疑。

案例四：淘宝旗舰店售假品牌，部分双十一活动虚假

网友李先生等多位网友反映淘宝商城“双十一”活动有虚假，部分旗舰店所下订单被取消。淘宝商城“双十一”活动诚信遭质疑。

案例五：佳品网退货两月未退款，奢侈品网购售后堪忧

邱小姐于9月30日左右在佳品网申请退货，但一直没有退款。期间曾三次联系佳品网客服，但每次的说法都不一致，“10月份某一次电话中说让我留意账号退货款是否已经到账，现在要我提供退货单要查退的货是否已经到仓库，究竟还要多久才能给我退款？”

案例六：给惠网返利不给力，购物返利猫腻多

刘小姐于2011年7月4日通过给惠网在千腾网购买了216元的东西，给惠网页面上显示预计9月返利到账。如今11月初联系客服数次，都没有任何结果。

案例七：网友爆当当私自取消订单

陈先生于8月9日参加当当网举行的亲子团抢购活动，购买了9套书籍并顺利下单，之后通过网上支付进行付款，并且订单审核通过，之后订单进入“正在配货”环节。但在该订单审核通过约两个小时后，在未以任何方式通知本人的情况下，当当网擅自把该订单取消。

案例八：品尚红酒被疑网售假酒，客服不予处理

刘先生通过品尚红酒拍拍（腾讯网购平台）专营的秒杀活动购得进口的“拉菲传奇梅多克红酒”一瓶。收到酒后，发现酒身没有相应的中文背标，而且酒的封口图案和正品进口酒的图案不一致，就此问题联系了品尚红酒客服。客服先是说，为了保护经销商利益而没有给贴上。他再三要求换有中文背标的产品，客服说给寄送一张中文背标，之后就再无任何音讯，联系客服也不再处理。

案例九：0.01元音箱不发货，纳纳购称订单随机抽取

多位网友一致表示，8月3日至4日期间他们在纳纳购商城看海尔H97音响，标价0.01元，并且说全场包邮，因此都下了单，并且支付成功。可是4日中午，纳纳购网站擅自更改了订单，并且在4日下午追加了说明，在页面公告显示这个活动为秒杀活动，只有前200名下单才能发货。然而更令人诧异的是在5日上午，页面公告显示本活动是随机抽取200个订单发货。此外，据网友反映，在下单之前纳纳购商城页面并没有任何公告，并且在纳纳购商城显示的订单中，很多订单人的联系方式都是相同的，而且订单号后面几位数字是一样的。因此，网友觉得订单号是纳纳购商城虚构的。

案例十：迪雅航空票务网诈骗已成，携款潜逃电话不通

于小姐 9 月 27 日应弟弟的要求在网上给他买张重庆飞青岛的机票，于是就在百度搜索，看了看价钱有点高，正好下面有个南航特价机票的推荐，就打开了，之后就出现了迪雅票务，它们的价格相对来说还低点，所以于小姐就在仓促之下定了 28 号重庆飞青岛的机票。对方称信息出错，要求多次付款，后无法联系上该网站。

（资料来源：中国电子商务研究中心）

案例点评：这里列出的电子商务投诉案例仅是冰山一角，仅 2011 年全年"中国电子商务投诉与维权公共服务平台"就接到电子商务投诉案例约 10 万起；这么多的投诉涉及的问题也很多，主要包括电子商务伦理、信用问题、交易纠纷的解决、知识产权的保护、相关法律法规的缺失等。本章将从这几个方面进行具体介绍。

11.1 电子商务文化及伦理

【小案例 11-1】第四届中国电子商务文化节

由中国电子商务协会与余杭区人民政府共同举办的"第四届中国电子商务文化节"于 2012 年 9 月 7 日上午在浙江省杭州市余杭区天都城大酒店开幕。本届以"加快融合，促进应用"为主题，吸引了 500 余家来自全国各地的企业代表出席此次电子商务盛会。

与往届相比，第四届文化节出现了更多的电商企业新面孔，交流的话题也是紧扣当前的形势，展示了传统实体企业与电子商务的高度融合并成为未来电子商务的主导者的显著趋势。

来自阿里巴巴、淘宝网、京东商城、中国网库、颐高集团的董事长、总裁、CEO 代表着当今电子商务的最活跃分子对行业发展的敏感话题展开了巅峰对话。同时，文化节还举办国内首个"单品交易网站峰会"，这也是国内首批代表着电子商务未来主导潮流的单品交易网站的首次大聚会，围绕中国电子商务行业趋势动向，针对电子商务行业新模式新热点展开讨论，以此共同推动细分行业领域的电子商务发展。

随着电子商务的发展，中国电子商务将形成其特有的文化体系。与此同时，在电子商务活动的各个环节中所产生的文化与伦理问题需要得到较高程度的重视。

11.1.1 电子商务的文化

IDC（互联网数据中心）报告指出，中国电子商务服务业将成为全球领先的战略性新兴产业。据估计，按当前的发展曲线计算，到 2015 年，电子商务平台的交易规模将增长 5～10 倍，以淘宝网为代表的网络零售平台将覆盖 5 亿消费者，交易额有望超过 20 000 亿元，占中国社会消费品零售总额的比例将达到 7%，创造直接及间接就业岗位 3 000 万个，给物流业带来超过 1 000 亿元的收入，电子商务渗透率将突破 60%。电子商务文化的发展将呈现新的特点。

互联网的管理有一个基本原则，那就是多方参与，各有各的责任，也各有各的利益，所以要解决互联网上存在的问题，仅仅依靠传统的管理办法是不够的。而作为依托互联网而产生的

电子商务活动，必须遵循互联网的道德规范，根据其特有的文化和特点来选择社会管理机制。

1. 电子商务在经济学理论中的影响

电子商务的发展引起了社会工作生活和经济环境的变化，使得经济学研究对象在许多方面出现了新的变化，因而产生了经济学理论方面的问题，主要表现在以下四个方面。

第一，电子商务形成了社会化的直接经济。人类社会的经济经历了三个阶段：第一阶段是生产和消费过程合一的农业经济阶段，第二阶段是生产和消费过程分离的工业经济，第三阶段则是由于电子商务的兴起使得社会经济形态进入到生产和消费过程重新统一的网络经济阶段。这一发展将引起社会经济关系的深刻变革，政府、企业都应注意进行结构调整以适应这种变革，进而提高社会生产率。

第二，电子商务破除了经济学中边际成本递增的理论框架。在电子商务环境中，企业的设立成本通常远低于传统环境，电子商务环境下的企业可能不需要传统的库房与店铺，可以在较短时间内以低成本建立起供销链。因此，在电子商务活动中，可以方便地实现低成本扩张和发展。

第三，经济学中的不对称原理有望解决。不对称原理是指消费者与生产者、经销者关于商品的信息了解程度不一致。而电子商务环境提供了丰富的信息资源及相应的获取渠道，资源能够迅速传递，在一定程度上改变了不对称原理的现状。

第四，“消费资本化”现象的出现，在电子商务环境中，消费者可以通过网络参与产品的设计与生产过程，消费者的要求和建立，有可能为企业开创一个新的市场面，从而为企业带来利润。若对这种消费资本化现象进行研究和利用，不仅使全社会消费者得到最大满足，还会使社会经济资源得到合理利用。

2. 电子商务对社会总体的影响

电子商务活动通常涉及许多社会性的问题，例如法律的认可和保障，公众和企业等各参与者对电子商务的接受程度，等等，这些问题的解决需要全社会的努力和整体的实现，才能最终体现电子商务所带来的优越性。电子商务的社会化和其他特点不仅促进信息产业的发展，而且对全社会信息化水平的提高起到了很大的促进作用。

3. 电子商务对社会企业的影响

电子商务对整个社会经济活动的影响主要表现在对企业的影响上，电子商务是一种业务转型或者一场重大的变革。在电子商务环境下，传统的交易渠道，消费者的个性化、特殊化，对企业内部的管理机制等都面临着变化。

4. 电子商务对政府机构的影响

政府承担着大量社会经济、文化管理和服务的功能。在电子商务环境下，当企业应用电子商务进行生产经营，银行实现金融电子化，消费者进行网上消费的同时，政府必须加入其中，这样才能准确、及时地获得企业和公众的信息，有效履行监督和管理的职责。政府还应制定和监督有关法规、政策，不断引导和适应电子商务发展，才能够适应社会发展的需要。

11.1.2 电子商务的伦理

中国互联网协会常务副理事长高新民说，互联网上任何事情都有利有弊，电子商务也同样，很多传统商务里没有出现的问题随着这个行业的蓬勃发展也有所暴露，如诚信问题等。但在面临上述问题时，必须保持平衡原则——不要过于强调管理因素而把这个行业的优点抹杀掉，把产业发展抹杀掉。

电子商务的伦理主要建立在网络伦理的基础上，网络经济时代下的商务交易活动除了技术支持及强制性机制和规范的管理，还需要社会人从文化理论，道德规范等方面进行保障，因此保证网络伦理的规范性才能实现电子商务的健康长效发展。

1．网络伦理

网络伦理又称为网络道德，是指在计算机信息网络这一“虚拟的真实空间”中，开发、涉及和应用网络资源所应具备的道德意识和应遵守的道德行为准则。网络伦理起着规范人们网络行为，调节人们之间利益关系，保证社会整体利益实现的重要作用。人既是信息网络的创造者，又是网络伦理的主体，因此从人的主体性出发，可将网络伦理分为：信息技术开发者伦理、信息技术使用者伦理和信息系统管理者伦理三个方面。

（1）信息技术开发者伦理包括：不应将所开发产品的方便性置于安全性之上；不应以为避免开发或降低成本为名而以信息安全为代价；应努力避免信息产品自身的安全漏洞等。

（2）信息技术使用者伦理主要包括：不应非法干扰他人信息系统的正常运行；不应利用信息技术非法窃取钱财、智力成果和商业机密；不应未经许可使用他人信息资源等。

（3）信息系统管理者伦理包括：应确保向授权用户开放信息；应谨慎、细致地管理、维护信息系统；应及时更新信息系统的安全软件等。

2．电子商务伦理问题

在信息化高速发展的21世纪，电子商务在全球经济中占据着越来越重要的地位，电子商务以其独特的优势已成为现代经济增长的引擎。我国电子商务有着良好的发展前景，但在对电子商务的发展充满信心的同时，我们也应该清楚地认识到，目前我国电子商务领域确实存在着一些伦理道德问题。无论是狭义还是广义的电子商务都包含了两个最基本的要素：电子技术和商务活动，因此电子商务伦理问题主要围绕该两方面。

（1）电子商务一般业务服务层的伦理问题

① 商业信用问题。信用是在互相交流了解的基础上逐渐建立起来的，信用对任何商务活动都很重要。电子商务信用指的是电子商务交易中由买方、卖方以及电子商务平台提供方构成的三方间互动的信用关系。因为网络交往缺乏世界的交流，存在一定的风险，因此，电子商务中的信用具有更特殊的重要性。

② 支付工具的安全性问题。由于电子商务的“无纸化”和“无址化”对参加交易的双方提出了更高的信用要求。加之处于转型期的中国社会，传统的“义理社会”价值体系正逐渐削弱，而基于法律基础之上的“契约社会”观念还远未形成，人们信用观念的淡漠对电子商务活动中的支付手段问题带来了极大的负面影响。

（2）电子商务信息发布、传输层的伦理问题

信息发布和传输层面出现的伦理问题基本上是指发布不真实的信息造成用户损失，也包括发布或使用信息不当造成侵权。主要表现在以下几方面。

① 网络信息的污染。网络信息污染使得企业电子商务交易中的数据安全、用户个人信息，以及网上交易系统遭受最直接损害；甚至窃取国家政治、军事、经济信息，威胁国家的安全。网络信息污染使得暴力恐怖、反政府、迷信、流言、诽谤等信息垃圾充斥网络，使企业在电子商务的交易中产生安全问题，严重影响了正常的社会秩序。

② 信息安全性的破坏。电子商务的信息安全性是指在电子商务过程中建立和采用各种技术、管理、法律等安全措施保证电子商务中的信息不因偶然的恶意的原因而遭到破坏、更改和泄露。

目前我国的电子商务信息安全问题已随着国内电子商务的发展日益增多，而且防范措施滞后。

（3）电子商务网络管理层的伦理问题

网络层是电子商务的基础性层级子系统，其功能是提供商务信息传输的线路。电子商务网络管理层的伦理问题主要表现在以下几方面。

① 网络病毒的威胁。网络病毒是一种新型病毒，它的传播媒介不再是移动式载体，而是网络通道。这种病毒的传染能力更强，破坏力更大。

② 骇客及骇客的不道德行为。骇客往往利用在计算机方面的独特才能，专门搜索政府和公司网站的漏洞潜入网站内部，盗窃信用卡号、公司商业机密，偷窃数据，篡改内容，扰乱交易等，有时甚至使用特殊工具使受攻击网站瘫痪。骇客的存在正给企业电子商务造成越来越多的危害，并潜藏着巨大的威胁。

11.1.3　电子商务信用管理体系

电子商务伦理中的信用危机的出现从根本上说是由于信息不对称问题的加剧，然而在目前阶段解决信息不对称问题的直接途径就是加强信用建设，这不仅包括买家和卖家的信用，还包括电子商务企业和整个行业的信用体系的建立。

1. 电子商务信用模式

根据买卖双方角色的不同，电子商务市场的信用模式主要分为以下四种。

（1）中介人模式

中介人模式把电子商务平台网站作为交易的中介人。中介人以独立身份参与整个交易的全过程。交易协议确定后，买卖双方或其中一方将货物或货款交给电子商务平台网站设在各地的分支机构，分支机构根据交易信息查验无误后再将货物或货款交给另一方。中介人信用模式主要应用在 B2B、C2C 业务领域，其最大优点是平台管理机构控制交易全过程，从而在一定程度上降低了各交易方的商业信用风险；其缺点是在该模式下中介人须设立较多分支机构，交易成本较高，交易速度较慢，且对中介人自身的信用监管较为困难。

（2）担保人模式

担保人模式以电子商务平台网站或经营网站的企业为交易各方提供担保为特征，试图通过提供担保服务而降低信用风险。担保人模式要求担保人全面了解被担保人的信用状况，因而在实际应用过程中较为适合具备特定组织性的行业，其优势在于能够降低交易双方的信用风险；其缺点是对被担保人信用状况的核实较为复杂，额外增加了交易成本。

（3）单边信用模式

单边信用模式是指企业通过建立电子商务网站的方式进行商品交易活动。企业构建的电子商务网站作为销售方，在取得商品交易权后，购买方把货款通过线上或线下方式转至电子商务网站指定银行账户，网站在确认收到货款后再从配送中心发送货物。单边信用模式主要建立在网站自身信誉基础之上，需要参与电子商务交易的购买方对销售方有足够信任。至于促使网站按照承诺履行交易，则需要社会其他机构例如工商行政管理部门、消费者协会等来事后监督。单边信用模式一般主要应用在以小批量、低价为特征的零售业态网站，由于购买方一般对销售方信用情况了解较少，因而该类型商业欺诈行为频繁发生，对信用状况的改善需求较为迫切。

（4）委托授权模式

委托授权模式是指电子商务网站通过构建一定的交易规则，要求参与交易者在协议银行或同等性质机构按照预先设定的条件设立交易公共账户，网站计算机系统按照预设程序对交易资金进行业务管理，从而确保交易的安全状况。在委托授权信用模式下，电子商务网站并不直接参与双方交易过程，交易双方以银行或同等性质机构的公平监督为基础实现信用保证，因而安全性更高。但是，要实现此模式需要银行或同等性质机构的参与，并不是所有企业都能够做到建立全国性的委托机制，因而目前主要在证券经纪类业务电子商务网站得到广泛应用，部分大型电子商务平台网站也有一定应用。

2. 电子商务信用体系

从信用模式中所体现的信用关系角度来看，可以分为以下三种关系。

一是直接信用关系。在电子商务市场中买卖双方通过互联网直接交易，授信方通过受信方的网络交易平台进行买卖，是非借助第三方而发生的信用关系，此种信用关系在 B2B、B2C 交易类型中较为常见。

二是间接信用关系。主要指的是 C2C 交易类型的信用关系，即作为授信方、受信方的消费者都通过第三方网络平台完成交易行为。在间接信用关系中，电子商务市场中的网络平台仅仅为双方提供交易场所但并不提供信用保障，买卖双方交易行为最终在网络平台外完成。

三是第三方信用关系。主要是指由第三方机构为交易双方提供商品所有权转移过程的服务，并从中抽取佣金，也被称为“中介信用”，其服务提供机构为信用中介，例如银行机构、支付平台等。

值得注意的是，以上三种信用关系，在一定条件下是可以互相转化的，即通过修改、减少或增加某些环节，就可能从一种信用关系转化为另一种信用关系。例如，直接信用关系中的一方通过第三方电子商务交易平台来购买或出售，那么根据第三方电子商务交易平台功能的不同，直接信用关系就会变为间接信用关系（交易平台不提供信用服务）或第三方信用关系（交易平台提供信用服务）。

从电子商务平台提供商的角度分析，目前已建立和应用的相关信用管理体系主要表现在如下几个方面。

（1）电子商务平台提供商构建的第三方担保制度

电子商务信用一般包括信用评级、网络身份证明、网络信用担保、第三方担保等几种形式，而第三方担保是我国电子商务企业应用最多的一种制度。主流电子商务平台网站纷纷建立了第三方担保制度，如易趣的“安付通”、淘宝网的“支付宝”等，如表 11-1 所示。

表 11-1　知名电子商务网站第三方担保制度建设情况

数字机构	易趣	淘宝、阿里巴巴中国站
支付工具	安付通、贝宝	支付宝
第三方构成	中国工商银行、中国建设银行、招商银行、银联电子支付服务有限公司	中国工商银行、中国建设银行、招商银行、中国农业银行、广东发展银行、兴业银行等

总地来讲，其原理是基本一致：由网站平台与商业银行或企业组建独立的第三方中介，交易买卖双方通过第三方中介完成交易行为，其操作流程如图 11-1 所示。同时，对于消费者严格遵循流程操作但由于其他原因造成经济损失的，电子商务网站企业也推出了相应的赔偿制度作为补充，如淘宝网的“全额赔付制度”、易趣网的“安付通保障基金”等。

图 11-1　基于第三方担保的电子商务交易操作流程

（2）电子商务平台提供商自身的信用评级制度

事实上，以易趣、淘宝网等为代表电子商务网站的信用评级体系大体上是一致的，其构成情况如图 11-2 所示。

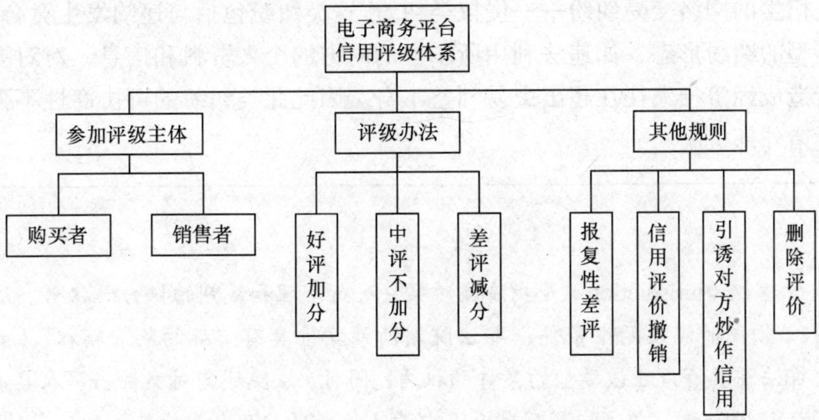

图 11-2 电子商务平台的信用评级体系

从图 11-2 中可以看出，参与信用评级的主体是交易双方根据实际交易情况对每次交易对手选择好、中、差评。评价情况会永久记入交易对手的信用记录里。此外，针对一些特殊情况，电子商务平台提供商也制定了相应的其他规则予以补充。

（3）电子商务平台提供商内部的调解机制

目前，知名电子商务交易平台网站都设有类似于仲裁机构的协调机制，其内部也设置有法务部门。如果交易双方发生纠纷，可先由仲裁机构进行协调，协调失败后再诉诸法律。

11.2 网络交易纠纷及其解决机制

电子商务中的伦理问题建立在网络环境的信任危机基础之上，网络诈骗和网络信任问题衍生网络交易的纠纷。

针对电子商务活动中网络伦理问题造成的交易纠纷，由法院推出的远程视频审案和网上案件审理方便了双方当事人，并将被仲裁部门所沿用，一部由中国国际经济贸易仲裁委员会颁布的《中国国际经济贸易仲裁委员会网上仲裁规则》已于 2009 年 5 月 1 日起正式施行。该规则特别适用于解决电子商务争议。

11.2.1 网络交易纠纷的定义和分类

伴随着网络环境的普遍化和复杂化，基于网络平台的交易逐渐呈现几何式增长趋势，网上购物成为人们生活中不可缺少的一部分。相应地，由此衍生出的网络交易纠纷，包括其管辖权等内容的界定成为一大管理难题。网络交易纠纷指各交易方因因特网上的商品和服务交易而产生的纠纷。一般来说，网络交易纠纷分为以下两类。

第一类是典型的网络交易纠纷——违约类纠纷。网络交易具有非现场性。此类纠纷往往无伤人格性权利，所形成的损失也基本在交易利益范围之内，非违约方当事人主要考虑的是挽回经济损失，因此该类纠纷具有较强的可协调性。当协商失败，不得不诉求外部纠纷解决机制时，则必须遵循“低成本”的首要原则。

第二类是衍生的网络交易纠纷——侵权类纠纷。这类纠纷包括与违约发生竞合的侵权纠纷，还包括一些新型的纠纷形态，如违法利用所掌握的对方的个人资料和信息，对对方进行骚扰。侵权类纠纷若造成经济损失往往超出交易利益本身。因此此类纠纷的可协商性不强，受害当事人更倾向于诉诸外部机制。

【小知识】

管辖权：管辖权（jurisdiction）是指法院对案件进行审理和裁判的权力或权限。法院要对案件具有管辖权，必须同时满足两个条件：即法院对所涉案件具有“标的物管辖权”（subject matter jurisdiction），即法院具有审理该类型的案件的权力；同时，法院还需对案件当事人具有“个人管辖权”（personal jurisdiction），即法院具有对诉讼中涉及的当事人做出影响其权利义务的裁决的权力。

网络交易纠纷具有网络时代的特色，其交易主体和交易方式发生了改变，因此传统交易纠纷解决方式存在着局限性，面临着重大挑战。传统交易产生争议的解决途径一般包括诉讼、有关组织如消费者协会的调解、仲裁、向有关行政组织提出申诉、与经营组织协商等。

网络时代传统交易纠纷解决方式所面临的挑战如下。

第一，管辖难。对于网络交易过程中的纠纷，消费者在维权起诉之前必须正确判定哪个法院有管辖权，以避免不必要的时间和经济损失，经营者在进行网络经营活动中，也希望预见其诉讼地。面对网络技术的日益普及和电子商务的全球性特点，如何确定被告所在地和合同履行地等存在很多问题，《民事诉讼法》中针对传统交易纠纷案件的原则不再普遍使用于网络交易纠纷。

第二，取证难。当在线交易涉及跨国跨地区范围时，通过司法程序或利用某一国的机构解决纠纷存在很多困难。消费者与经营者之间的实力和能力差距、中小型企业面对交易之外的高成本危机、各国家对消费者的保护力度差距、各国对网络交易纠纷的处理方式及相关法律和程序的差异性等方面共同影响了诉讼裁定时的合理和公正性。同时，网络交易与传统交易不同，其交易往来无书面文件，均以网络数据形式表现，因此造成纠纷解决时的举证责任难以执行。

11.2.2 网络交易平台的法律定位与内部争议处理机制

【小案例 11-2】：第三方支付平台支付宝的地位问题造成的纠纷

2006 年年末 G 先生在网上购买了一款手机，他与卖家 J 先生约定以平邮方式寄送货品。G 先生通过支付宝网络支付工具支付了货款。3 天后，G 先生意外地收到通过快递寄来的货品，但包装盒有明显拆卸迹象，打开后发现手机和电池板全无，剩下的只是些其他配件和说明书等物。G 先生当即拒绝在快递签收单上签字确认。他向网店方面要求退款，数日未见结果，又向网店客户服务中心投诉。该网站答复为“卖家不同意退款”，由此网店也拒绝将货款退还 G 先生。当时该货款仍在支付宝账户中。按照媒体报道，网店的争议处理规则中有这样的表述：“自买卖双方争议发生之日起 30 天内，支付宝未收到交易双方协商一致的意见或公安机关、法院的案件受理通知书等法律文书，若交易双方中的一方申请支付宝对争议货款进行处理，支付宝可在 7 天内自行判断将争议货款的全部或部分支付给交易一方或双方”。对此，G 先生认为支付宝的身份和任务是为买卖双方代收代付货款、起一个代理人的作用，支付宝无任何证据让人信服其裁判的结果一定是公平、公正的并未宣判。

第三方支付平台的身份应该是一个货款代管者。它的收款与支付，完全建立在民事约定的基础之上，基于支付货款的买方对它的授权，也基于提供货品的卖方对它的代收货款的授权。第三方支付平台在这个收支行为中的全部权利义务，都来自于买卖双方与它的约定。显然，作为支付工具的第三方支付平台并不当然获得当事人对它的居间解决纠纷的授权，它可以获得代收代付货款的授权，并不因此产生其中发生的纠纷也可以居间解决的权利。这是两个问题，更何况第三方支付平台自身也可能与委托人之间产生纠纷。

1. 网络交易平台的法律定位

针对出现的网络交易纠纷采取合理、合法及公正的解决机制刻不容缓。目前网络交易相关纠纷的解决主要依靠民间型机制，其中以网络交易平台提供的纠纷解决机制为主，其效用值得肯定，但消费投诉量的迅速上升也表明其尚不足用。网络交易平台方构建的纠纷解决机制为何使得相当部分纠纷能够在平台内得以解决，而另一部分纠纷必须离开平台以寻求传统救济方式，这主要取决于网络交易平台的法律定位。

网络交易平台运行方式一般分为三类，即企业之间通过数据电文的形式从事货物贸易（B2B）；企业之间通过自己建立的或者服务商提供的网络平台向消费者销售货物或者提供服务（B2C）；个人通过第三方搭建的网络平台进行货物和服务的交换（C2C）。在此三种交易模式中网络交易平台起着核心作用。网络交易平台所搭建的交易市场是虚拟的，运用现实法律规范、现有规定去界定虚拟空间活动时，对于网络交易平台提供商与电子商务其他主体之间法律关系，有如下归纳。

（1）委托或代理法律关系；

（2）信托或行纪法律关系；

（3）居间合同法律关系；

（4）财产租赁或柜台出租法律关系；

（5）合作经营者法律关系；

（6）技术服务合同法律关系等。

其中第（3）、（4）、（6）较为普遍。事实上，网络交易的全新法律关系涉及服务性因素、合作性因素、居间性因素、租赁性因素四种性质，现有的多元化法律关系是在原有法律关系的框架和思维模式下进行界定，因此现有的法律定位和法律规定具有一定的局限性。

【小知识】

信托：即受人之托，代人管理财物。是指委托人对受托人的信任，将其财产权委托给受托人，由受托人按照委托人的意愿以自己的名义，为受益人的利益或其他特定目的进行管理或处分的行为。

行纪：行纪（读音：háng jì）是指经纪机构受委托人的委托，以自己的名义与第三方进行交易，并承担规定的法律责任的商业行为。

居间合同：是指居间人向委托人报告订立合同的机会或者提供订立合同的媒介服务，委托人支付报酬的合同。在民法理论上，居间合同又称为中介合同或者中介服务合同。

为确保交易流程顺利进行，网络交易平台提供商在电子商务交易中的法律职责主要体现在以下五个方面：制度建设、信息监管、运营管理、用户注册管理、用户协议制定。由此决定的网络交易平台提供商的法律定位为：是本平台开展电子商务活动的交易规则制定者；是平台交易主体的审核者；是交易信息资料的储存和保管者。基于这些身份，网络交易平台提供商的法律地位是：网络服务提供者，对本平台交易活动具有一定的注意和监控义务，对网络交易商品信息应尽到形式上的审查义务，否则就应承担一定的赔偿。总的来说，网络交易平台提供商与电子商务交易主体形成服务合同关系，承担服务合同项下的权利和义务，如果纠纷就服务合同而产生，网络交易平台提供商则是纠纷的一方当事人，为促进纠纷的妥善解决，应谨慎选择中立的第四方全程介入。

2. 网络交易平台的内部争议处理机制

一般来说，网络交易平台提供商为吸引商家及消费者登录及交易，将自身定义为纠纷的协调者和裁决者，这种纠纷解决机制即为内部争议处理机制，它并不完善。

内部争议处理机制指由在线交易经营者自己所设立的接受消费者投诉，与消费者沟通，协商解决消费纠纷的制度。内部争议处理机制广泛应用于各国的电子商务领域，纠纷解决者的资质和水平关系到民商事主体的权利是否能够得到适当的保护和尊重；另一方面，网络交易平台提供商的法律地位和权利决定其不符合纠纷解决者的应当具备的条件。主要表现在：提供商不具有交易纠纷管辖权，商家是以售后服务形式进行纠纷处理和解决；网络交易平台提供商是一个企业法人，显然不具备裁断交易纠纷的专业水准；网络交易平台提供商无特定标准的纠纷解决裁定程序；没有约束力使网络交易平台提供商的裁定结果得以执行；网络交易平台提供商和电子商务交易双方均有联系，对于网络交易纠纷的产生其本身具有一定的法律责任，并不是独立于争议之外的第三方。各项因素综合决定了网络交易平台不能成为纠纷解决者。

11.2.3 网络交易纠纷解决机制

1. 网络交易纠纷解决机制应遵循的原则

目前，在我国司法实践中，对网络侵权案件管辖权的确定，仍适用民事诉讼法中的“原告就被告”、被告住所地或合同履行地等规定来行使管辖权。这种传统原则的规定对于网络交易纠纷案件管辖权的确定具有相当的滞后性。因此，在进行网络交易纠纷解决机制时应遵循以下原则。

第一，最低限度原则。也称“最小联系”原则，是美国法院为了解决网络交易纠纷中非居民被告的管辖依据问题而运用的确定管辖权的方法。意味着只要非居民被告与法院所在国居民存在有持续的、实质性的最小联系，那么法院即对该被告享有管辖权。实质性联系包括与法院地国居民或消费者签订电子合同或向其提供产品或服务。这一原则方便了原告消费者提起的诉讼。

第二，网上信息公示原则。在确定享有管辖权的法院时，应本着对处于弱势地位的消费者予以保护的精神。网上企业经营者赖以经营的网页只是一个虚拟的空间，网页寄存的网站服务器所在地不能作为经营者的主要经营地。在网络环境中，消费者了解被告所在地的主要途径是查看网上企业的公示，为保证消费者起诉的效率，关键是强化对网上企业主体信息公示的监督管理。

第三，合同履行地确定原则。若消费者选择合同履行地作为管辖地点，合同履行地的确定就成为关键。目前，在线交易的货物买卖履行仍是传统的方式，通过物流运输交付。根据《合同法》的规定，合同履行地一般以约定交货地点为合同履行地，没有约定的，依交货方式确定合同履行地。在网络环境中，存在代办托运和送货上门两种方式。因此，商家和消费者在异地的，无论选择被告所在地还是选择合同履行地，其管辖结果可能都有利于被告。

2. 法院外网络交易纠纷的解决机制

当前的网络交易状况导致了通过司法程序解决纠纷存在诸多困难，为保护消费者权利，寻求法院外的争议解决机制已经成为国际社会的共识。2000 年 12 月，OECD、海牙国际司法会议和 ICC 在荷兰海牙专门以“建立网络环境下的信用——在线争议解决机制”为议题召开了联合会议，探讨了 ADR（Alternative Dispute Resolution）机制并提出完善建议，之后又提出了 ODR（Online Dispute Resolution）机制。

（1）网络交易纠纷中的 ADR 机制

ADR 指选择性争议解决机制，以美国为代表的西方将诉讼外的纠纷解决机制统称为 ADR。英国学者将 ADR 定义为：可以被法律程序接受的，通过协议而非强制性的有约束力的裁定解决争议的任何方法。ADR 可以对网络交易纠纷管辖权和法律适用问题进行解决，从该角度来说，作为程序问题的管辖权更多地具有公法性质，利用 ADR 可以有效避免管辖权为诉讼带来的难题。

（2）网络交易纠纷中的 ODR 机制

ODR 即 Online ADR，一般被称作“在线争端解决机制”。该机制具有以下优点：具有相当的灵活性、处理争端的效率性；拥有自身的规则体系；对网络无国界性的强大适应。因此，采用 ODR 解决网络交易纠纷时网络贸易发展的方向之一。ODR 机制是建立在当事人自愿基础上的一种纠纷解决机制，其裁决或调整决定的执行也有赖于商家和消费者的自觉履行。同时，我国政府应鼓励社会力量建立网络消费投诉、在线纠纷协调和解决、法律援助等机构，为交易纠纷提供较好的替代性救济措施。

11.3 电子商务中的知识产权保护

【小案例 11-3】：开心网起诉千橡不正当竞争案

2009 年 5 月开心网正式向法院提起诉讼，状告被业界戏称为“山寨版开心网”kaixin.com 持有方千橡不正当竞争，要求千橡停止使用近似网站名称，并公开赔礼道歉。

开心网认为，千橡开心网 kaixin.com 违反公平诚信商业原则，其行为构成了不正当竞争，并致使自己的合法利益遭受巨大损失。开心网请求法院判令千橡停止使用“开心网”网站名称，赔偿经济损失 1 000 万元，公开赔礼道歉，并承担诉讼费用。根据北京第二中级人民法院网站披露的信息，开心网透露其已经拥有“开心”注册商标专用权。千橡请求法院驳回开心网诉讼请求，理由是该公司现已不是“开心网”（kaixin.com）的经营者，因此开心网所诉主体有误。由于没有标准和尺度，也没有案例可参考，此案中法官自由裁量权比较大。

有互联网业内人士认为，千橡在与开心网的竞争中，确实存在一些有争议的做法。如果开心网此案胜出，将对中国互联网混乱不正常的竞争格局有好的影响。但不可否认的是，商家之间的竞争越加激烈，知识产权越应得到更多重视，以著作权、域名权、商标权等为代表的知识产权侵权问题屡见不鲜，成为电子商务不正当竞争的主要纠纷来源。

11.3.1 知识产权的概念与特征

从广义上来看，知识产权可以包括一切人类智力创作的成果，而狭义或者传统的知识产权则包括工作产权与著作权。其中，工业产权中又包含专利权、商标权、著作权、域名、商业秘密等；著作权包括狭义的著作权与邻接权等。

知识产权有以下几个突出特征。

第一，知识产权是无形财产。知识产权的“无形”特点给知识产权保护、知识产权侵权的认定等带来了比有形财产复杂得多的问题。知识产权作为人类的智力成果是无形的，但记载知识产权的载体可能是有形的，可以对知识产权客体本身和知识产权载体进行区分。

第二，知识产权具有专有性。两个人分别研究出相同的发明，则只可能由其中一个人获得专利权，获得专利权的人将有权排除另一个人将自己研究出的发明许可或者转让给第三人。

第三，知识产权具有地域性。是指知识产权只能依照一定国家的法律产生，并只在该国地域内有效。

第四，知识产权具有时间性，是指知识产权仅在法律规定的时间内有效，超过时间期限，它们就不再属于知识产权制度保护的客体，这些知识产权就进入公共领域。

11.3.2 电子商务中的知识产权侵权问题

1. 著作权侵权问题

【小案例 11-4】：刘建业诉北京新浪互联信息服务有限公司侵犯著作权纠纷案

历史小说《明清十大奇案》的作者，拥有该书的著作权。而北京新浪互联信息服务有限公司出于谋利目的，自 2007 年 9 月 7 日起，不与原告进行任何接触，就将此书至少 70%的内容在新浪网读书频道全文发布，而且一发就达近 6 个月之久。原告代理人找被告询问时，被告竟以“我们已得到出版社授权”为理由，拒绝赔偿。此书的网络发布权归原告所有，出版社根本无权将网络发布权授予被告，被告的行为严重侵犯了原告的著作权。故原告诉至法院，请求判令。被告新浪公司辩称：我方依据中央编译出版社的授权书刊登涉案图书，在接到原告起诉书后已将涉案图书删除。我方仅是给网络用户提供图书信息，取得了合法授权，并不存在过错。公证书不能证明刊登了小说的具体多少内容。原告要求赔偿经济损失 16 万元和精神损失 20 万元没有合法依据，我方没有侵权，不同意赔礼道歉。

法院判决为：自判决生效之日起十日内，被告北京新浪互联信息服务有限公司在新浪网站读书频道（http：//book.sina.com.cn）上连续二十四小时刊登声明，向原告刘建业公开致歉；被告北京新浪互联信息服务有限公司赔偿原告刘建业经济损失包括为制止侵权支出的合理费用共计六千二百五十元；驳回原告刘建业的其他诉讼请求。

著作权亦称版权，是指作者或者其他著作权人依法对文学、艺术和科学作品所享有的专有权利。著作权人的权利有两个方面：一方面是指作者享有精神权利（人身权），具体包括发表权、署名权、修改权和保护作品完整权；另一方面是指作者享有经济权利（财产权），具体包括复制权、发行权、出租权和传输权。著作权法保护的对象包括：文字作品；口述作品；音乐、戏剧、曲艺、舞蹈、杂技艺术作品；美术、建筑作品；摄影作品；电影作品和以类似摄制电影的方法创作的作品；工程设计图、产品设计图等图形作品和模型作品；计算机软件；法律行政法规规定的其他作品。

著作权侵权的类型分为直接侵权和间接侵权行为。

（1）直接侵权

直接侵权指未经作者或者其他著作权人许可而以任何方式复制、出版、发行、改编、翻译、广播、表演等，均构成对著作权的直接侵犯。

近几年常见的直接侵权责任，按照侵权责任主体可分为以下三类。

① 互联网网页的拥有者，以及以其他网络技术形式向因特网提供信息的主体（即互联网内容提供商 ICP）的著作权侵权行为；

② 网络服务商和电子布告板系统经营者等为网上信息传播提供设施、途径和技术支持的主体（即网络服务提供商 ISP）的著作权侵权行为；

③ 一切从网上获取信息的主体（即用户）的著作权侵权行为。

（2）间接侵权

网上的间接侵权责任主要是指因特网服务提供商和网主因用户的侵权行为承担的侵权责任。在该问题上，美国 1997 年出台的两个关于网络责任限制的法案《在线著作权责任法》和《澄清数字化著作权与技术教育法》对网络上的间接侵权责任做了一定限制。它们以著作权人履行通知义务为著作权保护的前提，但不符合著作权自动保护的原则。

2. 域名侵权问题

【小案例 11-5】："网络钓鱼"实例解析

2004 年 7 月发现的某假公司网站网址为 http：//www.1enovo.com，而真正的网站是 http：//www.lenovo.com，诈骗者利用了小写字母 l 和数字 1 很相近的障眼法。诈骗者通过 QQ 散布"××集团和××公司联合赠送 QQ 币"的虚假消息，引诱用户访问。一旦访问该网站，首先生成一个弹出窗口，上面显示"免费赠送 QQ 币"的虚假消息。而就在该弹出窗口出现的同时，恶意网站主页面在后台即通过多种 IE 漏洞下载病毒程序，并在 2 秒钟后转向真正网站主页，用户在毫无觉察中就感染了病毒。病毒程序执行后，将下载该网站上的另一个病毒程序 bbs5.exe，用来窃取《传奇》账号、密码和游戏装备。当用户通过 QQ 聊天时，还会自动发送包含恶意网址的消息。

域名是指互联网上识别和定位计算机层次结构的字符标识，与该计算机 IP 地址相对应。每一个与因特网相联结的网络主机都赋予了一个独一无二的地址。域名具有地址性和标识性两个方面的功能，有人称域名地址为"网络商标"。域名是一种新知识产权，具有以下四个特征。

第一，绝对的排他性，域名必须在全球范围内具有绝对的排他性。

第二，地域性，域名的使用是全球范围的。

第三，时间性，一经注册即可永久使用。

第四，标识性，因特网上的不同组织机构通过不同的域名注册来区分彼此。

在商业竞争激烈的时代，域名因其唯一性和专属性等特点成为提高企业或者产品知名度的一种手段，因此在进行网络交易活动中为获取利益而产生的不法行为逐渐增加。域名面临的法律问题主要有以下两方面。

（1）恶意抢注行为。域名具有一定的商业价值，因此出现某些网站抢先利用被抢注者的良好声誉得到网络用户的访问，抢注成功会损害被抢注者和网络访问用户的权利。目前，国际上囤积域名和抢注驰名商标等现象日益严重，法律应当制止此类行为，保护域名所代表名称和商标真正权利人的利益。

（2）具有同样商标的不同商品和服务的问题。商标法允许在不会产生市场混淆的前提下，同样的商标可以被不同商品和服务销售者使用，但因特网具有全球性，而域名具有唯一性，二者与商标法的规定易产生冲突。

3. 商标权侵权问题

【小案例 11-6】华润万象城商标权侵权纠纷案

华润公司深圳总部和华润置地（合肥）有限公司已向合肥高新技术产业开发区人民法院递交民事诉状，将“松芝万象城”开发商和运营商告上法庭，状告“松芝万象城”项目侵犯“华润万象城”项目商标权，要求其立即停用“萬象城”、“万象城”及“mixc”、“MIXC”等相同或近似名称、标识等。

合肥“松芝万象城”项目是由义福房地产（合肥）发展有限责任公司开发，由安徽大统华商业运营管理有限公司运营管理，该项目在户外、模型、印刷品、网络等推广物料上大范围使用“万象城”、“萬象城”名称及 logo 图形。近期，“松芝万象城”又在其建筑门头及效果图上使用“MIXC 松芝万象城”字样。

律师认为，合肥“松芝万象城”项目直接或变相使用了华润“萬象城”简繁体及英文商标，误导、混淆视听，已经构成了商标侵权，违背了《中华人民共和国反不正当竞争法》，对合肥“华润万象城”项目开发、营销和招商均产生了不良影响。

商标权是指特定主体依法享有的商标专有权。按照我国《商标法》规定：商标权包括商标专用权、使用许可权和商标续展权。

网络上的商标侵权主要类型为以下几种。

（1）电子公告板系统上的商标侵权。电子公告板系统是因特网上一种重要的信息通信方式，网络用户可以通过该系统上传和下载信息。

（2）网络链接上的商标侵权。因特网上的不同服务器之间可以通过超文本标记语言链接起来。

（3）网上搜索引擎上的隐形商标侵权。其特征主要是网主将他人的商标埋置在自己网页的源代码中，当用户使用网上搜索引擎查找被埋置商标时，该网页就会位居搜索结果前列。

11.3.3 全球环境下的电子商务知识产权保护

1. 国际电子商务环境下的域名保护

电子商务和网络具有全球性特点，而在国际环境下的域名保护应遵循以下原则。

（1）域名系统本身的国际协调涉及信息与网络技术问题，对域名的法律保护应充分注意到技术因素的制约。

（2）域名的知识产权保护，应先国际后国内。域名的知识产权保护应先确立国际性法律框架，然后由各国据此制定适合其国情的国内法予以实施。

（3）制度的衔接。现有国际知识产权法缺乏保护域名的专门制度，但《巴黎公约》和《TRIPS 协议》等主要的国际知识产权法所规定的基本原则与规则，可能对建立域名的知识产权国际保护制度起主导作用。

除了域名问题，当今全世界的知识产权保护更多涉及著作权的保护。

2. 中国域名争议解决机制

中国国际经济贸易仲裁委员会域名争议解决中心分别于 2001 年 1 月 1 日和 2002 年 1 月 1 日开始正式受理中文域名争议和通用网址争议。我国域名争议解决机制的优势在于既能与国际域名争议解决机制保持一致，又可以在管理和运行上实现本国化，但裁决结果仅限于注册人的变更，不涉及经济赔偿。一般来说，域名法律保护的原则为：第一，先申请先注册原则；第二，公平和诚实信用原则；第三，保护在先权利原则。

3. 中国在全球电子商务环境下的知识产权保护对策

虽然我国的知识产权法律的保护制度的建设起步比较晚，但伴随着电子商务发展水平的不断提高，对外开放政策的不断增强，我国的知识产权制度取得了长足发展，但要建立一个完善的科学的知识产权保护制度，能够有效地激励的创新机制，维护社会发展稳定，还需要进一步改善。中国在全球电子商务环境下的知识产权保护对策包括以下几方面。

第一，加大基础电信建设，为电子商务在全球范围内的长足发展奠定基础。在全球经济以信息技术革新为主流的发展模式之下，全球各国都必须加快调整和升级传统的工业技术模式，寻求知识经济下信息技术的稳步发展。电子商务运行系统的发展水平直接影响到电子商务活动的顺利实现和政府的有效管理，信息技术的发展使得引进新技术和新思路成为商家新资本，众多国家开始建立电子受理系统，我们政府部门需要建立知识产权管理机构的专用网页。

第二，建立和完善适合现代科技发展的中国知识产权保护制度。首先，在立法暂时滞后的情况下建立自律机制。在电子商务中解决知识产权侵权问题最有效的根本办法是加强网络的自律。缺乏自律性会导致社会秩序的混乱，仅靠法律的保护不能从根本上解决问题，必须与人类自律观念紧密结合，因此在不断完善知识产权保护制度的同时要顺应时代要求，建立适合时代要求的保护政策措施，以不断推动我国的电子商务活动的开展和革新。其次，完善电子商务及知识产权立法。

在人的自律性有限的条件下，社会的积极发展必须得到完善法律条款的保护，所以我们应制定专门性的针对电子商务活动操作规范的法律条文，强调电子商务活动受到法律的保护和制约。立法必须尽可能地解决传统知识产权保护制度上的不足之处，对于域名、网络设计等的保护一定要明确，以防止不法分子借法律的空白造成侵权行为。另外，加大执法的力度，强调“一体化”保护力度。我国司法机关通过司法解释逐步完善网络环境下的知识产权保护力度，关键在于加强执法力度，实现一体化的综合保护手段，要求执法机关的协调合作和法律手段的综合处理，以使我国的电子商务活动形成良性循环模式。

11.4 电子商务法律法规

【小案例 11-7】《电子签名法》全国第一案，短信作证呈堂

这起《电子签名法》出台后的第一案，由海淀法院 3 名法官合议审理。据杨某介绍，2004 年 1 月，杨某结识了女孩韩某。同年 8 月 27 日，韩某发短信给杨某，向他借钱应急，短信中说：“我需要 5 000，刚回北京做了眼睛手术，不能出门，你汇到我卡里”。杨某应承了下来，并瞒着妻儿将钱汇给韩某。一个多星期后，杨某再次收到韩某的短信，又借给韩某 6 000 元。杨某称，韩某事后不但没有还钱，反而再一次向他借钱。杨某产生了怀疑，要求韩某还钱。经过几次的催要，杨某接到韩某的短信：“我一定会还，就是需要等一段时间。”但直到杨某起诉，韩某仍未还钱。

在杨某提起诉讼后，他向法庭提交了存有韩某借钱短信的手机。杨某的律师在庭上宣读了其中一部分短信："我需要 5 000"、"我还需要 6 000"、"等项目做了我再还给你"等。韩某的代理人在听完短信内容后，否认发送短信的手机号码属于韩某，并质疑短信的真实性。法官提醒他，在前次开庭时，法官曾当着双方拨打了该手机号码，接听者正是韩某本人。韩某也承认，自己从去年七八月份开始使用这个手机号码。

随后，韩某代理人表示，短信不能作为证据。而杨某的律师手持《电子签名法》表示，根据这部 2005 年 4 月 1 日出台的法律，手机短信属于法律对"数据电文"的定义，也符合"有形表现所载内容"、"可以随时调取查用"的认定规则，并要求法庭确认短信证据的效力。

电子商务是依托互联网而兴起的一种全新商务模式，它代表着未来商务贸易方式的发展方向。电子商务的快速发展和独特的运作方式，带来一系列新的法律问题，如域名抢注、著作权侵权、消费者合法权益受到侵害、网络欺骗、不正当竞争及网络犯罪，这些新问题对法律规范提出了重大挑战。电子商务法制建设包括立法、司法和行政多个方面，涵盖了市场准入、信息安全和认证、知识产权保护、电子支付、数字签名、互联网管理以及赔偿责任等方面的法律问题，创造一个良好的法制环境是推动电子商务正常有序发展的前提和保障。

随着计算机网络通信技术的飞速发展和广泛应用，电子商务逐渐成为商业活动的主流形式，而规范电子商务活动的法律法规也发挥着越来越重要的作用。

11.4.1 电子商务法概述

法律是调整特定社会关系或者社会行为的规范。电子商务法是调整以电子交易和电子服务为核心的电子商务活动或行为的法律规范的总和。由于电子商务活动具有全球性，不分地域和国界，因此电子商务法律规范必须以全球解决方案为其最终目标。

1. 电子商务法的特征

① 技术规范性。基于具有无形性的网络进行交易为电子商务活动带来更大风险，交易双方身份确认。交易的安全性、信息的完整性和一致性等都有较高的要求，因此，《电子商务法》比一般的民商法更具有技术规范性的特点。

② 对交易形式规范的注重性。电子商务与传统交易的主要区别在于交易的环境和形式的不同。电子商务具有无形性和无纸化的特征，而电子商务的安全主要通过交易形式来保障，因此，电子商务法对交易形式规范的注重程度更加明显、突出。

③ 突出的国际普遍性。电子商务的国际普遍性决定不能孤立地进行电子商务立法，因此与一般民商法相比，电子商务法国际普遍性特征更加明显。

④ 调整社会关系的复杂性。任何电子商务活动的进行都必须有第三方的参与，因此电子商务所调整的社会关系较之一般的民商事法律关系更加复杂。

2. 电子商务法调整对象

电子商务的最大优越性在于其快速、迅捷和全球性，而由此产生的安全性问题成为电子商务面临的最大难题，因此需要国家机关、政府部门对这种通过电子化通信方式进行商业交易的纵向管理。就国内外的法律文件和论著来看，尚未对电子商务法进行权威性界定，但电子商务法的调整对象应该是政府、企业和个人等主体通过电子化通信方式进行商业交易所产生的商事交易关系，以及与此紧密相关的政府管理关系。

根据商务法的内在本质和特点，电子商务的调整关系应当是电子商务交易活动发生的各种社会关系，这类关系交叉存在虚拟社会和实体社会之间，有别于实体社会中的社会关系。

一般来说，电子商务法的调整对象包括两个方面：一方面是调整以数据电信为交易手段而形成的因交易形式所引起的商事关系的规范体系，解决的问题主要集中于计算机网络通信记录与电子签字效力的确认、电子鉴别技术的选定、安全标准与认证机构的确立，以及权利义务的确定等方面；另一方面是调整交易本身和交易引起的特殊法律问题。

3. 电子商务立法涉及范围

电子商务法的地位是指电子商务法在整个法律体系中所处的位置，即应归属于哪个法律部门。电子商务的特点使得它涉及的法律范围比较广泛，《电子商务法》涉及《民商法》、《行政法》、《经济法》和《刑法》等各种法律条款。

4. 电子商务法立法的基本原则

电子商务法的基本原则，是指贯穿于整个电子商务立法和电子商务司法过程中，对各项电子商务法律规范起统率和指导作用的法律精神和指导思想，是这些法律规范的基础和核心。它不仅是电子商务立法的指导方针，而且是一切电子商务主体应遵循的行为准则。电子商务立法的基本原则如下。

① 开放性原则。开放性原则主要包括三个方面的内容：一是指对其他国家和地区有关电子商务法律法规的开放；二是根据意思自治原则发挥好当事人的主观能动性，允许当事人以协议方式订立交易规则；三是指在技术上的开放，具体包含对待电子签名技术上的开放和电子商务媒介上的开放。

② 技术中立原则。技术中立原则是指政府或立法机构对于各种电子商务的软件、技术、媒体等采取中立的态度，由实际从事电子商务者或信息服务中介商根据技术发展的状况选择采用和国际社会接轨的新技术。电子商务立法必须适应电子技术和电子商务模式的新发展。

③ 安全性原则。安全性是交易的内在要求，安全性原则一方面是指为了保护当事方的交易安全，通过立法制定一系列的强制性规范，另一方面是指为了保护国家利益以及公共秩序，各国可以对电子商务法律内容做出调整。

④ 促进交易原则。从政策的角度理解，促进交易原则即采用适当的鼓励措施，促进电子商务交易形式的普及和利用，通过商界的自觉探索为电子商务活动创造良好的法律环境和制度保障。从法律规范的角度，促进交易原则表现为尽可能地为当事人自治和行业自治留有余地。

⑤ 保护弱势方原则。保护弱势方原则一方面体现在企业相互之间，防止某一方滥用其技术上的优势垄断市场，进行不公平交易；另一方面要保护消费者的正当权益。

⑥ 面向全球电子商务原则。电子商务是全球范围的、跨国界的，电子商务交易活动具有全球性。面向全球电子商务原则是指各国支持电子商务交易的法律框架应当有利于推进全球电子商务的发展。

在不断发展和成熟的电子商务市场环境之下，具体运用这五个基本原则时要使它们相互补充，最大限度地建立适合电子商务活动交易的法律规范。

11.4.2 电子商务交易中的法律关系与新问题

1. 电子商务交易当事人的义务

电子商务法中规定在电子商务交易中，买卖双方的法律关系表现为双方当事人的权利和义务，买卖双方在平等基础上进行商务交易。

（1）卖方的义务

在电子商务交易活动中，卖方需承担以下义务。

① 按照合同规定提交标的物及单据。为划清双方的责任，标的物实物交付的时间、地点和方法应当明确肯定。若合同中对标的物的交付时间、地点和方法未做规定，应按照有关合同法或国际公约规定办理。

② 对标的物的权利承担担保义务。卖方是标的物的所有人或经营管理人，卖方应保证对其标的物享有合法的权利，并承诺标的物的权利不被第三人追索，以保护买方的权益。

③ 对标的物的质量承担担保义务。卖方应保证标的物的质量符合国家规定的质量标准或双方约定的质量标准，不应存在质量标准的瑕疵，也不应出现与网络广告相悖的情况。

④ 若卖方不交付标的物或单据，或者延迟交付等造成违约，交付的标的物不符合合同规定，以及第三者对交付的标的物存在权利或权利主张等，买方可通过合法手段获取一定赔偿。

【小知识】

标的物：是指当事人双方权利义务指向的对象。商业买卖合同中的特定名词，标的物指买卖合同中所指的物体或商品。举例说明，在房屋租赁中，标的是房屋租赁关系，而标的物是所租赁的房屋。标的和标的物并不是永远共存的，一个合同必须有标的，而不一定有标的物。例如在提供劳务的合同中，标的是当事人之间的劳务关系。而在劳务合同中，就没有标的物。

（2）买方的义务

在电子商务条件下，为保证交易的公平公正，买方应承担以下义务。

① 按网络交易规定方式支付价款。由于电子商务的特殊性，网络购买一般没有时间和地点的限制，支付价款通常采用信用卡、智能卡、电子钱包或电子支付等方式，因此在电子交易合同中，对采用哪种支付方式应明确肯定。

② 买方应承担按照合同规定的时间、地点和方式接受标的物的义务。按照标的物运送方式的不同，采取相应的接收方式，由卖方运送的标的物，买方应做好接收的准备，并针对延迟接收的情况负延迟责任。

③ 买方应承担对标的物验收的义务。买方接收标的物后，应及时进行验收；针对有瑕疵的物品，需在规定期限内提出异议。因买方不及时进行验收，事后又提出瑕疵的，卖方可不负责。针对卖方隐蔽或故意隐瞒瑕疵的，可追究卖方的责任。

④ 若买方不按照合同规定履行义务，由于买方责任造成的违约，卖方可采取必要的方式获取补偿。

2. 电子商务交易中的法律新问题

新的电子贸易方式的崛起和快速发展，使得电子商务面临着各个方面的问题，为了维护电子商务发展的稳定，世界各国制定了关于电子商务的法律规范，对其进行约束和管理，但电子商务交易仍出现了诸多法律新问题，对传统的法律制度提出了挑战。

（1）在线交易主体和市场准入问题

电子商务交易不同于传统交易，出现了虚拟主体这一概念。电子商务必须确保网上交易的主体真实存在，这要依赖必要的工商管现和网上主体公示制度加以解决，而主体的管理制度实质上是一个市场准入和网上商业的政府管理制度问题。如何保证在现行法律体制下，使得具有开放性的在线商事行为得到限定和规范，成为电子商务法必须研究的问题。

（2）电子合同和履行问题

在传统的商业模式下，通常需对除即时结清和数额很小的交易之外的交易签订书面的合同，以在对方失信不履约时作为证据，追究对方的责任。在在线交易情形下，所有数据资料均以电子化的形式储存于电脑硬盘或其他电子介质中，这些记录方式具有相对的固定性，一般不能脱离特定工作作为证据存在，因此造成电子合同存在问题。与传统交易不同，包括电子签名的有效性、电子合同收到与成立地点、合同证据，以及合同的履行约束等问题都使电子交易的履行存在困难。

（3）消费者权益保护问题

电子商务市场具有虚拟性和开放性，如何保障网上产品或广告信息的真实性、有效性，如何保护消费者权益，成为突出的问题。如今，我国整体商业信用水平不高，网上商品质量良莠不齐，质量难以得到保证，这成为困扰电子商务发展的问题之一。支付手段、物流配送的不完备，使得便捷的购物变得不方便，甚至成本更高。

（4）个人隐私权保护问题

计算机和网络技术的出现为信息的获取、传递和复制提供了方便，加上网络的开放性、互动性，凡是进行在线交易均须将个人资料留给商家，而对这些信息的再利用成为网络时代普遍的现象。一些不法商家为了自身利益滥用客户资料，甚至侵犯消费者隐私，因此如何规范商家的行为，保护消费者隐私权，成为电子商务中新的问题。

（5）在线不正当竞争与网上无形财产保护

网络的发展为企业带来新的经营环境和经营方式，在这个特殊的经营环境中，同样会产生一些特殊的不正当竞争行为，这些竞争行为大多与网上新形态的知识产权或者无形财产权的保护有关，特别是因为域名、网页、数据库等引起一些传统法律体系中所没有规范的不正当行为，需要探讨新法律规则。

（6）产品支付和网上电子支付问题

网上交易的物品通常有两类，分别是有形货物和无形货物。有形货物的支付可以沿用传统合同法的基本原理，并适当改善物流配送中的问题；而无形货物的支付则具有较大的变动性，对产品权利的转移、交付和退货，需要针对实际情况探讨相关的法律规范。

在完成电子商务交易的过程中，电子支付成为必不可少的步骤，不同于一般交易汇款和直接付款的方式，电子商务应在网上完成支付。网上支付是通过虚拟银行的电子资金划拨来完成的，这一过程涉及交易各参与方之间的法律关系，因此需要制定相应的法律，明确电子支付的当事人包括收款人、付款人以及银行之间的法律关系，制定相关的电子支付制度，认可电子签名的合法性。

（7）电子商务税收问题

电子商务作为商业活动应当纳税，但免税作为促进新兴行业发展的有力手段，其实施是十分必要的。由于网络交易逐步发展成为全球范围内的交易，因此管理难度加大。电子商务活动中每天通过互联网传递的信息数据量庞大，如果要监管所有的交易，必须对所有信息进行过滤，但这在现实中几乎不可能。若按现有的税法进行征税，必然要涉及税务票据问题，但电子发票的实际运用在技术上还不成熟，其法律效力尚有较大争论。

（8）电子签名和电子认证问题

电子签名的目的在于利用技术手段对签署文件的发件人的身份做出确认，以及有效保障所传送的文件内容不被当事人篡改，不能冒名顶替传送虚假资料，以及事后不能否认已发送或已接收资料等。

不同于传统交易，电子商务是以互联网为基础，结合其他技术以电子资料数据来保证交易形式，电子签名设计电子合同的谈判和缔结，设计电子支付和结算的安全。在进行合同签署时运用电子签名可不签订确认书，直接使用电子签名；也可以根据实际情况，首先签订使用这种方法的确认书。为了保证电子签名的合法性，如何应用相应技术，并确认当事人双方不泄露对方的签名，保证交易人的权益，成为电子商务发展的难题。

11.4.3 我国电子商务立法现状

我国政府对电子商务的立法问题十分重视，1998 年 11 月 18 日，江泽民同志在 APEC 领导人第六次非正式会议上指出，应加强政府部门对发展电子商务的宏观规划和指导，并为电子商务的发展提供良好的法律法规环境。政府部门需要不断探索和累积经验，建立具有中国特色的电子商务法律体系。

1999 年，我国修改后的《合同法》承认了数据电文（包括传真、电子邮件）的法律效力，数据电文合同的双方因而承担着巨大的法律风险。

在 1999 年年末开始涌现的电子商务热潮的带动下，各项法规相继出台，包括《电信服务标准》、《电信管理条例》、《Internet 信息服务管理办法》、《Internet 电子公告服务管理办法》、《商用密码管理条例》、《电信网间互联管理暂行规定》等。

2000 年 3 月 5 日，在第九届人大三次会议上，上海代表团张仲礼代表提出的“呼吁制定电子商务法”议案，成为此次会议产生的第一号议案。

2000 年 4 月，北京市工商局发布了《北京市工商行政管理局网上经营行为备案的通告》，规范网上经营行为。

2003 年 1 月 27 日，广东省人大、省信息产业厅、省政府法制办联合举行《广东省电子交易条例》新闻发布会，这部条例成为国内首部电子商务地方立法，已于 2003 年 2 月 1 日正式实施。

2003 年 9 月，在第七届中国国际电子商务大会上诞生了中国第一部《电子商务法律法规建议草案》，在消费者权益保护、知识产权保护、数据签证、网络安全、电子税收及 CA 认证等几大方面做了详细的论述。

2004 年 8 月 28 日，十届全国人大常委会第十一次会议表决通过了《中华人民共和国电子签名法》，于 2005 年 4 月 1 日起施行。《电子签名法》首次赋予可靠电子签名与手写签名或盖章具有同等的法律效力，并明确了电子认证服务的市场准入制度。《电子签名法》主要解决了以下问题：一是确定了电子签名的法律效力；二是规范了电子签名的行为；三是明确了认证机构的法律地位及认证程序，并给认证机构设置了市场准入条件和行政许可的程序；四是规定了电子签名的安全保障措施；五是明确了认证机构行政许可的实施主体是国务院信息产业主管部门。

2004 年年底，在国务院办公厅信息化领导小组第四次会议上，通过了《关于加快电子商务发展的若干意见》。该文件阐明了发展电子商务对我国国民经济和社会发展的重要作用，提出了加快电子商务发展的指导思想和基本原则，还提出了一系列促进电子商务发展的具体措施。

2005 年 3 月 31 日，国家密码管理局颁布了《电子认证服务密码管理办法》。

2005 年 4 月 18 日，中国电子商务协会政策法律委员会组织有关企业起草的《网上交易平台服务自律规范》正式对外发布。

2005年6月，央行发布了《支付清算组织管理办法》(征求意见稿)，该管理办法对包括第三方支付企业在内的支付清算组织的性质、业务开办资质、注册资本金、审批程序，机构风险监控及组织人等做出了明确规定。

2005年10月26日，中国人民银行发布了《电子支付指引（第一号)》，对银行从事电子支付活动提出了指导性要求，重点调整银行及其客户在电子支付活动中的权利义务关系。该文件意在规范电子支付业务，规范支付风险，保证资金安全，维护银行及其客户在电子支付活动中的合法权益，促进电子支付业务健康发展。

2006年颁布的《中华人民共和国第十一个五年规划》将“积极发展电子商务”作为一项重要的任务提出来。强调“建立健全电子商务基础设施、法律环境、信用和安全认证体系，建设安全、便捷的在线支付服务平台”。

2006年5月，中共中央办公厅、国务院办公厅发布了《2006—2020年国家信息化发展战略》。

2006年6月，商务部公布了《中华人民共和国商务部关于网上交易的指导意见》(征求意见稿)，有效地避免了网上交易面临的交易的安全性问题。

2007年3月6日，商务部发布了《关于网上交易的指导意见（暂行)》。其目的是为了贯彻国务院办公厅《关于加快电子商务发展的若干意见》文件精神，推动网上交易健康发展，逐步规范网上交易行为，帮助和鼓励网上交易各参与方开展网上交易，警惕和防范交易风险。

2007年6月，国家发展和改革委员会、国务院信息化工作办公室联合发布我国首部《电子商务发展“十一五”规划》。

2007年12月17日，国家商务信息化的主管部门商务部公布了《商务部关于促进电子商务规范发展的意见》。该文件出台的目的在于促进电子商务规范发展，引导交易参与方规范各类市场行为，防范市场风险，化解交易矛盾，促进电子商务健康发展。

2008年4月，中共中央办公厅、国务院办公厅印发的《国民经济和社会发展信息化“十一五”规划》提出，要放宽市场准入，加强政策引导，鼓励社会资金参与信息化建设。营造良好的财税政策环境，鼓励社会资金投向信息资源公益性开发，以及公共信息服务平台建设；进一步完善对信息服务领域的各项扶持政策。

2008年4月24日，为规范网上交易行为，促进电子商务持续健康发展，国家商务部起草了《电子商务模式规范》和《网络购物服务规范》。

2008年，为加大对电子商务的监管力度，北京市工商局出台了《关于贯彻落实〈北京市信息化促进条例〉加强电子商务监督管理意见》，并有望今后逐步在全国推行。

2009年4月，中国人民银行、银监会、公安部和国家工商总局联合发布的《关于加强银行卡安全管理预防和打击银行卡犯罪的通知》(以下简称《通知》)出台。《通知》被视为是在为牌照发放预热。这似乎预示着国家监管部门开始真正着手加强对于第三方支付企业的监管力度。

2009年11月，商务部发布了《关于加快流通领域电子商务发展的意见》，明确了政府部门对电子商务的引导和扶持政策，提出要扶持传统流通企业应用电子商务开拓网上市场，培育一批管理运营规范、市场前景广阔的专业网络购物企业，扶持一批影响力和凝聚力较强的网上批发交易企业。

2010年6月1日，国家工商总局出台了《网络商品交易及有关服务行为管理暂行办法》(以下简称《办法》)，其中明确规定，通过网络从事商品交易及有关服务行为的自然人，应提交其姓名和地址等真实身份信息。该《办法》的出台将促进网络商品交易及有关服务行为的健康发展。该《办法》自2010年7月1日起施行。

2010年6月21日，中国人民银行发布央行令，颁布了《非金融机构支付服务管理办法》，规范非金融机构支付业务。《非金融机构支付服务管理办法》于2010年9月1日起施行，对非金融机构支付服务进行了定义，该服务不仅包含第三方支付从事的网络支付，还包含预付卡的发行与受理、银行卡收单及中国人民银行确定的其他支付服务。其出台意在规范当前发展迅猛的第三方支付行业，对于行业规范发展将起到引导作用。同年12月1日央行出台《非金融机构支付服务管理办法实施细则》，重点强调支付机构从事支付业务的最基本规则，以及对申请人资质条件的细化。

进入2011年，我国电子商务立法的进程也已迈进快车道，这是建立在商业层面的需求和现有立法逐渐成熟的基础上的，连续出台了多部电子商务相关法律法规，其中包括：商务部分别于2011年1、7月和2013年3月出台的《关于规范网络购物促销行为的通知》、《第三方电子商务交易平台服务规范》和《关于利用电子商务平台开展对外贸易的若干意见》；商务部与国家邮政局于2012年2月联合发布的《关于促进快递服务与网络零售协同发展的指导意见》；以及国家工商总局于2012年3月颁布的《关于加强网络团购经营活动管理的意见》等。

中国电子商务相关法律法规盘点如表11-2所示。

表11-2　　中国电子商务相关法律法规盘点

序　号	颁布时间	颁布部门	法律/法规	所属领域
1	2000年9月	国务院	《中华人民共和国电信条例》	信息服务
2	2000年10月	信息产业部	《互联网电子公告服务管理规定》	信息服务
3	2004年5月	国家食品药品监督管理局	《互联网药品信息服务管理办法》	信息服务
4	2004年8月	国家商务部	《中华人民共和国电子签名法》	电子认证
5	2005年1月	信息产业部	《互联网信息服务管理办法》	信息服务
6	2005年4月	中国电子商务协会	《网上交易平台服务自律规范》	网上交易
7	2005年6月	中国人民银行	《支付清算组织管理办法》	网上支付
8	2005年9月	国务院新闻办公室、信息产业部	《互联网新闻信息服务管理规定》	信息服务
9	2005年9月	国家食品药品监督管理局	《互联网药品交易服务审批暂行规定》	网上交易
10	2005年10月	中国人民银行	《电子支付指引（第一号）》	网上支付
11	2005年11月	信息产业部	《互联网电子邮件服务管理办法》	邮件服务
12	2007年7月	信息产业部	《信息产业部关于做好互联网网站实名管理工作的通告》	信息服务
13	2007年8月	中国银行业监督管理委员会	《关于严厉打击涉及公共安全的违禁品网上非法交易的通知》	网上交易

续表

序号	颁布时间	颁布部门	法律/法规	所属领域
14	2007 年 12 月	国家商务部	《关于网上交易的指导意见（暂行）》	网上交易
15	2007 年 12 月	国家商务部	《关于促进电子商务规范发展的意见》	电子商务
16	2008 年 4 月	国家商务部	《电子商务模式规范》和《网络购物服务规范》	电子商务
17	2009 年 11 月	国家商务部	《关于加快流通领域电子商务发展的意见》	电子商务
18	2010 年 6 月	国家工商总局	《网络商品交易及有关服务行为管理暂行办法》	网上交易
19	2010 年 6 月	文化部	《网络游戏管理暂行办法》	网络游戏
20	2010 年 6 月	商务部	《商务部关于促进网络购物健康发展的指导意见》	网络购物
21	2010 年 6 月	中国人民银行	《非金融机构支付服务管理办法》	网上支付
22	2010 年 12 月	中国人民银行	《非金融机构支付服务管理办法实施细则》	网上支付
23	2011 年 1 月	商务部	《关于规范网络购物促销行为的通知》	网络购物
24	2011 年 7 月	商务部	《第三方电子商务交易平台服务规范》	网上交易
25	2012 年 2 月	国家邮政局、商务部	《关于促进快递服务与网络零售协同发展的指导意见》	电子商务
26	2012 年 3 月	商务部	《关于利用电子商务平台开展对外贸易的若干意见》	电子商务
27	2012 年 3 月	国家工商总局	《关于加强网络团购经营活动管理的意见》	网络购物

无疑，上述国家各部委出台的一系列政策法规，为我国电子商务的长期、健康、有序的发展提供了强有力的制度保证与标准规范。

【要点回顾】

网络伦理又称为网络道德，是指在计算机信息网络这一“虚拟的真实空间”中，开发、涉及和应用网络资源所应具备的道德意识和应遵守的道德行为准则。从人的主体性出发，可将网络伦理分为信息技术开发者伦理、信息技术使用者伦理和信息系统管理者伦理三个方面。

电子商务信用模式包括中介人模式、担保人模式、单边信用模式、委托授权模式。从电子商务平台提供商角度来看，相关的信用管理体系主要包括第三方担保制度、平台提供商自身的信用评级制度以及内部调节机制。

从信用模式中所体现的信用关系角度来看，可以分为三种关系：直接信用关系、间接信用关系、第三方信用关系。这三种信用关系，在一定条件下是可以互相转化的，即通过修改、减少或增加某些环节，就可能从一种信用关系转化为另一种信用关系。

从电子商务平台提供商的角度分析，目前已建立和应用的相关信用管理制度有电子商务平台提供商构建的第三方担保制度、电子商务平台提供商自身的信用评级制度、电子商务平台提

供商内部的调解机制。

网络交易纠纷指各交易方因因特网上的商品和服务交易而产生的纠纷。一般来说，网络交易纠纷分为两类：典型的网络交易纠纷（违约类）和衍生的网络交易纠纷（侵权类）。

法院外网络交易纠纷的解决机制主要有网络交易纠纷中的 ADR 机制和网络交易纠纷中的 ODR 机制。

电子商务中的知识产权侵权问题涉及著作权侵权问题、域名侵权问题以及商标权侵权问题等。

电子商务法是调整以电子交易和电子服务为核心的电子商务活动或行为的法律规范的总和。由于电子商务活动具有全球性，不分地域和国界，因此电子商务法律规范必须以全球解决方案为其最终目标。

为了维护电子商务的稳定发展，世界各国制定了关于电子商务的法律规范，对其进行约束和管理，但电子商务交易仍出现了诸多法律新问题：在线交易主体和市场准入问题、电子合同和履行问题、消费者权益保护问题、个人隐私权保护问题、在线不正当竞争与网上无形财产保护、产品支付和网上电子支付问题、电子商务税收问题，以及电子签名和电子认证问题等。

【本章习题】

1. 如何理解电子商务文化？它对社会各方面的影响体现在哪些方面？
2. 分析国内外电子商务交易活动中存在的伦理问题及其成因是什么？
3. 电子商务的信用模式包括哪几种？试分别进行解释。
4. 从电子商务平台提供商角度来看，相关的信用管理体系主要包括哪三方面的内容？
5. 常见的网络交易纠纷有哪些类型？试分析引起纠纷的原因。
6. 如何理解网络交易纠纷处理机制？应如何确立解决机制？
7. 如何理解电子商务知识产权保护？
8. 试结合案例分析常见电子商务知识产权的侵权行为。
9. 国内外电子商务环境下知识产权保护对策有哪些？
10. 简述我国电子商务立法的原则。
11. 在电子商务的交易过程中买方和卖方各有什么权利和义务？
12. 比较国内外电子商务立法的发展现状，分析我国电子商务立法存在的问题，并提出解决的办法。

【课后拓展】

以 3～4 人为一小组，挑选电子商务文化、伦理、法律任一方面的内容，选择相应的案例，结合近年来国内外出台的法律规范，进行综合分析，认识电子商务发展过程中的社会管理机制。

参考文献

[1] APEC. 无纸贸易能力建设与知识产权保护研究报告. 中华人民共和国商务部，2007.

[2] CNNIC. 第 28 次中国互联网络发展状况统计报告. 2011.

[3] CNNIC. 第 29 次中国互联网络发展状况统计报告. 2012.

[4] Micro Persuasion. 2006 Trends to Watch Part: Social Commerce. http://www.micropersuasion.com/2005/12/2006_trends_ to_.html，2005.12.

[5] Paul Marsden. Syzygy Group. Social Commerce: Monetizing Social Media. http://socialcommercetoday.com/downloads/White_Paper_Social_Commerce_EN.pdf

[6] Paul Marsden. Simple Definition of Social Commerce. Social Commerce Today，2009.11.

[7] The Beginnings of Social Commerce. http://genuinevc.com/archives/2005/12/6/the-beginnings-of-social-commerce.html

[8] Yahoo! Search，Social Commerce via the Shoposphere&Pick Lists. http://www.ysearchblog.com/2005/11/14/social-commerce-via-the-shoposphere-pick-lists/

[9] 百度百科. http://baike.baidu.com/

[10] 百度文库. http://wenku.baidu.com/

[11] 才书训. 电子商务概论（修订版）[M]. 沈阳：东北大学出版社，2007.

[12] 陈晴光. 电子商务：基础与应用[M]. 北京：清华大学出版社，2010.

[13] 陈修齐. 电子商务与物流管理[M]. 北京：电子工业出版社，2010.

[14] 邓顺国. 电子商务概论[M]. 北京：清华大学出版社，2005.

[15] 董铁，张劲珊. 电子商务[M]. 北京：清华大学出版社，2010.

[16] 方玲玉，曹虎山，黎利红.电子商务概论[M]. 长沙：中南大学出版社，2005.

[17] 方真，孙百鸣，王健南. 电子商务教程[M]. 北京：清华大学出版社，2004.

[18] 甘早斌. 电子商务概论（第 2 版）[M]. 武汉：华中科技大学出版社，2003.

[19] 桂海进. 电子商务概论[M]. 北京：中国商业出版社，2001.

[20] 郭志光. 电子商务环境下的信用机制研究[D]. 北京：北京交通大学，2012.

[21] 黄敏学. 电子商务[M]. 北京：高等教育出版社，2007.

[22] 黄雅娟，杨国明. 第三方支付产业的几点思考[J]. 金融经济，2006(1).

[23] 琚潇. 社会化电子商务的用户使用意向研究[D]. 北京：北京邮电大学出版社，2012.

[24] 李安华. 电子商务概论[M]. 成都：四川大学出版社，2006.

[25] 李安渝，杨兴寿，尹彦. 电子商务信用基础理论[M]. 北京：中国标准出版社，2010.

[26] 李洪心，马刚，杨兴凯. 电子商务概论[M]. 大连：东北财经大学出版社，2004.

[27] 李婷. 电子商务概论[M]. 上海：华东理工大学出版社，2010.

[28] 李晓燕，李福泉，郭爱芳. 电子商务概论[M]. 西安：西安电子科技大学出版社，2004.

[29] 李跃贞. 电子商务概论[M]. 北京：机械工业出版社，2010.

[30] 廖淑洁. 浅谈电子商务中的知识产权法律保护问题[J]. 知识经济，2011(22).

[31] 林楠. 发展电子商务也要有文化[N].中国文化报，2011.5.27 (005) .

[32] 刘怀亮. 电子商务概论[M]. 北京：冶金工业出版社，2006.

[33] 鲁雄涛. LBS 是何方神圣浅谈智能移动终端的位置服务. http://mobile.yesky.com/227/11860227_4.shtml

[34] 逯宇铎，王世军，郑晓明. 国际电子商务[M]. 大连：大连理工大学出版社，2003.

[35] 罗闻泉. 电子商务与物流[M]. 北京：机械工业出版社，2005.

[36] 罗秀兰. 网络交易的纠纷解决机制探析——基于民间法与国家法互补的视角[J]. 河北法学，2010，28(8).

[37] 明均仁. 电子商务概论[M]. 武汉：华中科技大学出版社，2008.

[38] 聂相玲，孔德瑾.电子商务概论[M]. 北京：中国经济出版社，2008.

[39] 尚建成. 电子商务基础[M]. 北京：高等教育出版社，2000.

[40] 宋文官. 电子商务[M]. 北京：中国铁道出版社，2009.

[41] 唐剑，任亚凡. 浅析电子商务面临的伦理挑战及对策[J]. 商业研究，2004(24)

[42] 特班，等. 电子商务：管理视角（第 5 版）[M]. 北京：机械工业出版社，2010.

[43] 王文琴. 电子商务概论[M]. 北京：电子工业出版社，2005.

[44] 王学东，易明，杨斌.电子商务概论[M]. 武汉：武汉理工大学出版社，2005.

[45] 王玉珍，马桂琴，代文锋，于泳海. 电子商务概论[M]. 北京：清华大学出版社，2008.

[46] 王钰辉. 电子商务模式研究[D]. 吉林：吉林大学出版社，2007.

[47] 维基百科. http://zh.wikipedia.org/

[48] 谢芳，胡泉. 电子商务概论[M]. 武汉：华中科技大学出版社，2010.

[49] 徐家旺，姜波. 在线消费者购买行为的决策过程[J]. 沈阳航空工业学院学报，2005，10(5).

[50] 薛万欣，牟静. 电子商务概论[M]. 北京：化学工业出版社，2010.

[51] 燕春蓉. 电子商务与物流[M]. 上海：上海财经大学出版社，2010.

[52] 杨坚争. 电子商务网站典型案例评析[M]. 西安：西安电子科技大学出版社，2010.

[53] 杨树根，张勇. 电子商务概论[M]. 成都：四川大学出版社，2008.

[54] 姚春丽. 电子商务伦理问题分析[N]. 山西经济日报，2010.7.30(003).

[55] 姚立新. 电子商务概论[M]. 北京：中国城市出版社，2002.

[56] 易观智库. 中国网上零售 B2C 竞争力报告. 2012.

[57] 袁克强.电子商务概论[M]. 重庆：重庆大学出版社，2004.

[58] 云剑. 网络交易纠纷解决刍议[J]. 郑州航空工业管理学院学报，2009，28(3)

[59] 张铎，周建勤. 电子商务与物流管理[M]. 高等教育出版社，2006.

[60] 张二亮. 第三方支付分析研究[D]. 成都：西南财经大学，2006.

[61] 张乃根，符望. 全球电子商务中的知识产权法. 上海：上海交通大学出版社，2004.

[62] 张润彤，耿建东. 电子商务概论[M]. 北京：中国人民大学出版社，2010.

[63] 张润彤. 电子商务概论[M]. 北京：电子工业出版社，2009.

[64] 章剑林，商纬. 电子商务概论[M]. 杭州：浙江科学技术出版社，2006.

[65] 赵莉，吴学霞. 电子商务概论[M]. 武汉：华中科技大学出版社，2009.

[66] 赵亮. 电子商务概论（第 2 版）[M]. 郑州：河南人民出版社，2007.

[67] 赵卫东，黄丽华. 电子商务模式（第 2 版）[M]. 上海：复旦大学出版社，2011.

[68] 赵燕平. 电子商务概论[M]. 北京：高等教育出版社，2008.

[69] 中国电子商务研究中心. 2010—2011 年度全球电子商务研究报告

[70] 中国电子商务研究中心. 2010 年度中国行业电子商务网站调查报告

[71] 中国电子商务研究中心. 2011—2012 年度中国电子商务法律报告

[72] 中国电子商务研究中心. 2011 年度中国 B2C 电子商务市场调查报告

[73] 中国电子商务研究中心. 2011 年度中国电子商务市场数据监测报告

[74] 中国电子商务研究中心. 2012 年度中国网络零售市场数据监测报告

[75] 中国电子商务研究中心. http://b2b.toocle.com/

[76] 周源，林晓峰，赵慧勤. 电子商务概论[M]. 北京：地质出版社，2007.

[77] 朱美虹. 电子商务与现代物流[M]. 北京：中国人民大学出版社，2010.

[78] 祝凌曦，陆本江. 电子商务安全与支付[M]. 北京：人民邮电出版社，2012.

[79] 祝凌曦. 电子商务安全[M]. 北京：北京交通大学出版社，2006.

[80] 祝凌曦. 电子支付与网络银行[M]. 北京：北京交通大学出版社，2010.